国家重大出版工程项目
国家出版基金项目　"十二五"国家重点图书

中国古建筑丛书

◎王南 著

北京古建筑

（下册）

中国建筑工业出版社

审图号：GS（2015）2780 号

图书在版编目（CIP）数据

北京古建筑（下册）/王南著 .—北京：中国建筑工业出版社，2015.12
（中国古建筑丛书）
ISBN 978-7-112-18388-3

Ⅰ.①北… Ⅱ.①王… Ⅲ.①古建筑-介绍-北京市 Ⅳ.①K928.71

中国版本图书馆 CIP 数据核字（2015）第 200249 号

责任编辑：唐　旭　李东禧　杨　晓　吴　绫
书籍设计：康　羽
责任校对：李美娜　刘梦然

中国古建筑丛书

北京古建筑（下册）

王南　著

*

中国建筑工业出版社出版、发行（北京西郊百万庄）
各地新华书店、建筑书店经销
北京嘉泰利德有限公司制版
北京顺诚彩色印刷有限公司印刷

*

开本：880×1230毫米　1/16　印张：$26\frac{3}{4}$　字数：703千字
2015年12月第一版　2015年12月第一次印刷
定价：398.00元
ISBN 978-7-112-18388-3
　　（25802）

版权所有　翻印必究
如有印装质量问题，可寄本社退换
（邮政编码 100037）

《中国古建筑丛书》总编委会

总顾问委员会：

罗哲文　张锦秋　傅熹年　单霁翔　郑时龄

总编辑委员会：

主　　任：吴良镛　周干峙
副 主 任：沈元勤　陆元鼎
总 主 编：陆　琦　戴志坚
委　　员（按姓氏笔画排序）：

丁　垚　王　军　王　南　王金平　王海松　左满常　朱永春
刘　甦　李　群　李东禧　李晓峰　李乾朗　杨大禹　杨新平
吴　昊　张玉坤　张兴国　张鹏举　陆　琦　陈　琦　陈　颖
陈　蔚　陈伯超　陈顺祥　范霄鹏　罗德启　柳　肃　胡永旭
姚　赯　徐　强　徐宗威　翁　萌　高宜生　唐　旭　黄　浩
谢小英　雍振华　蔡　晴　谭刚毅　燕宁娜　戴志坚

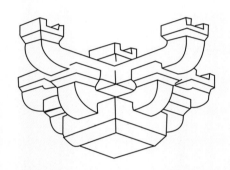

《北京古建筑》

王南 著
审稿人：王贵祥

总　序

中国历史悠久，地大物博，人口众多，是一个多民族的国家，文化遗产极为丰富。中国古建筑是世界建筑史上的四大体系之一，五千年来，光辉灿烂，独特发展，一脉相传，自成体系。在建筑历史发展过程中，从来都没有中断过，因而，积累了大量的极为丰富的优秀建筑文化遗产。中国古代建筑的实践经验、创作理论、工艺技术和艺术精华值得总结、传承和发扬。

中国古代建筑具有强大的生命力，首先是独特的地理环境。中国位于亚洲东方，北部有长白山、乌苏里江高山河流阻挡，西有天山、喀喇昆仑山脉和沙漠横贯，西南有喜马拉雅山脉，东南则沿海，形成封闭与外界隔绝的地域，加上地处热带、温带和寒带，宽阔的地理和悬殊的气候，促进建筑与环境的巧妙和谐结合。

其次，独特的民族性格。中国是以汉族为主的多民族所组成。以中原文化为主的汉族人民团结、凝聚着居住和生活在各地的少数民族。由于各民族的历史、文化、宗教信仰、生活习俗与审美爱好的不同，以及他们所处地区的自然条件和地理环境的差异，长期的劳动实践，形成了各民族独特的性格和绚丽灿烂的建筑风貌。

其三，文化的独特体系。中国文化是以黄河流域中原文化为中心，周围有燕赵文化、晋文化、齐鲁文化、吴越文化、楚文化、秦文化和巴蜀文化所烘托，具有历史渊源长久、人类智慧集中、思想资源丰富的特点。中国传统文化思想的集中表现是以儒学、道学为代表，其后，佛教的传入与中国传统文化的结合，形成以儒学为主的儒、道、释三者合一的中国传统文化思想。归纳起来，就是天人合一的宇宙观念，以人为本、和为贵的人文思想，整体直觉的思维方式，真善美相结合的美学观念。

封闭而独特的地理环境，团结凝聚而又富于创造的民族性格，以儒学为主的文化独特体系，创造了中华民族的雄伟壮丽的建筑工程。长期的经验积累，独树一帜，虽经战争的炮火，民族之间的斗争与融合，外来文化之传入及本土化，但中华民族建筑始终一脉相传，傲然生存下来，顽强发展，独树一帜而不倒，在世界建筑史发展中是罕见的、独有的。

中国古代建筑发展经历了原始社会、奴隶社会和封建社会三个历史阶段。

旧石器时代，原始人群利用天然崖洞作为居住场所。南方湿热多雨，虫害兽多，出现巢居。1973年，在浙江余姚河姆渡村发现大约建于6000~7000多年前的、长约23米、进深约8米的木构架建筑遗址，推测是一座长方形、体量相当大的干阑式建筑，这是我国最早采用榫卯技术构筑房屋的一个实例。

原始社会晚期，黄河流域有广阔而丰厚的黄土层，土质均匀，含有石灰质。黄河中游的氏族部落，在利用黄土层作为壁体的土穴上，用木架和草泥建造简单的穴居，逐步发展到浅穴居，再到地面上的房屋，形成聚落。

奴隶社会，夯土技术逐步成熟，宫室建于高大的夯土台上，木构建筑逐步成为中国古代建筑的主要结构方式。等级制度出现。工程管理有了专职的"司空"，以后各朝代沿袭发展成为中国特有的工官制度。

封建社会初期，高台建筑盛行，修建了长城、驰道和水利工程。东汉时代，建筑中已大量使用成组的斗栱，木构楼阁增多，城市和建筑类型扩充，中国古代独特的木构建筑体系基本形成。

两晋南北朝是我国历史上充满着民族斗争和民族融合的时期，佛教的传入，宗教建筑大量兴建，高大的寺庙、壮丽的塔幢，石窟中精美的雕塑和壁画，这是我国古建筑吸收外来文化使之本土化的创造时期。

隋、唐统一全国，开凿贯通南北的大运河，促进了我国南北物资和文化的交流和发展。唐代的长安、洛阳成为世界上最大的城市。木构建筑的宫殿、楼阁和石窟、塔、桥，无论布局或造型都具有较高艺术和技术水平，唐代建筑已发展到成熟的阶段。

宋、辽、金时期，南方在经济和文化方面居于先进地位。由于手工业分工更加细致，国内商业和国际贸易活跃，城市逐渐开放，改变了汉以来历代都城采用的封闭式里坊制度，形成沿街设店的方式。建筑的设计和施工达到一定程度的规格化、制度化，公元12世纪初在总结经验的基础上编写了《营造法式》这一部重要文献。

元代大都建立，喇嘛教和伊斯兰教建筑影响到各地。明、清时期官式建筑已经达到完全程式化、定型化阶段。明代后期出现资本主义萌芽，清代在城市规划上、建筑群体布局和建筑艺术形象上有所发展，例如北京城、故宫、天坛等。民居、园林和民族建筑遍布各地，呈现一片繁荣景象。

中国古建筑有明显的特征。在城市规划上，严谨规整、对称宏伟，表现出庄重威武的中华民族性格。单体建筑中，雄伟的飞檐屋宇、大红的排列柱廊、高大的汉白玉台基，呈现出崇高壮丽又稳定的形象。黄河流域盛产的木材资源，形成了中国古建筑木构架体系的特色。室外装饰的富丽堂皇、金碧辉煌，室内陈设装修的华丽多样、细腻雕饰，体现了中国古建筑绚丽多彩的民族风格。

聚居建筑方面，包含民居、祠堂、家庙、书院等遍布全国各地，它们与人民生活息息相关。各地各族人民根据自己的生活习俗、生产需要、经济能力、民族爱好和审美观念，结合本地的自然条件和材料，因地制宜、因材致用地进行设计与营造。他们既是设计者，又是营建者、使用者，可以说设计、施工、使用三位一体，因而，这种建造方式所形成的民宅民间建筑，既实用简朴，又经久美观，并富有民族风格和地方特色。

中国古园林的特征。以自然山水即中国山水画为蓝本，并以景区、景物和建筑、山水、花木为构件，由景生情，产生意境联想，达到艺术感受。皇家园林因其规模大、范围广，其园林布局自秦、汉时期的一池三岛，到唐、宋以山水画为蓝本，明、清仍沿袭池中置岛古制，但采用人工造山置水的方法。

明、清私家园林因属民间，士大夫文人常在宅后设园休闲宴客，吟诗享乐，其特点是以最小的场所造成无限的景色为目的。因其规模小，常以叠石或池水为主，峰峦洞壑、峭壁危径或曲径通幽取胜。在情景中则采用巧于因借、精在体宜的手法。

我国是一个人口众多的多民族国家。相传秦汉以前，中华大地上主要生存着华夏、东夷、苗蛮三大文化集团，经过连年不断的战争，最终华夏集团取得了胜利，上古三大文化集团基本融为一体，历史上称为华夏族。春秋、战国时期，东南地区古老的部族称为"越"，逐渐为华夏族所兼并而融入华夏族之中。秦统一各国后，到汉代都用汉人、汉民这个称呼，直到隋、唐，汉族这个名称才固定下来。

由于各民族的历史文化、宗教信仰、生活生产、习俗性格的不同，又由于各族人民所处地区的自然条件和环境的不同，导致他们各自产生了富有特色的建筑和民宅，如宏伟壮丽的藏族布达拉宫，遍布各族聚居地的寺院庙宇、寨堡围村、楼阁宅居，反映了绮丽多彩的民族风貌。

中国传统文化渗透了中国古建筑，中国古建筑深刻地体现了中国文化。

新中国成立后，作为全国性有领导有组织地编写中国古代建筑史，第一次是1959年，由原建筑科学研究院组织"编写三史"开始。当时集中了全国高等院校、科研部门分工编写，1962年由中国工业出版社出版《中国建筑简史》第一册（古代部分）。随后，又组织有关院校、文化、历史、考古等单位对古代建筑史有研究的人员，经多次修改，由刘敦桢教授执笔主编的《中国古代建筑史》，于1966年完成。由于"文化大革命"，未能出版，1980年才由中国建筑工业出版社正式出版。作为高等院校的中国建筑史教材则由全国高校教师编写，参考了上述专著，由中国建筑工业出版社1982年出版。

作为系统的、全面的、编写中国古建筑丛书是从1984年开始，当时作为《中国美术全集》中的一个门类——建筑艺术，称为《中国美术全集·建筑艺术编》，共6辑，包含宫殿、坛庙、陵墓、宗教建筑、民居、园林，1988年完成出版。

第二次编写从1992年开始，编写的原因是《中国美术全集·建筑艺术编》6辑出版后，各界反映良好，但感到篇幅不够，它与我国极为丰富的建筑文化遗产大国不相适应。于是，再次组织编写《中国建筑艺术全集》丛书30辑，其中古建筑24辑，近现代建筑6辑。古建筑部分仍按类型编写。该丛书中的24辑于1999年5月出版。

由于这两次丛书都是全国性编写，按类型写，又着重在艺术，因此，一些地方特色和民族特色的、中型的优秀古建筑就难于入选。为了弘扬和传承优秀传统建筑文化体系，总结经验和规律，保护我国优秀传统建筑文化遗产，因此，全面地、系统地、按省（区）来编写古建筑丛书是非常必要的、合时宜的。

本丛书编写的主要特点是：其一，强调本省（区）古建筑的民族特色和地方特色；其二，编写不限于建筑艺术，而是对本省（区）古建筑的全面叙述，着重在成就、价值、特色、技术和经验、规律等各个方面，这是我国民族和地区的资料比较全面和丰富的传统建筑文化丛书。

陆元鼎

2015年1月10日

前　言

中国古建筑研究的先驱梁思成先生曾经把整个古代北京城誉为"都市计划的无比杰作"；而美国著名城市规划师埃德蒙·培根（Edmund N.Bacon）则直接宣称古代北京是"地球表面最伟大的单项工程"。中外学者对古都北京的赞誉实际上也是对北京古建筑的高度评价，从中我们可以看出，北京古建筑的最高成就乃是其整体的和谐，北京城各类古建筑共同组成了具有高度历史、艺术与科学价值的古都北京。北京古建筑不仅数量众多，而且成就辉煌：北京所拥有的7项世界文化遗产中包含了故宫、天坛、颐和园、十三陵和万里长城这5项最具代表性的古建筑；而北京现有全国重点文物保护单位共计125项，其中有近90项为各类古建筑。

对北京古建筑的研究成果可谓汗牛充栋。古代地方志或学者笔记如元代熊梦祥的《析津志》、陶宗仪的《南村辍耕录》，明代萧洵的《故宫遗录》、张爵的《京师五城坊巷胡同志》、蒋一葵的《长安客话》以及刘侗、于奕正的《帝京景物略》，清代孙承泽的《春明梦余录》及《天府广记》、朱一新的《京师坊巷志稿》、于敏中等编纂的《日下旧闻考》（在朱彝尊《日下旧闻》的基础上扩充而成）、麟庆的《鸿雪因缘图记》等古籍中均有大量涉及北京古建筑的宝贵资料。

20世纪初，西方学者与日本学者开始了对北京古建筑的早期探索。如瑞典美术史家奥斯伍尔德·喜仁龙（Osvald Siren）在《北京的城墙与城门》、《中国园林》等著作中对北京城墙和大量王府及园林进行了探讨。德国建筑学者恩斯特·柏石曼（Ernst Boerschmann）的《中国景观》一书则对北京城及部分古建筑（尤其是香山碧云寺）展开了研究，尤其还首次提出了北京城市"中轴线"的观念。日本建筑史家伊东忠太最早测绘了北京紫禁城和西苑，并且其《中国建筑史》等著作中有许多关于北京古建筑的讨论。常盘大定与关野贞合著的《中国文化史迹》则对大量北京古建筑进行了摄影记录和简要论述。

中国学者中最早运用西方近代建筑学方法研究北京古建筑的要首推中国营造学社的研究者们。营造学社的研究成果内容丰富，既有对清工部《工程做法》进行研究的专著（梁思成的《清式营造则例》），也有整理清代各类工程算例、做法的著作（如梁思成的《营造算例》、刘敦桢的《牌楼算例》、王璧文的《清官式石桥做法》等），更有对北京各类古建筑的专题研究，如梁思成、林徽因的《平郊建筑杂录》，刘敦桢的《北平智化寺如来殿调查记》、《明长陵》、《同治重修圆明园史料》、《北平护国寺残迹》，梁思成、刘敦桢的《修理故宫景山万春亭计划》，刘敦桢、梁思成的《清故宫文渊阁实测图说》，阚铎的《元大都宫苑图考》，单士元的《明代营造史料》，王璧文的

《元大都城坊考》和《元大都寺观庙宇建置沿革表》等。梁思成于抗战时期在四川李庄完成的《中国建筑史》（1944年）中也涉及大量北京古建筑的内容。

新中国成立以来，对于北京古建筑的研究与日俱增。刘敦桢主编的《中国古代建筑史》以及五卷本《中国古代建筑史》的第四卷（"元、明建筑"）和第五卷（"清代建筑"）皆包含大量对北京古建筑的讨论。傅熹年的《北京古建筑》（1986年）一书则是第一部较为全面探讨北京古建筑的专著。此外，萧默的《巍巍帝都》（2006年）以及王南、李路珂、李菁、胡介中、袁琳编著的《北京古建筑地图》（上、中、下）（2008～2010年）均以北京古建筑为主题，后者较为详细地介绍了北京市域范围内共计562处古建筑。围绕北京古建筑某一专题所进行的深入研究更加不胜枚举，主题从北京城市历史、考古、规划、建筑设计理论到各种建筑类型如城墙城门、紫禁城宫殿、坛庙、陵寝、园林、王府、衙署、仓库、胡同、四合院、会馆、佛寺、佛塔、道观、桥梁、长城等，不一而足。

本书的写作首先基于对上述大量前人研究成果的学习与借鉴，其次对北京为数众多的古建筑进行了长期的实地考察、拍摄，并对数十处古建筑群和数条胡同外立面进行了测绘研究。北京古建筑与中国其他省、市、地区古建筑相比有一个十分难能可贵的特点，就是类型完备，几乎囊括了中国古建筑所有主要类型，因此本书的最主要内容即分门别类介绍北京各类古建筑，从第三章至第十四章分别介绍了宫殿、坛庙（包括儒学）、苑囿（园林）、墓葬、王府、衙署、仓库、民居、佛寺、佛塔、道观、清真寺、会馆、祠堂、（长城）关隘、城堡、桥梁。此外，在本书第一章和第二章中分别对北京的地理、历史和城市规划进行简述，作为讨论北京古建筑的大背景；而在第十五、十六章则试图较为全面地展现北京古建筑在技术、工艺方面的特点。在以上内容的基础上，本书尝试初步概括北京古建筑的基本特征，包括以下7个主要方面：规划整体、类型完备、布局严谨、结构标准、色彩分明、结合自然、文化交融，它们共同形成了北京古建筑最重要的特征，即"整体和谐"。

总体看来，以本书上下两册、30余万字的篇幅来介绍浩如烟海的北京古建筑，实在仅能限于走马观花、蜻蜓点水式的扼要讨论，北京许多具有重要价值的建筑类型或者实例无法涉及，也只能留作遗憾了。另外，由于笔者学术水平有限，勉力对北京古建筑这一博大精深的课题进行研究与探讨，书中的谬误、疏漏一定在所难免，期待广大专家、读者不吝赐教，提出宝贵的批评意见。

王南
2015年3月7日

目 录

(上册)

总 序

前 言

第一章 绪 论
第一节 山川形胜 / 〇〇四
一、形胜 / 〇〇四
二、西山 / 〇〇五
三、燕山 / 〇〇六
四、水系 / 〇〇七
第二节 历史沿革 / 〇一三
一、蓟与燕——建城之始 / 〇一三
二、唐幽州——北方重镇 / 〇一五
三、辽南京——契丹陪都 / 〇一八
四、金中都——首次建都 / 〇二一
五、元大都——宏图初现 / 〇二九
六、明北京——大局划定 / 〇三一
七、清北京——踵事增华 / 〇三二
第三节 建筑特征 / 〇三五
一、规划整体 / 〇三五
二、类型完备 / 〇三九

三、布局严谨 / 〇四〇
四、结构标准 / 〇四一
五、色彩分明 / 〇四一
六、结合自然 / 〇四三
七、文化交融 / 〇四四

第二章 都城规划
第一节 元大都规划 / 〇五一
一、总体格局 / 〇五一
二、城墙城门 / 〇五二
三、皇城宫苑 / 〇五六
四、大内宫殿 / 〇五六
五、街巷胡同 / 〇六一
第二节 明北京规划 / 〇六四
一、总体格局 / 〇六四
二、城墙城门 / 〇六四
三、皇城 / 〇七四
四、中轴线 / 〇八二
五、街道胡同 / 〇八九
六、重要地标 / 〇九四

第三章 禁城宫阙
第一节 总体格局 / 一一五

第二节　城墙城门 / 一一七
一、城墙 / 一一七
二、城门 / 一一七
三、角楼 / 一二〇
第三节　前朝 / 一二二
一、太和门 / 一二二
二、三大殿 / 一二二
三、文华殿、文渊阁 / 一三八
四、武英殿 / 一四二
五、内阁、内务府及府库 / 一四四
第四节　后寝 / 一四四
一、乾清门 / 一四四
二、后三宫 / 一四七
三、御花园 / 一五一
四、东西六宫 / 一五四
五、养心殿 / 一六〇
六、斋宫、奉先殿及毓庆宫 / 一六三
七、乾东、西五所 / 一六三
八、南三所 / 一六六
九、宁寿宫（外东路） / 一六七
十、外西路 / 一七二

第四章　坛壝庙学
第一节　太庙、社稷坛 / 一八二
一、太庙 / 一八二
二、社稷坛 / 一八七
第二节　天坛 / 一九〇
一、总体格局 / 一九〇
二、祈年殿 / 一九四
三、皇穹宇 / 一九六
四、圜丘 / 一九六
五、附属建筑 / 二〇一
第三节　地坛、日坛、月坛 / 二〇三
一、地坛 / 二〇三
二、日坛 / 二〇七
三、月坛 / 二〇九
第四节　先农坛、先蚕坛 / 二一〇
一、先农坛 / 二一〇
二、先蚕坛 / 二一五
第五节　历代帝王庙 / 二一六
一、牌楼与影壁 / 二一六
二、大门 / 二一七
三、景德崇圣门 / 二一七
四、景德崇圣殿 / 二一七
五、其他 / 二一七

第六节　堂子　/　二二一
第七节　孔庙、国子监　/　二二二
一、孔庙　/　二二二
二、国子监　/　二二五
第八节　顺天府学　/　二二九

第五章　皇家苑囿
第一节　西苑三海　/　二三七
一、北海　/　二三八
二、中海　/　二五一
三、南海　/　二五三
第二节　景山御苑　/　二五五
一、景山五亭　/　二五五
二、寿皇殿等建筑群　/　二五六
第三节　三山五园　/　二五七
一、畅春园　/　二五八
二、圆明园　/　二五九
三、香山静宜园　/　二六五
四、玉泉山静明园　/　二七一
五、万寿山清漪园（颐和园）　/　二七五

第六章　陵寝墓葬
第一节　汉墓　/　三〇三
一、大葆台汉墓　/　三〇三
二、老山汉墓　/　三〇四
三、东汉墓神道石柱　/　三〇四
第二节　金陵　/　三〇五
第三节　明十三陵　/　三〇八
一、总体格局　/　三〇八
二、长陵　/　三一四
三、其余诸陵　/　三一七
四、十三陵规划设计的象征意义与
　　意境追求　/　三二四
第四节　明代其他墓葬　/　三三一
一、景泰陵　/　三三一
二、田义墓　/　三三二
第五节　清代墓葬　/　三三九
一、醇亲王墓（七王坟）　/　三四〇
二、孚郡王墓（九王坟）　/　三四二
三、伊桑阿墓　/　三四四

第七章　王公府第
第一节　王府概说　/　三五一
一、等级制度　/　三五二
二、乾隆《京城全图》中的王府　/　三五二
三、王府中轴线建筑　/　三五五

四、王府花园 / 三五六
五、王府附属建筑 / 三五六
第二节　典型实例 / 三五七
一、恭王府 / 三五七
二、醇王府 / 三六四
三、孚王府（怡亲王府）/ 三六八
四、礼王府 / 三七一
五、郑王府 / 三七二
六、宁郡王府 / 三七三
七、克勤郡王府 / 三七五
八、涛贝勒府 / 三七五
九、棍贝子府 / 三七六
十、和敬公主府 / 三七六
十一、海淀礼王府（乐家花园）/ 三七九

第八章　衙署仓房
第一节　中央衙署 / 三八八
一、概说 / 三八八
二、乾隆《京城全图》中的中央衙署 / 三九〇
三、典型实例 / 四〇六
第二节　地方衙署 / 四一一
一、概说 / 四一一
二、典型实例 / 四一一

第三节　内府衙署 / 四一四
一、概说 / 四一四
二、典型实例 / 四一七
第四节　京城仓房 / 四二一
一、概说 / 四二一
二、典型实例 / 四二二

北京古建筑地点及年代索引 / 四三〇

参考文献 / 四四〇

后记 / 四四四

作者简介 / 四四六

（下册）

总　序

前　言

第九章　合院民居
第一节　庭院深深 / 〇〇三

一、元大都的合院住宅 / 〇〇三
二、明清北京四合院 / 〇〇四
三、四合院的美学 / 〇〇八
第二节 典型宅院 / 〇一一
一、崇礼宅 / 〇一一
二、文煜宅（可园） / 〇一二
三、黑芝麻胡同13号四合院（奎俊宅） / 〇一五
四、礼士胡同129号四合院 / 〇一六
五、东城区内务部街11号四合院（明瑞府、六公主府） / 〇二二
六、婉容故居 / 〇二二
七、东城区美术馆东街25号四合院 / 〇二三
八、朱启钤宅 / 〇二三
九、史家胡同51~55号四合院 / 〇二五
十、西城区西四北六条23号四合院 / 〇二六
十一、梁启超故居 / 〇二六
十二、翠花街5号四合院（传为张学良故居） / 〇二八
十三、东四八条71号四合院（叶圣陶故居） / 〇二八
十四、绵宜宅 / 〇二九
十五、珠市口大街161号四合院 / 〇二九
十六、纪晓岚故居 / 〇二九
十七、板厂胡同27号四合院 / 〇二九
十八、梅兰芳故居 / 〇三二
十九、西四北三条19号四合院 / 〇三四
二十、新开路（新革路）20号四合院 / 〇三四

第十章 宗教建筑（上）：佛寺

第一节 佛寺概述 / 〇四一
第二节 典型实例 / 〇四二
一、潭柘寺 / 〇四二
二、云居寺 / 〇五〇
三、戒台寺 / 〇五九
四、卧佛寺 / 〇六四
五、法源寺 / 〇六七
六、大觉寺 / 〇六九
七、灵岳寺 / 〇七七
八、妙应寺（白塔寺） / 〇八〇
九、广济寺 / 〇八二
十、碧云寺 / 〇八三
十一、法海寺及壁画 / 〇八八
十二、智化寺 / 〇九二
十三、大慧寺 / 〇九四
十四、万寿寺 / 〇九六
十五、雍和宫 / 一〇〇
十六、须弥灵境 / 一〇五

第十一章　宗教建筑（中）：佛塔

第一节　佛塔概述 / 一一七
第二节　典型实例 / 一一七
一、云居寺塔群 / 一一七
二、下寺石塔 / 一二六
三、良乡多宝佛塔（昊天塔） / 一二七
四、万佛堂花塔 / 一二八
五、天宁寺塔 / 一二九
六、玉皇塔 / 一三三
七、照塔 / 一三三
八、银山塔林 / 一三三
九、镇岗塔 / 一三六
十、白瀑寺圆正法师灵古塔 / 一三八
十一、妙应寺白塔 / 一三九
十二、应公长老寿塔 / 一四〇
十三、居庸关云台（过街塔基） / 一四〇
十四、姚广孝墓塔 / 一四七
十五、周吉祥塔、周云端塔 / 一四八
十六、正觉寺（五塔寺）金刚宝座塔 / 一四八
十七、慈寿寺塔 / 一五九
十八、镏金多宝佛塔 / 一六〇
十九、金刚石塔 / 一六二
二十、北海永安寺白塔 / 一六二
二十一、通州燃灯塔 / 一六四
二十二、大觉寺迦陵性音和尚塔 / 一六五
二十三、碧云寺金刚宝座塔 / 一六五
二十四、西黄寺清净化城塔 / 一七〇
二十五、花承阁琉璃塔 / 一七七

第十二章　宗教建筑（下）：道观与清真寺

第一节　道观 / 一八三
一、白云观 / 一八三
二、东岳庙 / 一八八
三、大高玄殿 / 一九七
四、都城隍庙 / 一九九
五、火德真君庙（火神庙） / 二〇〇
六、大慈延福宫（三官庙） / 二〇一
七、皇城四观（宣仁庙、凝和庙、昭显庙、时应宫） / 二〇一
八、黑龙潭龙王庙 / 二〇四
九、五顶（碧霞元君祠） / 二〇八
十、上庄东岳庙 / 二一〇
第二节　清真寺 / 二一二
一、牛街清真寺 / 二一二
二、东四清真寺 / 二一五
三、花市清真寺 / 二一五

四、通州清真寺 / 二一七

第十三章　会馆祠堂
第一节　外城会馆 / 二二三
一、安徽会馆 / 二二四
二、湖广会馆 / 二二六
三、正乙祠 / 二二八
四、阳平会馆 / 二二八
五、中山会馆 / 二二八
六、南海会馆（康有为故居）/ 二三〇
七、绍兴会馆（鲁迅故居）/ 二三〇
八、湖南会馆 / 二三四
九、浏阳会馆（谭嗣同故居）/ 二三五
十、朝外山东会馆 / 二三六
第二节　名人祠堂 / 二三六
一、文天祥祠 / 二三六
二、于谦祠 / 二四〇
三、杨椒山祠（松筠庵）/ 二四〇
四、袁崇焕祠 / 二四三
五、顾亭林祠 / 二四三

第十四章　关隘桥梁
第一节　长城关隘 / 二四七

一、八达岭 / 二四八
二、居庸关 / 二五〇
三、黄花城 / 二五一
四、箭扣长城 / 二五一
五、慕田峪 / 二五一
六、古北口 / 二五四
七、金山岭 / 二五五
八、司马台 / 二五六
第二节　军事城堡 / 二五八
一、南口城 / 二五八
二、岔道城 / 二五九
三、古北口老城 / 二六〇
四、巩华城 / 二六二
五、宛平城 / 二六三
六、团城（健锐营演武厅）/ 二六四
第三节　桥梁 / 二六八
一、卢沟桥 / 二六八
二、朝宗桥 / 二七二
三、永通桥（八里桥）/ 二七二
四、高梁桥 / 二七四
五、广济桥（清河桥）/ 二七五
六、通运桥（萧太后桥）/ 二七五
七、琉璃河大桥 / 二七六

第十五章　建筑技艺（上）：木作技艺

第一节　建筑专著 / 二八〇
一、工部《工程做法》 / 二八〇
二、其他匠作则例 / 二八一
第二节　大木结构 / 二八二
一、概述 / 二八二
二、柱网、梁架和屋顶类型 / 二八七
三、斗栱与斗口制 / 二九八
四、举架 / 三〇三
五、重要技术成就 / 三〇四
第三节　小木装修 / 三〇八
一、外檐装修 / 三〇八
二、内檐装修 / 三一四

第十六章　建筑技艺（下）：砖、石、瓦及建筑装饰

第一节　砖石结构 / 三二二
一、概述 / 三二二
二、无梁殿阁 / 三二五
三、砖拱门楼 / 三三四
四、砖石碑亭 / 三四一
五、砖拱牌楼（含琉璃牌楼） / 三四三
六、石牌楼、棂星门、华表 / 三四九
七、墙垣 / 三五五
八、台基、栏杆、御路 / 三六一
九、地面 / 三六九
十、杂样石作 / 三七〇
第二节　屋面瓦作 / 三七〇
一、概述 / 三七〇
二、琉璃瓦屋面 / 三七一
第三节　建筑装饰 / 三七五
一、彩画 / 三七五
二、石雕 / 三八三
三、砖雕 / 三八五
四、木雕 / 三八六
五、镏金 / 三八六

北京古建筑地点及年代索引 / 三九〇

参考文献 / 四〇〇

后记 / 四〇四

作者简介 / 四〇六

北京古建筑

第九章 合院民居

北京合院民居分布图

"我国家族之制古矣。一家之中，有父子、有兄弟，而父子、兄弟又各有其匹偶焉。即就一男子言，而其贵者有一妻焉，有若干妾焉。一家之人，断非一室所能容……其既为宫室也，必使一家之人所居之室相距至近，而后情足以相亲焉，功足以相助焉。然欲诸室相接，非四阿之屋不可。四阿者，四栋也，为四栋之屋，使其堂各向东西南北，于外则四堂，后之为四室，亦自向东西南北，而凑于中庭矣，此置室最近之法，最利于用，而亦足以为观美。"

——王国维《明堂庙寝通考》

古都北京在皇家宫殿、坛庙、陵寝、苑囿、王府之外，分布着大量的市井民居，它们拱卫着帝王之居，成为这座壮丽都城最主要的"背景"或者"底色"。北京的市井民居以"街道－胡同－四合院"体系为其鲜明特征，形成了京城独有的市井文化，与皇家文化共同奏响了古都北京城市文化的二重奏，构成古都北京独一无二的艺术气质和文化气度。

"街道－胡同－四合院"体系是北京城市规划设计的一大精髓，体现出"闹中取静"的突出优点，在深爱北京和熟悉北京的人如老舍的心目当中，可谓是"天下第一"的理想城市模式。北京四合院既是京城民居的典型代表，同时也是北京各类型古建筑的重要"原型"，应该说，许多不同类型的古建筑都是不同尺度和规模的四合院建筑的"变体"。因此，北京四合院可谓是古都北京的"细胞"（图9-0-1）。

第一节　庭院深深

充盈在古都北京街道胡同之间的，是千千万万的合院民居。一方面，它们构成了这座雄伟壮丽的古都的大背景；另一方面，当我们深入到一座座四合院中，又能感受到千变万化的建筑空间和丰富多彩的建筑艺术。

一、元大都的合院住宅

元大都的合院住宅是北京四合院的"雏形"。1969年拆除城墙修地铁时，在内城北墙基址下发掘出元代"后英房"遗址，其中一所大型住宅的主院及两侧跨院东西总宽近70米，南北进深为两条胡同的距离，与文献中记载的元代标准住宅用地为8亩的规模相近。主院正房坐北朝南，进深达13.47米，前廊后厦；正房前有东、西厢房。东跨院主体建筑平面为"工"字形，继承了宋代以来十分流行的平面布局形式（图9-1-1、图9-1-2）。整座建筑群院落宽大，建筑讲究，有的房屋墙壁下部采用"磨砖对缝"的工艺砌成，室内用方砖铺地，并且安装有雕饰华丽的格子门。从后英房遗址中可以看出元代住宅建筑已是较为成熟的合院式布局，它介于唐

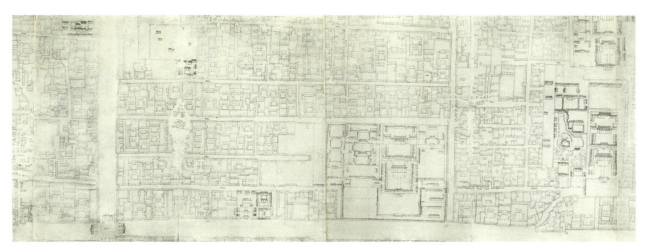

图9-0-1　乾隆《京城全图》中东四路口东北部胡同、四合院民居及其他大型合院式建筑形成的城市肌理

图 9-1-1　后英房遗址全景（图片来源：《北京考古四十年》）

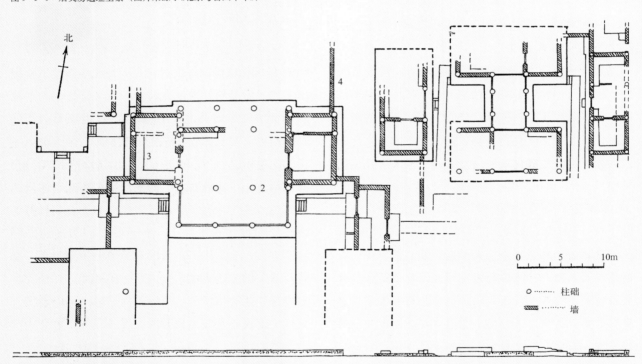

图 9-1-2　后英房居住遗址总平、剖面图（图片来源：《北京考古四十年》）

宋与明清之间，虽然有别于明清北京的标准四合院，但四合院的"雏形"业已形成（图9-1-3）。

二、明清北京四合院

享誉世界的北京四合院其实是明清时期形成的，是北京传统民居的代表（图9-1-4）。北京四合院是在元大都合院式住宅的基础上发展而来：从最简单的一进四合院到二、三、四进院落的四合院（图9-1-5）乃至有东、西路跨院的大宅第，规模更大的宅院甚至纵跨两条以上的胡同。

王国维在谈及古人作宫室（即住宅）时写道：

"我国家族之制古矣。一家之中，有父子、有兄弟，而父子、兄弟又各有其匹偶焉。即就一男子言，而其贵者有一妻焉，有若干妾焉。一家之人，断非一室所能容……其既为宫室也，必使一家之人所居之室相距至近，而后情足以相亲，功足以相助焉。然欲诸室相接，非四阿之屋不可。四阿者，四栋也，为四栋之屋，使其堂各向东西南北，于外则四堂，

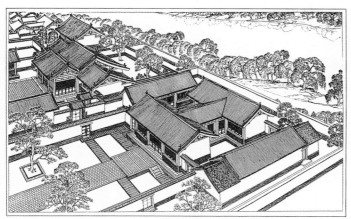
图9-1-3 后英房元代住宅复原图（图片来源：《傅熹年建筑史论文集》）

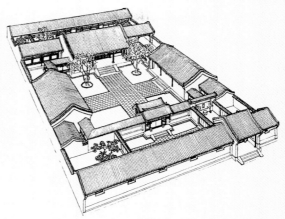
图9-1-4 四合院——北京的细胞（图片来源：《北京四合院》）

后之为四室，亦自向东西南北，而凑于中庭矣，此置室最近之法，最利于用，而亦足以为观美。"①

这段论述言简意赅地道出了中国古代四合院住宅的最主要特征——"为四栋之屋"、"各向东西南北"、"凑于中庭"，最主要优点——"最利于用，而亦足以为观美"（实用而美观），最主要的文化内涵——"必使一家之人所居之室相距至近，而后情足以相亲焉，功足以相助"，即四合院是古代家族制度的产物。

（一）一进四合院

明清北京城有数以万计的四合院，其平面布局形式亦可谓千变万化。然而"万变不离其宗"——最简单的四合院为一进院落，它可以说是北京四合院的"基本原型"。②它通常坐落在面阔5丈（合16米）、进深7丈（合22.4米）③左右的长方形用地上，坐北朝南，最北端是正房三间加左右耳房各一间（称作"三正两耳"，平均一间1丈，但正房开间要比耳房稍大），东、西厢房各三间，倒座房五间，其最东头一间辟为全院大门。四座房屋围成南北深、东西窄的狭长院落。从东南隅的大门进入，迎面是镶砌在东厢房南山墙上的影壁，称"坐山影壁"。向西通过一道矮垣上的小门（通常做成圆形的"月亮门"，上安四扇绿色屏门）便可进入内院。此外，倒座房最西一间往往与中央三间隔开，并有和大门对称的矮垣、屏门与内院分隔，如此就成了一处带小院子的独立房间，常常当作书房。这就是一座"最低标准"的四合院——由四座主要房屋和一些辅助建筑（耳房、矮垣、屏门等）加上四周墙垣围合而成的院落单元。由于南、北各五间房，所以也称"五间口"四合院（图9-1-6）。

（二）二进四合院

明清北京城（特别是内城）中数量最多的是二至三进的四合院。二进四合院占地约为7丈（合22.4米）宽、10丈（合32米）深，因而可布置北房三间及左右耳房各两间（三正四耳），东、西厢房南侧还可各设一间"厢耳房"，两座厢耳房南墙一线筑起隔墙一道，将整个建筑群分作内外两进院落。南面建倒座房七间，大门通常设在东起第二间（仍位于东南方位），进门正对一座"独立影壁"。西转入屏门即为第一进院，这是一座东西宽、南北浅的狭长院落，它与正房、厢房围合而成的第二进院通过垂花门相联系。垂花门是进入内院的门户，所以又称作"二门"，是整座院落装饰的重点，也是北京四合院建筑群的"点睛之笔"——主人往往花费大量心血对它进行艺术加工。内院为一宽敞院落，正、厢房前皆设外廊，各房与垂花门之间更以曲尺形游廊相连（连接垂花门与东、西厢的称"抄手游廊"，连接正房与厢房的称"钻山游廊"）。两处钻山游廊与正房的东西耳房围合成两处僻静的小院，加上矮垣、屏门隔成的倒座房东、西两个房间前面的小院，一座二进四合院建筑群实际上往往有一主、一次、四小总共六处院落，空间变化极为丰

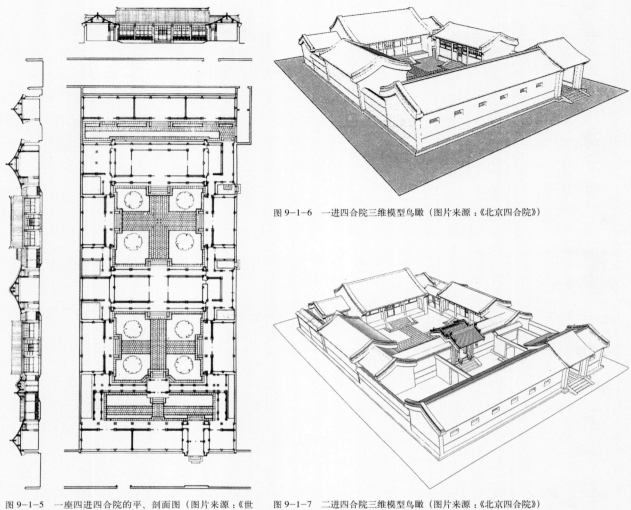

图 9-1-5 一座四进四合院的平、剖面图（图片来源：《世界城市史》）

图 9-1-6 一进四合院三维模型鸟瞰（图片来源：《北京四合院》）

图 9-1-7 二进四合院三维模型鸟瞰（图片来源：《北京四合院》）

富。全院房间则有大大小小 22 间之多，居住面积可达二百多平方米。由于坐北朝南的布局，北房（正房）最为舒适，西厢房次之，而东厢房、倒座房则较差——俗语云"有钱不住东南房，冬不暖来夏不凉"。依照居住的舒适度，古人把房屋按礼制分成不同的等级，与封建家庭中的长幼尊卑相对应。正如曹禺的话剧《北京人》所描述的：老一代老爷、太太住北屋，第二代大爷、大奶奶住西屋，东屋是下房，仆人、奶妈带小孩住；东屋最南面一间后檐开天窗作厨房；南屋作为客厅（图 9-1-7）。

（三）三进四合院

在二进四合院正房后面加一排北房（称作后罩房），与正房之间形成一个与第一进院类似的狭长院落，正房的东耳房尽端一间辟为联系主庭院与后院的通道——这样就形成了一座三进的四合院：宽 7 丈（合 22.4 米）、深 13 丈（合 42.6 米），有学者称之为北京的"标准四合院"或"典型四合院"（图 9-1-8）。④

（四）四进四合院

如果将三进四合院的主院重复一遍，则形成一座四进四合院，其中南北两端的庭院狭长，中央两进庭院方整，犹如两座两进四合院背靠背组合而成，占地约 7 丈（合 22.4 米）宽、20 丈（合 64 米）深（图 9-1-9）。

（五）其他宅院

此外，北京城还有诸多其他类型的宅院，分别

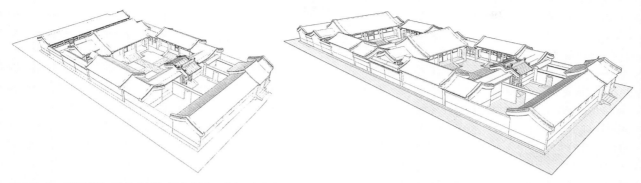

图 9-1-8　三进四合院三维模型鸟瞰（图片来源：《北京四合院》）　图 9-1-9　四进四合院三维模型鸟瞰（图片来源：《北京四合院》）

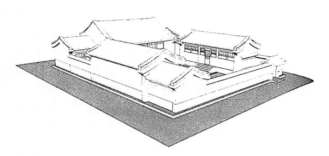

图 9-1-10　三合院三维模型鸟瞰（图片来源：《北京四合院》）

是通过对典型四合院作"加减法"变化而来的。

先说"加法"。普通四合院正、厢房都是三间，但五品以上的官员则可以造五间甚至更多，于是四合院在宽度上即可出现"五正四耳九间口"、"五正六耳十一间口"的阔面大宅；另一方面，虽然四进院落即已充满两条胡同间的距离，然而达官贵人的深宅大院却可以纵贯数条胡同。据清人笔记载，和珅宅邸的中路竟达十三进之多（相当于跨过 3 ~ 4 条胡同，今恭王府及花园即为和珅旧宅的一部分）。另外，大型宅第还可采取东西方向几组院落并联的方式来增加规模。胡同里的大型公共建筑如庙宇、官署、会馆也都是由这样并联的院落组成的。最常见的布局是分作中、东、西三路，最主要的礼仪性空间布置在中路，附属空间与园林等布置在东、西路，紫禁城则是这种布局的极致。

再看"减法"。当用地和经济条件不允许建造哪怕是最小的四合院单元时，古人则往往因地制宜地作一番"减法"，以获得比四合院稍微简化但依旧舒适的宅院：如果用地进深不足，则将四合院中的倒座房取消，改为南墙，于东南部开一座"随墙门"，这样就成了一座标准"三合院"（图 9-1-10）。如果面阔不足"五间口"，仅够盖四间，则采用三间正房外加左右各半间耳房，俗名"四破五"，可算作是"准四合院"。如果面阔仅三间，则成为"三间口"的"小四合"，入口仅为半间的小街门，里面正、厢房俱全，但无耳房，也算是"小而精"，不过庭院就十分促狭了。像这类"精简"的小宅院大都出现在外城，清代震钧《天咫偶闻》中即写道：

"内城房屋，异于外城。外城式近南方，庭宇湫隘。内城则院落宽阔，屋宇高宏。"⑤

前面所言宅院都是位于东西向胡同路北，具备坐北朝南的理想朝向，但是在东西向胡同路南则会出现坐南朝北的布局。此外，在南北向胡同中，四合院则分别在胡同东、西两侧——这些时候，四合院的设计往往要因地制宜，略加变化，最终还是要想尽办法取得坐北朝南的标准格局，这也是令北京四合院格外"纯粹"的一大原因。当然，北京城之大，也确有坐东朝西、坐西朝东、坐南朝北的院落，甚至在斜胡同里还有不是正南正北的不规则院落，此外还有小民居、廊房等更为简陋的住宅，但是相比之下毕竟是少数。

（六）大门朝向

值得一提的是，北京四合院由于风水原因造成大门偏离中轴线，位居东南隅（胡同以南的宅院则大门设在西北隅），与绝大多数其他类型建筑群迥然不同。由于这样的大门布置，北京四合院由大门进入主要庭院必要经历一番曲折路径，深具曲径通幽之致，加强了四合院住宅的私密感和别样情趣，可谓北京四合院一个独特的"空间序幕"。

三、四合院的美学

四合院整中有变的平面布局加上历代能工巧匠对四合院建筑的精心雕琢,形成了北京四合院特有的美感特征,可谓"四合院的美学",大致可概括为以下诸方面。

(一)屋顶肌理之美——万千屋檐林杪间

千千万万四合院民居的组合构成了北京城市街区的"母题",大型王府、官署、寺观贯穿数条胡同,形成一系列"强音",贫民小院则散落于小胡同两侧或者深宅大院间的"缝隙"中,点缀着整阕城市乐章——这一"街道-胡同-四合院"体系塑造了北京的"城市肌理"。

这"肌理"不仅可以时时刻刻在城市生活中体验到,更可以通过登高俯瞰达到一目了然的效果(北京城中有大量制高点,皇家有景山、琼华岛,民间有佛塔,还可由城楼、城墙俯瞰),这是北京城最为动人的画卷。这幅画卷以紫禁城的重重金色屋宇为核心,傍以清澈柔媚的太液池,皇城四周则尽是无边无际灰色屋顶的海洋,同时每座庭院里长出的大树又冠盖相连,交织成一片绿色树木的海洋,它们共同烘托着紫禁城、皇城的黄瓦红墙,美不胜收。单独看每一片街区,每一片鳞次栉比的屋顶及其与绿树的相互掩映,同样是妙趣横生:一方面,由于四合院的标准形制,纵横交错的屋顶有着统一的尺度、节奏和韵律,使人望之心境平和;但另一方面,由于礼制规定形成的不同规模,加之四合院房屋本身的高低错落,使得一片屋顶的海洋也并非"水平如镜",而是"波澜起伏",统一中富于变化。加上家家户户院中不同姿态的树木,一年四季随季节变换造型、色彩,更使得北京城的肌理无限丰富和生动。这一片片屋顶的海洋最美的时候还要数大雪过后,千千万万屋檐笼罩在一片白色之下,轮廓、线条更加分明,如粉雕玉琢——真可谓达到"尽善尽美"之境(图9-1-11)。

(二)胡同景色之美——灰墙青瓦映朱门

四合院的外部是北京城数以千计的胡同。胡同的景象大多呈现为"青瓦灰墙映朱门"(图9-1-12)。胡同两侧的界面以大面积的灰砖墙为主调,灰墙上方为高度差不多的连绵的青瓦屋顶。四合院住宅或者王府、衙署、庙宇等建筑群的大门(有时这些大

图9-1-11 屋顶肌理之美——万千屋檐林杪间(图片来源:《北京四合院建筑》)

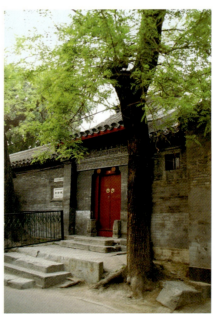

图9-1-12 胡同景色之美——灰墙青瓦映朱门
(图片来源:王南摄)

图 9-1-13 院落空间之美——庭院深深深几许（图片来源：华新民提供）

图 9-1-14 园林绿化之美——天棚鱼缸石榴树

门对面还设有照壁）是惟一打破这青瓦灰墙所构成连续立面的标志物。四合院的大门依照不同的等级分为不同的形制：从最高形制的广亮大门，往下依次为金柱大门、蛮子门、如意门到最简易的随墙门（清末开始出现一些西洋式的大门）。不论何种形制，大门依旧以青瓦、灰墙为基调，只是在木质的梁柱和门扇上施以油漆、彩绘，大门多以朱红或黑色为主色调[6]，成为胡同中最醒目的色彩，形制高一些的大门还有彩画及雀替等装饰，大门的墀头和屋脊等位置则以精美的砖雕进行重点装饰。加上胡同、庭院里的绿树，构成了一幅宁静祥和的图景。

此外，大多数胡同内总有至少一座小型寺庙，成为胡同中的地标与公共空间。庙宇的大门及红墙则成为胡同中更加醒目的风景。胡同口的栅栏门，胡同中的水井、水窝子（老北京的一些胡同里的水井旁，建有被称为"水窝子"的窝棚，那是看井并为大户人家挑水送水人住的地方）、上马石、拴马桩、泰山石敢当、过街楼等也是胡同空间形态的重要组成部分，进一步丰富了胡同的景象。

（三）院落空间之美——庭院深深深几许

四合院民居的精髓在于庭院，大型的四合院往往在中轴线上布置两进以上的庭院，包括狭长的前院、后院以及方正轩敞的中央庭院，此外还有一些位于角落的小院自成"小天地"——通过大大小小不同尺度院落的安排（各类院落又配植不同特色的花木、小品），构成了丰富多变的空间序列。

特别是主庭院，可谓四合院住宅的多功能共享空间：院内各房间的采光、通风、交通，人的户外活动包括冬日晒暖、夏天纳凉、赏花观鱼、吟诗作赋乃至红白喜事等，都在其中进行（图 9-1-13）。

（四）园林绿化之美——天棚鱼缸石榴树

传统北京四合院的庭院中常设"天棚鱼缸石榴树"。四合院的主庭院一般设有对称的"十"字形甬路，连接垂花门、正房和两厢，甬路以外的四隅均可布置花木，一般会在正房前对称种植两组花木，有的宅院会在甬路正中立假山、荷花缸或金鱼缸，也有于主庭院中设置藤架者——这些园林化的处理使得家家户户都自成一片小天地（图 9-1-14）。

四合院中喜爱种植的花木除了石榴树（有"多子多福"之寓意）外，还有枣树（有"早生贵子"之寓意），北京的一些地名如枣林前街、枣林大院等，都可以看出四合院枣树之普遍，鲁迅更是在其散文名篇《秋夜》中写道："秋夜在我的后园，可以看见墙外有两株树，一株是枣树，还有一株也是

图 9-1-15 建筑造型之美——出入躲闪、高低错落

图 9-1-16 装饰细部之美——磨砖刻石、雕梁画栋：麟庆宅（半亩园）狮子滚绣球砖雕

枣树。"此外，海棠（寓意为富贵满堂）、丁香、夹竹桃、榆叶梅、山桃、柿子树、香椿、臭椿、榆树、金桂、银桂、杜鹃、栀子、草茉莉、凤仙花（北京俗称指甲草）、牵牛花、扁豆花……都是北京庭院中常植的花木。当然还有最常见的槐树——邓云乡叹道："在夏天，那浓郁的槐荫中，一片潮水般的知了声，那真是四合院的仲夏夜之梦境啊！"[7]

（五）建筑造型之美——出入躲闪、高低错落

四合院的空间造型可以概括为：出入躲闪、高低错落。前者指平面关系，后者指屋顶关系。平面布局上所谓出入躲闪包括厢房躲闪，突出正房，耳房退后，突出正房，游廊陪衬，突出二门（垂花门），倒座陪衬，突出宅门等。总的原则是次要建筑在平面布局上避让、烘托主体建筑。

建筑高度方面，正房在台基、柱高、进深、举折方面都占有绝对优势，厢房、耳房、厢耳房逐步递减，大门高于倒座房，垂花门高于游廊，从而形成主次分明、高低错落的富于韵律感的屋顶轮廓（图9-1-15）。

四合院的平面、造型设计可谓是"礼制"、等级制度在建筑群上最生动的体现，并且产生了和谐有序的审美效果。

（六）装饰细部之美——磨砖刻石、雕梁画栋

四合院建筑除了在总体造型上精心设计之外，更拥有诸多富有创意的装饰和细部设计，包括花瓦、花砖、什样锦花墙、砖雕、木雕、石雕（包括抱鼓石、门墩、小品等）、雕花甬路等许许多多装饰内容（图9-1-16），并且这些装饰细部往往还被设计者、使用者寄予了大量象征含义，极大地丰富了传统四合院的文化内涵。以四合院的砖雕为例，充满了象征意义，其主题通常包括以下几类。

自然花草：牡丹象征富贵，菊花象征高雅，松柏象征长寿，竹子象征傲骨，兰花象征清雅，荷花象征高洁，葫芦、石榴、葡萄象征多子等。

吉祥图案：以如意、柿子和"卍"字组成"万事如意"；以牡丹、白头翁组成"富贵白头"；以灵芝、水仙、竹子、寿桃组成"灵仙祝寿"；以松竹梅组成"岁寒三友"；以大象、宝瓶组成"太平有象"；以菊花、麻雀组成"居家欢乐"；以鹌鹑、菊花、枫叶组成"安居乐业"；以梅花、喜鹊组成"喜上眉梢"；以猴子骑马、蜜蜂飞舞组成"马上封侯"；以寿字、蝙蝠组成"五福捧寿";以铜钱、蝙蝠组成"福在眼前"……

还有文化气息浓厚的文房四宝、博古图案,富于装饰性的锦纹图案,宗教法器图案,人物故事图案等。南锣鼓巷东侧的东棉花胡同15号院二门的拱门砖雕极精美,金刚墙以上均为砖雕,上刻花卉走兽,顶部栏板雕有暗八仙图案。整个拱门上的砖雕,布局严谨,凹凸得当,其做工之细,刀法之精,实属罕见。

第二节　典型宅院

一、崇礼宅

清光绪年间大学士崇礼的住宅位于东四六条,由胡同北侧的两座大宅院和一座花园组成,全院占地面积约10816平方米。宅院后门直通东四七条,宅院南侧(东四六条路南)还设有马号。此宅东半部及花园(今63号)为崇礼居所,西半部(今65号)为其兄弟居所,后为其侄儿江宁织造存恒的住宅。整座宅院占地广袤,屋宇壮丽,为北京王公府第以下最好的住宅之一,号称"东城之冠"。

建筑群坐北朝南,由中、东、西三路并联的四合院组成,东路、西路均是由五进院落组成的住宅,中路为花园,三路均相互连通。在东四六条胡同辟有两门,东为63号,西为65号,均为广亮大门,中部花园大门已封堵,东宅与中部花园合为一体(图9-2-1)。现存建筑形制如下。

东路:广亮大门一间,西侧倒座房六间,北房九间过厅,前后有廊,明间可通二进院;二进院有东、西厢房各三间,东、西两侧廊连接南、北两院。经一殿一卷式垂花门(图9-2-2)进入三进院,院

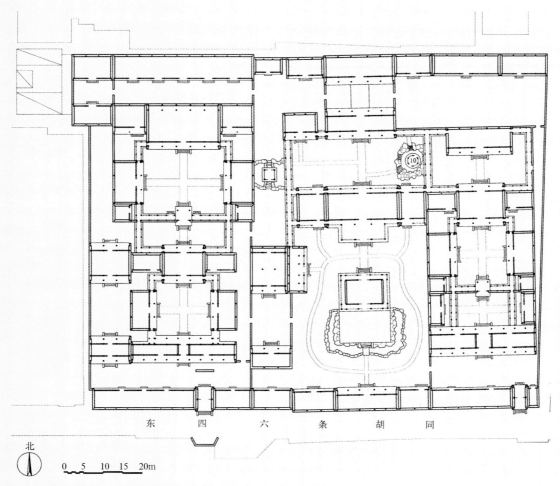

图9-2-1　崇礼宅园复原平面图(图片来源:《北京私家园林志》)

图 9-2-2 崇礼住宅垂花门及抄手游廊（图片来源：《北京四合院》）　　图 9-2-3 崇礼住宅厅房（图片来源：《北京四合院》）

内有正房三间，带前廊，两侧耳房各两间；东、西厢房三间，均带南耳房一间；抄手游廊连接院内各房。第四进院不设厢房，只在游廊环绕中建五间正房。最后一进院为后罩房十二间。

中路（花园区）：中路花园共三进院落，布局简明疏朗。最南端原大门五间，其东为倒座房二间，西为倒座房三间。第一进院有假山、游廊，正中假山上建有一栋面阔三间、周围廊的花厅，歇山顶筒瓦屋面（图 9-2-3）。假山前原有月牙河环绕，池底以细砖墁地，惜现已被填平。院北为正堂"定静堂"，面阔五间，前出卷棚悬山抱厦三间，左右各带两间耳房，堂内据说曾设有戏台。该院西侧有半面歇山式敞轩，背倚西院双卷勾连搭书房之东墙。二进院有正房五间，带前后廊，东侧有一组假山石，其上建圆亭。三进院是祠堂，面阔五间带前廊。

西路：广亮大门一间，大门外有影壁，内有照壁，雕刻有精美花卉图案。一进院有倒座房九间，北房为五间过厅。二进院内正房三间，前后廊，两侧耳房各两间，东、西厢房各三间，前出廊，正、厢房之间以游廊连接。房门裙板上雕"五福捧寿"纹饰（即蝙蝠与寿纹组成的图案）。此院带有东、西跨院各一座：东跨院有南房三间，前出廊，北房三间，双卷勾连搭，当初或为书斋，内部有清代著名书法家邓石如题写苏东坡诗词的硬木隔扇，至今保存完好；西跨院南房三间，北房三间，北房为前廊后厦。二、三进院间有一小院，周围廊，连接前后院。进第三进院垂花门为内宅，有正房五间，两侧有耳房各两间，东、西厢房各三间均带南耳房一间，抄手游廊连接各房，东南角有廊道可通中部花园。第四进院有后罩房十一间，西侧有门通西小院，原为佛堂。

全院布局严整中富于变化，为北京大型四合院之代表，包含了北京四合院布局的各种基本模式，如多进四合院的串联和中、东、西三路建筑群的并联，住宅与花园的结合，各路建筑群中再设小型跨院，屋顶造型的变化如勾连搭的使用等，且全院建筑做工精细，磨砖对缝，彩画明艳，大量使用砖雕装饰，隔扇甚至安设了彩色雕花玻璃，为晚清时期所罕见。

二、文煜宅（可园）

文煜宅位于南锣鼓巷西侧的帽儿胡同 7、9、11、13 号，其中 11、13 号院为住宅部分，7、9 号院为园林部分，二者共同形成五路并排、占地约 10797 平方米的大型宅邸，规模犹在崇礼宅之上，而且其园林部分为京城名园——可园（图9-2-4、图9-2-5）。

西部的11、13号院均为五进院落，其中最西端的13号院的第四进院中设有一个小庭院，假山、水池与古树俱全。

可园

可园为文煜宅的私园，是北京私家园林的代表作。根据可园中文煜之侄志和所撰的园记石碑，可知此园落成于清咸丰十一年（1861年）。园记中称，营建这座园林，"但可供游钓，备栖迟，足矣。命之曰'可'，亦窃比卫大夫'苟合苟完'之意云尔"，并称此园"拓地十方，筑室百堵，疏泉成沼，垒石为山，凡一花一木之栽培，一亭一榭之位置，皆着意经营，非复寻常。"

可园分东、西两部分，西部（9号院）为主体，东部（7号院西院）为附属。其中主体部分南北长约97米，东西宽约26米，面积不足4亩，占地相当于一座狭长的五进四合院，四周均为城市住宅，无景可借，造园难度较大，但经过造园者精心经营，于咫尺之间，山水林桥、亭榭厅轩诸景皆备，可谓匠心独运。

园分为前后两院，前院以池沼为中心，后院以假山为中心，各自独立，通过东部的长廊贯通。前后院的北端各有一座正厅，坐北朝南，并在西厢的位置上各有一座小厅，与东部长廊相呼应。进入东南角的大门之后，即垒有假山，起屏障作用，山上建有一座小巧玲珑的六角亭。向西洞穿假山，绕过西厅之前，可达水池石桥。水池面积虽小，但形状曲折，并引出两脉支流，一脉从石桥下穿过至西面院墙止；一脉一直穿过南面假山至六角亭之下，与山石相依，聊有山泉之意（图9-2-6、图9-2-7）。前院正厅面阔五间，带耳房、游廊（图9-2-8）。

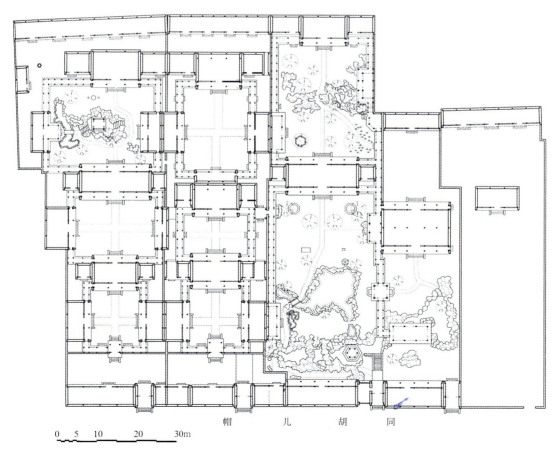

图9-2-4　文煜宅及可园总平面图（图片来源：《北京私家园林志》）

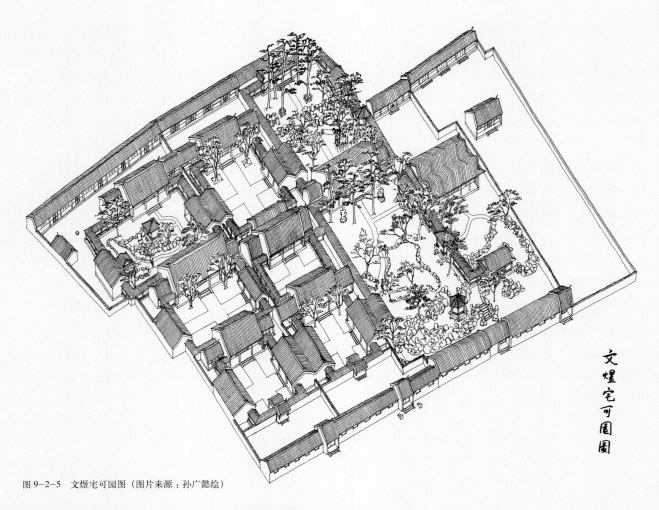

图 9-2-5 文煜宅可园图（图片来源：孙广懿绘）

图 9-2-6 可园前院石桥（图片来源：《北京四合院》）

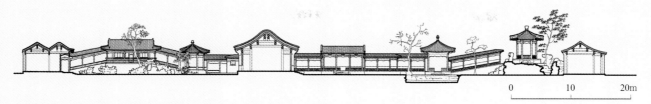

图 9-2-7　可园剖面图（图片来源：《中国古建筑测绘十年》）

图 9-2-8　可园前院正厅（图片来源：《中国古建筑测绘十年》）

图 9-2-9　可园后院景致（图片来源：《北京四合院》）

　　从正厅东侧穿廊而过，再沿一条绿竹夹道的斜径至后院。院中山石蜿蜒，半开半闭，与松竹相间，颇为精巧。后院正房是五开间硬山带耳房和游廊。在东部假山上建有一座三开间歇山顶轩馆，为全园最高处（图9-2-9）。此轩建筑最为精巧，直接临山对石，前有一株大槐树，坐凳为美人靠，极为别致。轩下以山石砌成浅壑，有雨为池，无雨为壑，为北方宅园的独特手法。

　　可园建筑均用灰色筒瓦，墙面以清水灰砖墙为主，未刷白粉，较为质朴。厅榭等均为红柱，长廊为绿柱，梁枋上作苏式彩画，但并未满铺，仅在箍头、枋心包袱位置加以装饰。值得一提的是建筑檐下的吊挂楣子均为细致繁复之木雕，主题包括松、竹、梅、荷花、葫芦等，比寻常的步步锦图案显得更加精致清雅。

三、黑芝麻胡同13号四合院（奎俊宅）

　　东城区黑芝麻胡同13号四合院为清光绪时期四川总督、刑部尚书奎俊宅邸，民国时期为外交总长顾孟余居所（图9-2-10）。

　　宅院原为一座带花园的建筑群，东西四路，南北五进，东部为花园，西部是住宅。宅院建在高台之上，七级台阶上为广亮大门一间，门前有一字影壁，上马石一对，门内也有一字影壁（图9-2-11），西侧屏门通西路一进院，门东、西各有倒座房二间与九间。一进院过道房八间，通过门道入二进院。一座垂花门将二、三进院分割（图9-2-12）。三进院正房三间，东、西耳房各一间，东、西厢房各三间，抄手游廊连接各房（图9-2-13）。四进院已被改建。

　　大门东侧为东路院，一进院倒座房七间，过垂花门为二进院，正房三间，左右耳房各一间，东、西厢房各三间，抄手游廊连接各房。三进院北房七间，东、西厢房各一间。东路院东侧还有一路两进小院。东、西路院落之间过道现添建房舍。

　　院落形制保存较好，尤其是砖、石和木雕雕镂精细，独具特色。此宅院东部原为大面积花园，有假山、树木及亭榭、轩室、月牙河等，惜现已拆除

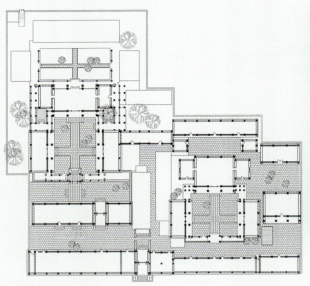

图9-2-11 黑芝麻胡同13号四合院影壁

图9-2-10 黑芝麻胡同13号总平面图（图片来源：《中国古建筑测绘十年》）

图9-2-12 黑芝麻胡同13号四合院垂花门（图片来源：袁琳摄）

图9-2-13 黑芝麻胡同13号四合院庭院（图片来源：袁琳摄）

殆尽。目前留存的院落尚占地4328平方米。

四、礼士胡同129号四合院

礼士胡同129号四合院原为清末武昌知府宾俊宅邸，经著名建筑学家朱启钤的学生重新设计，形成现在的规模，具有鲜明的近代特色（图9-2-14、图9-2-15）。

院落坐北朝南，由多组庭院和花园组成，占地约4520平方米。现存建筑形制由主体院落和西跨院及西北部花园组成。广亮大门一间，门外廊心墙、戗檐、门两侧八字墙和沿街院墙均雕有精美的砖雕图案。门内两旁倒座房各两间，东连车门；西侧为新开大门，西有临街倒座房四间。一进院内北面有两个并列的四合院。东院有一殿一卷式垂花门，门左右立有一对石兽，两侧看面墙上有什锦窗，砖雕窗框颇为精致（图9-2-16）。门内正房三间，东、西厢房各三间，抄手游廊连接各房（图9-2-17～图9-2-19）。后院有五间北房。1986年在东南院墙处添建一座二柱三楼式牌楼，过牌楼向北有一组坐西朝东的四合院，院门为一

图 9-2-15 礼士胡同 129 号四合院俯瞰（图片来源：赵大海摄）

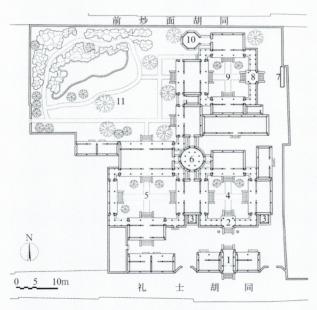

1- 宅门；2- 垂花门；3- 半亭；4- 东院；5- 西院；6- 圆厅；7- 照壁；8- 垂花门；9- 北院；10- 八角亭；11- 白皮松

图 9-2-14 礼士胡同 129 号四合院平面图（图片来源：《北京私家园林志》）

殿一卷式垂花门，门前有坐东向西的影壁，正中雕刻条幅，四角雕有高浮雕岔角花纹（图 9-2-20、图 9-2-21）。院内南、北、西三面房各三间，西房为两卷勾连搭的过厅，可通往西侧的花园。与东院比邻的西院，有南房三间为过厅，是该院的院门，北房五间带前后廊，东厢房亦为过厅，与东院的西厢相连（图 9-2-22、图 9-2-23）。该院西侧有单坡顶游廊，可通往花园。东、西两院正房间有一座重檐攒尖顶圆亭，四面有门廊道与东西南北各房间连通，形制极为独特，圆亭还设有高侧窗为内部采光，成为建筑群中的一座枢纽大厅，亦是整座四合院中最富于近代气息的所在（图 9-2-24）。

花园建在宅院的西北部，面积不大，但是假山、水池、树木搭配得当，花草点缀得体，显得幽静而高雅。东北角有一座单檐八角亭，覆以绿色琉璃瓦。

该院虽为民国时期改建，但是布局紧凑，建筑装修精美讲究，尤以砖雕别具特色，特别是正房、厢房的廊门走马板上的砖雕匾额，刻有撷秀、抗风、舒华、蕴秀、竹幽、兰媚、含珠、隐玉、摘芳、拧月、玉髓、璇源、疏华、杂珮等题字，娴雅秀逸，耐人寻味（图 9-2-25）。总体观之，该院为北京四合院中难得的精品。

图 9-2-16　礼士胡同 129 号四合院南院垂花门外观（图片来源：赵大海摄）

图 9-2-17　礼士胡同 129 号四合院南院垂花门内侧（图片来源：赵大海摄）

图 9-2-18 礼士胡同 129 号四合院南院游廊（图片来源：赵大海摄）　图 9-2-19 礼士胡同 129 号四合院南院正房、西厢房及圆厅（图片来源：王南摄）

图 9-2-20 礼士胡同 129 号四合院北院影壁（图片来源：赵大海摄）

图 9-2-21 礼士胡同 129 号四合院北院垂花门（图片来源：赵大海摄）

图 9-2-22　礼士胡同 129 号四合院北院庭院及天棚鱼缸

图 9-2-23　礼士胡同 129 号四合院北院檐廊

图 9-2-24　礼士胡同 129 号四合院北院圆厅内景

图 9-2-25　礼士胡同 129 号四合院檐廊刻字

五、东城区内务部街 11 号四合院（明瑞府、六公主府）

东城区内务部街 11 号原为清乾隆时定边右副将军、一等诚嘉毅勇公明瑞的府邸，明瑞字筠亭，曾任正白旗汉军都统、伊犁将军等职。道光十四年（1834 年），其曾孙景庆袭爵，道光二十五年（1845 年），清宣宗第六女寿恩公主下嫁景庆之弟景寿，故该府又俗称"六公主府"。民国后为盐业银行经理岳乾斋购得，现为单位宿舍。

建筑群坐北朝南，占地广大，由南部住宅和北部花园构成。住宅由四路院落组成，沿内务部街北并列四座宅门，均为广亮大门，现有三座已封堵，11 号改为如意门。从东至西倒座房共二十三间。门内均有通向各院的随墙门和独立影壁。现 11 号院（即东起第二路）屋宇高大，有四进院落，为主院。经一座一殿一卷垂花门（图 9-2-26）入二进院，二进院正房为厅堂五间，前出廊，后出三间悬山顶抱厦。三进院正房三间，东、西耳房各二间，双卷勾连搭屋顶，进深很大。四进院正房五间，前出廊。二进院至四进院均有抄手游廊环绕。此路院落为接待宾客和礼仪性的场所。最东侧的四进院落应为书斋静室之属。主院西侧一路四进院落为主要居住部分。最西侧一路二进院落为家祠。现存四路院落不含花园依旧占地约 7373 平方米（图 9-2-27）。

全院北部花园，占地广阔，虽改建添建颇多，但叠石假山尚存，且横贯东西为曲折假山上有轩亭，中间三间敞轩，筒瓦歇山顶，两端四角攒尖方亭，下有阶石、涵洞。

六、婉容故居

南锣鼓巷西侧帽儿胡同 35、37 号院原为清朝末代皇帝溥仪的皇后婉容婚前的住所，为其曾祖父郭布罗·长顺所建。

旧居由东、西两路组成，东为 35 号院，原为小型私家园林，西为 37 号院，原为居住区。两路院落原共用三间大门，现在原府门改为住房，在原倒座房处开两小门，分别为 35、37 号院门。

原府门内有一字影壁，左右各四扇屏门，进西屏门即入西路院子（37 号）。南为倒座房七间，北为垂花门，抄手游廊围合第二进院。北侧为带东、西耳房的三间穿堂，再后为三进院，为主院。正房五间前后出廊，左右各带耳房一间。东、西厢房各三间。正房室内装修精美，顶有井口天花，明间有一槽精致的栖凤牡丹落地花罩，西次间有一槽七扇

图 9-2-26　内务部街 11 号垂花门（图片来源：《北京四合院》）

图 9-2-27　内务部街 11 号假山（图片来源：《北京四合院》）

图 9-2-28 婉容故居室内（图片来源：《北京四合院》）

图 9-2-29 婉容故居庭园（图片来源：《北京四合院》）

椭圆形玻璃镜屏，西梢间北壁镶嵌整面水银玻璃镜，东次间、东梢间还有碧纱橱，为普通民居所罕见（图9-2-28）。经过东耳房外过道可进入第四进院，有后罩房七间。

进大门后过第一个院子西北侧的月亮门为东路院落。月亮门内的二进院为园林，绕假山、穿山洞，曲径通幽，可达山石、树木掩映下的三间正房（图9-2-29）。正房为双卷勾连搭，室内装修基本保存原状，明间迎面墙满嵌巨镜一方，传为婉容婚前演礼之处，此外还设碧纱橱等装修。后院还有后罩房三间。据称，第三进院中原来也有假山、池沼，并于东侧建有家祠。

七、东城区美术馆东街 25 号四合院

美术馆东街 25 号四合院原为一组带花园的住宅，1958 年建中国美术馆时，拆除该院西部的花园部分，仅存东半部的住宅部分。此院原为慈禧太后侄女的私宅，民国初年卖给一德国商人，抗战后被买办吴信才购得，不久作为敌产没收，后为国民党将领杜聿明宅。

该院坐北朝南，共有四进。大门一间，倒座房九间，一进院十分宽阔疏朗，仅有树木若干。北为过厅九间，前后廊，过厅门前一对上马石。过厅以北庭院空间颇有曲径通幽之感，是整组建筑群的精华部分。过厅北面二进院为一小庭院，仅有东、西配房两座，甬路通向一座造型精美的垂花门（现甬路两侧被加建围墙，二进院更显空间狭小）（图9-2-30、图9-2-31）。垂花门前两座抱鼓石并一对小石狮。门内两旁另有一对抱鼓石，似从他处移来，现被房主人"改造"为花池，颇富意趣。由二进院入垂花门到达三进院，顿觉豁然开朗。院子宽敞方正，正房三间，前后廊，前有月台及垂带踏步，两侧耳房各三间，东、西厢房各三间，南带耳房各两间，抄手游廊连接各房。正、厢房的明间隔扇均有精致的木雕花饰。正房室内明间有一硬木雕花落地罩，中为月亮门，四周刻有梅竹，十分精美。正房墀头、正脊的砖雕也极为精致，尤其是墀头砖雕，描绘状元郎衣锦还乡场面，造型生动，栩栩如生，为北京四合院砖雕中之精品（图9-2-32）。第四进院有后罩房五间，左、右耳房各两间，院内游廊环绕。该宅院西侧有一南北向通廊连接各进院落，廊子西侧跨院现存北房五间，前后廊。院中颇有一些园林遗韵。

综观此宅，院落规整，空间丰富，建筑精致，木雕、砖雕极为雅致，加之主人勤于种植，院中花木扶疏，幽雅宜人，为北京四合院中的佳品。

八、朱启钤宅

赵堂子胡同 3 号院是朱启钤在 20 世纪 30 年代购置的，当时还是一座未完成的建筑，后由他亲自设计督造，建成一处大型宅院。北平沦陷时期，被日本人强行购买，抗战胜利后又发还朱家。新中国

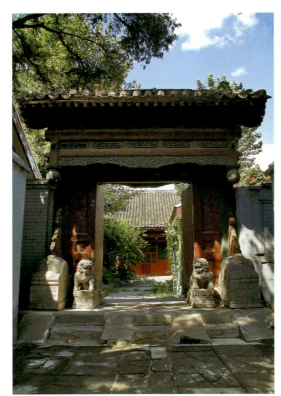
图 9-2-30 美术馆东街 25 号四合院垂花门及正房

图 9-2-31 美术馆东街 25 号四合院垂花门

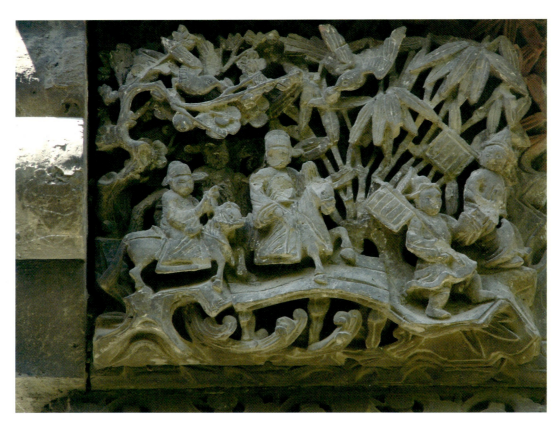
图 9-2-32 美术馆东街 25 号四合院正房墀头砖雕

图 9-2-33　朱启钤故居鸟瞰

成立后，朱启钤将此宅献给国家，全家迁入东四八条111号。

此宅院占地约3330平方米，布局独具特色（图9-2-33、图9-2-34）。它以一条贯穿南北的走廊为中轴线，将整个宅院分成东、西两部分，且将两侧的八个院落有机地组合成一组颇具气魄的建筑群。南端中部为金柱大门一间，大门正对该南北通廊，由这条长廊可进入东、西路的各个院子。西路四进院落：大门西侧为倒座房五间，过垂花门为二进院，二、四进院均为北房三间前出廊，三进院为北房三间前后廊，各院带西耳房二间、西厢房三间。东路一进院北房三间，前出廊，勾连搭一殿一卷式屋面，西耳房两间，歇山顶；二进院亦为北房三间带西耳房两间，有东厢房三间；三进院有北房五间，东厢房三间；四进院已改建。

综观全宅，一定程度上突破了北京传统四合院的布局模式，没有将东、西两路建筑群完全独立建造，而是以一条南北通廊代替东院西厢、西院东厢，加强了各个院落的联系，在建筑群设计上具有一定的创新。

赵堂子胡同3号院建成后，前半部为中国营造学社办公之处，后半部为朱启钤先生眷属居住。据其子朱海北回忆，院内建筑的做法及彩绘，完全按照法式进行，所用木工、彩画工都是为故宫施工的老工匠。故该宅院同时具有纪念与研究的双重价值。

九、史家胡同51～55号四合院

史家胡同51号四合院（章士钊故居）原为三进院落，章士钊一家住前两院，将第三进院落分出，由北面内务部街另辟门。现存建筑坐北朝南，广亮大门一间，一进院大门西侧有倒座房五间，北房为三开间的过厅，后出廊。二进院正房三间，前廊后厦，两侧耳房各一间，东、西厢房各三间。抄手游廊连接各房。院内四隅种有海棠、苹果等花木，优美宜人。正房内木装修颇为精美，北面抱厦部分的隔扇由两座八方屏门组成，其顶部为一个楼阁式书橱，上带朝天栏杆，书橱由西面次间内的一架楼梯上去。室内还有一槽碧纱橱。

53号宅院在51号之西，该宅为一坐北朝南的三进四合院，现存建筑形制是大门居中，已改为两扇铁门，为好园宾馆。东侧有倒座房三间，西侧两间。一进院正房三间，两侧耳房各两间。二进院为一过渡庭院，院内种植花木，原建筑格局已经改变。三进院有正房三间，两侧耳房各两间，东、西厢房各三间。各房均带前廊。室内花砖铺地。

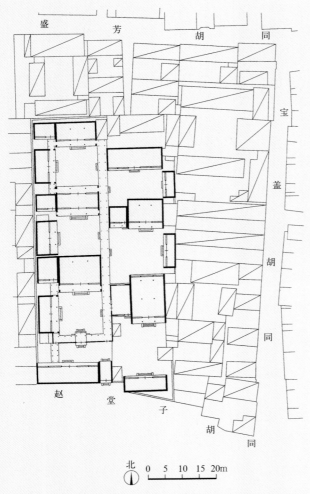

图 9-2-34 朱启钤故居平面图（图片来源：《东华图志》）

十、西城区西四北六条 23 号四合院

西城区西四北六条 23 号四合院是一处典型的四进四合院住宅，坐北朝南。门外有照壁一座，门前台阶两侧有上马石一对。大门在住宅东南角（图 9-2-36），东有倒座房两间，西有倒座房六间。进入大门迎面是影壁。前院东、西有房。纵轴线的二门是垂花门，两侧是抄手游廊，墙上是什锦灯窗。北房五间，两侧耳房各两间，北房明间门的裙板雕刻有中国古典小说《西游记》等中的人物图案以及花篮盆景，甚为精美。东、西厢房各三间。北房东侧有过道和后院相通，后院北房五间，两侧耳房各两间，北房明间门上的裙板雕刻有松鼠、葡萄、盆景、花篮等图案。东、西厢房各三间。最后有后罩房九间。院内墙上布满"卍"字不到头砖雕。总面积约 2500 平方米，前后有四进院落。

十一、梁启超故居

位于东城区北沟沿胡同 23 号的梁启超故居规模颇大，占地面积 3888 平方米，主体建筑集中在南半部，是东、西并列的两个三进院落，东部为住宅，西部为花厅；北半部约占整个院落的五分之二，是花园式的后院，院内树木繁盛，有假山，有凉亭；后院开有朝东的穿墙门，是整个院落的后门。该院共有房屋和亭、轩等建筑 129 间，建筑面积 1535 平方米，其中包括带抄手廊的瓦房 47 间、敞轩 3 间、游廊 21 间、地窖子 4 间、防空洞 1 个、凉亭 1 座。

该院的具体格局为大门朝东，为西洋式门楼。门对面设一座一字照壁；进入宅门，迎面又是一座一字影壁。大门内侧有坐东朝西的类似倒座房 11 间。往北经过坐西朝东的垂花门便进入了东院的一进院；一进院有带抄手廊的南房、北房各五间，北房为腰厅，即中间一间为连接前、后院的通道；东院的二进院均为带抄手廊的瓦房，有正房三间、耳房两间，东、西厢房各三间；东院的三进院有七间后罩房。

史家胡同 55 号宅院为一坐北朝南三进四合院，现已分割为两部分，南半部为 55 号，北半部即第三进院现为内务部街 44 号。现存建筑形制为：广亮大门一间，门内有一字影壁，上有砖雕清代和亲王题诗，左联为：红珠斗帐樱桃熟，右联为：金尾屏风孔雀闲。中间为一道诗："桂殿与山连，兰汤涌自然，阴崖含秀色，温谷吐潺湲。绩为能邪者，功因养正宣，顾立将亿兆，同此世昌延。"影壁东侧有一段廊子，廊东侧为一小跨院，内有南房两间。大门西侧倒座房九间，北面为一殿一卷式垂花门通二进院。二进院正房五间，东、西厢房各三间，且北面带有耳房两间，抄手游廊连接各房。第三进院有正房三间，东、西厢房各三间，抄手游廊连接各房（图 9-2-35）。

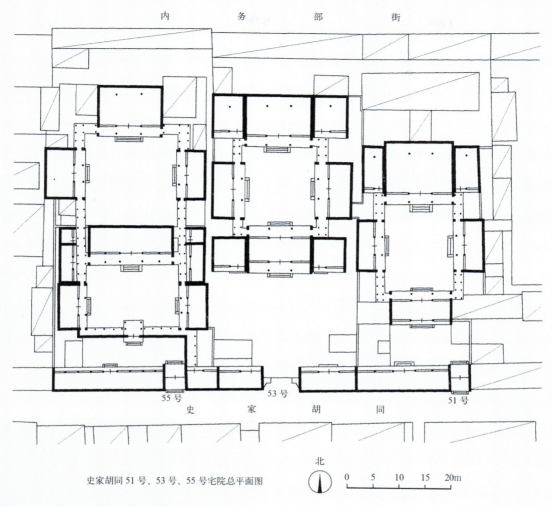

史家胡同 51 号、53 号、55 号宅院总平面图

图 9-2-35　史家胡同 51～55 号总平面图（图片来源：《东华图志》）

图 9-2-36　西城区西四六条 23 号四合院鸟瞰

与东院并列的西院是休闲区，习惯称为"西花厅"，亦是三进院落，从南往北依次是：由假山叠石与三间敞轩构成的一进院，由三间敞轩和三间正房构成并有转圈游廊连接的二进院和由两间东、西厢房与平顶外廊构成的三进院（已不存）。

故居现在是某单位宿舍，当年院内的主要建筑尚存，只是已残破不堪，由于为解决职工住房而进行的改、扩建工程和住户见缝插针的自建房屋，致使该院已难寻昔日风采，尤其是昔日的庭院、花园均已荡然无存（图9-2-37）。

十二、翠花街5号四合院（传为张学良故居）

这是一座大型四合院，坐北朝南，东、西两院。东院是敞厅花园，西院是住宅。西院由三进院落组成，广亮大门建在高台阶上，大门内侧象眼刻石十分精美，在北京四合院中已十分罕见（图9-2-38、图9-2-39）。前院和中院建筑保存完好，装饰的砖雕精美。东院原有假山，现保存有一座敞厅，由三卷勾连搭组成"凹"字形建筑，四面有廊。这种三卷勾连搭的敞厅，北京现存较少，除此一座外，北京动物园内的鬯春堂也是这种建筑形式，带有浓烈的近代色彩，据说是张学良居住在此时建造的大型舞厅（图9-2-40），现为北京口腔医院员工宿舍。此外，故居西侧的3号四合院也相当完好。

十三、东四八条71号四合院（叶圣陶故居）

位于东四八条71号的叶圣陶故居为典型的三进院落。临街的小如意门楼，砖雕精细完好。院内有一字影壁。正房院带垂花门，垂花门保存完好，造型精美（图9-2-41），内有抄手廊、坐凳栏杆，廊墙上嵌有什锦窗。正房三间，室内有碧纱橱，木地板，左右各有两间耳房，东、西厢房各三间。该院除垂花门及走廊用灰筒瓦外，余皆为硬山合瓦清水脊。正房及倒座房为叶圣陶及家人住处，院内种植花草，有两株海棠树。第三进院有北房三间带西耳房两间。

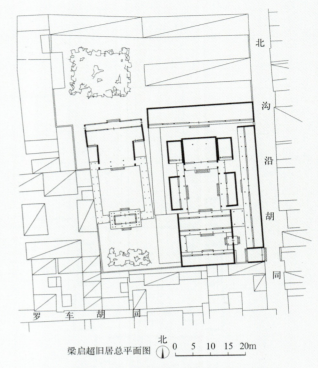

图9-2-37 梁启超故居总平面图（图片来源：《东华图志》）

图9-2-38 翠花街5号四合院大门象眼石刻之一

图9-2-39 翠花街5号四合院大门象眼石刻之二

图 9-2-40　翠花胡同 5 号四合院三卷勾连搭大厅屋顶

图 9-2-41　东四八条 71 号四合院（叶圣陶故居）

十四、绵宜宅

东四四条 5 号四合院为清宗室绵宜故宅，坐北朝南，大门外两株古槐参天蔽日。该院共有三进院落，大门为如意门一间，门内迎面有一字影壁，西有屏门，过屏门，有四间倒座房，倒座房北有垂花门，垂花门很精致，东、西、北三面均有四扇屏门。东、西屏门通向抄手游廊，通连第二进院。第二进院为主院，正房三间，左右各带两间耳房。正房内部装修为清代旧物，硬木落地格扇和碧纱橱非常完整。东、西厢房各三间。三进院有后罩房五间，西带耳房一间。此院为典型的北京中型四合院（图 9-2-42）。

十五、珠市口大街 161 号四合院

珠市口大街 161 号院是一座典型的近代中西合璧的四合院住宅，坐北朝南，共三进院落，其中第一、二进院落为典型北京四合院格局，第三进院落则一下子完全变成西洋风格，而位于二、三进院落交界处的正房则是南面为典型的北京四合院正房，北面加上了西洋式的柱廊，十分富于趣味。此外，此院的雕饰不论中式还是西式风格，都颇为精丽（图 9-2-43 ～图 9-2-48）。

十六、纪晓岚故居

纪晓岚，清乾隆年间进士，官至礼部尚书，协办大学士，是清代著名学者。他领衔编纂《四库全书》，并写了二百卷的《四库全书总目提要》，还著有《阅微草堂笔记》等。1958 年晋阳饭庄落户于此，1989 年占东院建造了现在的营业楼，2001 年故居西院得以保护及修复，并在此开设纪晓岚纪念馆。

故居坐北朝南，共二进院落。第一进有广亮大门、正房、倒座房，正房五间，七檩勾连搭加前廊一步，南立面为民国初年修建的中西合璧形式装修。屋顶为镂空女儿墙，门窗为拱券形式，上雕精美图案。二进院为阅微草堂旧址，正房五间前接勾连搭抱厦三间，硬山合瓦屋面。故居内有北京最古老的紫藤萝和海棠树，传为纪晓岚当年手植（图 9-2-49、图 9-2-50）。

十七、板厂胡同 27 号四合院

位于南锣鼓巷东侧的板厂胡同 27 号院本为一座大宅，现分为 27 号、29 号两部分。27 号为三进四合院。广亮大门一间，门内有独立影壁。西侧有屏门四扇，一进院有倒座房东一间、西六间，北为

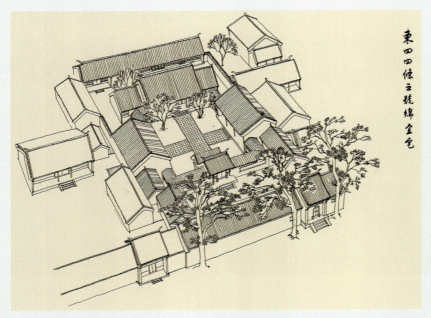

图 9-2-42 东四四条 5 号棉宜宅图(图片来源:孙广懿绘)

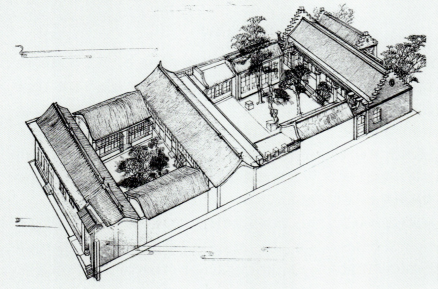

图 9-2-43 珠市口大街 161 号四合院鸟瞰图(图片来源:唐恒鲁绘)

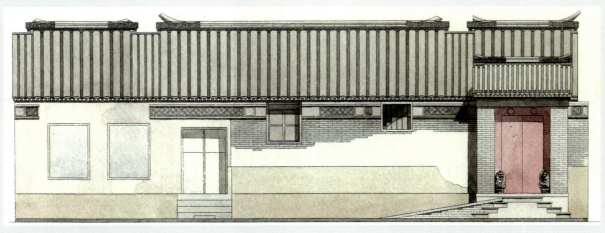

图 9-2-44 珠市口大街 161 号四合院大门正面渲染图(图片来源:王南指导人民大学艺术学院景观建筑系 2003 级学生测绘)

图9-2-45　珠市口大街161号四合院一院正房北立面渲染图（图片来源：王南指导人民大学艺术学院景观建筑系2003级学生测绘）

图9-2-46　珠市口大街161号四合院二院正房正立面渲染图（图片来源：王南指导人民大学艺术学院景观建筑系2003级学生测绘）

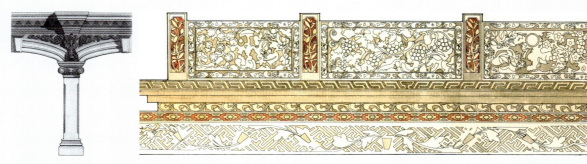

图9-2-47　珠市口大街161号四合院柱式大样渲染图（图片来源：王南指导人民大学艺术学院景观建筑系2003级学生测绘）　图9-2-48　珠市口大街161号四合院二门雕花布局渲染图（图片来源：王南指导人民大学艺术学院景观建筑系2003级学生测绘）

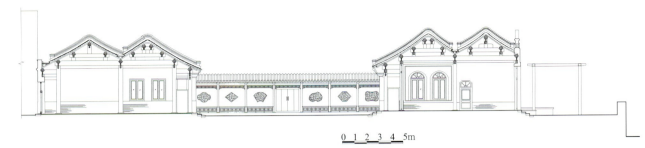

图9-2-49　纪晓岚故居后院剖面图（图片来源：《北京四合院》）

图9-2-50　纪晓岚故居（图片来源：袁琳摄）

垂花门。二进院有正房三间带东、西耳房各两间，东、西厢房各三间，各带南耳房一间。抄手游廊连接诸房。两侧角廊向北经耳房进第三进院。院内有后罩房七间。该院保存完整，墀头砖雕与垂花门木雕均较为精美（图9-2-51）。

十八、梅兰芳故居

梅兰芳故居位于西城区护国寺街9号，坐北朝南，原有北房和东、西厢房，梅氏入住前新建了前院的倒座房。二门内北房正中明间是小客厅；西侧是书房"缀玉轩"，内藏剧本多为善本、孤本；东侧为起居室。院中立有一座精美的木影壁，为北京四合院中为数不多的木影壁遗存之一。该院为十分典型的二进四合院，现辟为梅兰芳纪念馆（图9-2-52）。

图 9-2-51　板厂胡同 27 号四合院垂花门（图片来源：袁琳摄）

图 9-2-52　梅兰芳故居

图 9-2-53 西城区西四北三条 19 号四合院大门

图 9-2-54 西城区西四北三条 19 号四合院垂花门

图 9-2-55 新开路（新革路）20 号四合院（图片来源：袁琳摄）

十九、西四北三条 19 号四合院

西城区西四北三条 19 号四合院（现为西四北三条幼儿园）原有格局保存完整，也是典型的二进四合院。建筑群坐北朝南，占地面积约 717 平方米。一宅两院，外院是一排倒座南房和大门，影壁正对大门。二门为垂花门，里院有三间正房，左右各有一间耳房，东、西厢房各三间（图 9-2-53、图 9-2-54）。

二十、新开路（新革路）20 号四合院

新开路（新革路）20 号四合院坐北朝南、布局严谨，为较典型的一进四合院，原为同仁堂乐家某支的私宅。正房面阔三间，进深二间，南房和东、西厢房各三间。正房和南房的东、西两侧各带耳房一间，各自形成一个单独的小跨院。院内所有房屋全部用游廊相连，院内方砖墁地，西北设有角门。所有建筑均为前出廊，青石台基，墙为青砖砌筑，磨砖对缝，山墙砖雕精美。屋顶均为硬山合瓦箍头脊，带排山勾滴，檐下有飞椽，门窗木雕精美，椽头、柱头皆镶嵌珐琅图案（图 9-2-55）。

北京的胡同、四合院可谓是天下闻名，一方面自然是由于古都北京的盛名，另一方面也是由于

其本身在居住建筑群规划设计方面所取得的独特成就。肇始于元大都的"街道－胡同－四合院"规划总结了北宋汴梁与南宋临安的"坊巷制"规划经验，综合其优点，摒弃其缺陷，从而形成了老舍眼里"天下第一"的规划格局。北京四合院民居与中国各地民居相比虽然各具优劣、各有异同，但之所以在诸多民居中成为最负盛名者，一是因为其皇都民居的地位，也由于其自身的特色：宽敞，大气，既有皇家威严又充满市井气息，虽雕梁画栋不及一些南方富裕地区民居，但毕竟更为雍容大度。

然而，与古都北京的皇家建筑群相比，作为民间建筑代表的北京四合院，在现代化建设和旧城改造中遭到了极其严重的破坏。[8] 许多保存较好的四合院由于没能及时列入文物保护单位名单，而在现代建设中被拆除，甚为可惜。典型者如西城区的鲜明胡同4号、孟端胡同45号，前者为一座保存十分完好的典型二进四合院（图9-2-56～图9-2-58），后者则是带有附属花园的中型府第（图9-2-59～图9-2-63）。正如《北京四合院》一书的作者所言：

"如果把城墙比作北京的皮肤，故宫比作北京的心脏，那么遍布全城的四合院就是老北京的血肉。一旦失去了大片的四合院，北京也就失去了城市的肌理和几百年流传下来的淳厚气息，变成一个没有灵魂的二流城市。"[9]

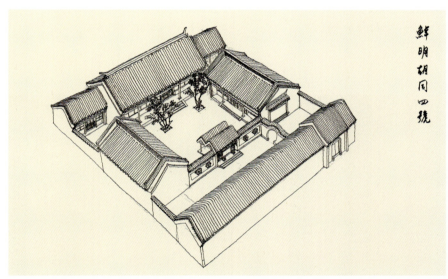

图9-2-56　鲜明胡同4号四合院图（图片来源：孙广懿绘）

图9-2-57　鲜明胡同四号四合院垂花门（左）
图9-2-58　鲜明胡同四号四合院垂花门望主庭院（右）

图9-2-59 孟端胡同45号宅门

图9-2-60 孟端胡同45号垂花门

图9-2-61 孟端胡同45号庭院

图 9-2-62　孟端胡同 45 号附属花园

图 9-2-63　孟端胡同 45 号庭院一角

注释

① 王国维认为"明堂、辟雍、宗庙、大小寝之制,皆不外由此而扩大之缘饰之者也",即四合院住宅之布置为明堂、辟雍等大型礼制建筑的"基本原型"。参见：王国维 . 观堂集林（外二种）（第三卷·艺林三）. 石家庄：河北教育出版社，2001：73.

② 朱家溍指出：一进的四合院才是真正意义上的四合院,二进以上的宅院则称作"宅第",只是近代才逐渐通称四合院。参见：朱家溍 . 故宫退食录（下册）. 北京：北京出版社，1999：712.

③ 以下论述北京典型四合院尺寸时所用丈、尺取明、清时期的数值,1 尺约为 0.32 米.

④ 《中国古代建筑史》以这样的三进四合院为典型四合院的范例。但也有人把二进的"五间口"四合院称作标准四合院,比如邓云乡先生的《北京四合院》一书即是如此。当然,究竟哪一类四合院称得上标准四合院并没有严格规定,应该说在北京内城大量的二、三进,五间口或七间口的四合院都是比较典型的或者说经典的北京四合院。

⑤ 邓云乡 . 北京四合院·草木虫鱼 . 石家庄：河北教育出版社，2004：16.

⑥ 一般来说,王公贵族的宅第大门大多采用明亮鲜艳的紫朱油或朱红油；而一般官员、平民住宅的大门则只能用较灰暗的红土烟子油或黑红相间、单一黑色的油饰。参见：马炳坚 . 北京四合院建筑 . 天津：天津大学出版社，1999：190.

⑦ 邓云乡 . 北京四合院·草木虫鱼 . 石家庄：河北教育出版社，2004：78.

⑧ 关于北京四合院的破坏情况可参考以下代表性著作：王军 . 城记 . 北京：生活 . 读书 . 新知三联书店，2003；王军 . 采访本上的城市 . 北京：生活 . 读书 . 新知三联书店，2008；方可 . 当代北京旧城更新——调查·研究·探索 . 北京：中国建筑工业出版社，2000；华新民 . 为了不能失去的故乡：一个蓝眼睛北京人的十年胡同保卫战 . 北京：法律出版社，2009.

⑨ 贾珺 . 北京四合院 . 北京：清华大学出版社，2009.

北京古建筑

第十章 宗教建筑(上):佛寺

北京宗教建筑：佛寺分布图

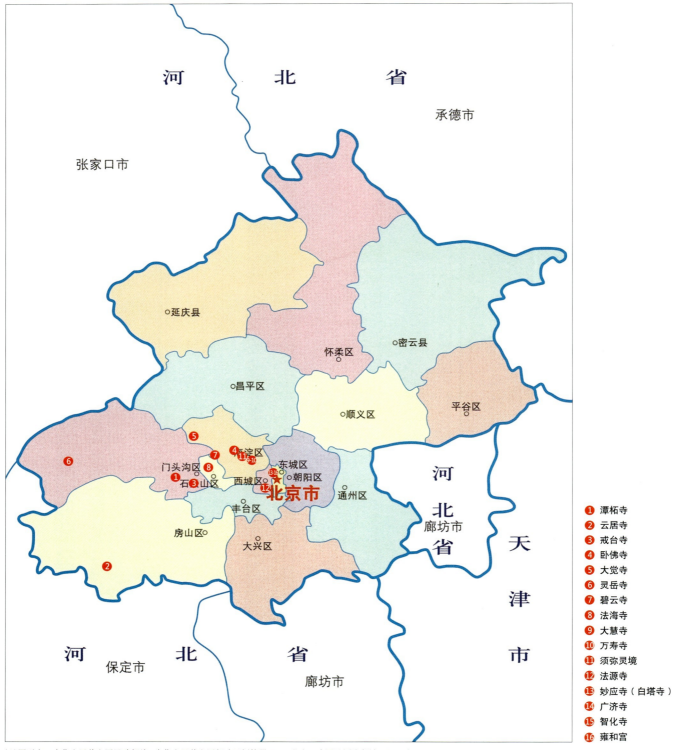

1. 潭柘寺
2. 云居寺
3. 戒台寺
4. 卧佛寺
5. 大觉寺
6. 灵岳寺
7. 碧云寺
8. 法海寺
9. 大慧寺
10. 万寿寺
11. 须弥灵境
12. 法源寺
13. 妙应寺（白塔寺）
14. 广济寺
15. 智化寺
16. 雍和宫

（地图引自：中华人民共和国民政部编. 中华人民共和国行政区划简册 2014. 北京：中国地图出版社，2014.）

"都城自辽金以后，至于元，靡岁不建佛寺，明则大珰无人不建佛寺。梵宫之盛倍于建章万户千门。成化中，京城内外敕赐寺观已至六百三十九所，见周尚书洪谟奏疏中。王宫保廷相诗云，西山三百七十寺，正德年中内臣作。则所建可类推矣。"

——朱彝尊《日下旧闻》

北京的宗教建筑数目极为庞大，远远超过其他建筑类型，其中又尤以佛寺居多。因此，本书特别将对宗教建筑的介绍分作上、中、下三章，其中佛教建筑（包括佛寺与佛塔）分别占两章，其他宗教建筑（包括道观和清真寺等）另作一章。

第一节 佛寺概述

在北京漫长的城市史中，佛寺建筑一直扮演着重要的角色，仅次于皇家宫苑、坛庙及陵寝的营建。①

始建于西晋建兴四年（316年）的潭柘寺是北京最早兴建的寺庙之一，古人称"先有潭柘，后有幽州"。②东魏元象元年（538年）幽州刺史尉长苍舍宅兴建尉使君寺，法源寺保存的唐代《悯忠寺重藏舍利记》碑清晰地记载了其创建年代。

隋唐时期是北京地区（隋称涿郡、唐称幽州）佛教的昌盛时期。隋文帝、唐太宗和武则天曾先后在此敕建舍利塔、悯忠寺（即今之法源寺）和大云寺，为北京地区佛寺的兴建起到了重要的示范和推动作用。据史料记载统计，唐代幽州城区与郊野兴建的佛寺不下百座，这些寺庙多集中于今房山白带山、幽州城区和今天津蓟县盘山，呈三足鼎立之势分布，并分别以雕琢石经、弘扬律学和传播禅宗而各具特色，显露出幽州佛寺鲜明的文化内涵。此外，马鞍山慧聚寺（今之戒台寺）、寿安山兜率寺（今之卧佛寺）均创建于唐代，至今依旧为京郊名刹。

辽代帝王尽皆崇佛，辽南京城庙宇众多——今天北京城区内惟一的辽南京建筑遗存即天宁寺塔，建于辽天庆九年（1119年）。此外，西南郊房山云居寺的北塔也是十分难得的辽代建筑遗存；西北郊阳台山大觉寺为创建于辽代的著名大寺。金代虽不及辽代崇佛，但佛寺建筑依旧繁盛，金章宗在西山建成兼具行宫与寺庙功能的"西山八大水院"。此外更有银山塔林五座极为宏伟的金代砖塔，蔚为壮观。在门头沟潭柘寺塔林、白瀑寺等处尚有金塔数座。元代除了汉传佛教以外，藏传佛教也得以发展，除了城中妙应寺白塔流传至今以外，城郊居庸关云台（过街塔）也体现了汉藏文化交融的特色。此外，门头沟灵岳寺大殿则是北京地区十分难得的元代木结构佛教建筑遗存。辽、金、元三代可谓北京佛寺发展的鼎盛时期，在北京佛教史和中国佛教史上都具有重要的地位和影响。

明正统以后，由于宦官干政，滥发度牒，北京城寺观数目激增——北京现存的佛寺大多为明代太监创建或重修。明代宦官专权，一方面利用建造寺庙牟取私利；另一方面由于其无法享受今世常人之幸福生活，于是便将希望寄托于来世，通过大建寺庙为来世积累公德。清代大学者朱彝尊称："都城自辽金以后，至于元，靡岁不建佛寺，明则大珰无人不建佛寺。梵宫之盛倍于建章万户千门。成化中，京城内外敕赐寺观已至六百三十九所，见周尚书洪谟奏疏中。王宫保廷相诗云，西山三百七十寺，正德年中内臣作。则所建可类推矣。"③ 明代佛寺大兴的另一个原因是万历朝慈圣皇太后李氏极为笃信佛教（时人谓之"九莲菩萨"），万历年幼时李太后大权在握，大兴佛寺。明代太祖至宪宗成化百余年间，京城内外敕赐寺观已达639座，其中智化寺、法海寺从布局、木构、彩画、内檐装修、壁画等多方面反映了明中期建筑技术与艺术的特征。明清两代北京同时流行汉传与藏传佛教。明清统治者皆看重藏传佛教，分别通过"众封多建"和"兴黄教，之所以安众蒙古"的民族宗教政策，实现对西藏、蒙古的有效统治。其中，两朝在京郊都有代表性的藏传佛教寺庙，如明代的真觉寺和清代的西黄寺，而内城东北隅的雍和宫则是清代北京藏传佛教寺庙中最宏大的作品。

图 10-1-1　清乾隆时期北京城墙以内主要佛寺分布示意图（图片来源：据清北京复原图改绘）

古都北京在城墙范围内，几乎每条胡同内都有佛寺，著名的大寺则有东城雍和宫、柏林寺、智化寺、隆福寺，西城妙应寺（白塔寺）、广济寺、护国寺，宣南法源寺等（图 10-1-1）。北京西山寺庙更是数以百计。以下略述其中一些代表。

第二节　典型实例

一、潭柘寺

潭柘寺位于北京西郊门头沟潭柘山山腰，创建于西晋建兴四年（公元 316 年），原名"嘉福寺"——北京有俗谚曰"先有潭柘，后有幽州"，因为北京在唐代称幽州，故始建于晋代的潭柘寺要早于幽州城。唐武周时扩建，改名"龙泉寺"。金大定及明宣德、正统、弘治、万历年间均有重修或重建。清康熙三十一年（1692 年）重修，改名"岫云寺"。因寺以龙潭与柘树著名，俗称"潭柘寺"——与京城诸多名刹一样，历代官方规定的寺名均不及民间俗称来的持久和深入人心。

全寺依山而建，院落逐级升高。建筑群坐北朝南，分作中、东、西三路（图 10-2-1～图 10-2-3）。目前该寺的总体规模是明代形成的，寺中建筑则大多为清康熙以后陆续重建。此外，寺南还有历代僧徒之墓塔群，分作上、下塔林。

图10-2-2 《鸿雪因缘图记》中的潭柘寺全景（图片来源：《鸿雪因缘图记》）

（一）中路

沿中轴线由南至北分别建有木牌楼、山门、天王殿、大雄宝殿、三圣殿（现已不存）和高踞平台之上的毗卢阁。

其中，木牌楼上有清康熙御笔匾额。山门前有石桥一座，名"怀远桥"。山门石额曰"敕建岫云禅寺"（图10-2-4）。大雄宝殿面阔五间，用黄琉璃瓦绿剪边重檐庑殿顶，殿前有月台，四周绕以汉白玉栏杆，俨然宫殿，规格高于一般佛寺，应是康熙三十一年（1692年）敕建（图10-2-5）。大殿屋顶鸱吻造型古拙、气韵生动，或为元代遗物（图10-2-6）。

（二）东路

以园林为主，分为东、西两组建筑群。西有竹林院、地藏殿、方丈屋及舍利塔（一座小白塔，位于该路建筑群最北端，图10-2-7）；东为清代的行宫，以流杯亭为中心。

（三）西路

同样包括东、西两组建筑群。西侧有写经室与大悲殿。东侧南部原有平面八角形的楞严坛，屋顶为重檐攒尖顶，上层檐为圆形，下层为八角形，造型独特，现已毁。其北侧有面阔三间歇山顶的戒坛殿，更北为观音殿，居全寺最高的平台之上，左右有文殊殿、祖堂等。观音殿前平台为俯瞰全寺的最佳所在——由此南望，近可观寺院建筑群重重屋顶之海洋，加之庭院古树、竹海如画；极目远眺，则可见全寺左右青山环抱，唯独南面豁然开朗，一览无余，意境绝佳，足见该寺选址之妙（图10-2-8）。

图 10-2-1　潭柘寺图

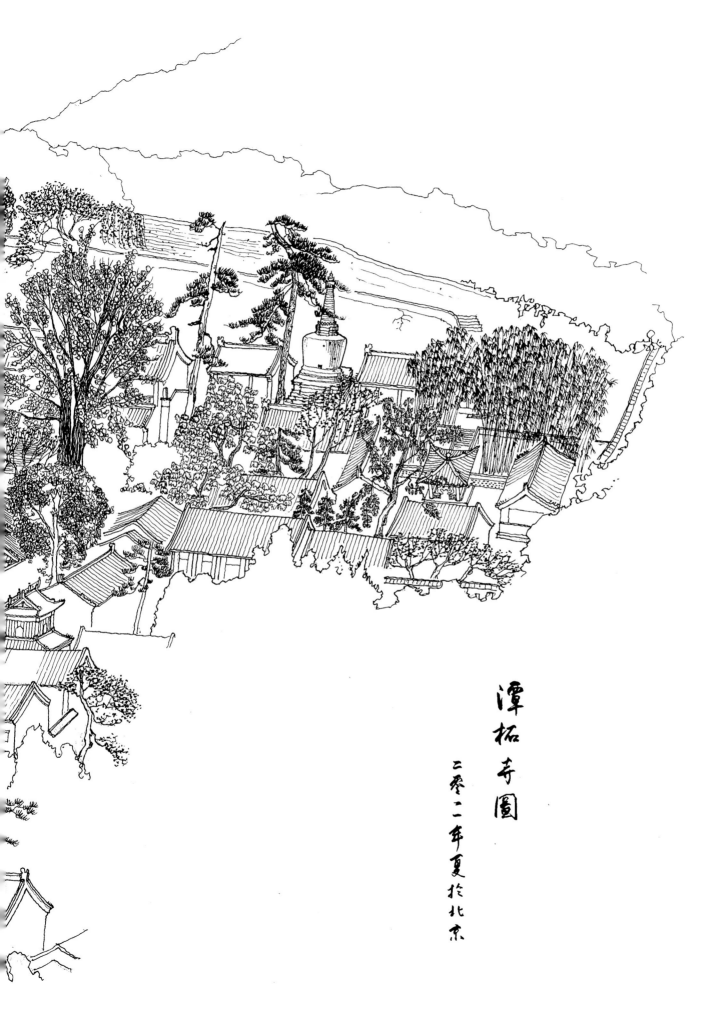

潭柘寺图

二零二年夏於北京

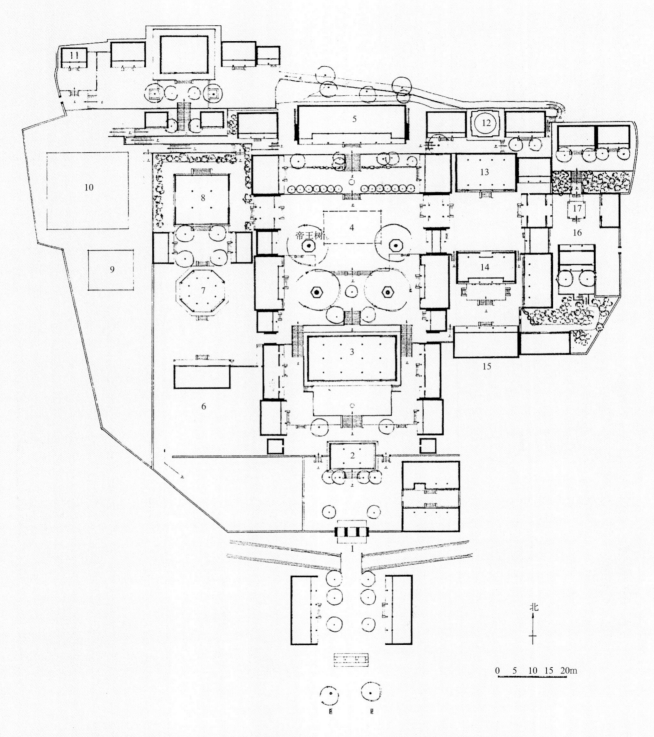

1-山门；2-天王殿；3-大雄宝殿；4-三圣殿；5-毗卢阁；6-梨树院；7-楞严坛；8-戒台；9-写经室；10-大悲坛；
11-龙王殿；12-舍利塔；13-方丈屋；14-地藏殿；15-竹林院；16-行宫院；17-流杯亭

图 10-2-3 潭柘寺总平面图（图片来源：《中国古典园林史》）

图 10-2-4 民国时期的潭柘寺山门（图片来源：《旧都文物略》）

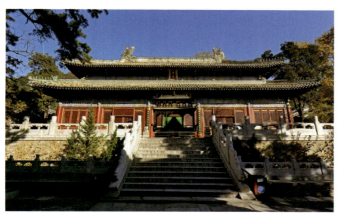

图 10-2-5 潭柘寺大雄宝殿（图片来源：赵大海摄）

图 10-2-7 潭柘寺舍利塔

图 10-2-6 潭柘寺大雄宝殿鸱吻（图片来源：赵大海摄）

图 10-2-8 潭柘寺全景鸟瞰

（四）园林

潭柘寺除了历史悠久、建筑规模宏大，更以山水园林景致著称，潭柘寺之名即来自寺中潭水及柘树。全寺背倚宝珠峰，周围九峰环列，呈"九龙戏珠"之景——九峰宛若玉屏翠嶂，山间清泉潺潺，古树繁茂，美不胜收。清代富察敦崇《燕京岁时记》写道：

"庙在万山中，九峰环抱，中有流泉，蜿蜒门外而没。有银杏树者，俗曰帝王树，高十余长，阔数十围，实千百年物也。其余玉兰修竹、松柏菩提等，亦皆数百年物，诚胜境也。"④

中路庭院多苍松翠柏：山门外的两株古树虬曲若盘龙，山门东南侧更有一株白皮古松，枝干皎洁如银（图10-2-9）。毗卢殿前有两株古银杏，参天蔽日，被誉为"帝王树"，为潭柘寺古木中之极品，亦为北京古寺中银杏之冠。每到深秋，毗卢阁前庭院两株帝王树及两株菩提树满树金黄，美不胜收。

相比中路，东、西路殿庭更富于园林气息。西路庭院广植古松翠竹，观音殿前古松矫健，而西路最精彩的园林景胜莫过于环绕戒台殿东、西、北三面的竹林。此林修竹繁茂，竹高十余米，为北方所罕见，尤为难得的是，该处所植竹子分为两种，曰"金镶玉"、"玉镶金"。所谓"金镶玉"，为黄色竹子略带绿色，所谓"玉镶金"则是绿色竹子点缀黄色，这动人的细节为这片竹林更添佳趣。从观音殿前的平台俯瞰戒台殿竹林，如一片金碧交辉的海洋，其美不可言表（图10-2-10）。

东路最具园林幽致：茂林修竹，名花异卉，泉水潺湲萦回其间，辅以假山叠石。尤其是东北隅行宫院中的流杯亭，修竹环绕，山泉灌注——麟庆《鸿雪因缘图记》（图10-2-11）载："流杯亭在潭柘寺内，乾隆间重修，赐额曰猗玕清境。檐下琢石为渠，作蟠龙相对势，引泉自东而西。"由于斯亭依山就势而建，比之恭王府流杯亭意境更佳，为东部园林精华所在（图10-2-12）。麟庆所说的"蟠龙相对"的流

图10-2-9　潭柘寺前白皮松

图 10-2-10 潭柘寺戒坛殿周围竹海,远处可见帝王树(图片来源:赵大海摄)

图 10-2-11 《鸿雪因缘图记》中的潭柘寺流杯亭(图片来源:《鸿雪因缘图记》)

图 10-2-12　潭柘寺流杯亭（图片来源：赵大海摄）　图 10-2-13　潭柘寺流杯亭"曲水流觞"（图片来源：赵大海摄）

杯亭图案，被有心人进一步解释为由北向南望为虎头，由南相北望为龙头，妙趣横生（图 10-2-13）。

清人曾于潭柘寺内外景致中选出"潭柘十景"，分别为：九龙戏珠、锦屏雪浪、雄峰捧日、层峦架月、千峰拱翠、万壑堆云、飞泉夜雨、殿阁南熏、平原红叶、御亭流杯。

（五）塔林

潭柘寺最古老的建筑是位于上、下塔林中的墓塔，共 70 余座。上院为清塔，全为覆钵式；下院主要为金、元、明塔。下院东部以金大定十五年（1175年）所建通理禅师墓塔为最大，左右分列金、元及少量明初墓塔，一般为五至七重檐的密檐塔，个别三重檐。下院西部以明塔为主，一般为一至三重檐的密檐塔。各塔均有精致的砖雕栏杆、须弥座、门窗和斗栱，图案、纹饰各异，具有极高的艺术水准。这些墓塔中，元塔塔身多为六角形，墙面多向内凹入，形成优美的弧线——与昌平银山塔林的元塔相同，可能是元代墓塔惯用做法（图 10-2-14）。

二、云居寺

云居寺位于房山区白带山下，距市区约 75 公里，为隋末唐初高僧静琬所创，唐贞观五年（公元 631年）始建，因白带山山腰常有白云萦绕，故称"云居寺"。⑤《日下旧闻考》称："寺在云表，仅通鸟道。"白带山亦名石经山，因所藏石经闻名于世。房山石经全称："房山云居寺石刻佛教大藏经"，系静琬吸取南北朝灭佛中经书大量被毁而石刻佛经多能保留的经验，在石经山上凿石为室，刻石为经，此后以此保存佛经而留下丰富的遗产。云居寺石经历经隋、唐、辽、金、元、明六朝千余载，刻经 1122 部，3572 卷，共刻石 14278 块，贮藏于两处，一处是在石经山（又称小西天）上的九个藏经洞内，另一处是压经塔（即云居寺南塔）下藏经穴内。其工程之浩大、刊刻之雄伟、刻造历史之久远，堪称"世界之最"，云居寺因此被誉为"北京的敦煌"（图 10-2-15、图 10-2-16）。

云居寺建筑群坐西朝东，东接上方山，西俯拒马河，占地面积 4 万余平方米，自唐代创建以来历代多有修葺，清康熙十一年至三十七年（1672～1698年）由云居寺住持溪波大师发起的大修奠定了云居寺今日的格局，形成了宏大的规模和丰富的空间形态，全寺分中、南、北三路，此外还有南、北塔院（图 10-2-17）。⑥1942 年，云居寺建筑大多毁于日寇炮火，仅存山门石券面和砖石塔十余座。自 1985 年起，

图 10-2-14 潭柘寺塔林（图片来源：赵大海摄）

图 10-2-16 云居寺全景（20 世纪 30 年代）（图片来源：《北京云居寺山旧影》）

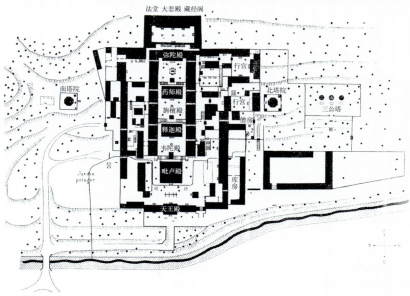

图 10-2-17 1923 年 Bouillard 测绘的云居寺平面图（图片来源：《北京云居寺山旧影》）

图 10-2-15 云居寺图

雲居寺圖

北京市政府对云居寺建筑进行了全面的修复，目前中路已基本恢复昔日的规模。

(一) 中路

建筑群中路格局为五进院落、六重殿宇，中轴线上依次为山门（即天王殿）、毗卢殿、释迦殿、药师殿、弥陀殿、大悲殿。

由20世纪40年代以前的老照片和测绘图中可以看到，寺前原有溪流映带，古木成林，意境极佳（图10-2-18）。山门内为全寺主要殿堂——毗卢殿，屋顶为硬山顶前出卷棚抱厦，除了毗卢殿以外，中轴线上其余殿宇均为硬山或卷棚顶，形制不高。殿前院落两侧设钟鼓楼，庭院中央置三间四柱七楼式木牌楼一座，使得此进院落形制在北京古建筑中颇为独特（图10-2-19）。牌楼与毗卢殿之间原有白皮古松两株，阴翳蔽日。殿前分列二碑，为康熙三十七年（1698年）立，记录了云居寺的大

图10-2-18 云居寺山门殿即天王殿旧照（图片来源：《北京云居寺山旧影》）

图10-2-19 云居寺毗卢殿前院（20世纪30年代）（图片来源：《北京云居寺山旧影》）

修经过。中路第一进院落可谓先声夺人。此后四进院落依山就势,每一进院落都建于比前一进院落高起的平台之上,二者之间由八字形台阶相连通。其布局模式皆呈一正殿、两配殿和一座小门殿的三合院格局,重复四遍但又有微妙的变化。第二进院落主殿为释迦殿,殿中原有古松迎人。第三进院落主殿为药师殿,殿前有双碑对列。第四进院落主殿为弥陀殿,殿前有嘉庆御碑亭,亭为四角攒尖黄琉璃瓦顶,内置嘉庆御制诗卧碑,此院为中路建筑群又一亮点。弥陀殿内原有二十四诸天像,颇精妙(图10-2-20)。最后一进院落主殿为大悲殿,小门殿改作垂花门,殿宇屋顶换成卷棚,颇具园林气息。

(二)南、北路

与建筑群中路十分规整的院落布局不同,云居寺南、北两路建筑群布局灵活,不拘一格,加之与中路一样依山就势层层抬起,充满空间变化,比之北京多数古建筑的辅助部分更加值得注意。

南路西端为中路大悲殿南跨院祖师殿院,其他为僧房等。

北路西端为中路大悲殿北跨院千佛殿院,此外有行宫院、客堂及库房等。由云居寺中路第一进院落东北隅茂密的竹林穿过,可达带有歇山卷棚顶敞厅的客堂院。北路最富园林幽致的是行宫院,清帝赴西陵祭祀都要途径云居寺,因此建有行宫,行宫为一系列高低错落的院落,为不对称布局,空间极富趣味。

云居寺布局的最大特色还在于除了北京大型建筑群惯用的三路布局以外,更有南北二塔对峙,形成了与东西中轴线相辅相成的南北次轴线,双塔烘托中轴线的格局为唐代佛寺的重要特色,虽然二塔均为辽建,但云居寺的双塔格局为北京独一无二,带有一定唐代佛寺的特征。

(三)石经山藏经洞

石经山镌刻石经的伟业始于隋唐时僧人静琬,隋朗蔚之《隋州郡图经》载:

图10-2-20　弥陀殿二十四诸天像旧影(图片来源:《北京云居寺山旧影》)

"智泉寺僧静琬,见白带山有石室,遂发心书经十二部,刊石为碑。"⑦

唐《冥报记》更清晰记载了石经山早期藏经洞的形成过程:"幽州沙门知苑,精练有常识,隋大业中发心造石经藏之,以备法灭。既而于幽州北山凿岩为室,即磨四壁,而以写经,又取方石,别更磨写,藏诸室内。每一室满,即以石塞门,用铁固之。"⑧

石经山藏经洞共有九洞,共藏石经4196方,分上下两层,1956年发掘石经时将其编号,下层两洞自右向左编为第1、2洞,上层自右向左编为第3至第9洞,雷音洞为第5洞。⑨(图10-2-21、图10-2-22)

其中,雷音洞(又名"华严堂"、"石经堂")为九洞中年代最早的一座,亦是惟一一座开放式藏经室(其余各洞均以石门密封)。雷音洞内宽广如殿(图10-2-23),四壁镶嵌经板146方,为静琬自隋大业至唐初的早期刻经(图10-2-24)。隋大业十二年(公元616年)更于雷音洞安奉佛舍利三颗,至今仍存其中两颗,藏于云居寺中。洞内四根八边形石柱,通体浮雕佛像,共计1056尊,得名"千佛柱"。每尊佛像旁边均刻有名号,刻工精美,为北京难得的隋代雕刻遗存(图10-2-25)。洞外立面石雕出板门及直棂窗,可以借此看出以石仿隋代木构建筑之造型(图10-2-26)。

雷音洞旁的石经山第6洞为明代开凿,藏明代石经,崇祯四年(1631年),出资人之一的明代著名书画家董其昌在洞额题"宝藏"二字,宣告历时千载的房山云居寺石经刊刻事业画上了句号(图10-2-27)。

云居寺另有大量珍贵佛塔遗存,将在下一章介绍。

图10-2-21 石经山藏经洞1、2号洞(唐开元时期)

图10-2-22 石经山藏经洞二层洞窟

图 10-2-23 石经山雷音洞内景

图 10-2-24 石经山雷音洞石经

图 10-2-25 石经山雷音洞石柱佛龛（左）
图 10-2-26 石经山雷音洞外景（右）

图 10-2-27 石经山第 6 洞题刻"宝藏"（董其昌书）

图 10-2-28 戒台寺图（图片来源：唐恒鲁绘）

三、戒台寺

戒台寺位于卢沟桥西马鞍山，邻近潭柘寺，始建于唐武德五年（公元622年），原名慧聚寺。辽咸雍年间（1065～1074年）高僧法均在此建成戒坛说戒。明宣德年间（1426～1435年）加以修葺，正统年间（1436～1449年）改称万寿寺，至清康熙、乾隆时期又经大修。因该寺以戒坛闻名于世，故俗称戒台寺。

（一）总体格局

寺坐西朝东，依山而建，遥望京城，各殿都建在逐层升高的平台之上，现存主要殿宇大都是清代或近代所建——除寺庙向东可能为辽代旧制外，已看不出唐、辽时总体布局的情况。与云居寺中、南、北三路建筑布局紧凑之特征不同，戒台寺建筑群虽大致亦可分作中、南、北三路（其中南、北两路又各自可以再分作两路），然而布局颇为疏朗、自由。其中，中路千佛阁与北路戒坛殿共居高台之上，呈阁、殿对峙的总体构图，很难说中路与北路建筑群孰主孰次，这在北京古代建筑群中颇为少见（图10-2-28，图10-2-29）。此外，北京俗谚所谓"潭柘以泉胜，戒台以松名"，戒台寺多古松，且造型奇绝，成为全寺空间构图不可或缺的组成部分，为北京诸寺古松之冠。这也是中国古建筑的重要特色：有时建筑群会退居"背景"，由古树名木担当"主角"。

山门临第一层高台边缘而建，前有石栏，外门在山门南侧。山门之内的中轴线上依次为天王殿、大雄宝殿、千佛阁，千佛阁在大雄宝殿后第二层之平台，已毁。从老照片中可见，千佛阁一层面阔五间周回廊，二层面阔三间周回廊，一层双重披檐，二层为单檐庑殿顶。明《帝京景物略》记载，在千佛阁上可俯瞰永定河："上千佛阁俯浑河，正曲句其三面，如玦然。"[⑩]千佛阁后又有两层高台，依次建有三仙殿、九仙殿等。

第二层高台为全寺核心所在，千佛阁北侧建有戒坛殿，戒台寺因殿内戒坛而得名。戒坛殿为二层方形攒尖盝顶建筑（图10-2-30），下层方五

图 10-2-29 《鸿雪因缘图记》中的戒台寺

间,上层方三间,殿内有高三层的汉白玉戒坛,为清代重建,"宏规丽构,天下所无"。戒台寺戒坛与福建泉州开元寺、浙江杭州昭庆寺戒坛并称"三大戒坛",而戒台寺居京师,故称"天下第一戒坛"(图 10-2-31)。戒坛殿的方形攒尖盝顶造型独特,为北京古建筑中之孤例,顶部设五座喇嘛塔取代普通攒尖顶的宝顶,造型颇似小型的金刚宝座塔(图 10-2-32)。戒坛殿之前为明王殿,面阔三间,单檐歇山顶,实为殿门。其左、右有侧门及墙,和戒坛殿左、右及后部的廊庑相连,围成院落,形成寺庙北路的次要轴线。此外,戒坛殿和明王殿以东的平台之下对立戒台寺双塔,共同形成北路建筑群壮观的轴线,不亚于中路建筑的主轴线。整个寺庙的中、北二路由于千佛阁、戒坛殿双峰对峙,十分雄壮,可惜今天千佛阁不存,寺庙的构图遭到破坏,人们无从体会戒台寺在北京诸寺中空间布局的独特之处。

主轴线建筑群与戒坛殿建筑群之间有一组小型院落——牡丹院,为两进四合院,是长老居住之所。院内清净幽雅,清以来于此种植丁香、牡丹,包括黑牡丹等稀有品种,闻名京城。恭亲王奕䜣曾在此隐居十年。

图10-2-30 戒台寺戒坛殿
(图片来源：赵大海摄)

图10-2-31 戒台寺戒坛殿内戒坛

图10-2-32 戒台寺戒坛殿俯瞰
(图片来源：赵大海摄)

戒台寺南路建筑群布局更加自由，大致形成两组轴线，中路建筑群以南由南宫院、老爷殿形成一条轴线，再往南由东静院、方丈院、西静院、下院和上院五组建筑群形成一条大致呈东西走向的轴线。这些附属建筑依然因山就势而建，其间以台阶、小路串联，不拘对称，布局灵活，富有山地建筑的趣味。全寺沿着西部曲折迂回的院墙和南、北路建筑群自由地布局，设有高低曲折的小路，形成了游寺的曲径通幽的路线，亦为戒台寺一大特色。

综观全寺布局，形成了由南至北五路的格局，其中中路为全寺规划布局之主体，最为庄严，最北的戒坛殿－明王殿－双塔一路则是仅次于中路的次轴线，同时是现在全寺建筑遗存的精华所在，而牡丹院一路及中路以南的两路建筑群则相对尺度小巧，布局灵活，更富于园林气息，而全寺各路建筑群以曲折小径沟通，为北京佛寺建筑群中最富有高低曲折趣味的安排。

（二）双塔

明王殿前邻第二层平台边缘，台下南北两侧并列两座砖塔（图10-2-33）。

南塔：为辽僧法均的衣钵塔，为五层檐的八角密檐塔，塔身八面都有浮雕，四正面用砖雕砌成格子门，门上方刻圆拱，饰以双凤雕刻，造型精美，四斜面为琐文窗，八个转角处各有一座附壁的五层檐的密檐小塔，为大塔之"具体而微者"（图10-2-34）。塔身与须弥座之间的仰莲瓣雕刻饱满有力，可见辽代匠人的艺术造诣。塔的各层檐下都有斗栱、阑额和柱子，均用砖砌。其中第一层斗栱为挑出一层华栱上加令栱、耍头的四铺作单杪斗栱，上四层均为只挑出一层华栱承托撩檐枋的"斗口跳"斗栱。各层角梁及檐椽都是砌在砖檐之内的木梁，此外还以砖雕出飞椽，竭力仿造木构建筑的神韵。屋面则以砖砌为叠涩造型。此塔主体部分为辽代的原式，仅塔下须弥座和塔刹已经过改动。

北塔：为法均的灵塔。塔下须弥座上还保存着几块辽代的砖雕，但基座以上部分是明正统十三年（1448年）重建的。北塔形制为八角七层檐密檐式砖塔，其形式仿南塔建造，但细节略有差异：南塔塔身转角处小塔在北塔上被圆形壁柱取代，不及南塔塔身造型生动；北塔塔身各正面所雕门上也无拱券，门窗图案亦不及南塔精致；各层屋檐斗栱以上均为叠涩出檐，不做檐椽和飞椽，同样不及南塔造型传神（图10-2-35、图10-2-36）。

图10-2-33 戒台寺双塔（近为辽塔、远为明塔）（图片来源：赵大海摄）　　图10-2-34 戒台寺辽塔细部

图 10-2-35　戒台寺明塔及辽碑（图片来源：赵大海摄）（左）
图 10-2-36　戒台寺明塔塔刹（右）

图 10-2-37　戒台寺活动松（图片来源：赵大海摄）　　图 10-2-38　戒台寺卧龙松（图片来源：赵大海摄）

北塔南侧有辽大安七年（1085年）王鼎撰文的法均的"遗行之碑"，下有龟趺，雕琢古劲质朴。此外，寺中还有辽、金、元、明碑幢数通，可谓石刻艺术之博物院。

（三）戒台古松

戒台寺的镇寺之宝是其古松。大量数百年树龄的古松集中于第二层平台的边缘，即千佛阁和明王殿前，可能为辽、金古树，这些古松与千佛阁和戒坛殿建筑群形成了昔日戒台寺最奇伟壮阔的景象。

其中由南至北依次排开的活动松、卧龙松、九龙松和抱塔松为戒台古松之最，亦为北京最著名的古松。

活动松：活动松在平台最南端，一干擎天，枝若倒悬，浓荫匝地如巨大伞盖，最妙处是摇动其一枝，全树皆动，即所谓"牵一发动全身"，因名"活动"（图10-2-37）。

卧龙松：卧龙松在大雄宝殿后的山崖之上，探身崖外，造型遒劲，由大殿登平台均须经过卧龙松下，可谓先声夺人（图10-2-38）。

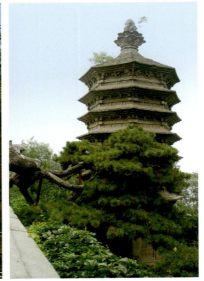

图 10-2-39 戒台寺九龙松（图片来源：赵大海摄）　　　　　　　　　　　　　　　　　　　　　　图 10-2-40 戒台寺抱塔松及明塔

九龙松：九龙松在明王殿外，为一株巨大白皮古松，因主干分作九支，故名。其枝干绵延伸展，向西覆盖戒坛殿庭院，向东几乎触到南塔塔刹，与明王殿、双塔共同组成了第二层高台上最优美的画卷（图 10-2-39）。

抱塔松：抱塔松由平台俯身伸向北塔，呈环抱之势，为戒台奇景（图 10-2-40）。

麟庆《鸿雪因缘图记》专有"戒台玩松"一篇曰："入门，望千佛阁，丹影飞空，阁前数松，翠云匝地，一松旁树石碣，刊高宗御制活动松诗。其本甚巨，偶摇一枝，全身俱动，不可思议。两松一卧、一侧，若龙相逐。北院又有九龙松，鳞甲蜿蜒，霜皮半蜕。一枝名凤凰窝，俨垂翠尾。……晚宿方丈，玩莲花、凤眼二松。"

四、卧佛寺

卧佛寺位于西山余脉寿安山（亦称五华山、聚宝山）南麓，背倚山岗。寺始建于唐贞观年间（公元 627～649 年），初名"兜率寺"，寺内供有一尊香檀木雕制的卧佛。元代重建后改名"昭孝寺"，又称"洪庆寺"——这是元代一项规模宏大的工程，时人记载"凿山开寺，最称巨刹"。元至治元年（1321 年）开始铸造铜卧佛，"冶铜五十万斤"（据推测实际重约 54 吨），所铸佛像长 5.3 米，高 1.6 米，实心。当时铸佛役工万余人，历时十年，费银五百万两。"卧佛寺"由此两尊卧佛得名。铜佛至今仍保存完好，檀木佛已不存。铜佛作侧卧入睡状，各部位匀称，体态自如（图 10-2-41）。该寺于明代屡有修葺，并更名"永安寺"。清雍正十二年（1734 年）再次大规模重修，改名"十方普觉寺"，然而不论是唐代、元代还是明清时期官方对寺庙之命名始终不及"卧

图 10-2-41 卧佛寺元代铜佛（图片来源：《洋镜头里的老北京》）

佛寺"这一俗称来得深入人心,至今北京市民依然习惯称之为"卧佛寺"。

明《帝京景物略》描写了卧佛寺的幽丽景致,尤其是寺中之"娑罗树"与山泉:

"香山之山,碧云之泉,灌灌于游人。北五里,曰游卧佛寺,看娑罗树也。山转凹,寺当山之矩,泉声不传,石影不逮。行老柏中数百步,有门瓮然,白石塔其上,寺门也。寺内即娑罗树,大三围,皮鳞鳞,枝槎槎,瘿累累,根挐挐,花九房峨峨,叶七开蓬蓬,实三稜陀陀,叩之丁丁然。周遭殿墀,数百年不见日月,西域种也。……泉注于池,池前四五古杨,散阴云云。池后一片石,凝然沉碧,木石动定,影交池中。……以后殿香木佛,又后铜佛,俱卧,遂目卧佛云。"⑪

尤其值得一提的是卧佛寺前的山路为京城诸寺之冠:由南端的木牌楼至北端的琉璃牌楼,长约150米的缓坡山道,植柏树两列,将山道分作中、东、西三道,古柏参天,阴翳蔽日,意境高古,成为观赏卧佛寺的精彩"前奏"或"序曲"(图10-2-42~图10-2-44)。正如麟庆《鸿雪因缘图记》所言:

"门前有五色琉璃坊,……再前为驰道,长里许,夹以古桧百章。入道处又立绰楔。门径宏丽,为西山诸刹冠。"

此外,卧佛寺原有一座过街塔门作为前奏,可惜至乾隆年间已毁——雍正《御制十方普觉寺碑文》称:"西山寿安有唐时古刹,以窣堵波为门,泉石清幽,层岩夹峙,乃入山第一胜境。"⑫

现存卧佛寺建筑群为清代所建,坐北朝南,规模宏大,布局分中、东、西三路。

中路:中路以一座巨大琉璃牌楼为外门,该琉璃牌楼与大西天前牌楼以及国子监牌楼形制接近,并称壮丽(图10-2-45)。琉璃牌楼内有半月形水池及小石桥,石桥雕刻颇精美。桥北为山门,门前左右为钟鼓楼。牌楼、钟鼓楼、山门及水池组成的

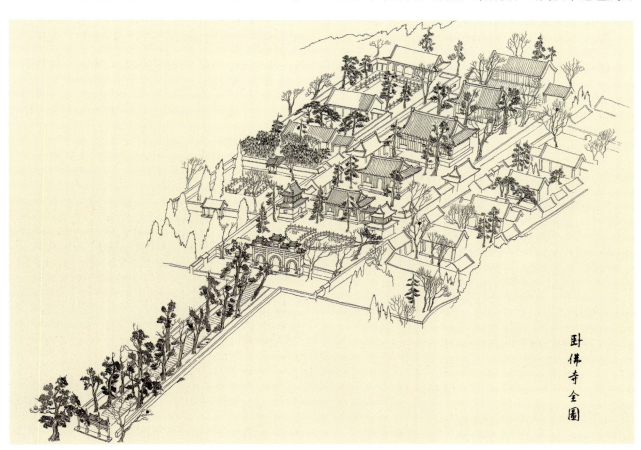

图10-2-42 卧佛寺全图

卧佛遇雨

图 10-2-43 《鸿雪因缘图记》中的卧佛寺柏径

图 10-2-44 卧佛寺前柏树山道意境高古

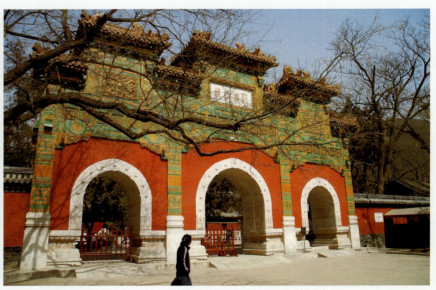

图 10-2-45 卧佛寺琉璃牌楼

图 10-2-46 卧佛寺山门前庭院

图 10-2-47 卧佛寺三世佛殿、卧佛殿和藏经楼共处一庭院之中的布局

第一进院落极为幽谧、疏朗，意境颇佳（图 10-2-46）。山门左右各有一个侧门，侧门外连接廊庑，廊庑分别向东、西，至角则转而向北，一直延伸至中路最后一进建筑藏经楼的两侧，将山门内的殿宇围合在一个纵长的矩形庭院之内。山门以北，中轴线上依次建有天王殿、三世佛殿、卧佛殿及藏经楼，引人入胜（图 10-2-47）。这种平面布局保留了唐宋古制——梁思成、林徽因的《平郊建筑杂录（上）》一文中专有一节"卧佛寺的平面"讨论这一点：

"这种平面布置，在唐宋时代很是平常，敦煌壁画里的伽蓝都是如此布置，在日本各地也有飞鸟平安时代这种的遗例。"[13]

东路：由南而北依次为六个小院——斋堂院、禅堂院、霁月轩、清凉馆、祖堂院和停灵超度之所。

西路：为行宫院，是皇帝临幸居住休息之所。南端有用青石片所叠大假山，山北有池，池上石桥北有门，门内为一所较大厅堂，厅北有方池。池四周原有精致的石栏杆，外有回廊环绕，在清末毁去。

整体观之，卧佛寺中路殿庭中、前、后三殿相重，东、西路各建若干院落，与中路间隔有南北巷道，多少反映出一些唐、宋以来巨刹在东、西廊外分列各院的"廊院制度"的遗意。

五、法源寺

法源寺是北京旧城内最古老的佛教名刹，寺院位置在唐幽州和辽南京城址的东南部，是北京城市建设的重要历史地标，也是中国珍藏佛经最多、版本最珍贵的寺庙之一。

法源寺最初竣工于武则天万岁通天元年（公元696年），是唐太宗为纪念东征阵亡将士于贞观十九年（公元645年）敕建，赐名"悯忠寺"。辽代时悯忠寺为辽南京城中最重要的寺庙之一，金、元两朝基本保持原状，元末明初毁于兵乱。明正统三年（1438年），太监出资重修悯忠寺，改名"崇福寺"，清顺治时在这里设立戒坛开坛受戒，康熙时重建藏经阁，雍正十一年（1735年）大规模重修，定为律宗寺院主持传戒之事，随之赐名"法源寺"，乾隆四十五年（1780年）御赐"法海真源"匾额，阐明了赐名的含意。现存寺院为明代重修时的规模，面积比唐、辽时期缩小了一半以上，建筑大多为清代改建。新中国成立后，法源寺成为佛教文化和佛学研究的中心之一。

除了宗教和建筑方面的重要性之外，法源寺还具有重要的历史意义。北宋末年，宋钦宗和宋徽宗被辽国俘虏后囚禁在此；金大定年间，这里曾作为策试女真族进士的考场；元初，宋遗臣谢枋得被拘，绝食于此；清末，著名的"戊戌六君子"在法源寺北侧的菜市口被处决后，其灵柩曾停于此。中国台湾著名作家李敖的历史小说《北京法源寺》就是以法源寺为背景，描述了戊戌变法到辛亥革命前后中国志士图强救亡之事。

法源寺规模宏大、布局严整，占地面积约1.8公顷（图10-2-48、图10-2-49）。寺院坐北朝南，共有六进院落，主要建筑都位于中轴线上，东路为斋堂、方丈及僧舍，另有佛教文物馆，大部分现已划出寺外；西路尚存少量僧房，另有中国佛学院教学楼和佛教图书馆。

天王殿内正面供金朱涂漆布袋和尚像，背后韦驮坐像与左右两壁四大天王，均为青铜所制，上述雕塑为明代遗物。天王殿左右有侧门，连廊庑，廊庑向北折，直抵最后一进，形成一个东西50米，南北180米的殿庭，殿庭内中轴线上依次为大雄宝殿、悯忠台、毗卢殿、大悲殿、藏经阁（卧佛殿），共五重殿宇。

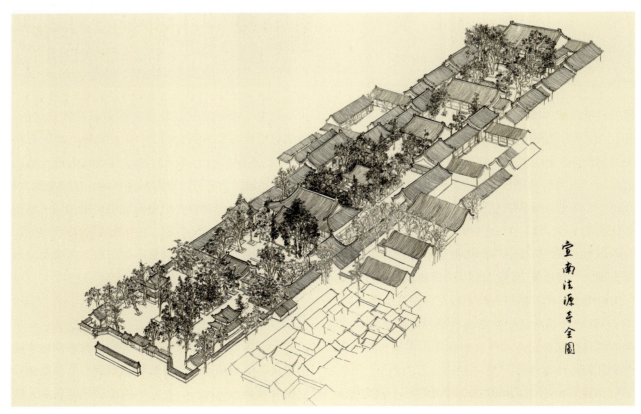

图10-2-48　法源寺图（图片来源：刘姝绘）

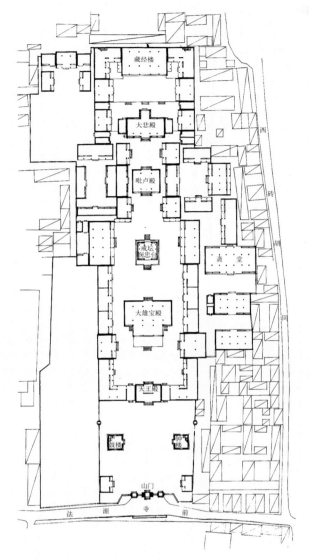

图 10-2-49 法源寺平面图（图片来源：《宣南鸿雪图志》）

大雄宝殿（图 10-2-50）前出抱厦，梁间悬乾隆御书"法海真源"匾额，内供华严三圣（如来佛及文殊、普贤），木胎贴金罩漆，为明初塑像精品，两侧分列木雕十八罗汉，为清塑。殿内有两青石柱础，可能是唐辽旧物。大殿平台前左右分列明、清石碑六座，为历次修庙碑记；甬路中央有明万历年间铁炉。

悯忠阁又称"观音阁"，也叫"念佛台"，面阔三间，建于1米多高的台基上，外墙以12柱支撑。此结构独特，仅见于故宫御花园万春亭，后者可能仿此建造。这里保存着法源寺的历代石刻、经幢等，以唐"无垢净光宝塔颂"、"悯忠寺藏舍利记"、"承进为麓福禅师造陀罗尼经幢"，辽"燕京大悯忠寺菩萨地宫舍利函记"最为珍贵。殿外山墙还嵌有清代复制的唐"云麾将军碑"残柱基，另有"法源八咏"及"心经"等碑刻，是研究佛学和寺史的重要资料。

毗卢殿原名净业堂，原是供奉唐僧玄奘法师头顶骨的地方，后头顶骨被盗。殿堂面阔三间，内供明代铜雕五方佛像。殿前有巨大石钵（原存南长街真武庙内），双层石座，钵身周围海水云龙、八宝等，雕镂极工（图 10-2-51）。廊下左右有明刻观音画像石碑、达摩画像石碑，原是附近圣安寺物，该寺衰废后移来此处。

毗卢殿后是观音殿，又称大悲坛，面阔三间，后檐下一间抱厦，与前屋结成一体，旧称"庄严亭"，现辟为历代佛经版本展室。

最后一进的藏经阁高两层，面阔五间，现为法堂，又为历代佛造像展室，陈列自东汉到明清历代精品佛造像数十尊，其中唐咸亨三年（公元672年）造像最为珍贵，元代青铜自在观音像原存护国寺，亦为元代造像之上乘，另有明代木雕佛涅槃像，长达10米，是北京最大卧佛。阁前有数百年古银杏一株，枝干婆娑，荫覆半院；阶前两株西府海棠，也是乾隆年间物。

法源寺丁香：老北京的花曾以"悯忠寺的丁香，崇效寺的牡丹，极乐寺的海棠，天宁寺的芍药"著称。清代最盛时，法源寺内有紫丁香、白丁香等三百余株，号称"香雪海"。过去每逢春末夏初盛开季节，寺院便会举办"丁香大会"，令游者流连忘返。

六、大觉寺

大觉寺位于北京海淀区旸（阳）台山麓，创建于辽代，时称"清水院"，其具体年代不可考，至辽咸雍四年（1068年）该寺已是辽南京的著名寺院——据僧志延《阳台山清水院创造藏经记》称："阳台山者，蓟壤之名峰；清水院者，幽都之胜概。"[14] 金代，该寺则成为金章宗时期著名的"西山八大水

图10-2-50 法源寺大雄宝殿(图片来源：楼庆西摄)

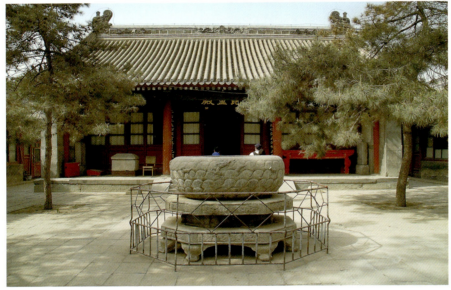

图10-2-51 法源寺毗卢殿前石钵

院"之一的"清水院"，为寺院兼帝王行宫御苑。元代及明初的百余年间，该寺曾名"灵泉佛寺"，明宣德三年（1428年）重修并正式更名"大觉寺"，明正统十一年（1446年）及成化十四年（1478年）又先后两次大规模修葺，奠定了今日大觉寺之规模与格局。清代大觉寺作为京郊敕建禅寺及雍、乾两代的帝王行宫，得到多次修缮，规模有所扩大，并且更富于园林幽致。清代英和撰《恩福堂笔记》生动描绘了清代大觉寺景色：

"寺建于山腰，远望烟树葱茏，但露浮屠数级。及庙，始见山门，碧瓦丹垣，缭以方沼，有泉出自山巅，盘旋回绕，到处皆通，淙淙虢虢（三点水），不舍昼夜，与檐马塔铃相酬答，闻之发人深省。寺中花木不多，惟翠竹千竿，高盈四丈，一碧干霄。七尺牡丹一树，花时绚烂甲都下。西山南北梵宇不少，各标名胜，而余独以此寺为最焉。"[15]

清雍正帝御制大觉寺诗也颇具意境：

"翠微城外境，峰壑画图成。寺向云边出，人从树杪行。香台喧鸟语，禅室绕泉鸣。日午松阴转，钟传说偈声。"[16]

今天的大觉寺以明代殿宇、千年古银杏和百年古玉兰而闻名京城。大觉寺占地约4万平方米,坐西朝东,依山势而建,体现了辽代契丹人的太阳崇拜习俗。全寺东西长约400米,南北宽约100米,建筑群分为中路、北路和南路(图10-2-52)。

中路沿中轴线由东向西依次为影壁、山门、放生池、天王殿、大雄宝殿、无量寿佛殿、大悲坛、舍利塔、龙潭及龙王堂,两侧有碑亭、钟鼓楼、配殿等。

南路为清代行宫,包括四宜堂、憩云轩等园林式建筑群;北路为僧人居舍,包括方丈院、香积厨等。南、北二路各有百年古玉兰一株,每年4月盛放,带来满寺芬芳,美不胜收(图10-2-53)。

大觉寺南约1公里的山坳间原有塔院一处,立有明清两代僧人墓塔百余座,可惜毁于20世纪70年代,今唯有明代周云端塔一座得以留存。

以下略述该寺主要建筑。

(一)山门-天王殿庭院

大觉寺山门面阔三间,单檐歇山顶,两侧接八字影壁。山门前数十米处建有一字影壁一座。影壁与山门间道路两旁古树繁茂,姿态苍劲,原为山门前一段极富意境的铺垫,可惜这一区域现为停车场、各色小摊位占用,颇为混乱,严重破坏了寺前原有的禅意。

山门内为一极为开阔之庭院(图10-2-54),西侧为天王殿。山门内南北侧建有秀美的碑亭两座。碑亭平面为方形,重檐攒尖顶。北侧亭内为明碑,南侧亭内为清碑。碑亭旁有古柏参天,意境绝佳。碑亭以西为矩形放生池,上架石桥。桥东侧有金代小石狮两尊,惜面部遭到严重破坏(图10-2-55、图10-2-56)。池西有钟鼓楼南北对峙。钟楼内悬有明宣德五年(1430年)铸造的大铜钟。

天王殿面阔三间,单檐歇山顶。天王殿屋顶之背景即起伏连绵之旸台山,殿前更是花木扶疏,殿北侧与钟楼之间翠竹千竿,意境清幽。

(二)大雄宝殿、无量寿佛殿及千年银杏

大雄宝殿为明代原构,面阔五间,进深三间,单檐歇山顶。殿前有广阔的月台,绕以白石栏板——大觉寺大殿与无量寿佛殿四周栏板均不雕作透空栏杆,仅在栏板上浮雕出栏杆造型,颇为独特。月台与天王殿台基以甬道相连(图10-2-57)。

大殿木构架及门窗彩绘褪尽,露出木材原色,朴素淡雅,极富古意。檐下匾额书"无去来处"四字,为乾隆御笔。殿内中部有蟠龙藻井,造型精美(图10-2-58)。殿内三世佛、二十诸天像皆为明代塑像,均极为精致(图10-2-59)。

无量寿佛殿与大雄宝殿形制接近,亦为明代原构(图10-2-60)。面阔五间,单檐歇山顶,木材同样以原色示人,殿门窗花饰均作古钱式,做工精

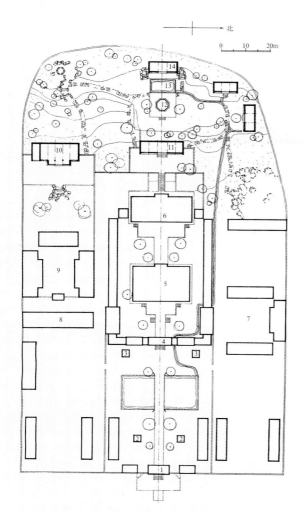

1-山门;2-碑亭;3-钟鼓楼;4-天王殿;5-大雄宝殿;6-无量寿佛殿;7-北玉兰院;8-戒坛;9-南玉兰院;10-憩云轩;11-大悲坛;12-舍利塔;13-龙潭;14-龙王堂;15-领要亭

图10-2-52 大觉寺平面图(图片来源:《中国古典园林史》)

图 10-2-53 大觉寺北路玉兰

图 10-2-54 大觉寺天王殿前庭院

图 10-2-55 民国时期的大觉寺碑亭及石狮（图片来源：《洋镜头里的老北京》）（左）
图 10-2-56 大觉寺碑亭及石狮今貌（右）

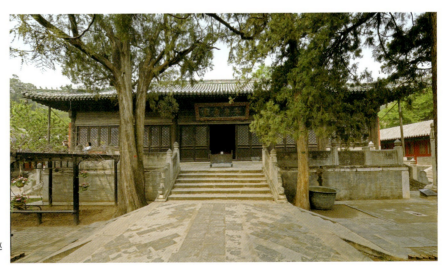

图 10-2-57 大觉寺大雄宝殿（图片来源：赵大海摄）

图 10-2-58　大觉寺大雄宝殿三世佛及盘龙藻井　图 10-2-59　大觉寺大雄宝殿二十四诸天像局部

图 10-2-60　大觉寺无量寿佛殿（图片来源：赵大海摄）

图 10-2-61　大觉寺无量寿佛殿隔扇（图片来源：赵大海摄）

美（图10-2-61）。檐下匾额同样为乾隆御笔"动静等观"。殿前月台比之大雄宝殿更加宽广，两殿之台基由高甬道相连。殿北侧一株千年银杏，遮天蔽日，造型极为优美。无量寿佛殿前庭院由殿之东立面、月台、甬道、大雄宝殿之西立面（包括突出的抱厦）以及千年银杏共同构成大觉寺最美的画卷之一（图10-2-62）。

无量寿佛殿背侧有一组大型海岛观音壁塑，形象生动，为难得之佳作（图10-2-63）。无量寿佛殿后拾级而上可达大悲坛。

图10-2-62 大觉寺无量寿佛殿月台及千年古银杏（图片来源：赵大海摄）

图10-2-63 大觉寺无量寿佛殿海岛观音塑像

（三）舍利塔、龙潭及龙王堂

大悲坛后为寺庙之园林区，为全寺之精华所在（图10-2-64）。有白塔、龙王堂、畅云轩、领要亭等建筑。园内古树参天，浓荫蔽日，流泉淙淙。可惜近年来逐渐被改建并加入很多现代景观元素，诸如弧形挡土墙、灌木、花卉和路灯、吊篮，极大破坏了大觉寺园林之意境，应该予以拆改。

舍利塔位于全寺最高处，成为大觉寺的重要标志（图10-2-65）。该塔为典型的藏传佛教覆钵式白塔，分塔基、塔身、塔刹三部分，通高约15米。塔基为八角形须弥座，须弥座东、西、南、北四面雕饰云龙；东北、东南、西南、西北各面雕葵花、牡丹、莲花、西番莲花卉图案，造型精美。须弥座之上为圆形塔座，其上有三重金刚圈与塔身相连。塔身呈覆钵形，塔身正东面开有焰光式塔门，称"眼光门"，呈壶门样式，中间雕有两扇菱花形门窗。塔身上面是相轮，共十三层，称"十三天"；其上为华盖，悬有8枚风铃；最上为铜质宝珠式塔刹。该塔造型优美，比例修长，比之妙应寺白塔及北海白塔都更为纤秀。塔旁原植有一松一柏，均为500年以上之古树，与白塔共同构成"松柏抱塔"之佳境。可惜古松枯死，近年来补上了一株假松，可能试图还原"松柏抱塔"之意韵，然而终嫌不伦不类。

白塔后为一座方形小池，古称"龙潭"，周围绕以石雕栏板，清冽之山泉自石雕螭首流出，汇为碧潭，潭水倒映白塔，美不胜收。龙潭为金章宗"清水院"难得遗存，堪称全寺意境最佳处（图10-2-66）。

潭后有一座二层小楼曰"龙王堂"，两侧有假山石阶可登二层，鸟瞰白塔及园林景色。

大觉寺园林原为北京诸佛寺园林中之杰作，尤其是舍利塔、龙潭和龙王堂，共同组成了一高一低又一高的起伏有致的构图，虽然体量均不大，却配合成一幅完美的构图，为北京古建筑中又一群体组合的佳例（图10-2-67）。

图10-2-64 大觉寺园林旧影（图片来源：Chinese Garden）

图10-2-65 大觉寺舍利塔

图 10-2-66 大觉寺龙潭塔影

图 10-2-67 大觉寺龙王堂、龙潭及舍利塔

七、灵岳寺

灵岳寺于唐贞观年间（公元627～649年）创建，为北京门头沟斋堂地区最古老、最著名的寺庙，当地有"先有灵岳、后有斋堂"之俗谚。五代时期寺庙遭战乱破坏，辽代重建，改称"白贴山院"，金代改称"灵岳寺"。元至元三十年（1293年）、清康熙二十二年（1683年）、清雍正十一年（1733年）分别予以重修。目前，该寺完成了近年来最新一次维修。

寺院地处白铁山（辽代称白贴山）主峰前的平台上，坐北朝南，背倚青山，面向深谷，在寺前平台可遥望斋堂川数十里连绵群山景色，壮丽无比，选址可谓绝佳（图10-2-68）。

现存二进院落，中轴线上依次为山门、天王殿和释迦佛殿，两厢为寮房、配殿18间，院内古松一株，姿态奇佳；山门外有古槐一棵，参天蔽日（图10-2-69）。寺内现存元至元三十年（1293年）"重修灵岳寺记"和清康熙二十二年（1683年）"重修灵岳禅林碑记"两块碑石，均颇为残破，但字迹尚清晰可辨。

以下略述该寺中轴线上重要殿宇。

（一）天王殿

天王殿建在0.8米高的台基上，面阔三间（9.5米），进深两间（5.8米），南北均为明间开门，次间砌墙，造型古朴。建筑通高7米，悬山灰瓦顶，正脊上雕有蔓草纹饰。外檐各柱头铺作为最简单的"把头绞项作"，即无华栱出跳，只有栌斗承托耍头（即梁头），并且耍头特厚，具有元代特征；补间铺作令栱与耍头均改作曲线形并雕饰花卉等图案。悬山屋顶山面施以博风板，对应室内各槫（清代称檩）位置饰以"惹草"，原来博风板正中应当还有"悬鱼"，现已不存。山墙上露出木构梁架，造型优美（图10-2-70、图10-2-71）。

室内为"彻上明造"，梁架历历在目。二槫栿（清代称三架梁）和四槫栿（清代称五架梁）之间用"驼峰"和斗栱承托，脊槫（清代称脊檩）下侏儒柱（清代称童柱）两侧有叉手——这些做法都保留了元代建筑木构架之特征（图10-2-72）。梁架上还留有

图10-2-68 灵岳寺图

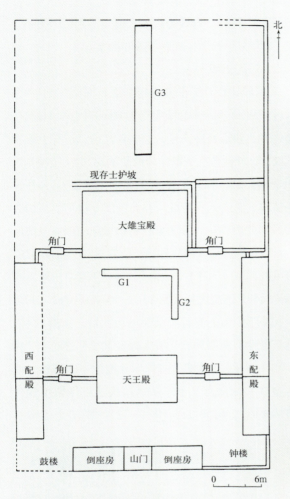

图 10-2-70 灵岳寺天王殿外观

图 10-2-69 灵岳寺总平面图（图片来源：《北京寺庙宫观考古发掘报告》）

图 10-2-71 灵岳寺天王殿当心间补间铺作雕刻

旋子彩绘图案，颇精美，应当是清代重修时所绘——脊槫下枋底有清雍正十一年（1733年）重修的记录。

殿内原供奉四大天王、韦陀、接引佛塑像，现均无存。

（二）释迦佛殿

释迦佛殿为全寺最具历史与艺术价值的古建筑（图 10-2-73）。

大殿建在 0.8 米高的台基上，大殿面阔三间（13.1 米），进深三间（8.55 米），面积 100 余平方米，四周带有回廊，回廊四面均为五间。回廊立柱较细，颇似擎檐柱之作用。大殿屋顶为灰筒瓦庑殿顶，形制很高，造型古拙雄健，具有强烈的元代特征。

回廊南面饰以斗栱，与天王殿同样为"把头绞项作"，其余三面仅有廊柱和替木承托槫、枋以承屋檐，较为简陋，可见回廊或为后世重修大殿时加固之用。外檐斗栱为五铺作双下昂（为假昂）；其后尾改为四铺作，出华栱一跳；栱眼壁有彩绘佛像。

室内同样为"彻上明造"，梁架结构轻盈优美：支撑脊槫的叉手、内柱上的丁头栱、月梁乳栿等，都是元代及元以前木结构建筑的典型特征（图 10-2-74～图 10-2-76）。梁架上同样有清代所绘旋子彩绘痕迹。

殿内供奉一佛二菩萨像，系柳木雕刻，高近 4 米，惜于 1954 年拆毁。

整体观之，灵岳寺选址精当，保留至今的格局较为完整，正殿与天王殿的木构架更是难能可贵地保留了元代手法和风格，加之寺中古树两株、古碑两通，令千年古刹备增古意，为京城难得的访古佳处（图 10-2-77）。

图 10-2-72　灵岳寺天王殿内梁架及彩绘

图 10-2-73　灵岳寺释迦佛殿西南面外观

图 10-2-74　灵岳寺释迦佛殿室内梁架之一

图 10-2-75　灵岳寺释迦佛殿室内梁架之二

图 10-2-76　灵岳寺释迦佛殿室内丁头栱及月梁乳栿

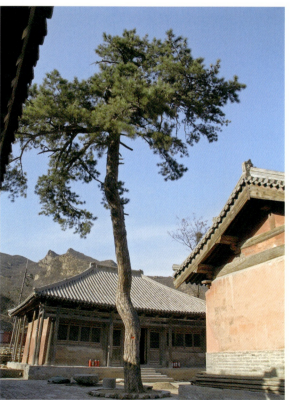

图 10-2-77　灵岳寺——京西最古老的木结构建筑群

八、妙应寺（白塔寺）

妙应寺俗称白塔寺，在阜成门内大街。寺始建于辽寿昌年间（1095～1100年），原名永安寺；元至元八年（1271年）在辽代所建的永安寺舍利塔中发现了舍利，时值新都大都城落成，元世祖忽必烈决定建塔，为新建的都城祈福，定塔名为"释迦舍利灵通之塔"，定寺名为"大圣寿万安寺"，寺建成于至元二十五年（1288年）。大圣寿万安寺为元代皇家在大都城内所建最重要的寺庙。白塔始建于元至元八年（1271年），至元十六年（1279年）建成，"精严壮丽，坐镇都邑"，至今巍然屹立，为北京最重要的地标之一，寺庙也因此被习惯性地称作白塔寺。

据史籍所载，元代大圣寿万安寺的规模巨大，"一如内廷之制"，有天王殿、五部陀罗尼殿、五方佛殿、九曜殿、朵楼、角楼等。施工时仅建筑装饰和佛像就使用了黄金五百四十余两，水银（镏金用）二百四十斤之多，其工程之浩大繁费可以想见。以后又在佛殿的东、西建东、西影堂，把元世祖、裕宗的影像安置在这里。此寺佛殿近于宫殿，殿前的台阶即仿元代宫中的形制而建，常用作百官习朝仪的地方，元朝各代皇帝也多次来寺中做佛事。

元至正二十八年（1368年），寺内主要殿宇被雷火焚毁。明代重修后在天顺元年（1457年）改名为妙应寺。妙应寺在明、清时期先后作为禅宗和藏传佛教格鲁派道场。清末民初年间，白塔寺是北京著名的庙市之一（图10-2-78）。

现在的寺庙建筑群仍保留了明代格局：明代妙应寺规模比元代的大圣寿万安寺小得多，大概仅有原寺的八分之一，中轴线上依次有山门、天王殿、三世佛殿、七佛殿和三宝殿，最终是整座寺庙的高潮——白塔（图10-2-79）。

以下略述除白塔之外各主体建筑概况，白塔将在下章中详细讨论。

山门："文化大革命"期间，白塔寺山门、钟鼓楼被拆，在山门的位置建西城区副食品商店。1998年依照原形制重建了山门与钟鼓楼。山门面阔三间，歇山顶，开三道券门，正门上方悬匾额曰"敕赐妙应禅林"。

天王殿：面阔进深均为三间。原供奉已于"文

图10-2-78　白塔寺庙会图（图片来源：《老北京市井风情画》）

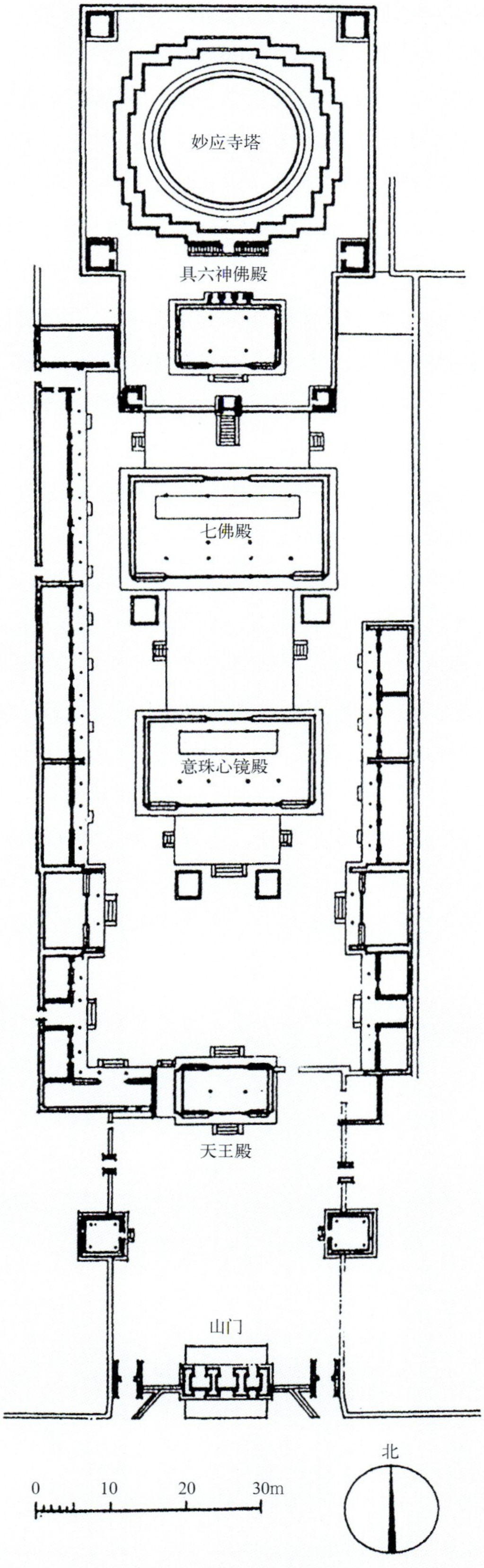

革"时期捣毁。现用于陈列"佛典瑰宝展",主要展出1978年白塔塔刹出土的清代初刻版大藏经——《龙藏》。

三世佛殿(意珠心镜殿):为全寺主殿(图10-2-80)。殿前月台上有两尊元代石狮,雕刻生动,意趣横生(1986年由东城区麒麟胡同迁至此),为难得的石雕精品。殿面阔五间,庑殿顶。内部供奉已于"文革"时期被毁,现为藏传万佛造像艺术展,共展出藏传佛教镀金造像近万尊,蔚为大观。

七佛宝殿:位于意珠心镜殿北,建于明弘治十八年(1505年),在北京地区属较古老的木构建筑。面阔五间,进深四间,为寺中最大殿堂。殿内原来供奉七佛,故名七佛宝殿(图10-2-81)。现在殿中供奉的佛像都是1980年前后从别处寺庙搬来的:中央长方形须弥石座上是巨型楠木木雕三世佛

图10-2-80 妙应寺三世佛殿

图10-2-79 白塔寺总平面图(图片来源:《白塔寺》)

图10-2-81 妙应寺七佛宝殿(图片来源:李倩怡摄)

像，三佛各高约2米余；左右两侧为拈花寺移来的明代铜铸十八诸天像，为明代佛教雕塑艺术的精品；三世佛罩壁后是一尊倒坐的铜铸千手千眼观音像，同样是不可多得的明代造像精品。此外，殿中还有金元间高僧海云（元大都规划者刘秉忠的师傅）的石雕像。

具六神通殿：位于寺北部的塔院内，位于白塔前方，是一座面阔三间的清代殿堂。内有木雕三时佛、铜五供、唐卡等珍贵文物。

妙应寺是北京内城最著名的寺庙之一，而白塔一方面是北京城的重要地标，同时也是元大都的珍贵遗存和象征。今天，白塔寺作为博物馆对公众开放，除了欣赏宏丽的建筑之外，还可以徜徉于大量文物之间，充满了浓厚的历史文化氛围和艺术气息。

九、广济寺

广济寺是京城著名的"内八刹"之一，原为金代西刘村寺旧址。明天顺年间（1457～1464年）在金代寺址重建，明成化二年（1466年）赐名"弘慈广济寺"，成化二十年（1484年）完工，次第建成山门、天王殿、大雄宝殿、大士殿、伽蓝殿、祖师殿、钟鼓楼、斋堂、禅堂、方丈室、僧舍等，巍峨壮观，富丽辉煌。明万历十一年（1583年）、清康熙三十八年（1699年）重建（图10-2-82）。清代广济寺在京城还拥有几个下院，包括西四万松老人塔所在寺院、北海西面的柏林寺、德胜门内的莲花寺、什刹海的广化寺、西直门内的弥勒院、龙须沟的龙泉寺等，盛极一时。1931年，广济寺不慎失火，主要殿堂焚烧殆尽。1935年，住持现明法师在吴佩孚等人的资助下，按明朝格局进行重修，建筑规模比以前更加壮观。中华人民共和国成立后，在1952年进行了全面维修。1959年，中国佛教协会在北京成立，会址设在广济寺。

目前广济寺占地35亩，坐北朝南，建筑布局完整，分中、东、西三路（图10-2-83）。

中路：沿中轴线依次为山门、天王殿、大雄宝殿、圆通殿、多宝殿（舍利阁），附属建筑分列两侧。

大雄宝殿内有一个乾隆五十八年（1793年）铸造的青铜宝鼎，有2米多高，放置在刻花石座上，鼎身铸有佛教八供（轮、螺、伞、盖、花、瓶、鱼、结）等花纹，造型古朴大方，工艺精湛。大雄宝殿后壁悬挂着一幅《胜果妙因图》，是清乾隆九年（1744年）著名画师傅雯用手指所画，高5米，宽10米。画面上，释迦牟尼端坐在莲花座上，慈容可掬地向信徒讲经说

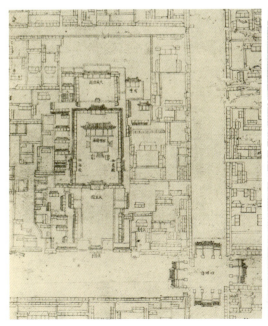 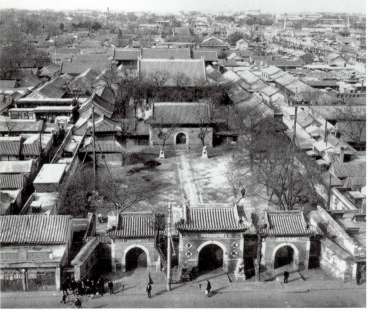

图10-2-82　乾隆《京城全图》中的广济寺，右下角为西四牌楼　图10-2-83　广济寺鸟瞰（图片来源：《北京历史文化名名城丛书》）

法，周围一百多位弟子洗耳恭听。有趣的是，听众中，还有中国的历史人物关羽、关平、周全及布袋和尚等。

多宝殿正中供奉着三尊明代铸造的铜佛像。

西路：有持梵律殿、戒坛、净业堂和云水堂等建筑。其中戒坛位于寺庙西北隅的戒坛殿内，建于清康熙十七年（1678年），汉白玉砌成，至今保存完好，是广济寺保存的最古老的建筑物，今称"三学堂"。

东路：有法器库、延寿堂。

此外，寺内有明成化年间"御制广济寺碑"、"敕建弘慈广济寺碑"，明正德年间"敕建广济寺记"，清康熙年间"重修佛像碑记"、"御制弘慈广济寺碑"和清乾隆年间"乾隆御制诗碑"。广济寺珍藏的佛教经典也十分浩繁，仅图书室就有23种文字、10多万册佛教经典、著作，仅收藏的《大藏经》就有12种版本，是研究中国佛教发生、发展和演变的重要史料，也是中国传统文化的重要组成部分。

十、碧云寺

碧云寺为西山佛寺之代表。明清时期，香山寺与碧云寺并称胜境，可惜香山寺为英法联军破坏，仅余遗址，于是碧云寺成为香山第一大寺。碧云寺始建于元至顺二年（1331年），初名碧云庵。明正德十一年（1516年）由御马监太监于经扩建为寺，始称碧云寺。明天启三年（1632年），魏忠贤重修此寺。清乾隆十三年（1748年），再次重修并大规模扩建，新建金刚宝座塔和罗汉堂，使之达到今日宏大之规模：总占地6公顷，东西主轴线长约450米，南北最宽处170米、最窄处90米，依山势而建，各进殿堂呈阶梯状层层升高，前后高差近40米，极其壮观（图10-2-84、图10-2-85）。

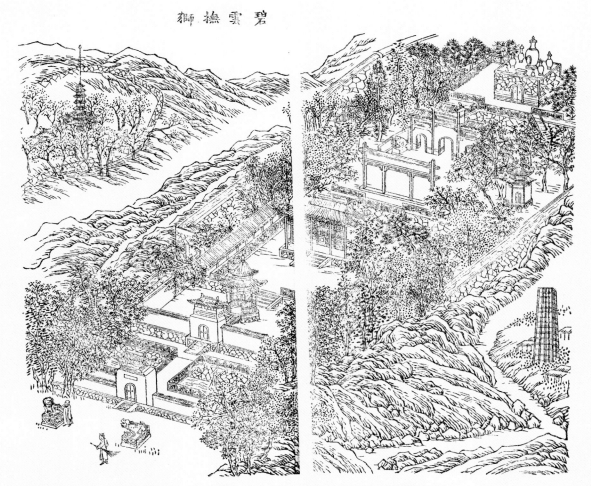

图10-2-84 《鸿雪因缘图记》中的碧云寺全景（远处可见昭庙的琉璃塔）（图片来源：《鸿雪因缘图记》）

图 10-2-85 碧云寺现状鸟瞰全景

（一）总体格局

建筑群总平面分为三路，中路轴线上有五进院落，分别建外山门、内山门、天王殿、大雄宝殿、菩萨殿及普明妙觉殿，最后为金刚宝座塔塔院；南、北两路分别以罗汉堂及园林为主体（图 10-2-86）。以下略述全寺各主体建筑及院落。

外山门：寺前有外山门，为一座砖石拱券建筑，雄踞高台之上，前临深涧，有石桥跨于涧上（图 10-2-87）。石桥前更有两尊石狮，雕刻精湛，栩栩如生，为北京诸寺石狮之上品。麟庆《鸿雪因缘图记》中"碧云抚狮"一篇细腻描绘了石狮的姿态（图 10-2-88）：

"碧云山门东向，石狮二，雄瘦露骨，雨溜为皮，黑色，雌肥见肉，苔绣为皮，绿色，腹皆纯白，雕镂工巧。"

内山门：外山门之内有内山门三间，歇山顶，内塑哼哈二将。二门之间以高甬道相连，内山门南北两侧有角门。高甬道两侧为二三米深的下沉院落，植以翠竹，意境幽雅。

天王殿：山门内为天王殿三间，歇山顶，天王像已毁，仅余弥勒中坐，为明代旧物。殿左右为钟鼓楼。钟鼓楼南侧各有一随墙小门，可通南路建筑群和北路园林。

天王殿南北两侧有侧门，门外侧连廊庑，廊庑两端至角西折，经大雄宝殿，延伸至后殿菩萨殿，

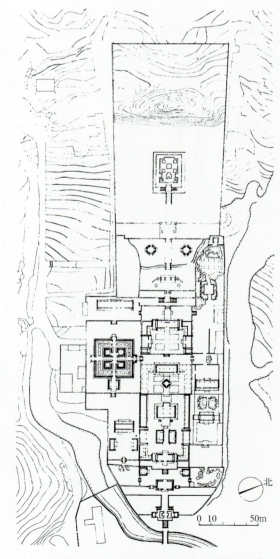

图 10-2-86 碧云寺平面图（图片来源：《傅熹年建筑史论文集》）

在转角交于菩萨殿山墙，从而将大雄宝殿、菩萨殿围合成一座纵长形庭院，空间豁然开朗。

大雄宝殿：自天王殿向西，殿庭中有鱼池及石桥，过桥为大雄宝殿三间，单檐庑殿顶，四周用擎檐柱，殿前出月台。此殿主像为明塑清代彩妆，颇为精美，惜已于"文革"时期毁去。月台东、西侧各有石经幢一座，造型颇壮伟，与殿前古树一同组成优美画面（图10-2-89）。

碑亭、菩萨殿：大雄宝殿之后为菩萨殿，面阔五间，单檐歇山顶。两殿之间建有八角形小型碑亭一座（内置乾隆御碑），重檐攒尖黄琉璃瓦顶（图10-2-90）。斯亭比例匀称、尺度宜人、小巧可爱，颇似一座大型殿宇之缩尺模型，为前后两殿之间的庭院平添了几分佳趣——其建筑意境颇似位于罗马的由建筑大师布拉曼特设计的坦比哀多小教堂。

普明妙觉殿（孙中山纪念堂）：菩萨殿之后地势增高，建有第三重殿普明妙觉殿，面阔五间，硬山顶，现为孙中山纪念堂。

图10-2-87　碧云寺外山门（左）
图10-2-88　碧云寺山门外石狮（右）

图10-2-89　碧云寺大雄宝殿

图10-2-90　碧云寺乾隆御碑亭

(二) 金刚宝座塔塔院

寺中路后半部为全寺的精华所在——金刚宝座塔塔院,沿中轴线依次建有石牌楼、砖牌楼及宝塔(图10-2-91)。

石牌楼:塔院的序幕为一座石雕牌楼(石牌楼之前还有木牌楼门一座,不过较为卑小),左右接砖雕八字影壁,雕工极精致,为北京石牌楼中仅次于十三陵石牌楼的佳作。牌楼内为石桥一座跨于小溪之上。

碑亭:过桥左右各有一座砖砌无梁殿式碑亭,下层檐为八角形,上层檐为圆形,造型颇雄浑,不似前述碑亭纤巧(图10-2-92)。碑亭内部清晰可见穹隅穹顶(亦称帆拱)结构(图10-2-93)。两座碑亭内安放乾隆御制金刚宝座塔碑,分别刻满、汉、蒙、藏四种文字。

砖牌楼:过石桥拾级而上,又建砖砌牌楼一座,为四柱三间五楼样式,雕刻亦颇精美(图10-2-94)。由雕刻精巧之石牌楼,经造型华美的砖牌楼,一步步登抵最为壮丽的金刚宝座塔,颇有逐渐登临胜境之感,为碧云寺建筑艺术与空间安排之精华所在。

金刚宝座塔:下部为方形宝座,称金刚座。宝座顶上建五座密檐方塔与两座小喇嘛塔(图10-2-95)。全塔由汉白玉砌造,塔身雕刻饱满圆润(详见下章)。碧云寺金刚宝座塔因为地势高峻(塔顶距山门地面72米),又有全寺中轴线上大小殿堂、砖石牌楼的重重烘托,加之登临该塔,北、西、南三面群山环抱、绿荫如海,独东面敞开,可近观玉泉山、昆明湖,远眺帝京城池——其整体意境绝佳,为京城诸寺之冠(图10-2-96)。

除了中路壮美的空间序列之外,寺南、北两路也各具意境。

(三) 罗汉堂

寺南路的核心建筑为罗汉堂,仿杭州净慈寺罗汉堂建造,平面呈"田"字形,每面九间,中间夹

图10-2-91 由石牌楼前望碧云寺塔院之壮丽景色

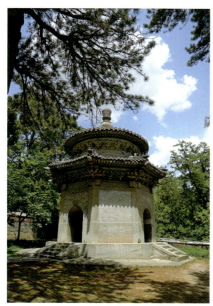
图10-2-92 碧云寺砖拱碑亭

图10-2-93 碧云寺砖拱碑亭内部穹隅穹顶（帆拱）结构

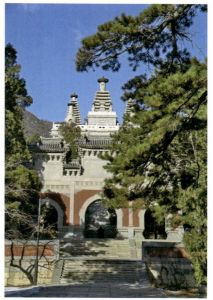
图10-2-94 碧云寺塔院砖牌楼

图10-2-95 碧云寺金刚宝座塔密檐方塔

图10-2-96 碧云寺金刚宝座塔俯瞰中轴线

有四个天井，十字交叉处建重檐方亭，四面入口处建抱厦，外部造型与内部空间均为北京佛殿建筑中之至为特殊者（图10-2-97、图10-2-98）。堂内有五百罗汉像，真人大小，形态生动，艺术造诣不俗（图10-2-99）。

（四）水泉院、含青斋

北路最后部有园林水泉院，堪称北京现存寺观园林中最古、最精者之一。园林位于塔院北壁陡崖之下，以泉水"卓锡泉"为中心，拓为前后二池，配以山石亭台、长松巨柏，环境幽雅宁静

图10-2-97 碧云寺罗汉堂北侧影

图10-2-98 碧云寺罗汉堂天井仰视

图10-2-99 碧云寺罗汉堂罗汉像

（图10-2-100）。池间原有水亭和临池的敞厅，现已毁去，唯余平台架于水上。院西端以及南部尚有龙王庙、弹拱台、清静心间、角亭等小品（图10-2-101）。此处假山用北方所产黄色湖石叠成，间有几处用小块粘成的巨石，颇可乱真，为北方黄石假山中难得的佳作。

水泉院以东还有一连串大小不同的院落，其中含青斋为前后两座厅堂构成的一组庭园。庭园中央为一不规则水池，周遭叠山石，池中设板桥，成为园中主景。此外，含青斋庭院以东、北路最东端，还有一处以造型各异的假山石为主景的小院，亦别具幽致。

总体观之，整个北路院落形成布局自由、尺度多样的园林群，与中路恢宏壮丽的宗教建筑群以及南路造型对称的罗汉堂形成鲜明对照，共同构成碧云寺"亦庄亦谐"的经典空间格局。

十一、法海寺及壁画

法海寺坐落在京西翠微山南麓，依山而建，东靠馒头山，北连福寿岭，西倚蟠龙山，南面向模式

图 10-2-100　碧云寺水泉院全景　　　　　　　　　　　　　　　　　图 10-2-101　碧云寺水泉院龙王庙

图 10-2-102　法海寺图（图片来源：唐恒鲁绘）

口开敞，全寺掩映在翠微山的万绿丛中，意境幽绝（图10-2-102）。寺始建于明正统四年（1439年），由明英宗宠宦御用监太监李童集资，工部营缮司建造，正统八年（1443年）建成，由英宗赐名"法海禅寺"。明弘治（1504年）至正德年间（1506年）重修，清康熙二十一年（1682年）又重修，新中国成立后又多次大修，维修了大殿，并陆续重修、重建了山门、天王殿、药师殿及藏经楼等。法海寺素以大雄宝殿内美轮美奂的明代壁画享誉中外。

寺坐北朝南，依山势而建，四进院落分别设置在四级平台之上，沿中轴线依次有山门殿、天王殿、大雄宝殿、药师殿及藏经楼。

大雄宝殿为明代前期按官式建造的重要佛殿。大殿立于台基之上，前出月台，月台南面石雕颇为精美。殿面阔五间，单檐庑殿顶，灰瓦黄琉璃剪边，屋顶曲线极优美，屋檐四角设擎檐柱（图10-2-103）。

殿前月台两侧有两株参天古白皮松，皮白如雪，枝叶繁茂，遮天蔽日。此二松树龄皆逾千年，西侧一株树干周长5.56米，东侧一株树干周长4.22米，可谓北京白皮松之王。两株千年白皮松与大雄宝殿构成了老北京的经典景致，正如五塔寺的古银杏与金刚宝座塔、潭柘寺的帝王树与毗卢阁一样。

大殿内原有三世佛、十八罗汉、大黑天及明代太监李童供养像，惜于"文革"期间被毁。大殿天花中央有三个曼陀罗藻井，皆为明代原物，中央藻井绘制毗卢遮那佛曼陀罗，东边藻井绘药师佛曼陀罗，西边藻井绘阿弥陀佛曼陀罗——此三座造型、雕饰精美的曼陀罗藻井为法海寺的珍贵遗存（图10-2-104）。除藻井之外，大殿天花由231块方格组成，每一方格内都绘有毗卢遮那佛曼陀罗，大部分天花皆为明代遗物。

法海寺明代壁画

法海寺主要闻名于寺内的壁画，经过五百多年的漫长岁月，法海寺大雄宝殿的六面墙上，至今完整地保留着极其精美的明代壁画。壁画完成于明正统八年（1443年），是由宫廷画士官宛福清、王恕，画士张平、王义、顾行、李原、潘福、徐福林等十五人所绘。这些画师的名字被刻在法海寺中的《楞严经幢》之上，至今保存完好。

壁画分布在大雄宝殿北墙、中央佛像坐龛背后扇面墙及十八罗汉身后的东、西山墙上，共有十铺，总面积达236.7平方米。内容包括祥云图、佛众赴会图、三大士图和帝释梵天礼佛护法图。专家学者一致认为，在我国现存明代壁画中，从壁画艺术、规模、完整程度和壁画制作工艺、绘画技巧、人物造型及用料方法等多方面综合论证，法海寺壁画堪称我国明代壁画之最，可以同敦煌、永乐宫壁画媲美，并且堪与同时期西方文艺复兴的壁画比肩（图10-2-105～图10-2-108）。

图10-2-103 法海寺大雄宝殿东南面

图10-2-104 法海寺大雄宝殿曼陀罗藻井（图片来源：《法海寺》）

图 10-2-105 法海寺明代壁画之水月观音图（图片来源：法海寺明信片）

图 10-2-106 法海寺明代壁画之善财童子图（图片来源：法海寺明信片）

图 10-2-108 法海寺明代壁画之辩才天图（图片来源：法海寺明信片）

图 10-2-107 法海寺明代壁画之广目天王图（图片来源：法海寺明信片）

现在该珍贵壁画得到了十分妥善的保护,参观者须持手电筒进入幽暗无光的大殿观摩壁画:在手电之微光之中欣赏五百余年前精美壁画之原作,充满了神秘庄严之感,实为京郊古建筑游览中十分难得的经历。

十二、智化寺

智化寺为明英宗正统九年(1444年)司礼间太监王振建,原为其家庙,后改为寺,虽历经重修,但建筑的梁架、斗栱等依然保存了原状,尤其是内部结构、经橱、佛像、转轮藏及其上雕刻,都保存了明代建筑的特征,为古都北京明代佛寺的最典型代表(图10-2-109、图10-2-110)。

建筑群坐北朝南,规模宏敞,原有五进院落,中轴线上依次为山门、智化门、智化殿、如来殿和大悲堂。

主殿智化殿面阔三间,黑琉璃瓦歇山顶(图10-2-111)。内为彻上露明造,原明间有精美藻井一座:最外圈为天宫楼阁一周,上部用斗栱托起方形藻井,内含一正八角形,八角形内又包含一个正方形及与其呈90度角的菱形,二者构成内层的又一正八角形,八面均雕云龙,中央为圆形井口,雕巨大团龙,整个藻井造型华美,雕刻精丽。民国时期,该藻井被古董商盗卖给美国人,现藏在美国费城艺术博物馆。大殿内现留存有十分精美之壁画(图10-2-112、图10-2-113)。

智化殿之西配殿为转轮殿,面阔三间,黑琉璃瓦歇山顶,殿内明间设转轮藏。转轮藏下部为六角形汉白玉须弥座,上为木雕佛龛,亦为六角形,每个小佛龛中均有一尊小佛像。藏柜上部雕有金翅鸟、龙众、摩羯鱼、神人、飞羊等各种纹饰,极为精美。轮藏顶上有一佛像,造型生动。上部藻井绘曼荼罗造型(图10-2-114)。

图10-2-109　智化寺图(图片来源:唐恒鲁绘)

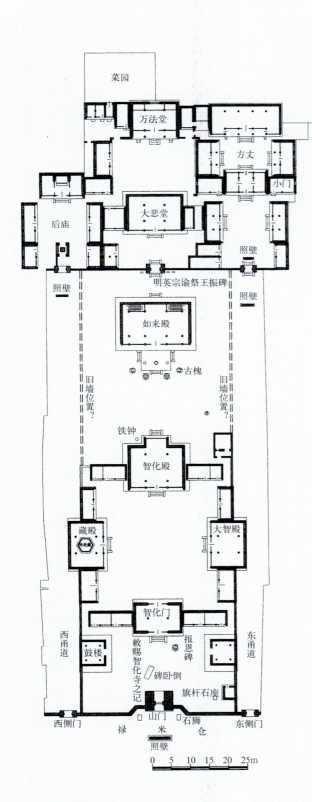

图 10-2-110 智化寺总平面（图片来源：《东华图志》）

图 10-2-111 智化寺智化殿（图片来源：赵大海摄）

图 10-2-112 智化寺智化殿藻井（现藏美国费城艺术博物馆）（图片来源：王军摄）

图 10-2-113 智化寺智化殿内壁画

图 10-2-114 智化寺转轮藏殿经橱

图10-2-115 智化寺万佛阁（图片来源：赵大海摄）

图10-2-116 智化寺万佛阁藻井老照片（图片来源：清华大学建筑学院中国营造学社纪念馆）

智化殿北为如来殿，亦称万佛阁（图10-2-115）。阁分上下二层，两层墙壁遍饰佛龛，供奉佛像九千余个，故称万佛阁。阁内也有一造型绚丽的藻井，造型与智化殿藻井大同小异，同样分三层，下层井口为正方形，中层井口为八角形，上层井口为圆形，顶部中央有一条俯首向下的团龙。八角井分别雕着八条腾云驾雾的游龙，簇拥着中间巨大的团龙，呈九龙雄姿。各斗之间刻有构图饱满、线条洗练而挺秀的法轮、宝瓶、海螺、宝伞、双鱼、宝花、吉祥结、万胜幢等八珍宝。此外还刻有八个体态丰腴、手托宝物的飞天，衣带飘逸，呼之欲出。这座藻井现藏于美国纳尔逊博物馆（图10-2-116）。

智化寺各主要殿阁屋顶均施以黑色琉璃瓦，为北京诸佛寺中颇为独特者。

综观智化寺殿宇，虽规模较小，但殿内佛像、天花、轮藏，尤其是藻井则雕镂精致，色彩富丽，极尽装饰之能事，诚如《明史·王振传》所言："建智化寺，穷极土木。"⑰

十三、大慧寺

大慧寺为明正德八年（1513年）司礼监太监张雄创建。明万历二十年（1592年）、清乾隆二十二年（1757年）、清宣统元年（1909年）均有重修。《日下旧闻考》引《渌水亭杂识》载："寺有大悲殿，重檐架之，中范铜为佛像，高五丈，土人遂呼为大佛寺。"大慧寺在最盛时期有殿宇183间，占地421亩。清乾隆朝时仅存两进殿。新中国成立后尚存山门、照壁、大悲宝殿和东、西配殿等。现仅存大悲宝殿为原构，东、西配殿为复建。大慧寺虽然现存规模不大，但其文物价值却极高，主要体现在大悲宝殿的建筑风格及殿内保存的雕塑、壁画艺术上。

大悲宝殿整体建筑体现了浓郁的明代风格，是研究明代建筑不可多得的实物资料。大殿面阔五间、进深三间，重檐庑殿顶，气魄极为宏大。上檐为单翘重昂七踩斗栱，下檐为重昂五踩斗栱。殿内梁枋皆绘旋子大点金彩绘，顶部藻井雕蟠龙纹（图10-2-117）。

大悲宝殿内原供主佛为一尊高五丈的千手千眼观音菩萨铜像，铜像于抗日战争时期被毁。后塑像为木胎泥塑及两尊胁侍菩萨像。沿殿内山墙及后檐墙环列二十八诸天彩塑。雕塑匠师根据诸天的不同性格特点，塑造出彼此不同的神态，分为帝王、后

图 10-2-117　大慧寺大悲殿

图 10-2-118　大慧寺大悲殿塑像（来源：网络）

妃、文臣、武将、市井平民、多臂女神等形象。其中尤以武将的塑造别具特色，呈现出鲜明的个性特征。有些塑像采取细腻的写实手法，突出表现了塑像的质感和真实生命感。二十八尊塑像的妆銮，色彩浓重，以朱砂、黄丹、雄黄、石青、石绿、赭石等矿物颜料为主，大量采用赤金、白银，形成了富丽堂皇、金彩璀璨、极富装饰美的效果。大悲宝殿的众多精美的雕塑可谓北京城诸寺庙之冠（图10-2-118）。

除了以上雕塑瑰宝，殿内东、西、北三壁绘制了壁画十铺，总长247.64米。壁画内容取材于元代女画家管道升所著《观音大士传》。壁画采用通景式布局，青线淡着色，分为"妙庄王室旨嫁女"、"妙善公主请求习佛"等十个单元。

据清纳兰性德《渌水亭杂识》载："明正德癸酉，司礼监太监张雄建寺于宛平县香山乡畏吾村，赐额大慧，并护敕于碑。……嘉靖中，太监麦某提督东厂，于其左增盖佑圣观，于是合寺观计之，殿宇凡一百八十三楹，拓地四百二十一亩。"可见大慧寺原有规模之宏大。在近五百年后的今天，大慧寺屡经磨难，仅存这一座大悲宝殿及殿内的彩塑、壁画，让人遥想其当年之胜景，为我们研究明代的建筑形式、雕塑绘画手法提供了重要的实例。而这之中，尤以其纯正无异的彩塑艺术水平为高。

十四、万寿寺

万寿寺创建于明万历五年（1577年），由万历皇帝之母慈圣李太后出资，司礼监冯保选址、督建而成，大臣张居正撰写《敕建万寿寺碑文》。万寿寺取代了皇城内的汉经厂（即今嵩祝寺、智珠寺旧址），主要用于藏经卷，永乐大钟也由汉经厂移至万寿寺。明代万寿寺规模宏大、建筑华丽，《长安客话》称其"璇宫琼宇，极其闳丽"，《燕都游览志》称其"丹楼绀宇，几与大内等"。全寺主要格局为：建筑群坐东北朝西南（与寺前西北－东南走向的长河相垂直），中路五进院落，由南而北分别为山门、天王殿、大延寿殿、藏经阁（安宁阁）、禅堂及园林一座，该园林为明代佛寺园林之杰作。园林之北有果园一座，寺北更有广袤的田地，据《帝京景物略》载，寺后"圃百亩，圃蔬弥望，种莳采掇，晨数十僧"。此外，著名的永乐大钟由汉经厂移来，置于寺院东路的"方钟楼"内，据《长安客话》载，大钟"昼夜撞击，声闻数十里"。后该钟于清雍正朝移至今大钟寺。此外，寺院东路还建有药王殿、药房等建筑。

清初顺治十六年（1659年），万寿寺大火，大部分建筑遭焚毁，但经过康熙、乾隆和光绪三朝四度重修、扩建，最终形成了万寿寺集寺庙、行宫、园林于一体的庞大规模，并成为清代皇家祝寿庆典的重要场所，拥有"京西小故宫"之誉（图10-2-119）。

康熙二十五年（1686年），康熙在营建离宫畅春园之际，同时开始重建并扩建万寿寺，不但重建了原中路建筑，还加建了两进院落，即在原园林区后建无量寿佛殿及万佛楼，这样万寿寺中路成为七进院落，在西路建行宫，在东路后侧建方丈院——全寺规模比明代时几乎增加了一倍，形成中、东、西三路之格局。

乾隆十六年（1751年）、二十六年（1761年），乾隆帝曾两次在万寿寺为其母慈宁皇太后祝寿，并逐步扩建使万寿寺走向了鼎盛。因为万寿寺的位置适值畅春园到西直门之间长河水路之中点，加之"万

图10-2-119 《香林千衲图》中的万寿寺祝寿景象（图片来源：《北京长河史万寿寺史》）

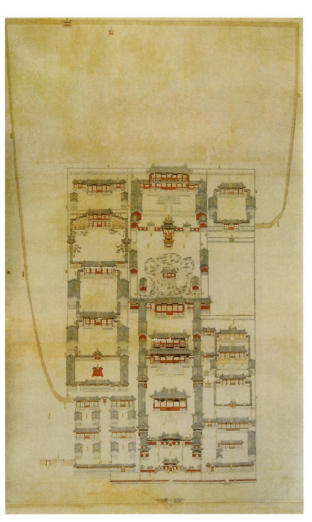

图 10-2-120 清代宫廷绘制的乾隆时期万寿寺图（图片来源：《北京长河史万寿寺史》）

寿"二字极为吉利，于是乾隆大力扩建万寿寺，作为为皇太后庆生的重要场所。乾隆十六年（1751年）的重修，中路基本保持康熙时期格局，在西路行宫南端增建寿茶、寿膳房两组两进四合院，在其后改建行殿五间；又在东路南部改建十方院，包括大斋堂、厨房、库房和十方堂等供僧人活动的场所。扩建完工后，乾隆撰写了《敕修万寿寺碑记》，以满、汉、蒙、藏四种文字刻碑两座，立于大雄宝殿（即原大延寿殿）前。乾隆二十六年（1761年）再度扩建万寿寺：中路在无量寿佛殿两侧新建两道别具一格的中西合璧式院墙及院门，立"御制重修万寿寺"碑于无量寿佛殿前，并为此新建一座八角攒尖黄琉璃瓦顶碑亭；西路行宫在寿茶、寿膳房后建起一座王府规模的四合院，由两进院落组成，其后又建后罩楼院一进，为行宫中最幽雅之所在；后罩楼后建大悲院一进，为皇族在行宫内休息时的礼佛之所；东路僧宅区在十方院后增建法堂院，由南房、法堂和药师坛两进院落组成，为僧人习经的主要场所。至此，万寿寺形成了历史上最大的规模：三路建筑群由南至北均告完整，占地约3万平方米（图10-2-120）。

清光绪十九年（1893年），慈禧太后重修万寿寺，并恢复了千佛阁建筑，仿效乾隆做法增建光绪御碑亭一座，立于无量寿佛殿之后，因此万寿寺中轴线上，无量寿佛殿前后各有黄琉璃瓦碑亭一座，为京城诸寺中之特例。当年，慈禧往来于颐和园与紫禁城之间，都要在万寿寺拈香礼佛，在西跨院行宫吃茶点，故万寿寺行宫有"小宁寿宫"之称。

民国时期万寿寺曾一度用作兵营、学校、疗养院、毒犯收容所等。1937年4月，因电线短路，万寿阁被烧毁。新中国成立后万寿寺由军队及中共中央育幼单位使用。寺院中的佛教造像除大雄宝殿之外，分别于1958年前后和1967年前后被迁往他处或拆毁。20世纪60年代以来寺院分别为学校、幼儿园、部队以及总政歌舞团等占用。1982年2月，因管理不善，导致万寿寺西路大火，焚毁了行宫前正殿及其附属的配殿、游廊、垂花门等。1984年部队撤出，1985年成立了北京艺术博物馆筹备处，1987年中路建筑辟为北京艺术博物馆正式对外开放。自1985年至今，万寿寺经历数次大修，中路与西路建筑群基本恢复了原有格局，东路则仍待修整。寺庙前，长河得以整治，恢复了游船码头（图10-2-121）。

（一）整体格局

现在的万寿寺大致恢复了清代格局：部署严谨，规模宏大，占地3万余平方米，分为中、东、西三路。中路七进院落，中轴线上依次建有山门、天王殿、大雄宝殿（图10-2-122）、万寿阁（2002~2003年重建）、大禅堂、假山园林、乾隆御碑亭、无量寿佛殿、光绪御碑亭和万佛楼，主殿的两侧均建有

图10-2-121 万寿寺与长河现状

图10-2-122 万寿寺大雄宝殿

配殿等附属建筑。西路为行宫，复建了1982年火灾中烧毁的院落。

（二）万寿寺园林

万寿寺之园林及行宫为全寺建筑艺术之精华所在。大禅堂后假山叠石，松柏苍劲，皆为明代遗物。《万历野获编》记载：

"寺后垒石为山，以奉西方三大士，盖象普陀、清凉、峨眉。"

万寿寺园林的核心主题是以三座大假山分别象征普陀、清凉、峨眉三座佛教名山——中峰象征普陀山，上建观音殿三间（普陀山为观音菩萨道场）；西峰象征峨眉，上建普贤殿三间（峨眉山为普贤菩萨道场）；东峰象征清凉山（即五台山），上建文殊殿三间（五台山为文殊菩萨道场）。三山上的三殿呈现为"一

图10-2-123 万寿寺园林全景

正两厢"之布局,使三山、三殿自成一处院落,其布局为北京园林中独一无二者,而其浓缩佛教三大名山于一庭的构思尤为巧妙(图10-2-123)。

三座假山高约3米,山石作犬牙交错状,或峭立,或横卧,山势巍峨起伏;三山由两道沟壑分隔,三山间有石桥相连。沟壑之中可容人穿行,行于其间,宛如走进真实峡谷之间。山上遍植松柏,姿态高古,极富画意,更加烘托出三山的佛教仙境之感(图10-2-124)。这组假山为园林中"小中见大"之杰作,堪与苏州环秀山庄假山媲美,为北京园林假山之难得佳作。

此外,就寺庙整体布局观之,这组假山还成了中路建筑群的屏障、镇山,颇有紫禁城北面的景山之意味(明代建寺时园林位于全寺之北端)。

除了假山,明代时三座假山南面各有一处水池,山北亦有一片水池,假山北侧还有一座亭台,清代时水池被填、亭台被拆。假山中部底层加建地藏宫,内供地藏菩萨——这样就进一步将佛教四大名山集于一身了。

(三)圆光门(西洋式门楼)

中路假山之后还建有乾隆御碑亭、无量寿佛殿、光绪御碑亭、万佛楼等建筑群。其中两座八角攒尖黄琉璃瓦顶的碑亭与无量寿佛殿的重檐歇山灰瓦顶构成高低错落、勾心斗角之景象,不失为万寿寺建筑群一大奇观(图10-2-125)。

更奇特的是无量寿佛殿两侧建于清乾隆年间的中西合璧的院墙和院门。院墙为中式带漏窗的砖墙,院门则采用西洋式圆拱顶并饰以球塔,体现出了巴

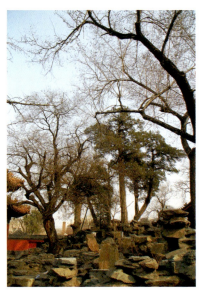

图10-2-124 万寿寺园林古树

图10-2-125 万寿寺乾隆御碑亭、无量寿佛殿及光绪御碑亭

图10-2-126 万寿寺行宫梳妆楼及游廊（图片来源：《北京长河史万寿寺史》）

洛克建筑风格——自乾隆二十五年（1760年）开始修建的圆明园西洋楼，乾隆皇帝对西洋式建筑颇为青睐，因此在乾隆二十六年（1761年）重修万寿寺时加建了两座西洋式门楼，为万寿寺加入了异国情调。不过就整体观之，这两座西洋式门楼与万寿寺中路建筑群不够协调。

（四）万寿寺行宫

万寿寺西路是行宫部分，其主体为清乾隆年间修建而成。南端有东、西各两进小院落，被中间夹道一分为二，东为寿膳房，西为寿茶房。其后是皇帝、太后驻跸之行殿，为三进院落，由南到北依次建有南房、影壁、垂花门、前正殿、正殿及其附属配殿。行殿之后为后罩楼院，后罩楼二层，下层为穿堂，上层为御书楼。御书楼两侧接爬山游廊，游廊下有太湖石，游廊外侧壁设漏窗，游廊中部为亭台，东为四方亭，西为八角亭，游廊南端与行宫院相连。相传，清末慈禧太后常于此楼梳妆，故亦称"梳妆楼"。"梳妆楼"院为行宫中最为幽雅别致之所在（图10-2-126）。

《香林千衲图》：清代宫廷画师绘制的一幅《香林千衲图》为我们展现了乾隆时期在万寿寺为皇太后举行万寿庆典时的盛况。当日，由千名僧人聚集于寺前诵经，举行千佛道场。在寺院对面的长河南岸建有唱经台，是各寺院高僧、住持、方丈聚集之所，千名来自各方的僧人聚于唱经台两侧。长河北岸、寺门前为宫廷官员们的聚集地。只见图中宫廷官员们正在寺前指挥清扫场地，忙于接待皇帝和皇太后的准备工作；僧众们则云集于长河南岸，人头攒动；唱经台内高僧们正在和官员们寒暄、磋商；万寿寺建筑群则粉饰一新，幡旗高悬，呈现着喜气洋洋的庆典气氛。

十五、雍和宫

雍和宫是北京城内最典型的藏传佛教寺院（原为清雍正帝即位以前的雍亲王府）。主体建筑群平面呈南北长、东西窄的矩形，占地6.6万平方米，中轴线由南至北长400余米，排列着七进院落和六座主殿（由南而北为昭泰门、雍和门、雍和宫殿、永佑殿、法轮殿、万福阁），并辅以大量配殿楼宇，规模宏大，气象万千，为北京寺庙建筑中最为金碧辉煌者（图10-2-127、图10-2-128）。清代震钧的《天咫偶闻》描绘了雍和宫的崇丽：

"雍和宫，在国子监之东，地本世宗邸，改为寺，喇嘛僧居之。殿宇崇宏，相设奇丽。六时清梵，天雨曼陀之花；七丈金容，人礼旃檀之像。飞阁覆道，无非净筵；画壁璇题，都传妙手。固黄图之甲观，绀苑之香林也。"

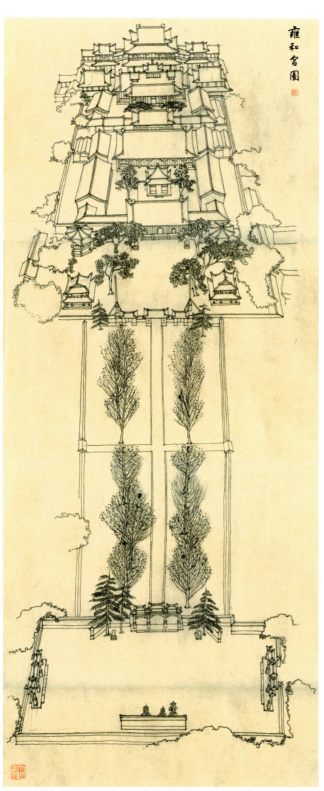

图10-2-127 雍和宫鸟瞰图

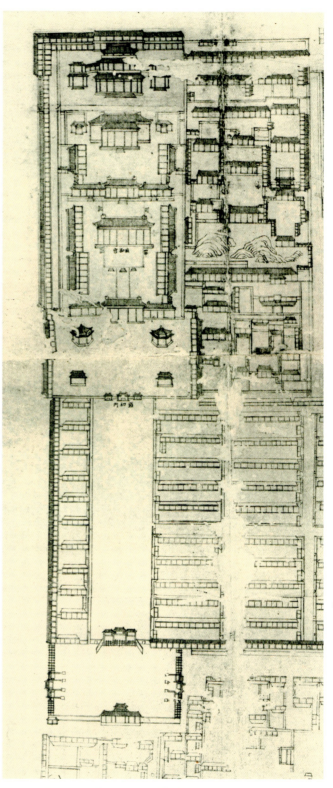

图10-2-128 乾隆《京城全图》中的雍和宫

宗教建筑（上）：佛寺

（一）总体格局

综观雍和宫建筑群之平面布局，前半部比较空旷，自昭泰门以北则建筑密集，楼殿翚飞。

对照清乾隆时期碑文和总平面图，可知前半部是雍正死后停柩时新增的，主要包括由东、西、北三座牌楼与南面影壁组成的广阔前庭和两行银杏树夹着的漫长甬道。

自昭泰门以北才是原来的雍亲王府。其中雍和门为原王府大门（图10-2-129），雍和门前庭院东、西墙上的三间侧门应为原王府的东、西阿斯门（亦称雁翅门），而昭泰门位置则是原王府的南朝房。正殿雍和宫殿面阔七间，左右建配楼，也和清代亲王府的制度相和，应为王府的正殿银安殿。永佑殿为王府的寝殿，永佑殿以北为王府的居住部分，被改建为雍和宫的最主要殿阁包括法轮殿、万福阁及附属建筑群——雍和宫由王府改建成藏传佛教寺庙的痕迹大体分明。

由于雍和宫最宏伟壮丽的殿阁均是利用王府后寝区建成，其北部已直抵内城北城墙，因此用地颇为促狭，在这"拥挤"的地块内建造了转轮殿（左右分别有班禅楼、戒坛楼）、万福阁（左右分别有永康阁、延宁阁）两组宏大辉煌的建筑群，与寺院前部疏朗的布局大相径庭，呈现出寻常寺庙建筑群中难得一见的超高密度的布局，从而也营造了北京诸寺庙中最奇特的空间序列：人们沿雍和宫中轴线由南而北行进过程中感觉越来越目不暇接，最后在万福阁前须努力翘首仰视才能看清高阁之全貌，其壮美辉煌与激动人心的效果无以复加（图10-2-130）。

以下略述雍和宫中轴线上主体建筑。

（二）雍和宫殿

正殿雍和宫殿，原为雍亲王府正殿（银安殿），改为寺庙后相当于一般佛寺的大雄宝殿。面阔七间，单檐歇山顶，前出廊后带厦。殿前有月台，台前有高甬道连通雍和门，甬道当中立重檐碑亭。

图10-2-129 雍和宫雍和门（原雍亲王府大门）

（三）法轮殿

为雍和宫内面积最大的殿宇，面阔七间，前后各出抱厦五间，呈十字形平面。屋顶为单檐歇山顶，于正脊中央及两侧开设一大四小共五座采光亭：中央大亭为歇山顶，其余四座小亭为悬山顶，各采光亭屋顶上又安放一座铜质镏金宝顶（造型如藏式佛塔），四小一大，拱卫相侍，犹如藏传佛教"坛城"的造型，象征着须弥四大部洲五行和供奉金刚界五方佛（图 10-2-131、图 10-2-132）。特别值得一提的是，五座采光亭为大殿的室内空间营造出了神秘莫测的气氛，尤其是位于大殿中央的宗喀巴神像，在中央大采光亭泻下的光线之中，显得格外庄严神圣（图 10-2-133）。法轮殿在平面布局与屋顶采光亭设计等方面明显地受到藏传佛教建筑的影响，充分体现了汉藏佛寺建筑艺术的交融。

（四）万福阁

雍和宫建筑群的高潮之所在，为一座二层楼阁，面阔、进深各五间，周以回廊，首层设腰檐，二层

图 10-2-130 雍和宫西侧外观

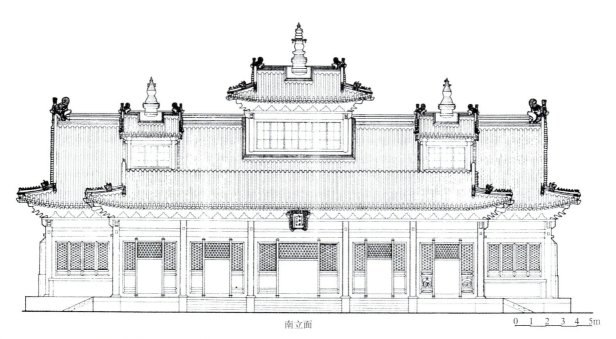

图 10-2-131 雍和宫法轮殿立面（图片来源：《东华图志》）

图 10-2-132　雍和宫法轮殿屋顶

图 10-2-133　雍和宫法轮殿内宗喀巴像

覆以重檐歇山顶。阁内为一尊巨大的檀香木弥勒佛立像（由整根白檀木雕成），高达16米，佛像头顶几乎触及藻井天花，体躯雄伟，令人叹为观止，其尺度及艺术造诣堪与正定隆兴寺大佛及蓟县独乐寺观音媲美（图10-2-134）。万福阁左右各有一座小阁，东为永康阁，西为延宁阁，两阁也是二层建筑，上层各有飞廊通至万福阁两侧，将三阁连为一体，体量宏大，参差嵯峨，玲珑剔透，形成了一幅极尽华美的画卷，具有敦煌壁画的意境（图10-2-135～图10-2-137）。

雍和宫建筑群一方面是王府建筑与佛寺建筑的结合，从建筑文化方面看，又是汉藏建筑文化融合的典范。

十六、须弥灵境

北京颐和园后山的大型藏传佛教寺庙——须弥灵境比雍和宫更进一步体现了汉藏建筑文化之交融。

建筑群坐南朝北，北部为汉式建筑，于三层台地上布置殿宇，以中央一座九开间大殿为核心；南部为藏汉混合式建筑，于高约10米的"大红台"上建造主体建筑"香严宗印之阁"，环伺高阁周围有四大部洲殿、八小部洲殿、日殿、月殿、四色塔，象征的是藏传佛教的曼荼罗（坛城）意象（图10-2-138、图10-2-139）——这一总体布局与承德普宁寺的形制一样，二者均为西藏著名古寺——桑耶寺的汉地"摹本"，可谓一对"姊妹篇"（图10-2-140、图10-2-141）。

现存须弥灵境建筑群经光绪时期重建后已不复昔日规模，前部大殿不存，后部高阁则改建为五间大殿，远不如清漪园时期之气魄宏大，不过依旧保持了浓郁的藏传佛寺的气息。

由颐和园北宫门经一座三孔石桥可抵入口牌楼，由此拾级而上，可达原大殿所在的巨大平台，其后为原"香严宗印之阁"基础上重建的五间大殿，其后为高居"大红台"之上的一系列藏式色彩鲜明的建筑。

图10-2-134　雍和宫万福阁内檀木大佛

图10-2-135　雍和宫万福阁西南侧

图 10-2-136 雍和宫万福阁东南侧

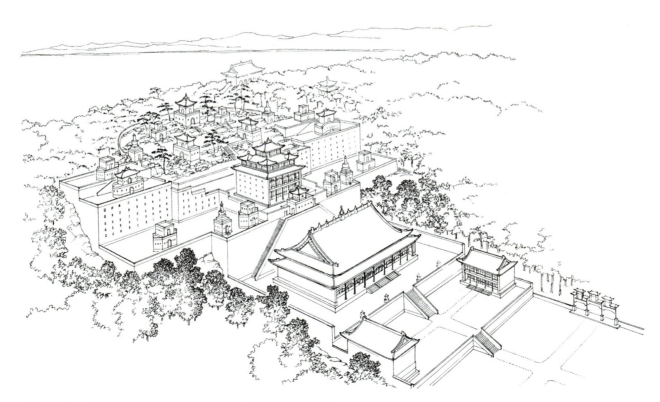

图 10-2-138 清漪园须弥灵境复原鸟瞰图（图片来源：清华大学建筑学院提供）

图 10-2-137 夕阳下的雍和宫

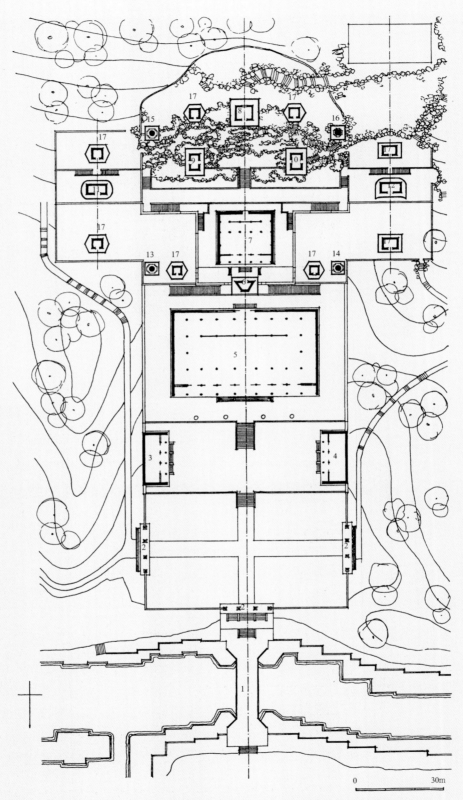

1-三孔桥；2-牌楼；3-宝华楼；4-法藏楼；5-须弥灵境；6-南瞻部洲；7-香岩宗印之阁；8-北俱庐洲；9-月殿；10-日殿；11-西牛贺洲；12-东胜神洲；13-绿色塔；14-红色塔；15-白色塔；16-黑色塔；17-八小部洲

图 10-2-139 清漪园须弥灵境复原平面图（图片来源：清华大学建筑学院提供）

图10-2-140 西藏桑耶寺全景鸟瞰

图10-2-141 承德普宁寺远眺

（一）四大部洲殿

须弥灵境后半部采取了西藏古寺——桑耶寺的布局，以中央殿阁为核心，象征须弥山，东、南、西、北四面分别建造小阁象征四大部洲。其中大殿南侧长方形平台顶上的佛殿代表南瞻部洲，东侧半月形平台顶上的佛殿代表东胜神洲，西侧椭圆形平台顶上的佛殿代表西牛贺洲，北侧方形平台顶上的佛殿代表北俱芦洲。四座佛殿下面的基座均为藏式碉楼，上半部则为汉式歇山顶佛殿，可谓"上汉下藏"的混合式建筑（图10-2-142、图10-2-143）。

（二）八小部洲殿及日殿、月殿

除四大部洲殿外，大殿周围还环列有八小部洲殿，其基座为矩形或六角形碉楼，上部为矩形、方形或六角形碉楼，形成了富有几何造型感的异于汉地建筑的造型风格（图10-2-144）。

日殿、月殿分别位于大殿之东南侧、西南侧，象征太阳和月亮（图10-2-145）。

（三）四色塔

大殿四角为四座颜色各异的喇嘛塔，分别为黑塔、白塔、绿塔和红塔，象征佛教的不同智慧（一说象征四大天王）（图10-2-146～图10-2-149）。

以上所列十六处佛寺皆是北京大中型佛寺（灵岳寺除外）。实际上，北京佛寺中数量最多的是中小型佛寺，曾经数以千计，今天虽然大部分皆已无存，但保存下来的数目应该依旧达数百座之多。其中许多小型佛寺其实与民居的规模、尺度相近，甚至有不少本来就是"舍宅为寺"或者直接由四合院住宅改建而成，所不同者可能仅在细节，如佛寺可能使用了筒瓦、斗栱、彩画之类，并且佛寺山门位于中轴线上，而不像住宅那样位于院落东南角或西北角。这些中小型佛寺大多和民居一样，以"一进院落"为基本单元，可以自由灵活地向纵深方向发展，或者并联为几路院落，它们散布在北京城数以千计的胡同之间，成为胡同中重要的城市公共空间和信仰中心。

本书介绍的这十余座著名大中型佛寺，也有着十分丰富的布局模式：除了大多具备山门、天王殿、大雄宝殿、藏经楼及东、西配殿这些中轴线上的"标准配置"之外，还根据不同规模和所处不同地形环境，生出诸多变化。有的加入纵深方向很长的前导空间，如雍和宫前部红墙夹道的漫长甬路（甬路前为三座牌楼与一座影壁组成的入口广场，甬路后部则重重殿阁密密相叠，形成了令人目不暇接的紧凑空间），又如卧佛寺前的古柏夹道，意境幽绝；也

图10-2-142 须弥灵境东胜神洲

图10-2-143 须弥灵境西牛贺洲

图10-2-144 须弥灵境八小部洲

图 10-2-145　须弥灵境月殿

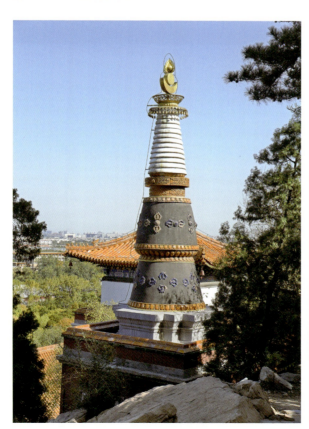

图 10-2-146　须弥灵境黑塔

图 10-2-147　须弥灵境白塔

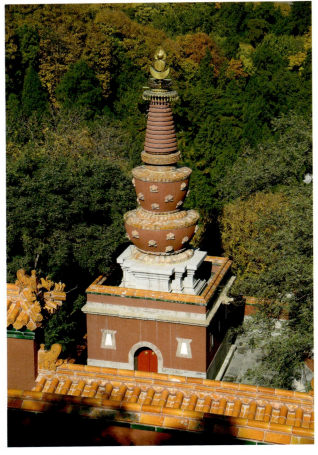

图 10-2-148　须弥灵境红塔

图 10-2-149　须弥灵境绿塔

有的像碧云寺一样，前部为典型的中、东、西三路布局，后部则依山就势，增建层层升起的金刚宝座塔院（并建有重重牌楼以为铺陈），形成整个寺庙壮丽无比的高潮。雍和宫和碧云寺皆为北京古代佛寺中进深最大的建筑群，均达400米左右，相当于5～6个北京胡同街区的进深，将佛寺建筑群进深方向的拓展做到了极致。潭柘寺和戒台寺则一方面向纵深方向延伸，一方面也向面阔方向铺开，显得尤为开阔；此外，两寺依山就势形成了高低变化极其丰富的院落和平台空间，并且结合大量古树名木，构成了"园林化"的寺庙空间，美不胜收。除了潭柘、戒台二寺，碧云寺、大觉寺、万寿寺的园林空间亦各具特色。京城许多古寺的古树名木名声犹在建筑之上，如潭柘寺的古银杏（即所谓帝王树）、戒台寺的古松、法源寺的丁香、大觉寺的玉兰等。

云居、卧佛二寺则在不同程度上保留了唐代佛寺的布局特点，前者保留了中轴线两侧立双塔（且各自形成塔院）的遗制，而后者则保留了"廊院制"古意。还有颐和园须弥灵境，其后部直接借鉴了西藏古刹桑耶寺的布局，借以象征藏传佛教"坛城"之宇宙图示，充分体现了汉藏佛寺建筑文化的交融。还有一些佛寺以艺术造诣卓绝的壁画（如法海寺）、彩塑（如大慧寺）、装修（如智化寺藻井，可惜皆被盗卖，所幸转轮藏尚存）作为其主要特色所在。

总体看来，北京为数众多的佛寺，一方面大多采取严谨的中轴线、院落式布局，一如四合院民居；另一方面，许多佛寺十分注重前导空间的设置，由此可以产生或庄严肃穆，或曲径通幽的艺术效果，这方面更接近宫殿、坛庙；再者，当选址位于深山中时（所谓"深山藏古寺"、"天下名山僧占多"），佛寺建筑往往依山就势，采取多路布局，形成高低错落、变化多端的空间格局，并且巧妙结合古树、花木，形成优美的寺庙园林，故而常常成为京城民众绝佳的郊游去处，因而佛寺建筑又具备了园林、风景名胜区的特点。此外，佛寺中精湛的佛教艺术诸如塑像、壁画、装饰艺术之类，不仅能感动善男信女，也能引来大量艺术爱好者——因此，实际上佛寺也是古代的博物馆、美术馆。由于兼具了住宅、宫殿、坛庙、园林乃至于现代美术馆等丰富多样的空间特质，使得佛寺成为北京古建筑中建筑艺术造诣极高、文化内涵极深广的建筑类型，同时也成为古人与今人共同的游赏佳处。

注释

① 在古都北京种类繁多的古代建筑群中，宫殿、坛庙、御苑和陵寝虽然规模宏大，但就数量而言远远无法与佛寺相比拟，而在历史悠久方面也远远不及佛寺。北京佛寺就其数量和密度而言，在全国当属首位。

② 潭柘寺一般被称作北京最古老的寺庙，但其实潭柘寺只是北京历史悠久的寺庙中名气最盛的一座，北京周边地区在汉代已有寺庙，如昌平旧城西南有东汉的香林寺，怀柔区东40公里有东汉的昙云寺，密云云峰山有东汉的超圣庵，门头沟区灵水村有东汉的灵水寺，房山西南六聘山有东汉的天开寺，海淀后山妙高峰下有东汉的法云寺，平谷丫髻山有东汉的云泉寺等。参见：王同祯．寺庙北京．北京：文物出版社，2009：50.

③ （清）于敏忠等．日下旧闻考．北京：北京古籍出版社，1983：986-987.

④ （清）富察敦崇．燕京岁时记．北京：北京古籍出版社，1981：59.

⑤ 而在此之前，隋仁寿元年（公元601年），文帝置舍利于白带山的智泉寺（云居寺的前身）并建舍利塔；大业十二年（公元616年），炀帝再置舍利于静琬刻经处的白带山雷音洞。

⑥ 古时的云居寺分作云居三院，分别为东峪云居寺、西峪云居寺（即今云居寺）、中峪云居寺，此外石经山上以雷音洞为中心形成石经寺（亦称云居上寺、雷音寺）。

⑦ 杨亦武．云居寺．北京：华文出版社，2003：65.

⑧ 杨亦武．云居寺．北京：华文出版社，2003：66.

⑨ 其中第1洞藏经1131石，第2洞1091石，第3洞333石，第4洞164石，第5洞146石，第6洞200石，第7洞285石，第8洞819石，第9洞390石。

⑩ （明）刘侗，于奕正．帝京景物略．北京：北京古籍出版社，1983：310.

⑪ （明）刘侗，于奕正．帝京景物略．北京：北京古籍出版社，1983：260.

⑫ （清）于敏忠等．日下旧闻考．北京：北京古籍出版社，1983：1680.

⑬ 梁思成．梁思成全集（第一卷）．北京：中国建筑工业出版社，2001：295.

⑭ 孙荣芬等．大觉禅寺．北京：北京出版社，2006：5.

⑮ 孙荣芬等．大觉禅寺．北京：北京出版社，2006：21.

⑯ （清）于敏忠等．日下旧闻考．北京：北京古籍出版社，1983：1766.

⑰ 潘谷西．中国古代建筑史 第四卷：元明建筑（第二版）．北京：中国建筑工业出版社，2009：329.

北京古建筑

第十一章 宗教建筑（中）：佛塔

北京宗教建筑：佛塔分布图

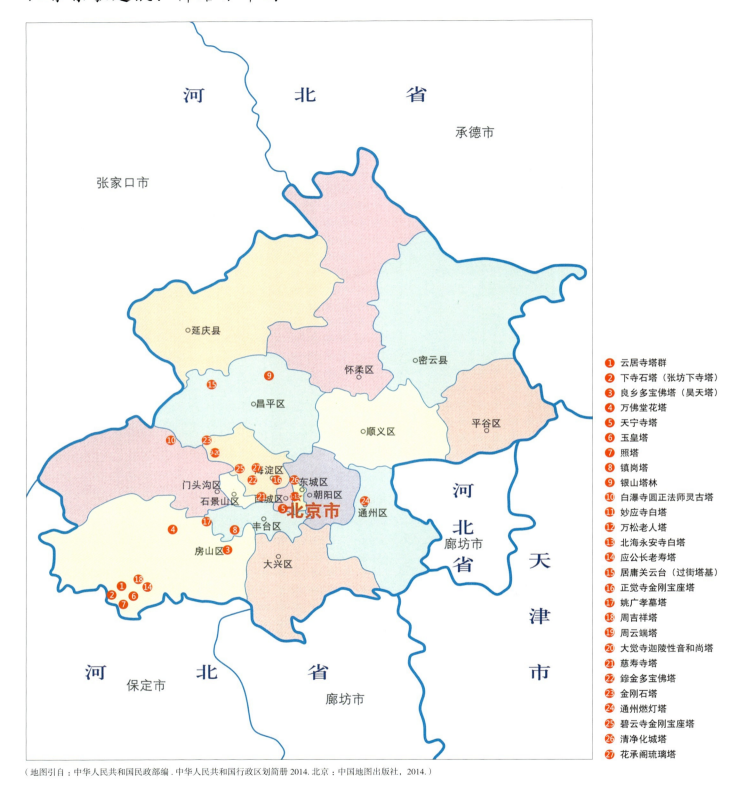

（地图引自：中华人民共和国民政部编．中华人民共和国行政区划简册2014．北京：中国地图出版社，2014．）

"千载隋皇塔（笔者注：实为辽塔），嵯峨俯旧京。旧轮云外见，珠网日边明。净土还朝暮，沧田几变更。何当寻法侣，林下话无声。"

——王士禛《天宁寺观浮图》

第一节　佛塔概述

北京现存佛塔数量众多且类型丰富。从年代来看，涵盖唐、辽、金、元、明、清六个朝代，为北京地上古建筑遗存中年代最丰富的建筑类型。其中房山云居寺的数座唐塔更是北京现存最古老的地上建筑（北京一共保存有八座唐塔，均在房山区）。北京作为辽的陪都南京，保留了许多辽代佛塔的精品，诸如天宁寺塔、云居寺北塔、戒台寺北塔、万佛堂花塔等。妙应寺白塔则是北京同时也是全国最著名的元代古塔。明清两朝，北京也留有一批代表性佛塔。

从材料和结构来看，北京现存佛塔分为砖塔和石塔两大类（此外还有少量金属佛塔，如藏于万寿寺中的鎏金多宝佛塔），并以砖塔居多，可惜唯独没有木塔遗存。

从佛塔形制来看，北京佛塔几乎涵盖了中国古代佛塔的所有类型：包括楼阁式塔（以良乡昊天塔、玉泉山玉峰塔、颐和园花承阁琉璃塔为代表）、单层密檐式塔（以天宁寺塔、银山塔林金代塔群、八里庄玲珑塔为代表）、单层塔（以云居寺无名小唐塔为代表）、喇嘛塔（以妙应寺白塔、北海白塔为代表）、金刚宝座塔（以真觉寺、碧云寺、西黄寺塔为代表）、花塔（以房山万佛堂塔、丰台镇岗塔为代表）、楼阁式与覆钵式混合样式塔（以云居寺北塔、白瀑寺塔为代表）、经幢式塔（以云居寺开山琬公塔、压经塔为代表）。如此丰富的佛塔类型集中在一座城市之中，足见北京佛教建筑文化之深厚底蕴，在全国应该是绝无仅有的。

以下大致依照历史顺序略述北京最具代表性的一批佛塔建筑。

第二节　典型实例

一、云居寺塔群

北京房山云居寺、石经山保存了十余座砖石古塔，其中有唐塔7座、辽塔5座以及明清时期古塔若干，其唐、辽古塔数量之多，堪为北京之最。

云居寺的唐塔包括石经山上的2座、北塔四隅的4座，此外还有从他处移来置于北塔西侧的一座。

（一）金仙公主塔

金仙公主塔建于唐开元九年（公元721年），后因纪念唐玄宗第八妹金仙长公主于开元十八年（公元730年）为云居寺赐经、施田而得名。[①] 该塔位于石经山第7藏经洞附近的山上，为方形密檐石塔，从老照片中可知原有九重檐，宝珠刹，塔身收分形成极为优美的弧线造型，为石经山、云居寺诸唐塔中最大、最优美者，可惜现今塔刹已不存，且仅存七重檐，残高3.65米（图11-2-1～图11-2-3）。

塔下部为方形台基两重，塔身正面有龛，上部为火焰形尖拱，顶部和两端均雕作优美的花饰，龛门两侧浮雕金刚力士，造型雄劲有力，为北京难得的唐代雕刻精品（图11-2-4）。塔的各重密檐皆为叠涩做法，但檐下每层叠涩的水平面皆加工为微微上翘的斜面（与之相对，檐上每层叠涩的水平面皆向下倾斜），各层檐部的四角还加工成微微上翘的造型，无形中令石质塔檐具有了木结构屋顶及翼角的神韵，可谓深具匠心，故而塔虽不大，却极富韵味，令人回味无穷（图11-2-5）。

塔身侧面刻开元九年（公元721年）"云居石经山顶石浮图铭"，背面刻开元二十八年（公元740年）"唐金仙公主请译经施田记"。清代著名学者朱彝尊曾有诗句咏怀此古塔曰："层层金仙塔，宛宛白带山"，意境悠远。

（二）乾宁五年塔

乾宁五年塔位于第3藏经洞西南山上，为单层单檐小石塔，塔上原有乾宁五年（公元898年）题记，现已风蚀殆尽。此塔虽为单檐，然而檐椽、飞椽、角梁以及瓦当、滴水均雕出，极其精致，原攒尖顶

图 11-2-1 金仙公主塔旧影（图片来源：《北京云居寺石经山旧影》）

图 11-2-2 金仙公主塔现状

图 11-2-4 金仙公主塔塔身正面雕饰

图 11-2-5 金仙公主塔屋檐叠涩细部

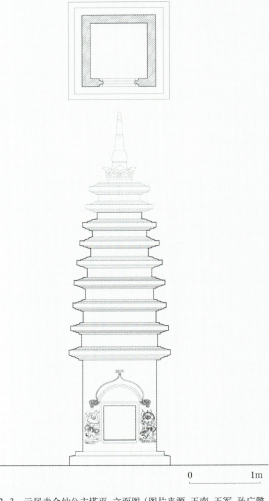

图 11-2-3 云居寺金仙公主塔平、立面图（图片来源：王南、王军、孙广懿、司薇、唐恒鲁测量，孙广懿、王南绘图）

上部更有造型优美之塔刹，下为须弥座，中为山花蕉叶，上为相轮和宝珠，现刹已不存。塔身龛门两侧金刚力士雕像造型生动，今仍能窥见昔日旧韵。乾宁五年塔整体造型酷似云岗石刻或敦煌壁画中的单层佛塔，十分珍贵（图 11-2-6～图 11-2-8）。

（三）景云二年塔

云居寺北塔四角各有一座唐代小石塔，分别为景云二年塔、太极元年塔、开元十年塔和开元十五年塔，建于唐景云二年至开元十五年（公元 711～727 年）间。四座小塔在四隅烘托北塔，形成类似金刚宝座塔上部造型，十分壮伟。

图 11-2-6　乾宁五年塔旧影（图片来源：《中国文化史迹》）　　图 11-2-7　乾宁五年塔现状

图 11-2-8　乾宁五年塔立面图（图片来源：王南、王军、孙广懿、司薇、唐恒鲁测量，司薇、孙广懿、王南绘图）

景云二年塔位于北塔西北角，建于唐景云二年（公元711年），为北京地区现存最早的佛塔。塔残高3.24米，为方形单层密檐小石塔，塔身由4块汉白玉石板砌成，其上为七重密檐、宝珠刹（今仅余六重檐，其余四座小唐塔亦然）。塔身外壁刻"石浮屠铭"，塔身有龛，龛门朝北，龛内正面浮雕一佛二胁侍，形体丰腴，线条柔美，刀法极精，可见盛唐遗风，惜头部皆遭破坏。龛外两侧金刚力士、上部尖拱雕饰具损毁殆尽，为四座小塔中残破最严重者（图11-2-9）。

（四）太极元年塔

太极元年塔位于北塔东南角，建于唐太极元年（公元712年），塔残高3.7米。塔身龛门朝南，两侧雕金刚力士像，龛内浮雕一佛二胁侍，除了佛面部残损外，其余皆保存较好。塔外壁刻"大唐易州石亭府左果毅都尉蓟县田义起石浮图颂"，详尽介绍了建塔的起因（图11-2-10、图11-2-11）。

（五）开元十年塔

开元十年塔位于北塔东北角，建于唐开元十年（公元722年），塔残高3.88米。塔身龛门朝北，龛门两侧雕金刚力士像，为四塔中保存最好者（图11-2-12、图11-2-13）。龛内正面浮雕一佛二胁侍，龛内东、西两壁浮雕供养人像，其中还包括高鼻深目胡人像，所有人物神情俱惟妙惟肖。正面佛像背光中又浅浮雕七尊小佛像，精致至极。此塔不论龛内外均为云居寺唐塔中雕刻保存最为完好者，展现了大唐开元盛世的佛教雕刻之气象，弥足珍贵（图11-2-14～图11-2-17）。塔外壁刻"大唐易州新安府折冲李公石浮图之铭"，记造塔缘由。塔上镌有石匠姓名，称"垒浮图大匠张策，次匠程仁，次匠张惠文，次匠阳敬忠"。②

（六）开元十五年塔

开元十五年塔位于北塔西南角，建于唐开元十五年（公元727年），塔残高3.6米，龛外金刚力士与龛内佛像头部俱不存，其余雕刻保存较好。塔外壁刻"大唐云居寺石浮图铭并序"（图11-2-18）。

（七）水头村梦堂庵塔

此塔原本位于水头村南边的梦堂庵中，后一度被村民用作鸡窝，后被迁至云居寺北塔西侧。该塔形式与乾宁五年塔类似，同样遗失塔刹，龛门两侧亦无金刚力士雕刻（图11-2-19）。

图11-2-9　景云塔外观

图11-2-10　太极塔外观

图 11-2-11 太极塔内壁雕刻

图 11-2-12 开元十年塔外观

图 11-2-13 开元十年塔塔门雕刻

图 11-2-14 开元十年塔内壁正面雕刻　　　　图 11-2-15 开元十年塔内壁佛像背光雕刻

图 11-2-16 开元十年塔内壁侧壁雕刻　　　　图 11-2-17 开元十年塔内壁侧壁雕刻之胡人像

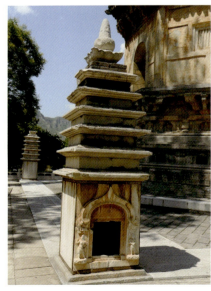

图 11-2-18 开元十五年塔外观　　图 11-2-19 水头村梦堂庵塔　　图 11-2-20 北塔北立面

(八) 北塔

云居寺北塔又称罗汉塔，创建于辽重熙年间（1032～1055年），为混合式砖塔，下部为楼阁式，上部为喇嘛塔式，高30.46米，是云居寺诸塔中规模最大者（图11-2-20）。

北塔的塔基为双层八角形须弥座，各面均由青砖包砌，雕饰细密。塔基上承平坐，但平坐周边无栏杆，上建八角形楼阁式砖塔两层，各面分设拱门或仿木构直棂窗，并雕出仿木构斗栱、屋檐等。塔内中空，塔心有八角形塔心柱，绕柱有砖阶可攀登（图11-2-21）。二重楼阁之上为喇嘛塔式，自下而上依次为八角形须弥座、圆形覆钵、小须弥座、"十三天"塔刹（包括圆锥形九层相轮和宝珠）（图11-2-22）。这类型的混合式塔还有下文要提到的银山塔林、白瀑寺的金代佛塔、天津蓟县白塔、河北易县双塔庵西塔、邢台天宁寺塔等。梁思成曾推测道："此型之原始，或因建塔未完，经费不足，故潦草作大刹顶以了事，遂型成此式，亦极可能，但其顶部是否后世加建，尚极可疑。"③

须弥座雕刻：首层须弥座下部雕功德塔一周，束腰各面由类似翼形栱（雕植物纹饰）托着大斗之造型分作三间，每间内有壶门一座，内雕兽头，可惜所剩无几。二层须弥座束腰各面以瓶形柱分作三间，每间设壶门一座，壶门内雕伎乐天，各持不同乐器，姿势优美，雕工卓绝。壶门两侧雕舞乐仙人，八角雕金刚力士承托平坐（图11-2-23、图11-2-24）。

斗栱：须弥座上承平坐，平坐斗栱各面有转角铺作一朵和补间铺作一朵，补间铺作出华栱两跳及两侧45度斜栱，第二跳华栱与斜栱上部以平盘斗支承替木，上承平坐楼板，栱眼壁布满雕饰。一层塔身每面有柱头（即转角）铺作两朵、补间铺作两朵，其中补间铺作为五铺作重栱计心造（图11-2-25）。

图11-2-22 北塔上部喇嘛塔

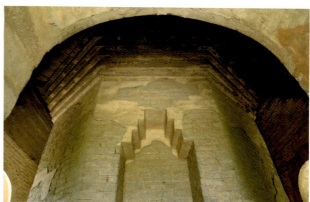

图11-2-21 北塔塔心柱

图11-2-23 北塔须弥座西南面

图 11-2-24 北塔须弥座雕刻之一

图 11-2-25 北塔一层斗栱

图 11-2-26 云居寺南塔旧影（图片来源：《北京云居寺石经山旧影》）

图 11-2-27 开山琬公塔

二层平坐斗栱各面补间铺作改为两朵，均不施斜栱，出华栱两跳，计心造，第二跳华栱上承平盘斗直接托着平坐楼板，不施替木。二层檐下斗栱与平坐斗栱相同，第二跳华栱上承平盘斗直接托起撩檐枋。

（九）南塔

南塔又称释迦佛舍利塔，辽天庆七年（1117年）建，为八角十三重密檐砖塔，与下文要提到的天宁寺塔形制相近，可谓天宁寺塔的"具体而微者"。20世纪40年代毁，仅存塔台，从老照片中尚可一睹其风采。近来正在进行重建工程（图11-2-26）。

（十）开山琬公塔

开山琬公塔为云居寺开山祖师、隋唐高僧静琬的灵骨塔，原位于云居寺北约900米处的水头村，塔幢前方原有明万历二十年（1592年）"涿州石经山琬公塔院记"碑。1978年，由于基础下沉，塔与碑一起迁入云居寺内，现位于药师殿南侧，"压经塔"以西。该塔建于辽大安九年（1093年），为八角形三层密檐经幢式石塔，高约6米（图11-2-27）。

塔基为方形须弥座，上枭与下枭分别雕双重仰莲及覆莲瓣，造型优美，特别是两莲瓣之间空隙还雕成莲蓬造型，十分耐人寻味（图11-2-28）。塔身为八角形，正面镌"开山琬公之塔"，塔檐为三层仿木结构。

塔本身又有八角形小须弥座，下枭雕作花草纹

图 11-2-28 开山琬公塔须弥座莲瓣及莲蓬细部

图 11-2-29 开山琬公塔檐下斗栱及㫰

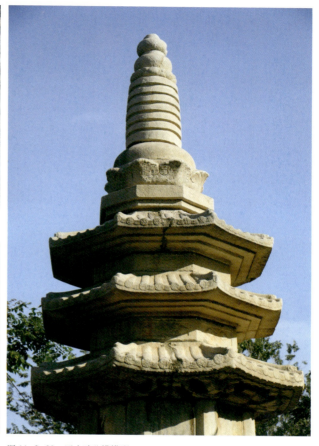

图 11-2-30 开山琬公塔塔刹

样,极其饱满细密(图11-2-29)。三重檐下不仅雕出斗栱、椽飞,更在斗栱之间雕作网格纹,模拟防止鸟雀的"㫰",一如山西长治海会院明惠禅师塔(唐)的处理。塔刹造型极为丰富可观:下为山花蕉叶,上承半圆形覆钵,再上为相轮七重,刹顶为仰莲瓣承宝珠,整体保存完好,可谓云居寺诸塔塔刹之冠(图11-2-30)。

(十一)续秘藏石经塔

续秘藏石经塔又称压经塔,建于辽天庆八年(1118年),位于云居寺南塔西北侧,为八角形十一重密檐经幢式塔,通高4.5米(图11-2-31)。塔基为须弥座,该塔须弥座为云居寺诸塔中雕刻最精美者:每面由上至下分别刻迦陵频迦(人首鸟身的神灵)、持乐器伎乐天及双狮图案,其中上部飞仙、下部双狮充满动感,而束腰处的持乐器天人则宁静优雅,形成鲜明对比。全部雕刻造型优美,工艺精湛,堪称辽代石刻艺术杰作(图11-2-32)。须弥座以上是仰莲座,造型与开山琬公塔相若(图11-2-33)。塔身八面刻"大辽涿州涿鹿山云居寺续秘藏石经塔记",记录辽代刻经数量及秘藏地穴之事。第一层塔檐下刻斗栱、角梁、檐椽、飞椽及㫰,屋面刻出屋瓦,第二层以上各层檐则大大简化。塔下有藏经穴,藏辽、金所刻10082块石经,建于天庆七年(1117年)。

(十二)老虎塔

老虎塔位于云居寺后山顶、北塔西北方向约500米处,为八角形五重密檐式砖塔,塔身八面分设拱门及直棂窗,南面有龛,塔刹已残毁。塔残高约7米,塔基包砌的浮雕砖,其纹饰和大小与北塔上的完全相同,推测应与北塔同时修造(图11-2-34)。

综观云居寺诸塔,南北二塔双峰对峙,在全寺布局中起至关重要的标志作用,二塔一为典型

图11-2-31 续秘藏石经塔（左）
图11-2-32 续秘藏石经塔须弥座（右）

图11-2-33 续秘藏石经塔仰莲细部

图11-2-34 老虎塔

的密檐式塔，一为特殊的楼阁与喇嘛塔的混合体，南北对立形成鲜明对照，为中国古建筑中独一无二的构图杰作。老虎塔踞于寺北山头，体量虽不及二塔，却与二塔共同组成云居寺建筑群高低起伏的优美轮廓。而诸唐塔体量虽小，但造型优美、雕刻精致，为北京最难得的唐代建筑杰作。其中金仙公主塔因其地处石经山巅，意境尤佳，颇有驻守石经、俯瞰古刹，任时光流逝、独自默默无言之禅境。

二、下寺石塔

下寺石塔位于房山区张坊镇下寺村西北山谷之中的一座小山顶上，为北京又一座珍贵的唐塔（图11-2-35）。塔为方形单层七重密檐石塔，形制与云居寺北塔四隅小唐塔类似，整体造型同样具有优美的收分曲线（图11-2-36）。塔身正面同样有龛门，内壁有一佛二胁侍雕刻，龛门两侧有金刚力士雕刻，甚至各层密檐之间的塔身也有缠枝花图案。可惜塔

图11-2-35 下寺唐塔远眺（图片来源：薇泓摄）

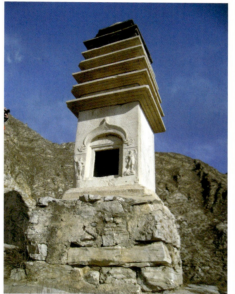

图11-2-36 下寺唐塔正面全景（图片来源：薇泓摄）（左）
图11-2-37 下寺唐塔龛门雕刻（图片来源：薇泓摄）（右）

刹同样残损不全（图11-2-37）。④

此塔独居深山之中，人迹罕至，别有一番历史沧桑之感。

三、良乡多宝佛塔（昊天塔）

良乡多宝佛塔又称昊天塔，位于北京市房山区良乡镇东关村。《良乡县志》载："多宝佛塔，隋建，在燎石岗上。五级玲珑，高十五丈，围十五丈，四面门，二十座阶级环上。北望都城，南眺涿郡，举在目前。唐尉迟敬德重修，俗名昊天塔。"⑤良乡八景中有"燎岗古塔"即咏昊天塔。现存良乡塔建于辽咸雍四年（1068年），光绪二十七年（1901年）部分佛龛被八国联军捣毁，1985年北京市对其进行修缮，是北京仅存的一座辽代仿木结构的楼阁式砖塔（图11-2-38）。

塔坐北朝南，为八角五层楼阁式空心砖塔，外形收分明显。塔基为双层须弥座，其上雕饰丰富至极。下面一层须弥座束腰部分，每面用花卉和卷草浮雕分成四个长方形壸门，门内雕狮首；上层须弥座束腰每面壸门内刻有造型各异的佛像，壸门之间和转角处均雕金刚力士像。

塔身各层均由平坐、塔身和塔檐（现塔檐均

图 11-2-38 良乡昊天塔（图片来源：《北京的古塔》）　　图 11-2-39 万佛堂和花塔（图片来源：李倩怡摄）

不存）组成，各层塔身均是东、南、西、北四个正面开拱券门，其他四个侧面雕刻直棂窗，各层檐下、平坐均设有斗栱。顶部塔刹由须弥座、仰莲、覆钵、相轮、宝珠构成。塔内设中心柱，沿中心柱有回廊，各层之间设有砖砌楼梯，可登顶，塔身有瞭望孔数十个。20世纪80年代，对塔进行了维修。

四、万佛堂花塔

万佛堂、孔水洞位于房山区云蒙山南麓的河北镇万佛堂村，存有隋、唐时期的刻经及造像，辽、元古塔及明代建筑。

（一）花塔

万佛堂花塔俗称"陀里花塔"，位于房山万佛堂左前方，塔身有辽咸雍六年（1070年）、辽寿昌七年（1101年）及金、元、明代题记多条，是中国现存建筑年代最早的花塔（图11-2-39）。

1. 基座

塔南向，为八角形砖塔，高约20米。双层八角形基座上，为双重须弥座。第一层须弥座束腰每面有壶门龛两座，内雕狮首，今大部分已毁。第二层须弥座束腰每面二龛，每龛中有一乐师像，龛两侧则雕刻舞蹈的天神，束腰转角处雕金刚力士。

2. 楼阁式塔身

须弥座顶部雕出仿木斗栱及平坐栏杆，栏板雕有双龙戏珠、双狮争球、飞天等雕饰。

塔身为仿木结构，雕出斗栱、屋檐，南面设券门入口，东、西、北三面砌假券门，门上方及两侧雕佛、菩萨、金刚力士、乾闼婆等雕像，四面题材各不相同；其余四面雕作直棂窗，窗上方雕刻包括文殊菩萨、普贤菩萨、白马驮经、释迦和多宝佛等不同题材。相比北京各古塔，万佛堂花塔塔身八面雕刻可谓题材十分丰富的例子。

3. 锥台状塔身及小塔群

第一层塔身之上又有平坐一重，其上为花塔最独特的部分，一座锥台状的塔身，绕塔身雕九层小塔（头两层形成二层楼阁式塔，其余七层均为单层塔），塔龛内设佛像，龛下雕狮头、象头等（有学者认为龛中是文殊与普贤菩萨像，因为狮子和大象分别是文殊、普贤坐骑）。塔顶部为叠涩收尖，顶端为宝珠。锥台塔身、塔刹顶端宝珠一度残毁，1994年重新修复。

据学者研究，花塔的特殊造型与佛教华严宗有关，在《华严经》中有所谓的极乐净土——"莲华藏世界"，即一朵莲华生长在香水海的大莲华极乐世界中，其中又有无数个小莲华世界，在每一个小莲华世界中有一佛主持。花塔上半部造型即象征大莲花（大莲花藏世界），每一个花瓣上建一座小方塔，塔内雕一佛像，即象征一佛主持的小莲华世界。⑥

（二）孔水洞

孔水洞（隋、唐）本为一地下溶洞，是北京最大的地下水泉之一，唐开元至天宝年间于此建有龙泉寺，大历五年（公元770年）幽州卢龙节度使朱希彩出资增建，唐代宗御赐寺名"龙泉大历禅寺"，不久后作巨幅汉白玉浮雕《文殊、普贤万菩萨法会图》嵌于孔水洞上端石崖上，并于孔水洞西北侧建天王殿、伽蓝祖师殿、天妃圣母殿等。后浮雕部分嵌石脱落，建"万佛龙泉宝殿"（即今万佛堂）时将残余石刻取下，组嵌于殿内墙上。

孔水洞前依山势筑砖石墩台，上建万佛堂，中辟石券洞，券面雕兽头及行龙。距水面约0.4米处两侧基石挑出二层台，可容半步。据民国《琉璃厂杂记》载，洞口原有石门。孔水洞内石壁上雕有两龛佛造像，左龛内雕一佛二菩萨，年代应不晚于隋代；右龛内雕菩萨一尊，为晚唐造像；佛像下方有隋大业十年（公元614年）刻大小涅槃经，经文后有金大定二十年（1180年）的题记。1982年，该洞一度干涸，出土动物化石、铁器及七条唐代金龙，其中金龙应为唐开元年间唐玄宗遣吕慎盈来此祈雨所投（据"大房山投龙璧记碑"，该碑原立于孔水洞，后于清道光年间被奕绘收购）。推测孔水洞可能是隋代静琬的早期刻经地之一。

（三）万佛堂

万佛堂建于孔水洞墩台之上，为孔水洞古刹仅存的一座殿宇，现存建筑为明代重建，2004年对其进行修复。殿内镶嵌的《文殊、普贤万菩萨法会图》长23.8米，宽2.4米，由31块长方形汉白玉石浮雕组成，其中一块用了唐大历五年（公元770年）旧料，推测其年代稍晚于唐大历五年。万佛堂前左侧为辽代花塔，右侧还有元代"龄公和尚舍利塔"一座。

五、天宁寺塔

天宁寺塔为北京城区内最古老的建筑遗存，创建于辽天庆九年（1119年），距今近900年。该塔为八角形十三重密檐式砖塔，通高55.94米⑦，若按辽代1尺＝2.94米计，合19丈。塔的外观分为基座、塔身和十三重密檐及塔刹三大部分（图11-2-40～图11-2-42）。由于地处辽南京城内最重要的皇家寺庙之中，故天宁寺塔为北京诸辽塔中艺术造诣最卓绝者。

图11-2-40　天宁寺及天宁寺塔旧影（图片来源：Baukunst und Landschaft China）（左）

图11-2-41　天宁寺塔南面全景（图片来源：赵大海摄）（右）

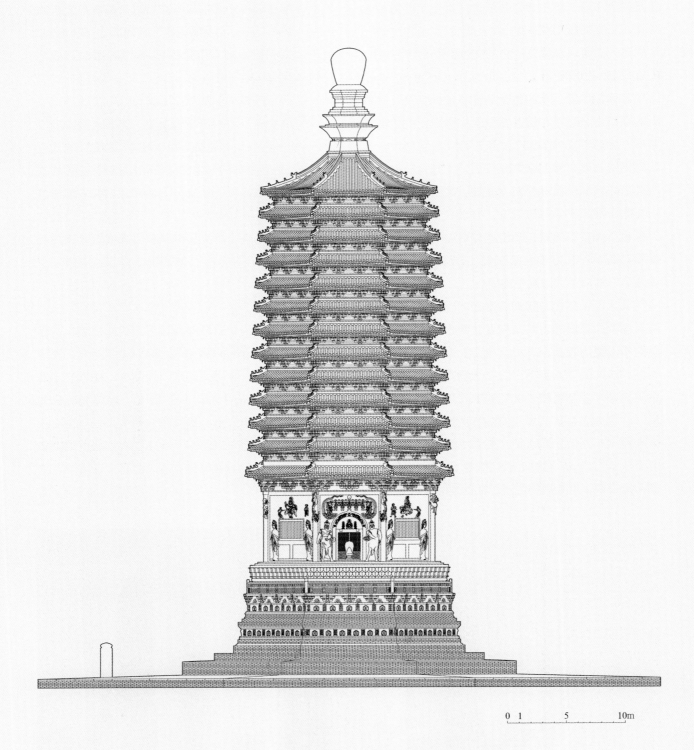

图 11-2-42 天宁寺塔立面图（图片来源：王南、张晓、李峰、翟鑫蒙、王军、孙广懿测量；李旻华、周翘楚、王冉、高祺、王南绘图）

（一）基座

天宁寺塔基座为八角形。下层为须弥座（图 11-2-43），每面束腰雕有六座壶门形龛，内雕狮首，转角有金刚力士浮雕。须弥座之上又有束腰一道，每面雕有五龛，内雕坐佛；龛门之间及转角处均雕金刚力士（角部的金刚力士两侧还有佛教降魔的兵器——金刚杵），造型各不相同（图 11-2-44），可惜如今已无佛头或金刚力士头像留存下来，所幸 20 世纪初德国建筑师柏石曼拍摄的老照片为我们留存了珍贵的天宁寺塔基座的原貌（图 11-2-45）。再上雕有平坐一圈，勾阑、斗栱俱全，其中栏板纹样丰富，寻杖下部的宝相花尤美；栱眼壁间则雕刻造型各异之西番莲花饰，雕工极佳（图 11-2-46）。最上为三重仰莲承托塔身，莲瓣造型饱满有力。整个天宁寺塔的须弥座也是北京历代佛塔须弥座中的极品。

（二）塔身

塔身与塔座高度相当，四个正面雕有拱门，四个侧面雕直棂窗，门窗两侧及上部雕有金刚力士、佛、菩萨等雕像，各转角柱上均有浮雕蛟龙。

其中南面拱门两侧金刚浮雕保存最为完整，造型威猛，气韵生动，为北京辽代雕刻艺术之最杰出代表（图 11-2-47）。拱门券面雕二龙戏珠，券内雕一佛二胁侍，券顶雕宝盖一座，两侧为手托供品、足踏祥云之天女。天女与金刚一上一下，一柔一刚，

图 11-2-43 天宁寺塔须弥座（图片来源：赵大海摄）

图 11-2-44 天宁寺塔须弥座束腰壶门雕刻（图片来源：赵大海摄）

图 11-2-45 天宁寺塔须弥座旧影——可见金刚力士完整的头部造型（图片来源：Baukunst und Landschaft China）

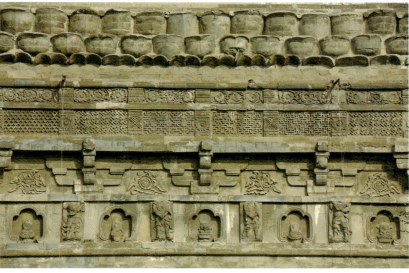

图 11-2-46 天宁寺塔须弥座平坐勾阑雕刻（图片来源：赵大海摄）

图 11-2-47 天宁寺塔塔身南面雕刻（图片来源：赵大海摄）

图 11-2-48 天宁寺塔塔身南面雕刻局部（图片来源：赵大海摄）

图 11-2-49 天宁寺塔塔身东南雕刻——普贤菩萨出行图（图片来源：赵大海摄）

图 11-2-50 天宁寺塔塔身西南雕刻——文殊菩萨出行图（图片来源：赵大海摄）

图 11-2-51 天宁寺塔塔身雕刻——金刚怒目与菩萨低眉（图片来源：赵大海摄）

相得益彰（图 11-2-48）。

西南面直棂窗上部雕文殊菩萨骑狮出行，与之对称的东南面直棂窗上部雕普贤菩萨骑象出行，直棂窗两侧则雕二协侍菩萨（图 11-2-49、图 11-2-50）。各面拱门两旁之"金刚怒目"与直棂窗两旁的"菩萨低眉"又呈鲜明对照（图 11-2-51）。西北、东北面直棂窗上各雕五尊菩萨，加上文殊、普贤，一起构成了"十二圆觉菩萨"。

（三）密檐及塔刹

十三重密檐之中，最下一层檐属于塔身，出

檐稍远，檐下斗栱也与上面十二层略有不同。上部十二重檐宽度每层向上递减，并且递减率向上增加，从而使塔的外轮廓形成缓和的卷杀曲线。

一层檐下斗栱与以上十二层檐下斗栱不同，前者各面仅用补间铺作一朵，后者则用两朵。一层檐下补间铺作用五铺作重栱计心造，且两侧加45度斜栱，转角铺作（同时也是柱头铺作）也在两侧加45度斜栱，斜栱下方还加设栌斗一枚，故转角铺作呈现为三个栌斗加大量斜栱的复杂造型。二至十三层檐下斗栱相对简化，补间铺作仅用双杪斗栱直接承托撩檐枋，不施斜栱，转角铺作亦不增加栌斗和斜栱（图11-2-52）。

十三重檐之上以两层仰莲及小须弥座承托宝珠构成塔刹。

塔之整体造型及雕饰均体现了典型的辽代建筑艺术风格。梁思成、林徽因在1935年发表的《平郊建筑杂录（下）》一文中以天宁寺塔为例讨论中国古塔年代鉴别的问题，足见天宁寺塔的代表性。[8] 其富有节奏和韵律感的层层收分的造型甚至引得梁思成将其谱写成一段乐谱，以表明建筑与音乐之间的微妙关联——细细品味天宁寺塔的造型，确实不亚于聆听美妙的乐曲。

清王士禛《天宁寺观浮图》诗曰：

"千载隋皇塔，嵯峨俯旧京。旧轮云外见，珠网日边明。净土还朝暮，沧田几变更。何当寻法侣，林下话无声。"

虽然此诗中误将辽塔作隋塔，但"沧田几变更"的意境却正适合这座今日北京市中心唯一的辽南京古塔。

六、玉皇塔

玉皇塔位于房山区大石窝镇高庄村北山顶的巨石上，建于辽代，因塔内原供有汉白玉雕刻的玉皇大帝像，故名，现石像已不存。塔坐北朝南，为八角七级密檐式砖塔，高约15米，塔基为八角形须弥座，塔身正面开设券门可入塔，东、西、北面砖雕假窗。一层塔檐雕出仿木构斗栱，其余各层檐作砖叠涩，塔顶为八角攒尖式，上置铁制宝珠，立铁柱塔刹，垂脊尽头有垂兽套兽（图11-2-53）。

七、照塔

照塔位于房山区南尚乐乡塔照村东金栗山顶，建于辽代，坐北朝南，为八角形七级密檐砖塔，通高15米，塔型秀丽，塔基为须弥座，壶门内雕妙音鸟、天王等形象。塔身正面开券门，其他各面雕出券门及直棂窗（塔内原有佛像，后修复时将券门封死）。塔身仿木结构雕出斗栱和椽、飞，除一层外的塔檐则为砖砌叠涩，塔尖为攒尖宝刹（图11-2-54）。

八、银山塔林

银山又称"铁壁银山"，坐落在北京昌平区北部的崇山峻岭之中，周围群山环抱。《日下旧闻考》引《方舆纪要》称：

"银山峰峦高峻，冰雪层积，色白如银。麓有石崖，皆成黑色，谓之银山铁壁。"[9]

银山塔林自金、元以来，经明、清至今，留有大小佛塔多处，其中较完整者18座，民间有"银山宝塔数不尽"之说。整个塔林群中以法华禅寺的塔群最为壮观，由于佛寺木结构建筑群尽毁，仅余台基，墓塔群得以凸显。其中最核心的墓塔有八座：金代密檐式砖塔五座，元代密檐式砖塔一座，明代覆钵式砖塔（喇嘛塔）两座。前部为巍峨壮丽的五座大塔：中央为"佑国佛觉塔"，四角各伫立一塔，

图11-2-52　天宁寺塔塔檐斗栱（图片来源：赵大海摄）

图 11-2-53 玉皇塔（图片来源：李倩怡摄）

图 11-2-54 照塔（图片来源：李倩怡摄）

东南角为晦堂塔，西南角为懿行塔，东北角为虚静塔，西北角为圆通塔——此五塔参天，酷似一座巨型"金刚宝座塔"，蔚为奇观。五塔之北面还有两座覆钵式小塔，为典型明代墓塔，如果加上这两座小喇嘛塔，银山塔林群体造型与碧云寺金刚宝座塔（详见下文）极其相近（图11-2-55）。银山塔林若以单座佛塔而论，并无太过震撼人心者，然而其核心区诸塔之集合，加之铁壁银山山势之烘托，实为古都北京佛塔之最宏伟壮丽的杰作！

以下略述银山塔林诸主要墓塔。

（一）佛觉塔

塔林的核心为佛觉塔，是一座八角单层密檐式塔，高约20余米，共有十三重檐（图11-2-56）。塔基为两重须弥座上承平坐，平坐上为三重仰莲瓣。第二层须弥座之束腰部分雕刻莲花、宝相花、西番莲等花卉图案，颇为精美。

莲瓣以上为塔身，东、南、西、北各面中央雕券门，券门上方雕刻飞天，南面门额刻"故佑国佛觉大禅师塔"，其余各面各雕方窗一座。塔身各隅雕有经幢式小塔一座。

塔身上方以砖雕斗栱承托其上十三重密檐（第一重檐下为斗栱承托，其余各檐则以砖雕叠涩承托）。各层屋顶覆以绿琉璃瓦，在各层檐角上均塑有一尊双手合十、身体前倾的"仙人"，在第十三层檐角各塑一尊双手合十、背生双翅的迦陵频伽像——这种檐角装饰在木结构殿宇中十分常见，但在佛塔中却极少见到，为佛塔轮廓增加了无穷趣味，其余四塔也均有这样的装饰，美不胜收。

十三重密檐之上为塔刹：底部为两层莲花式基座，其上为圆形火珠，外侧雕有火焰形装饰，其上部刹顶已不存。

（二）晦堂塔、懿行塔

晦堂塔位于佛觉塔东南，可谓佛觉塔之"具体而微者"，形制几乎一样。可惜塔基须弥座之雕饰全部毁去，以灰砖重新砌成。

懿行塔位于佛觉塔西南，为五塔中保存最完好、雕饰最精美者（图11-2-57）。该塔与上述二塔在大造型上差别不大，但塔身与塔基雕刻却有极大不同：塔基第二层须弥座束腰每面均隔为两个壸门形龛，每龛中雕一座半身狮子像，该狮子像上半身向外探出作前扑姿态，生动逼真。龛周围浮雕祥云图样，龛与龛之间则雕有造型别致的西番莲盆花。在须弥座转角处采用高浮雕形式各雕有一根莲花式短柱，短柱中间刻有一尊头部朝外、双目圆睁的兽头。

图11-2-55　银山塔林五座金代墓塔及两座明代墓塔全景

图11-2-56　银山塔林佛觉塔仰视

图 11-2-57 银山塔林懿行塔塔基

图 11-2-58 银山塔林懿行塔塔基平坐雕刻

须弥座之上的平坐栏板上，每面皆刻有各种造型的莲花、西番莲和宝相花，造型优美，雕刻细腻，充分体现了金代工匠的高超技艺（图 11-2-58）。

塔身各隅不设经幢式塔，而是设圆形角柱，东、南、西、北各面雕火焰式券门，其余各面雕方窗（窗棂造型各不相同）。南面门额曰"故懿行大师塔"，拱券面上中间雕刻一尊跌坐式多宝佛像，佛像两侧各雕一个手捧供品的飞天像。东、西、北各面除了拱券雕饰一样之外，更在门楣上端雕一座跌坐式佛像。

塔身之上同为十三重檐。懿行塔塔刹为诸塔之中保存最完整的：底部为两层莲花式基座，其上为球形火珠，饰以火焰形雕饰，火珠之上为石制球形圆光，再上为石制仰月，造型优美，可惜最顶部刹杆已不存（图 11-2-59）。

（三）静虚塔、圆通塔

静虚塔与圆通塔均为六角七重檐，高约 10 余米，与前面三塔不同之处在于，此二塔每重檐下均雕出仿木斗栱，与前三塔形成两类不同建造风格。

以上五座金代密檐式佛塔保存较好，塔身呈浅黄色泽，各重檐上所覆琉璃瓦呈深灰色——其实塔之原貌应为通体刷白灰（可能与金人尚白色有关），瓦为绿色琉璃瓦，呈庄严肃穆之感——而今的色彩则呈现出更多的岁月沧桑，别有一番韵致。

（四）两座元塔

在主塔林的东、西侧各有无名元塔一座，其价值仅次于五座金塔，在造型上更别具特色。

在五座金塔东侧不远处矗立着一座残缺的六角密檐式砖塔，仅余四重檐（从其规模、比例来看应为七重檐砖塔）。塔基同样为双重须弥座上承平坐及三重仰莲，塔身最独特之处在于各面并非平直的平面，而是内凹的弧面，使得塔的造型更加优美、纤秀，与潭柘寺塔林中的元代墓塔极为相似，应当是北京地区元代墓塔的一大特征（图 11-2-60）。

主塔林西南方山坡上有另外一座砖塔，该塔造型为银山塔林中最独特者：单层密檐塔与覆钵式塔的混合体。塔为六角形，高约 10 米，塔基为单层须弥座承平坐，上托三重仰莲。须弥座各隅雕有兽头宝瓶，束腰雕饰极为精细。塔身下半段与前面诸金代砖塔类似，但三重檐之上承两层仰莲，其上为覆钵式塔身，覆钵上雕有垂云及寿带。其上再承须弥座及两层仰莲，再上为锥形十三重相轮，相轮上的塔刹已不存。该塔造型与白瀑寺金代墓塔极为相似，当为元初之物（图 11-2-61）。

九、镇岗塔

镇岗塔位于丰台区云岗，始建于金代，明嘉靖四十年（1561 年）重修，是一座砖结构实心八角形花塔。该塔造型与万佛塔花塔类似，堪称鬼斧神工，为北京古塔中极繁丽者（图 11-2-62、图 11-2-63）。

塔坐北朝南，高约 18 米，直径约 8 米，造型丰满、雕刻富丽，基本保留了金代建筑及雕刻的艺术风格（图 11-2-64）。塔基为立于平台上的砖砌

图 11-2-59 银山塔林懿行塔塔檐及塔刹

图 11-2-60 银山塔林元塔之一

图 11-2-61 银山塔林元塔之二

图 11-2-62 丰台镇岗塔（图片来源：王菲摄）

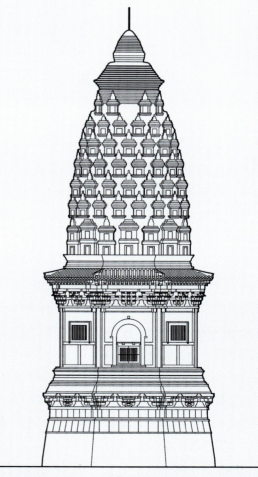
图 11-2-63 丰台镇岗塔南立面测绘图（图片来源：王南、张晓、李峰、翟鑫蒙测量，李旻华、周翘楚绘图）

图 11-2-64 丰台镇岗塔仰视（图片来源：王斐摄）

图 11-2-65 丰台镇岗塔上部（图片来源：王斐摄）

须弥座，束腰部位雕出斗栱，栱眼壁雕盆花及兽面纹样。塔身八面，每面一间，每角有八角壁柱一根，塔身四正面雕出拱券门洞，四斜面雕出直棂窗，塔檐雕出斗栱、额、枋、檐椽、飞椽、角梁等构件，栱眼壁饰以花草纹样，屋面则将屋瓦、瓦当、滴水一一刻出。塔檐之上为锥台状塔身，但环绕锥台有七重佛龛交错密布，并逐渐向内收拢如笋状。细看每座佛龛，实则为一座小塔，除了第一重为二层塔身之外，第二至第七重均为单层小塔，每座小塔均有方形塔身、叠涩塔檐和宝珠塔刹，并且每座佛龛内端坐佛像一尊，层层垒叠，若盘旋而上，让人凝神静观时有升入佛国世界的幻象，奇妙不可言喻（图 11-2-65）。塔顶收为八角形小墩，中心置一小塔结顶。全塔造型奇特，下部简洁，上部繁复，观之有剧烈的向上升腾之感，为古人匠心独运的杰作，实堪久久玩味……

该塔孑立于高岗之上，虽周围环境已剧变，全是平淡无奇的市区，然而从公路上一个急转弯，高岗上的塔影扑面而来——果然"镇岗"之遗韵犹在，遥想古时周围为乡间或郊野，此塔应当更加宏壮吧！

抗日战争时期，塔的底部一角及塔刹被日军炸毁，1957 年修整、补砌塔基，1982 年、2001 年，先后对塔进行修缮并修建塔院。塔前原有明嘉靖四十年（1561 年）重修碑记，现已无存。

十、白瀑寺圆正法师灵古塔

白瀑寺位于门头沟区雁翅镇淤白村北金城山下，始建于辽代乾统初年，原名为"白瀑寿峰禅寺"，寺西后山上有一眼泉水飞流而下、经年不绝，因水为白色，名为"白瀑"，白瀑寺因而得名。该寺为妙峰山的下寺，鼎盛时期佛道并存，僧侣如云，香火旺盛。《日下旧闻考》引《东田漫稿》称："白瀑寺在居庸关西百里，寺中壁画、碑志皆金大定年物。"寺中明代的观音塑像非常精美，惜在"文化大革命"中被砸毁。该寺藏于深山之中，选址意境极佳：东、北、西三面环山，独东南面朝向深谷，远眺群山延绵，美不胜收。可惜该寺绝大部分古建筑已毁，现仅存一座金代古塔。

圆正法师灵古塔，建于金皇统六年（1146年）。塔高10余米，六角实心，下半部为单层密檐式，上半部为覆钵式，形制极其奇特（图11-2-66）。塔基为须弥座，每面束腰都有两个长方形龛，龛中雕有半身狮首，现已残毁无存。塔基上方是三层大型仰莲花瓣，雕刻饱满有力。仰莲之上为密檐式塔身部分。塔身南、北两面都雕有券门一座，拱券上雕有二龙戏珠图案，券门两侧各雕一小窗，其余各面雕方形窗。塔身六角各雕刻出一座经幢式小塔（图11-2-67）。塔身之上是三层密檐，为叠涩法砌成。密檐之上双层仰莲承托覆钵式塔身。覆钵式塔上承须弥座一层，上雕垂云图案。再上又是两层仰莲，承托十一层相轮。再上为莲花托珠式塔刹——于两层仰莲上置镂空铁球，球中插铁刹杆。

此塔造型稳重、形制罕见，为密檐式塔与覆钵式糅合之塔形，是国内少见的珍贵塔种，同时是金代砖塔中之难得杰作。该塔可与房山云居寺北塔比较——云居寺北塔为辽塔，造型为楼阁式塔与覆钵式塔之结合。

该塔身上原有一层白色涂料，年久变黄。现用灰砖对其加以修补，造成外观上颇不协调。

十一、妙应寺白塔

妙应寺（即白塔寺）白塔是北京地区现存最大的喇嘛塔，也是北京城区内仅存的元代佛塔，可视作元大都的最重要象征，同时也是北京喇嘛塔这一建筑类型的最杰出代表。相形之下，以北海白塔为首的京城其余白塔恰似是妙应寺白塔的子子孙孙。

妙应寺白塔由著名尼泊尔匠师阿尼哥主持修建，明《长安客话》称其"制度之巧，盖古今所罕有矣"[10]，清孙承泽《春明梦余录》则言该塔"塔制如幢，色白如银"（图11-2-68、图11-2-69）。[11]

白塔为砖砌喇嘛塔，外表粉刷成白色，建在一个"凸"字形的巨大台座上。台四周有围墙，四角有角亭，四周有转经道可供信徒绕塔诵经。塔的最

图11-2-66　白瀑寺圆正法师灵古塔　　图11-2-67　白瀑寺圆正法师灵古塔券门雕刻

图 11-2-68 妙应寺白塔

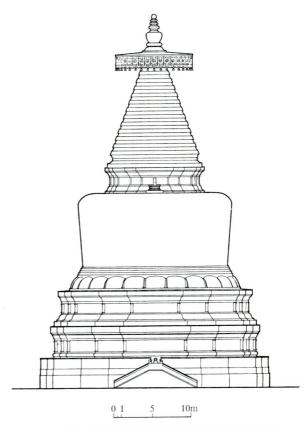

图 11-2-69 妙应寺白塔立面图（图片来源：《中国古代建筑史》）

下层是一个从正方形的每面再向外凸出两重的"亞"字形台座，四角各有五个转角。台座四周有矮墙，粉刷作红色，与白色塔身形成鲜明对比。墙内也有可以绕塔的通道。台座上是重叠两层的巨大须弥座，下层约30米见方，平面形式与台座相同，使巨大的须弥座既在外观上富有变化，又与其上的圆柱形塔身结合得不显突兀。须弥座以上是覆莲，覆莲以上是略近似鼓形的塔身，直径约20米左右（图11-2-70）。塔身之上又是一层须弥座，须弥座上是圆锥形的"十三天"（相当于塔刹上的相轮部分），"十三天"以上是"天盘"和"宝顶"，宝顶造型其实是一座缩微的喇嘛塔（图11-2-71）。塔身从凸字形台面至宝顶总高50.9米。

十二、应公长老寿塔

应公长老寿塔俗称和尚塔，建于元大德五年（1301年）。应公长老俗姓赵，名普应，元至元十年（1273年）任天开寺住持，后组建栗园寺等多座寺庙。至元二十七年（1290年），世祖闻而嘉之。

塔坐北朝南，为六角形五级密檐式空心砖塔，通高约12米，造型秀丽挺拔，须弥座上砌三层莲瓣，塔身正面开拱门可进入，门楣上端嵌石一方，楷书："应公长老寿塔"。与拱门相邻的两面又各嵌石一方，左侧石上记建塔年代。背面雕假门，其他面雕假窗，各层檐下均雕出仿木结构斗栱，塔刹已不存（图11-2-72）。

十三、居庸关云台（过街塔基）

清顾炎武《昌平山水记》载：居庸关"城之中有过街塔，临南北大路，累石为台如谯楼，而豁其下以通车马。上有寺名曰泰安，正统十二年赐名。下豁处刻佛像及经，有汉字，有番字……关北五里有敕建永明宝相寺，宫殿甚壮丽，三塔跨于通衢，车骑皆过其下者，今亡其二矣"。⑫

图11-2-70 妙应寺白塔构造（图片来源：《中国文化史迹》）

图11-2-71 妙应寺白塔上部造型

图11-2-72 应公长老寿塔（图片来源：李倩怡摄）

图 11-2-73 法海寺过街塔旧影（图片来源：《梁思成全集》（第四卷））　　图 11-2-74 居庸关云台（图片来源：《晚清碎影》）

图 11-2-75 居庸关云台正立面图（图片来源：《中国古代建筑史》）

　　过街塔为元代喇嘛教的典型建筑，现存的云台即过街塔之台座，其上相传原有喇嘛塔三座，顾炎武著书时尚存其一，今亦不存。元人有诗句曰："当道朱扉司管钥，过街白塔耸穹隆。"从梁思成拍摄的西山法海寺过街塔旧影中仍能一窥过街塔的形制（图 11-2-73）。

　　云台位于居庸关关城内，元至正二年（1342 年）元顺帝敕建，为一坐北朝南矩形石台，汉白玉砌筑，高 9.5 米，底部东西长约 27 米，南北宽约 18 米，台顶为平台绕以石栏，中辟券道以通车马，门道宽 6 米余。虽然没了上部三塔，云台依旧气势不凡（图 11-2-74～图 11-2-76）。

　　门道内部为梯形券道，门道口券面则为圆拱形，内外造型不一。券面布满浮雕，券顶刻金翅鸟王，两侧对称分布龙众、卷草纹、摩羯鱼、骑羊童子、大象等藏传佛教图案。其中，中央金翅鸟王头部左右两侧分别有一圆盘，内雕兔和鸟，应是月亮与太阳之象征（图 11-2-77、图 11-2-78）。

图 11-2-76 居庸关云台南面全景（图片来源：赵大海摄）

图 11-2-77 居庸关云台券面雕刻之金翅鸟王及两侧龙众

图 11-2-78 居庸关云台券面雕刻之骑羊童子和大象

梯形券洞内壁的雕刻更加壮观（图 11-2-79）：两侧壁刻有巨大的浮雕四大天王及汉、藏、梵、八思巴、维吾尔、西夏等六种文字的佛教经典；洞顶则刻十方佛及曼陀罗等纹样，十方佛的背景为成百上千的小佛龛（图 11-2-80）。在两侧壁、券顶与外墙券面交界处，还专门雕有一道花卉饰带，由 54 朵造型各异的花卉图案组成，于是云台南北两座券门的两道饰带加起来，一共雕刻了 108 朵造型毫不雷同的花卉，实在是妙到毫巅（图 11-2-81、图 11-2-82）。

整个云台最精华的部分是四大天王浮雕，位于门道南北两端，作把持城门状，为云台雕刻中之极品，同时也是北京元代雕刻中的巅峰之作（图 11-2-83～图 11-2-88）。梁思成《中国雕塑史》称："居庸关门洞壁上四天王像可称元代雕塑之代表。天王皆在极剧烈之动作中。"[13]

图 11-2-79 居庸关云台券道内景（图片来源：赵大海摄）

图 11-2-80 居庸关云台十方佛（图片来源：赵大海摄）

图 11-2-81 居庸关云台券沿花卉雕刻之一

图 11-2-82 居庸关云台券沿花卉雕刻之二

图 11-2-83 居庸关云台四大天王之一（图片来源：赵大海摄）

图 11-2-84 居庸关云台四大天王之二（图片来源：赵大海摄）

图 11-2-85 居庸关云台四大天王之三（图片来源：赵大海摄）

图 11-2-86 居庸关云台四大天王之四（图片来源：赵大海摄）

图 11-2-87 居庸关云台四大天王局部之一

图 11-2-88 居庸关云台四大天王局部之二

云台四大天王的浮雕都是高浮雕（宋《营造法式》所谓"剔地起突"），人物的姿态和神情都极度雄强刚猛，而天王们的服饰中又雕刻大量浅浮雕的细密纹样，并且各种图案均笼罩在生动跳跃的热烈气氛之中，加上背景充盈着飞动的云气，将石壁瞬间变成天界。

十四、姚广孝墓塔

姚广孝，14岁出家为僧，洪武年间成为朱棣的心腹谋士，是协助朱棣夺取帝位、建都北京的勋臣，也是明朝最大的丛书《永乐大典》的主要编撰人之一。朱棣即位后恢复俗姓，赐名广孝，授太子少师，死后建此墓塔。塔位于房山区青龙湖镇常乐寺村东北，为八角九重密檐式砖塔，高33米，坐北朝南，正面刻"太子少师赠荣国恭靖公姚广孝塔"，造型秀逸，雕刻精美（图11-2-89）。

塔基须弥座束腰雕寿字及花卉，束腰上设斗栱平座，其上雕三重仰莲托塔身，塔身各角有砖砌圆柱，东、南、西、北四面各浮雕仿木隔扇门，另外四面雕簇六毬文窗。塔檐九重，除首层雕出仿木椽飞外，其余八层为砖砌叠涩。塔刹为铁制，葫芦状，引8条铁索与檐角相连。目前塔身略有倾斜。

图11-2-89 姚广孝墓塔（图片来源：李倩怡摄）

图11-2-90 姚广孝墓塔及碑（图片来源：李倩怡摄）

塔前有明宣德元年（1426年）所立明成祖朱棣"敕建姚广孝神道碑"。碑汉白玉质，螭首龟趺，永乐十六年（1418年）明成祖朱棣撰文，碑首题"明成祖御制姚少师神道碑"，记姚广孝的生平和功绩（图11-2-90）。

十五、周吉祥塔、周云端塔

（一）周吉祥塔

周吉祥塔位于房山区上方山下孤山口村北，塔建于明弘治三年（1490年），为周吉祥之灵塔。周吉祥号云端，是明英宗周皇后之弟，自幼好佛，后在大觉寺剃度。周太后见其虔诚，遂为他建大慈仁寺（在辽报国寺址重建，清以后仍称报国寺），命其为大慈仁寺第一代住持及僧录司左善世。周吉祥圆寂后，建灵塔二座，另一座在大觉寺西南，即周云端塔，这在北京历史上绝无仅有。

周吉祥塔坐北朝南，为八角形七重密檐式砖塔，通高约18米，塔基底层由汉白玉石条垒砌，上为砖砌须弥座，束腰间砖雕花草、人物故事等，形象生动自然。塔身为八角形，每角有砖砌圆柱，塔身正面砖雕仿木隔扇门，其上嵌石，楷书"僧录司左善世钦命掌印兼敕建大慈仁并大觉寺开山第一代住持周吉祥大师塔"。塔上各层檐用砖叠涩，塔檐砌出优美的弧线。顶部为仰莲宝珠塔刹（图11-2-91）。

塔前原有碑二通，其中一碑毁于"文化大革命"时期，另一碑尚存，题"大明左善世云端大师吉祥塔碑记"，记载周吉祥生平。

（二）周云端塔

周云端塔建于明弘治三年（1490年），为海淀区现存的保存较为完好的明代佛塔之一。塔为一座八角七重檐密檐式砖塔，形制与周吉祥塔类似。塔基为双层须弥座，座上有斗栱平坐及三层仰莲砖雕。塔身各隅均有砖砌立柱，各面则饰以仿木结构的砖雕门窗，各层塔檐下均有砖斗栱，檐角原悬有风铎，塔檐砌出优美的弧线（图11-2-92）。塔身镶嵌有汉白玉塔铭一方，用以记述塔主人生平。

十六、正觉寺（五塔寺）金刚宝座塔

（一）整体形制

正觉寺（亦称真觉寺、五塔寺）[14]塔称为"金刚宝座塔"，依印度僧人班迪达带来的印度金刚宝座

图 11-2-91　房山周吉祥塔（图片来源：辛惠园摄）

图 11-2-92　海淀周云端塔（图片来源：赵大海摄）

塔样式建成，下垒金刚宝座，上建五塔，建于明成化九年（1473年）（图 11-2-93）。明《帝京景物略》称：

"成祖文皇帝时，西番班迪达来贡金佛五躯，金刚宝座规式，诏封大国师，赐金印，建寺居之。寺赐名真觉。成化九年，诏寺准中印度式，建宝座，累石台五丈，藏级于壁，左右蜗旋而上，顶平为台，列塔五，各二丈，塔刻梵像、梵字、梵宝、梵华，中塔刻两足迹，他迹陷下廊摹耳，此隆起，纹螺相抵蹲，是由趾著迹涌，步著莲生。"⑮

《明宪宗御制真觉寺金刚宝座记略》则称：

"永乐初年。有西域梵僧曰班迪达大国师，贡金身诸佛之像，金刚宝座之式，由是择地西关外，建立真觉寺，创治金身宝座，弗克易就，于兹有年。朕念善果未完，必欲新之。命工督修殿宇，创金刚宝座，以石为之，基高数丈，上有五佛，分为五塔，其丈尺规矩与中印土之宝座无以异也。"⑯

据笔者 2013 年实测，金刚宝座平面为长方形，南北进深 18.617 米，东西宽 15.928 米，内部砖砌，外表甃石，通高 9.492 米。金刚座最下为须弥座，须弥座以上划分为五层，各层以石雕屋檐为界，龛列佛像，最上端冠以女墙，石台南、北面正中各辟券门一道，为登台入口。由内部台阶可"左右蜗旋而上"台顶。台上五塔，一大塔居中，四小塔居四隅，中央塔高 13.096 米，四小塔高 10.138 米。各塔平面均为方形，形制皆为单层密檐塔，四小塔十一层檐，中央大塔十三层檐。全塔总高由中央大塔塔刹顶至金刚宝座底共计 21.968 米，取明中期 1 尺 = 3.184 米计，合 6.9 丈；金刚宝座高 2.98 丈，约 3 丈，面阔 5 丈，进深 5.85 丈；中央大塔高 4.1 丈；四隅小塔高 3.2 丈（图 11-2-94）。除五塔外，

图 11-2-93 正觉寺金刚宝座塔南面全景

中塔南侧尚有方形重檐小殿一座，下檐方，上檐圆，覆黄、绿琉璃瓦，为登塔台阶之出入口。

金刚宝座塔的样式源自印度的"佛陀伽耶塔"（亦称菩提伽耶塔），象征释迦牟尼悟道成佛的宝座，大塔居中，小塔分列四隅，象征金刚界五方佛。佛经上说，金刚界有五部，即佛部（中）、金刚部（东）、宝部（南）、莲花部（西）、羯摩部（北），每部有一主佛：中为大日如来佛，东为阿閦佛，南为宝生佛，西为阿弥陀佛，北为不空成就佛。故金刚宝座塔上部五塔中，中央大塔代表大日如来佛，其余四塔分别代表阿閦佛、宝生佛、阿弥陀佛和不空成就佛。五方佛又各有坐骑，分别为大日狮子座、阿閦象座、宝生马座、阿弥陀孔雀座、不空成就迦楼罗（即金翅鸟王）座，所以正觉寺金刚宝座塔的宝座和五塔的须弥座四周都雕有狮子、象、马、孔雀、金翅鸟王这五种动物形象。

国内此类塔之最早形象可见敦煌莫高窟的北周壁画（第428窟），现存最早的完整实物即正觉寺金刚宝座塔，弥足珍贵。北京地区现有金刚宝座塔四座，按修建年代分别为正觉寺金刚宝座塔（1473年）、碧云寺金刚宝座塔（1748年）、玉泉山静明园妙高塔（1771年）以及西黄寺清净化城塔（1782年）。北京的金刚宝座塔虽源于印度样式，但是作了许多"中国化"的处理，以正觉寺塔为例，与其原型佛陀伽耶大塔相比，正觉寺塔明显加高了金刚座，而中央大塔与四隅小塔高度相差不多，不像印度原型那样，宝座和小塔均低矮，大塔独自耸入云霄。此外，五塔也不直接模仿印度佛塔造型，而是采用方形密檐塔造型。唐以后，佛塔多采用八角形平面，故正觉寺五塔颇有唐风的简洁，不同之处在于塔身轮廓并无唐代密檐塔的卷杀曲线（图11-2-95、图11-2-96）。作为楼梯间出入口的琉璃瓦重檐方亭，则完全为汉式，进一步增加了全塔的中国元素（图11-2-97）。总体看来，全塔虽不

图 11-2-94 正觉寺金刚宝座塔正立面图（图片来源：王南、王军、贺从容、蔡安平、曾佳莉、孙广懿、司薇、赵兴宇、王希尧、池旭测量；司薇、王南、王希尧、池旭、蔡安平、王冉、高祺、赵慧娟绘图）

及印度原型那样雄伟壮观，但却更为和谐、雅致，更符合中国古人的审美。特别值得一提的是，金刚宝座塔南面两棵与塔同龄的参天古银杏得以留存至今，郁郁葱葱、果实累累，金秋时节更是一片金黄，美不胜收，与古塔交相辉映，成为京西一道经典风景（图 11-2-98）。

（二）金刚宝座及雕刻

该塔金刚座及五塔四面均雕刻有精美的梵像、梵文、梵宝、梵花为题材的装饰花纹。麟庆《鸿雪因缘图记》中"五塔观乐"一篇称赞此塔雕刻"陆离辉映，具足庄严"。

首先，金刚宝座周身布满雕刻。其中，须弥座束腰一周雕有狮子、象、马、孔雀及大鹏金翅鸟（五方佛坐骑），四大天王、降龙伏虎二罗汉，还有法轮、降魔金刚宝杵、宝瓶、水晶等佛教图案，每幅图案之间以金刚杵隔开（图 11-2-99～图 11-2-103）。

图 11-2-95 正觉寺金刚宝座塔上部大塔（右）及小塔（左）正立面图（图片来源：王南、王军、贺从容、蔡安平、曾佳莉、孙广懿、司薇、赵兴宇、王希尧、池旭测量；司薇、王南、蔡安平、王冉、高祺、赵慧娟绘图）

图 11-2-96 正觉寺金刚宝座塔上部（左）
图 11-2-97 中式亭阁为楼梯出入口（右）

图 11-2-98 五塔寺金刚宝座塔正面（塔前台基为大雄宝殿遗址）

图 11-2-99 金刚宝座须弥座束腰雕刻之狮子

图 11-2-100　金刚宝座须弥座束腰雕刻之大象

图 11-2-101　金刚宝座须弥座束腰雕刻之马

图 11-2-102　金刚宝座须弥座束腰雕刻之孔雀

图 11-2-103　金刚宝座须弥座束腰雕刻之金翅鸟王

须弥座上下两根下枋一周分别刻有梵文、藏文，内容皆为八思巴在元中统四年（1263年）致忽必烈的一首新年祝辞，名为"吉祥海祝辞"。其中的藏文为北京地区现存惟一藏文阳刻石刻（图 11-2-104）。

须弥座以上，金刚宝座分作五层，每层有石雕檐口，并以石雕立柱、斗栱（皆为一斗三升样式）分为若干间（南、北面19间，东、西面22间），每间设一佛龛，内安佛像，除去被拱门、匾额占去的位置之外，共设有佛像383尊。这些佛像根据不同"手印"可分作五种，象征五方佛造型（图 11-2-105～图 11-2-107）。

金刚宝座南、北券门雕刻与元代居庸关云台一脉相承，由中央至两旁依次雕刻"六拏具"，即金翅鸟王、四头龙众、摩羯鱼、神兽（飞羊）、狮子和大象（图 11-2-108、图 11-2-109）。

金刚宝座内部为中心塔式结构，方形塔心柱四面各有佛龛一座，内供四佛，南面为释迦牟尼佛，东面为药师佛，北面为燃灯佛，西面为阿弥陀佛。围绕塔心柱一周设筒拱顶回廊，在回廊四隅还形成交叉拱顶结构，而入口门廊上部则为一个小型穹隅穹窿（亦称帆拱穹窿）结构（图 11-2-110）。金刚座东南隅和西南隅为两座楼梯间，可通上顶部平台。

（三）五塔雕刻

金刚座上部五塔，四小塔簇拥一大塔，层檐累叠，交相辉映，宛如天界（图 11-2-111～图 11-2-113）。各塔雕刻重点皆在须弥座。须弥座各面构图类似，皆以金刚杵将束腰分作中央宽、两侧窄的三开间，在各开间内安排不同画面。其中，中央大塔南面须弥座束腰中央雕刻佛足迹一对，是佛的象征，有"佛迹遍天下"之意，为北京独一无二的、

图 11-2-104 金刚宝座须弥座两根下枋分别刻梵文、藏文祝辞

图 11-2-105 正觉寺金刚宝座塔五方佛雕刻立面图（图片来源：王希尧、池旭测量；王希尧、池旭、王南绘图）

图 11-2-106 金刚宝座佛龛群之一（左）

图 11-2-107 金刚宝座佛龛群之二（右）

图11-2-108 金刚宝座拱门券面石刻"六拏具",即金翅鸟王、四头龙众、摩羯鱼、神兽(飞羊)、狮子和大象

图11-2-109 金刚宝座拱门券面石刻金翅鸟王及匾额

图11-2-110 金刚宝座门厅上部穹隅穹窿结构

图11-2-111 中央大塔

图11-2-112 东北小塔

图11-2-113 西北小塔

至高无上的佛教装饰（图11-2-114、图11-2-115）。两侧为大象一对。东面须弥座束腰中央雕金翅鸟王一对和法轮，两侧雕宝瓶莲花一对。北面中央雕狮子一对和法轮，两侧雕孔雀一对。西面中央雕马一对和降魔金刚杵，两侧雕宝瓶莲花一对（图11-2-116）。四座小塔除了南面中央将特殊的佛足图案换作狮子一对和法轮之外，其余各面均与中央大塔相同。各塔须弥座上枋雕藏文，其余各枋及束腰主题图案的背景均饰以花卉。

五塔塔身四面构图均类似，中央佛龛内为一坐佛，佛龛券面雕刻"六拏具"，与金刚宝座券门雕刻内容相同。佛像两侧各为一胁侍菩萨，姿态极为优美。再两侧为硕果累累的桫椤树，以象征佛已修成正果（图11-2-117、图11-2-118）。

各层密檐之间的短小塔身均由基座、塔身和仰莲组成，塔身由短柱分作若干间，内安小佛。各小塔上部224尊小佛，加上塔身四面4尊大佛，共计228尊；中央大塔上部264尊小佛，加上塔身四面4尊大佛，共计268尊。上部五塔通体共计1180尊佛，诚可谓千佛塔。

金刚宝座塔通体雕刻综合运用了宋《营造法式》中的"剔地起突"、"压地隐起"与"减地平钑"的石雕工艺，形成了极其丰富的雕刻层次。

总体观之，正觉寺金刚宝座塔虽然是以印度佛塔为蓝本，但同时融合了中国工匠的建筑、雕刻艺术，并增加了中国传统的琉璃方亭，成了中国式的金刚宝座塔。全塔造型独特，雕刻精致，为古都北京现存金刚宝座塔中最早也是最精美的一座，堪称

图11-2-114 由楼梯亭望中央大塔南面佛龛　图11-2-115 中央大塔须弥座南面佛足迹

图11-2-116 正觉寺金刚宝座塔上部大塔须弥座正立面图（图片来源：王南、王军、贺从容、蔡安平、曾佳莉、孙广懿、司薇、赵兴宇、王希尧、池旭测量；司薇、王南、蔡安平绘图）

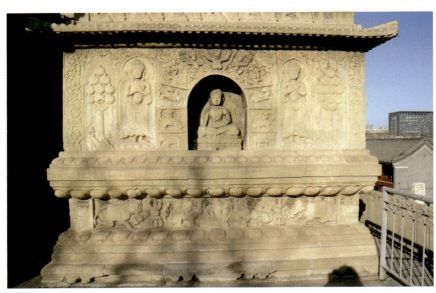
图 11-2-117　东南小塔塔身及须弥座

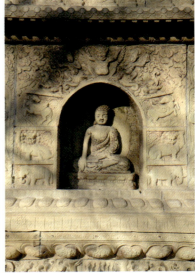
图 11-2-118　西南小塔佛龛

图 11-2-119　慈寿寺塔北面全景

图 11-2-120　慈寿寺塔西面全景

图 11-2-121 慈寿寺塔西面近景

明代建筑和石雕艺术的代表之作，也是中印建筑文化结合的典范。

十七、慈寿寺塔

慈寿寺塔建于明万历四年（1576年），史名永安万寿塔，俗称八里庄塔、玲珑塔，为明代单层密檐式塔的最典型范例。明万历四年，神宗之母李太后出资建寺及塔，万历六年（1578年）建成。《日下旧闻考》引《涌幢小品》称慈寿寺"殿宇壮丽，一塔耸出云汉，四壁金刚像如生"。可惜至清光绪年间寺院被荒废，惟孤塔得以保存至今（图11-2-119、图11-2-120）。

该塔平面为八角形，立于高台基之上，基上塔身，上出十三层密檐，通高约50米，仿北京天宁寺辽塔建造。梁思成指出："其全部形制为模仿辽塔之作，其蓝本即为附近之天宁寺塔，殆无可疑"；"但就各部细节观之，其略于辽构之点颇多，如须弥座各层出入之减少，勾栏之每版用一望柱，仰莲瓣之小而密，塔身之低矮、窗之用圆券，阑额之用两层，斗栱之纤小，均其区别之较著者也。"足见该塔虽为模仿天宁寺塔之作，但细节略有差异，比之辽塔之雄强有力，明塔更纤秀一些。此外，由于塔之密檐部分没有卷杀，因而该塔外形较天宁寺塔略显呆板一些（图11-2-121）。

（一）基座

慈寿寺塔台基为青砖垒砌，最下为三层八角形素平台基，上为双层须弥座（图11-2-122）。

一层须弥座束腰每面设六座壸门形龛，龛内雕狮首，可惜大多被损毁；壸门两侧分别雕护法金刚或佛教的吉祥八宝，即轮、螺、伞、盖、盘长、双鱼、瓶、花。转角处雕宝瓶状角柱。

二层束腰每面设七座壸门形龛，龛中雕精美的佛教故事图案，其中南面正中雕释迦牟尼坐像，左右分别雕文殊、普贤坐像，其余53龛雕"善财童子五十三参"的故事，画面采用高浮雕，共有人物200余，形式、体态各异，还有亭台楼阁、山水树木作为故事背景，十分生动。最精彩者却是分隔各壸门的金刚力士，全部造型均不雷同，神情威猛，富于动感，直接承袭了元代居庸关云台雕刻之遗风，可谓云台四大天王的袖珍版，可惜许多金刚力士头部均损毁，能完整留存的尚有十余尊，弥足珍贵（图11-2-123、图11-2-124）。

二层束腰上方是平坐，下为斗科，每面四攒平身科，为简单的单翘斗科，支撑着平坐栏杆。栏杆已是典型的明代做法，寻杖与栏板之间雕刻佛教的吉祥宝物，包括宝珠、珊瑚、方胜、火珠、钱、画卷、银锭、羚羊角等。栏板的雕饰则为各种乐器和法器，其中乐器包含了笙、箫、笛、古琴、琵琶、钟、鼓、磬、钹、铙、锣、胡琴等，旁边还充盈着祥云、西番莲、宝相花等图案（图11-2-125）。

平坐和栏杆再上为一层覆莲与两层仰莲承托塔身。

图 11-2-122　慈寿寺塔基座近景

图 11-2-123　慈寿寺塔须弥座雕饰之一

图 11-2-124　慈寿寺塔须弥座雕饰之二

图 11-2-125　慈寿寺塔平坐栏杆雕饰

（二）塔身

台基之上为塔身，塔身四正面为砖雕券门，南面门券上匾额书"永安万寿塔"，西面匾额书"辉腾日月"，北面匾额书"真慈洪范"，东面匾额书"镇静皇图"。各券门两侧为木骨泥塑的金刚力士神像，现已颇为残破，然而神韵犹存，尤其是塔身正面之金刚泥塑由于"血肉"已经剥落，露出了木制的"骨架"，可由此清晰地看出中国古代木骨泥塑的制作过程（图 11-2-126、图 11-2-127）。其余四侧面雕券窗，窗顶有坐佛，两侧为泥塑菩萨像，极尽柔美，与金刚像之雄壮形成对比。

此外，门窗券的表面及柱顶的大额枋、小额枋上都有极细致的砖雕。其中小额枋雕六条行龙，大额枋雕刻每面均不同，各为若干坐佛两侧辅以若干金刚力士，这些金刚力士与须弥座所雕又不尽相同，但同样是造型各异，并且更加夸张恣意，可以想见，雕刻这些造型时，匠师已臻自由创造之境（图 11-2-128）。

（三）密檐及塔刹

塔身以上为十三重密檐，每层檐下均有砖砌的斗栱，各层斗栱也大致仿天宁寺塔，只是天宁寺塔第一层檐下用补间铺作一朵，慈寿寺塔则用两朵。栱眼壁都砌成佛龛，内供铜佛。塔刹为铜质鎏金宝瓶。

慈寿寺塔为明代密檐式砖塔的代表作，密檐塔的层层出檐与斗栱在夕阳余晖中呈现极其优美之韵律与光影，佛塔通体如镀金般辉煌灿烂，美轮美奂（图 11-2-129）。

十八、鎏金多宝佛塔

鎏金多宝佛塔建于明万历年间，原位于长椿寺正殿中，现移至万寿寺无量寿佛殿中。明《帝京景物略》载：

图 11-2-126 慈寿寺塔塔身西面　　　　图 11-2-127 慈寿寺塔木骨泥塑

图 11-2-128 慈寿寺塔大小额枋雕饰

图 11-2-129　夕阳下的慈寿寺塔密檐

"镂金多宝佛塔，高一丈五尺，妙法莲华经宝塔品中所说自地涌出者像也。金色光不可视，而梵相毕具，势态各极，视之，又不可算，不可思。"

塔为八角十三重密檐式铜塔，塔坐落在石须弥座之上，铜塔本身的基座为双重须弥座，上为塔身，再上为十三重密檐及塔刹，是以铜仿制砖塔造型，整座通高约5米的铜塔上铸有佛像、菩萨像、罗汉像、诸天像及护法金刚力士像等共计440尊，真可谓巧夺天工（图11-2-130）。

十九、金刚石塔

明照洞瑞云庵原为金章宗创建之黄普院旧址，是"西山八大水院"之一的"圣水院"，后荒废。明正统二年（1437年）赐额妙觉禅寺；明弘治十四年（1501年）改称瑞云庵，山门有"明照洞瑞云庵"石额，俗称"皇姑院"。

该庵坐北朝南，背倚崇山，傍邻深谷。

山门为花岗石砌成的无梁殿，上为盝顶，下辟券门一道，造型古朴。山门右侧有一天然巨石与山门相连，巨石斜插云霄，高约20余米，石上建有一座高约2.5米的六角七重密檐式砖塔。庵中石碑称这一巨石为"金刚石"，故此塔及石合称为"金刚石塔"。该塔据记载为妙觉禅寺第一代住持僧尹奉寿塔。

山门、巨石与塔之搭配造型奇绝，浑若天成（图11-2-131）。由南面山径中遥望，奇石与塔在周围群山环抱中卓尔独立，极为醒目；而由庵内回望，山门与石、塔构成一幅天然图画，意境妙极——纵是倪云林、石涛这般大家，恐怕也构思不出这样的奇境。明照洞瑞云庵的金刚石塔堪称京西古建筑中之生花妙笔！

二十、北海永安寺白塔

北海永安寺白塔建于清顺治八年（1651年），为清代最早的佛塔之一（图11-2-132）。下为高大的"亞"字形须弥座，上为金刚圈三重，其上为覆钵状塔身，塔身正面作龛形壸门，曰"眼光门"（图11-2-133）。塔身之上为小须弥座承仰莲，上为十三天、圆盘二重及日月火焰宝珠状塔刹。

梁思成在《中国建筑史》中总结了喇嘛塔在元明时期与清代所发生的变化：

"此式佛塔自元代始见于中国，至清代而在形制上发生显著之巨变。元塔须弥座均上下两层相叠，明因之，至清乃简化为一层，其比例亦甚高大，须弥座以上，元、明塔均作莲瓣以承塔肚，清塔则作比例粗巨之金刚圈三重。元、明塔肚肥矮，外轮线甚为圆和，清塔较高瘦梗涩，并于前面作眼光门以安佛像或佛号。元、明塔脖子及十三天比例肥大，其上为圆盘及流苏铎，更上为宝珠，至清塔则塔脖子十三天瘦长，其上施天盘地盘，而宝珠则作日月火焰。此盖受蒙古喇嘛塔之影响，而在各细节上有此变动也。"[17]

图 11-2-130 鎏金多宝佛塔（现存万寿寺）

图 11-2-131 明照洞瑞云庵金刚石塔

图 11-2-132 北海永安寺白塔

图 11-2-133 北海永安寺白塔"眼光门"

如果将前文所述元代白塔与此塔比较，各自特征及区别尤为显著。

二十一、通州燃灯塔

燃灯塔位于通州北运河西畔、佑胜教寺西侧，全名"燃灯佛舍利塔"。创建于北周时期（公元557～581年，另一种说法认为始建于唐代），最初为镇潞水之河患所建，俗称"镇河塔"，是京杭大运河北端的标志、通州城的象征，当地人亦称其"通州塔"（图11-2-134）。

据史料记载，该塔在唐贞观、辽重熙、元大德、元至正、明成化年间均有重修，清代修建次数更繁。清康熙九年（1670年）重修并增建塔座之砖阶、八角环廊；十八年（1679年）通州大地震后塔身部分坍圮，于瓦砾中发现舍利子数十粒与佛牙一颗；三十年（1691年）募资重建；三十七年（1698年）在原塔基上依原样式复建告成，舍利与佛牙复归塔中。同治时期再修。光绪二十六年（1900年）八国联军攻占北京地区，进犯通州，燃灯塔遭严重破坏，塔刹被毁，塔上铜铃被掠走大半。"文革"期间、唐山大地震中，塔亦有不同程度的损毁，加之年久失修，情况危急。1985年起陆续进行了前期测绘与修缮工作，1987年底竣工。

现存燃灯佛舍利塔为八角十三重密檐式实心塔，砖木结构，通高56米，基围38.4米，由塔基、塔身、塔刹三部分构成。

最下为塔基，底部须弥座，带双束腰，为辽代遗构，留有清代修缮痕迹（图11-2-135）。下腰嵌有独龙图案浮雕，转角为砖雕兽头；上腰正南面设壸门，内嵌有佛教故事之砖雕，转角为砖雕披甲力士像、兽头，造型丰富，栩栩如生。束腰往上为带斗栱、勾阑之平座，勾阑上承三层砖砌仰莲座。须弥座正南面底层有一凹陷处，内设井式通道可达地宫。

中段为塔身，共十三重密檐，为清代重建，整体收分极小如直柱般，显得分外挺拔陡险，为此塔特点之一。

塔身第一层最高，达6.65米，出檐稍远，檐下斗栱较上部十二层稍大，转角间用补间铺作一朵，出两跳，正南、北、东、西四面设券洞，装有红色对扇乳钉木门，其中正南面深至塔心，内砌神台，台上原安奉燃灯佛石像，其余四面皆嵌直棂假窗。上部十二层，每层仅有出檐与斗栱，各层相接不露塔身，转角间用补间铺作二朵，均出两跳。第十三层另留有透气孔，以保护塔心柱不锈蚀，正南面立有一条形碑，上刻古诗："巍巍宝塔镇潞陵，层层高耸接青云。明明光影河中现，朗朗铃音空里鸣。时赖周唐人建立，大清复整又重新。永保封疆千载古，万姓沾恩享太平。"为清代重建时僧人所立。

图11-2-134 燃灯塔（图片来源：胡介中摄）

图11-2-135 燃灯塔塔基砖雕（图片来源：胡介中摄）

塔身除角梁、椽子为木制，其余皆为砖石仿木结构。瓦当、滴水构件上雕有坐龙、花草纹样，每层角梁根、斗栱间等处置有神、佛像装饰（第十三层斗栱间无佛像），全塔身共408尊，造型各异，生动传神，颇具艺术价值。每根角梁与椽子末端均悬挂精美铜铃，共计2248枚，为世界之最。

最上为塔刹，高14.75米，由下而上分成刹座、刹身两部分，为1985年后重修。刹座为八角形须弥座，单束腰，上承两层砖砌仰莲座。刹身由锻铁制塔心柱及铜铸流苏、相轮、圆光、仰月、空心宝珠等所组成。此外尚有八条铁链以塔心柱为起点，向下连接塔身第十三层之八条屋脊，起到了收结塔顶的作用。

塔下南侧遗有明代万历三十八年（1610年）工部郎中陆忠恕所立识建碑一通，方首圆角方座，阳面正中纵刻楷书"燃灯佛舍利塔"，上款刻"唐贞观七年建"。燃灯塔为北京地区现存古代密檐式砖塔之一，明代地方志中将其列为"通州八景"之首，称"古塔凌云"，自古便为畿辅名迹，与临清舍利塔、镇江文峰塔、杭州六和塔合称"运河四大名塔"。

现存燃灯古塔为辽建清修。今日所见大体为清代早期通州地震后，在康熙三十七年（1698年）重建的样貌，与明成化二十年（1484年）之修建有差异。明《帝京景物略》称："塔级十三，高二百八十尺，围百四尺，中空，供燃灯古佛。塔今剥尽，所存肤寸，则金碧琉璃也。今人自谓曰文巧已，然此古塔，工花纹，妍色泽，后世实莫及。"实较清初更显金碧辉煌。

二十二、大觉寺迦陵性音和尚塔

大觉寺迦陵性音和尚塔位于后部园林区、龙王堂前，建于清雍正六年（1728年），高10余米，坐西朝东（图11-2-136）。下部为极高的八角形须弥座，束腰中各雕一组菱形的砖雕图案，其中四正面均雕祥龙图案，四侧面则雕花卉图案，构图颇似影壁砖雕，在北京诸塔须弥座中别具一格。

八角形须弥座之上，又有一座圆形须弥座，束腰雕刻精美莲花图案。

再上为覆钵塔身，正面雕"眼光门"，门下部为小型须弥座，中央为一对门扇，周围雕火焰式图案。覆钵之上为相轮（十三天）、华盖和宝珠。

二十三、碧云寺金刚宝座塔

（一）整体形制

碧云寺金刚宝座塔建于清乾隆十三年（1748年），该塔造型的蓝本自然是明代的正觉寺金刚宝座塔，但也有很大的变化：最明显之处是金刚宝座上部除了中央大塔与四隅小塔之外，增加了最前部的两座更小的喇嘛塔，呈七塔并立之新格局（此外，楼梯亭阁顶部又安小喇嘛塔四座）。

碧云寺金刚宝座塔由两重矩形台基（以虎皮石包砌）、金刚宝座和上部七塔组成（图11-2-137、图11-2-138）。根据笔者2002～2003年实测，由

图11-2-136　大觉寺迦陵性音和尚塔（图片来源：赵大海摄）

图 11-2-137　碧云寺金刚宝座塔南面全景

图 11-2-138 碧云寺金刚宝座塔正立面图（图片来源：Chinesische Architektur）

中央大塔顶部至地面通高 35.355 米，按 1 丈 = 3.2 米计，合 11 丈，大大高于正觉寺塔（6.9 丈）。

（二）金刚宝座及雕刻

碧云寺塔的金刚宝座由正觉寺塔层层出檐的方式改作由四重须弥座相叠而成。此外，同样是通体充满雕刻装饰，但题材也有显著不同，原本象征金刚界五方佛坐骑的狮子、大象、马、孔雀、金翅鸟王雕刻均不见于碧云寺塔。第一层须弥座雕花卉图案；第二层须弥座束腰东面雕四大天王及达摩、弥勒，其余各面雕药师佛坐像，各组雕刻之间由短柱隔开；第三层须弥座束腰各面均雕一排兽首；第四层须弥座束腰东面雕九尊阿弥陀佛坐像，其余各面雕药师佛坐像。第四层须弥座之上更有扁须弥座一重，束腰雕刻佛教八宝图案，分别为轮、螺、伞、盖、莲花、宝瓶、双鱼、盘长。宝座顶部一周不用实心栏板，而设栏杆（图11-2-139、图11-2-140）。

东面拱门券面石仍是一脉相承地雕刻"六拏具"，即金翅鸟王、四头龙众、摩羯鱼、神兽（飞羊）、狮子和大象。上方匾额书"灯在菩提"四字（图11-2-141）。

但总体看来，碧云寺的金刚宝座造型稍嫌复杂累赘，雕饰也较杂芜，艺术造诣不及明代原型。

（三）七塔雕刻

上部各塔须弥座皆雕椀花结带图案，雕刻重点转移到塔身。与正觉寺五塔塔身各面雕刻图案基本一致的手法不同，碧云寺七塔，塔身雕刻各异，即便是同一座塔，塔身四面雕刻也不同。

中央大塔各面采取"一佛二胁侍"的传统题材，四面分别为东方阿閦佛、南方宝生佛、西方阿弥陀佛、北方不空成就佛。佛像两侧胁侍菩萨为各塔雕刻中的精品（图11-2-142～图11-2-145）。

四小塔各面则雕作"一罗汉二侍者"的新奇造型，尤为生动。其中罗汉造型极为丰富，有手捧佛

图 11-2-139　碧云寺金刚宝座塔南面仰视

图 11-2-140 金刚宝座西南角仰视

图 11-2-141 金刚宝座拱门及匾额

图 11-2-142 碧云寺金刚宝座塔上部

图 11-2-143 中央大塔仰视

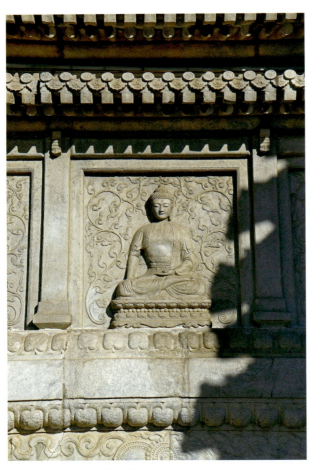

图 11-2-144 中央大塔塔身佛像

图 11-2-145 中央大塔塔身胁侍菩萨像

塔者，有手持佛经者，有手持拂尘者，甚至有手捧小动物者。各塔主题雕刻背景皆满雕缠枝西番莲图案（图 11-2-146～图 11-2-148）。

两座小喇嘛塔四面各作壸门形龛，内为藏传佛教佛像，造型各异（图 11-2-149、图 11-2-150）。

一大四小塔的塔刹均为一座小喇嘛塔，大塔的喇嘛塔式塔刹正面还有佛龛和大日如来佛坐像，加上塔身四面四尊佛像，共同构成完整的五方佛。各塔刹一如喇嘛塔，也安有伞盖，伞盖上甚至还有镂空的八卦图案，将佛教之外的中国传统文化也纳入装饰题材中来。

（四）罩亭

不同于正觉寺塔的中式罩亭，碧云寺塔的楼梯间罩亭造型如同一座小型金刚宝座塔。下部主体基座的南面和北面各雕刻三尊坐佛，东面开券门一道，门内小室设有石供案，券门上方匾额刻"现舍利光"四字。券门两旁雕优美的缠枝西番莲图案。

基座上部中央为覆钵式主塔，十分接近印度窣堵波的原型，四隅各有一座小喇嘛塔，从而形成又一座金刚宝座塔。

除了七塔和罩亭，中央大塔的西侧甚至还有一棵古柏，称"九龙柏"，长在金刚宝座顶部平台之上，使得碧云寺金刚宝座塔成了人工与自然的完美结合。

与正觉寺塔相比，碧云寺塔不仅融合了中印建筑样式，甚至糅合进藏式建筑风格，是一座风格更加杂糅的奇特佛塔建筑。

二十四、西黄寺清净化城塔

清净化城塔，亦称"西黄寺塔"，位于北京

图 11-2-146 东南小塔东面

图 11-2-147 东南小塔塔身东面雕刻

图 11-2-148 东北小塔塔身东面雕刻

图 11-2-149 东北小喇嘛塔南面（左）
图 11-2-150 东北小喇嘛塔塔身雕刻（右）

图 11-2-151 西黄寺清净化城塔南面全景（图片来源：赵大海摄）

图 11-2-152 清净化城塔与石牌楼（图片来源：赵大海摄）

安定门外黄寺大街北侧的西黄寺内，为北京现存四座金刚宝座塔之一，是清乾隆皇帝为纪念在西黄寺内圆寂的六世班禅所建之衣冠塔，故又称"班禅塔"。该塔精巧地融合了印、藏、汉三种建筑艺术风格，与正觉寺塔和碧云寺塔造型大异其趣（图 11-2-151）。

清乾隆四十五年（1780 年）十一月，六世班禅因病圆寂于西黄寺内。为纪念六世班禅，隔年乾隆帝下旨于西黄寺西侧修建清净化城塔与塔院，将班禅六世的衣履经咒等物安葬塔内。该塔完工于乾隆四十七年（1782 年），皇帝亲笔手书二文并刻碑立于塔前两侧，各附以碑亭一座，黄琉璃瓦重檐歇山顶，四面各出垂带台阶五级。东为乾隆四十七年（1782 年）"清净化城塔记"碑，螭首龟趺，碑阳汉、满文，碑阴蒙、藏文，记述了六世班禅入京的功绩与建塔的意义；西为乾隆四十五年（1780 年）"写寿班禅圣僧并赞"碑，方首须弥座，同样采用汉、满、蒙、藏四种文字，碑阴还刻有阴线刻娑罗树图，均是乾隆皇帝在班禅弥留之际，为其祈寿所亲笔撰写、绘制的。

清净化城塔位于清净化城塔院大殿之后，塔基与大殿间连有一条高台甬道，塔前后各设有一座四柱三楼的汉白玉石牌楼，南面牌楼额曰"慧因最上"，联曰："香界吉云开佛日辉悬恒普照；

图 11-2-153 清净化城塔南面仰视（图片来源：赵大海摄）

法轮圆镜转智珠朗印妙同参。"牌楼为仿木结构，额枋间浮雕龙凤纹饰、藏语佛咒及佛教八宝。穿过牌楼门，即见佛塔耸立眼前（图 11-2-152、图 11-2-153）。

整个塔由两层台基及五座塔组成，汉白玉石砌筑，通高 24.82 米。第一层台基，平面呈正方形，周围以黄、绿色琉璃砖砌成镂空墙。第二层台基，平面呈二十边形，四角均向内收二折，顶上围以栏杆，南面设台阶直通塔前，阶梯两侧各蹲有一尊玉石辟邪镇守，身有翅膀，昂首吐舌，神形灵动。两层台基合计高约 3 米多，上建大、小塔五座。中央主塔为覆钵形的喇嘛塔，高 16 米，由塔基、塔身及塔刹三部分构成。最下为塔基，双层须弥座，第一层为八角形，束腰每面刻佛教故事，描述释迦牟尼成佛的历程（称"八相图"）（图 11-2-154、图 11-2-155），精巧细腻、巧夺天工，转角处雕有力士像（图 11-2-156、图 11-2-157）。上、下枋雕刻凤凰（图 11-2-158）。第二层为十字形，上雕满流云和小坐佛像（图 11-2-159）。塔基上承覆钵式塔身，塔身正面辟佛龛，龛内浮雕三世佛，旁雕菩萨立像八尊（图 11-2-160）。塔身以上有一层折角须弥座为过渡，上是铜鎏金莲座、相轮和宝瓶组成的塔刹，东、西两侧垂下云纹垂带（图 11-2-161）。主塔四隅各有一座八

图 11-2-154 清净化城塔大塔须弥座束腰雕刻"八相图"(图片来源:赵大海摄)

图 11-2-155 清净化城塔大塔须弥座束腰雕刻"八相图"中"释迦涅槃图"局部（图片来源：赵大海摄）

图 11-2-156 清净化城塔大塔须弥座转角金刚力士雕刻之一（图片来源：赵大海摄）

图 11-2-157 清净化城塔大塔须弥座转角金刚力士雕刻之二（图片来源：赵大海摄）

图 11-2-158 清净化城塔大塔须弥座下枋凤凰雕刻（图片来源：赵大海摄）

图 11-2-159 清净化城塔大塔二层须弥座小佛像、云纹及塔身"眼光门"三世佛像（图片来源：赵大海摄）

图 11-2-160 清净化城塔大塔塔身菩萨像（图片来源：赵大海摄）

图 11-2-161 清净化城塔大塔塔刹（图片来源：赵大海摄）

角形经幢式小塔，高约7米，与主塔共同组成了金刚宝座塔。

清净化城塔一改正觉寺、碧云寺两处金刚宝座塔的密檐式风格，采用覆钵式喇嘛塔为中央主塔，经幢式小塔为四隅副塔。设计者有意识地将藏传佛教与汉地佛教的建筑风格融于一体，显示出清代皇帝安抚蒙藏、团结疆域内各民族的意愿。由于金刚宝座塔的形制源自印度，这也使清净化城塔成为国内少数集合了藏、汉、印三种艺术风格的古代单体建筑杰作。此外，该塔塔台可从外部阶梯直接到达，不设基座内部通道，去除了罩亭元素，使其金刚宝座塔的形态显得更加简练与纯净。

"清净化城"为佛教术语。通俗而言，远离恶行的过失，远离烦恼的污染，称为"清净"。藏传佛教格鲁派（俗称"黄教"，西黄寺属黄教寺庙）必读经典《阿毗达摩俱舍论》第十六卷中称："诸身语意三种妙行，名身语意三种清净，暂永远离一切恶行烦恼垢，故名为清净。"此外，《华严经探玄记》第四卷中称："三业（身、语、意）无过为清净。""化城"则指一时化作的城池，成佛的道路艰难遥远，佛恐众生力不能支，于是在途中变化城池供人休整。故"清净化城"可理解为远离一切罪恶、烦恼及尘垢，引导众生觉悟、成佛的场所。

二十五、花承阁琉璃塔

颐和园最美的一座佛塔藏身于后山东侧的花承阁院落之中。花承阁建筑群坐落于一个直径约60米的半圆形高台之上，中央为三合院形式的小佛寺"莲座盘云"，周围沿半圆形台地边缘筑弧形游廊，小巧雅致。东侧高台建"六兼斋"，西侧建花承阁，院落西南角建多宝塔。

多宝塔建于乾隆十六年（1751年），通体以黄、蓝、靛、绿、紫五彩琉璃制成，加之造型挺拔清秀，为颐和园后山建筑群中一抹亮色。乾隆曾特意为此塔写过一篇《多宝塔颂》，赞其"黄碧彩翠，错落相间"、"黄金为顶，玉石为台，千佛瑞相，一一俱足"。

塔为平面八角形的楼阁式砖塔，外覆四色琉璃砖瓦，晶莹夺目。塔分三层，一层塔身以黄、绿、蓝三色琉璃砖砌筑，各面均铺满小佛龛，东、西、南、北四面各有大佛龛一座，一层塔身之上是两重檐，下檐用黄琉璃瓦，上檐用绿琉璃瓦，重檐之上承平坐，平坐下部为三层黄琉璃仰莲，上部为蓝、靛、黄三色琉璃制成的栏板；二层塔身与一层类似，以紫、绿、蓝、黄四色琉璃铺砌，上为重檐，分别为紫、靛琉璃瓦顶，其上又为仰莲及栏板组成之平坐；三层塔身用蓝、靛、绿、黄四色琉璃铺砌，上为三重檐，由下而上依次用蓝、靛、黄色琉璃瓦，上承塔刹；总高18.6米（图11-2-162）。

通观全塔，五色琉璃砖瓦交替运用，充满韵律，足可谓一曲琉璃的交响乐，是北京佛塔中之艺术精品！

图 11-2-162　颐和园花承阁琉璃塔

注释

① 唐开元十八年（公元 730 年），唐玄宗第八妹金仙公主在奏请玄宗御赐云居寺经卷和田园山场的同时，还对云居寺进行了大规模修复。刘济《涿鹿山石经堂记》载："既而玄宗开元圣文神武皇帝第八妹金仙公主特加崇饰，遐迩之人增之如蚁焉。有为之功，莫大于此。"金仙公主奏请玄宗赐经修寺，是唐代云居寺全盛期的标志（杨亦武. 云居寺. 北京：华文出版社，2003：14-15）。实际上，该塔由比丘尼法喜、刘玄望建造，是刘玄望与其弟、妹等为已亡的父母祈福所建，云居寺僧人借用此塔镌刻"唐金仙公主请译经施田记"表达感激之情，故此塔被后世称作金仙公主塔（汪建民，侯伟. 北京的古塔. 北京：学苑出版社，2003：81-82.）。

② 傅熹年. 中国古代建筑史（第二卷：三国、两晋、南北朝、隋唐、五代建筑）. 北京：中国建筑工业出版社，2009：695.

③ 梁思成. 梁思成全集（第四卷）. 北京：中国建筑工业出版社，2001：142.

④ 汪建民，侯伟. 北京的古塔. 北京：学苑出版社，2003：83-85.

⑤ 汪建民，侯伟. 北京的古塔. 北京：学苑出版社，2003：42.

⑥ 汪建民，侯伟. 北京的古塔. 北京：学苑出版社，2003：192.

⑦ 数据根据王南、张晓等于2013年用激光三维扫描仪实测。

⑧ 梁思成. 梁思成全集（第一卷）. 北京：中国建筑工业出版社，2001：301-310.

⑨ （清）于敏忠等. 日下旧闻考. 北京：北京古籍出版社，1983：2160.

⑩ （明）蒋一葵. 长安客话. 北京：北京古籍出版社，1994：26.

⑪ （清）于敏忠等. 日下旧闻考. 北京：北京古籍出版社，1983：825.

⑫ （清）顾炎武. 昌平山水记. 北京：北京古籍出版社，1980：17.

⑬ 梁思成. 梁思成全集（第一卷）. 北京：中国建筑工业出版社，2001：128.

⑭ 据《日下旧闻考》称，原正觉寺有"大殿五楹，后为金刚宝塔，塔后殿五楹，塔院之东为行殿"。参见：（清）于敏忠等. 日下旧闻考. 北京：北京古籍出版社，1983：1288.

⑮ （清）于敏忠等. 日下旧闻考. 北京：北京古籍出版社，1983：1290.

⑯ （清）于敏忠等. 日下旧闻考. 北京：北京古籍出版社，1983：1290-1291.

⑰ 梁思成. 梁思成全集（第四卷）. 北京：中国建筑工业出版社，2001：197.

北京古建筑

第十二章 宗教建筑(下):道观与清真寺

北京宗教建筑：道观与清真寺分布图

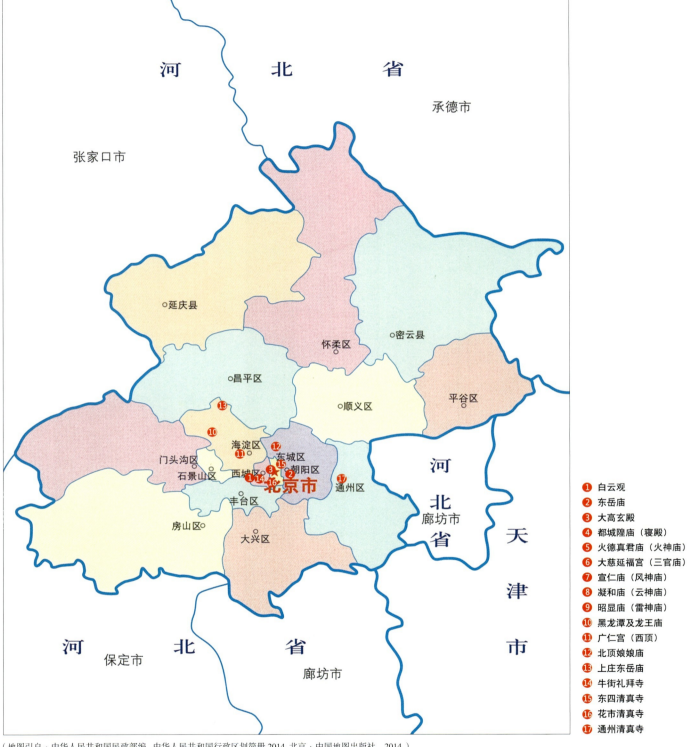

1 白云观
2 东岳庙
3 大高玄殿
4 都城隍庙（寝殿）
5 火德真君庙（火神庙）
6 大慈延福宫（三官庙）
7 宣仁庙（风神庙）
8 凝和庙（云神庙）
9 昭显庙（雷神庙）
10 黑龙潭及龙王庙
11 广仁宫（西顶）
12 北顶娘娘庙
13 上庄东岳庙
14 牛街礼拜寺
15 东四清真寺
16 花市清真寺
17 通州清真寺

（地图引自：中华人民共和国民政部编．中华人民共和国行政区划简册 2014．北京：中国地图出版社，2014.）

"国朝初作大都于燕京北东,大迁民实之,燕城废,惟浮屠老子之宫得不毁。亦其侈丽瑰伟有足以凭依而自久。是故迨今二十余年,京师民物日以阜繁,而岁时游观尤以故城为盛。独所谓长春宫者,压城西北隅,幽迥元爽,游者或未必穷其趣,而幽人奇士乐于临眺,往往得意乎其间。……登于其宫之阁而观之,神京雄据之势,瞭然几席之间。于是古昔之疆理,近代之兴废,因得指而论之,信可为奇观者矣。"

——虞集《游长春宫诗序》

第一节 道观

北京道观不仅数量众多,而且种类极为丰富,包括关帝庙、龙王庙、真武庙、娘娘庙、土地庙、火神庙、财神庙、三圣祠、五圣祠、七圣祠、九圣祠、药王庙、吕祖宫、二郎庙、二圣庙、九天庙、山神庙、天齐庙、天妃庙、文昌庙等等。据北京市档案馆编写的《北京寺庙历史资料》统计,1928年北平有道教宫观418座,1936年有195座,1947年还有119座(以上统计尚未包括为数众多的观音庙)。①

京城的道观虽不及佛寺繁盛,却也颇为可观。以下略述其中颇有代表性者。

一、白云观

白云观为道教全真龙门派祖庭,其历史可以追溯到唐代幽州的"天长观",金世宗时扩建并更名为"十方大天长观",位置在今白云观西面,为当时北方道教的最大丛林,金末毁于火灾,后又重建为"太极殿"。元初,道教全真龙门派创始人邱处机赴雪山觐见成吉思汗,回京后赐居于此,元太祖因其道号长春子,诏改太极殿为"长春宫"。长春宫在元代为金中都故城中一处十分幽僻的游览佳处,元代著名学者、诗人虞集的《游长春宫诗序》称:"国朝初作大都于燕京北东,大迁民实之,燕城废,惟浮屠老子之宫得不毁。亦其侈丽瑰伟有足以凭依而自久。是故迨今二十余年,京师民物日以阜繁,而岁时游观尤以故城为盛。独所谓长春宫者,压城西北隅,幽迥元爽,游者或未必穷其趣,而幽人奇士乐于临眺,往往得意乎其间。……登于其宫之阁而观之,神京雄据之势,瞭然几席之间。于是古昔之疆理,近代之兴废,因得指而论之,信可为奇观者矣。"② 直至明代长春宫毁去,仅剩废墟,还常有文人墨客前来怀古,梁潜《同游长春宫遗址诗序》写道:"长春宫在北京城西南十里,金故城中白云观之西也。元方士邱真人者与其徒尝居于此。当是时,琳宫秘宇僦于王者,今其宫既毁,独其遗址存,据平陆巍然以高。登而览之,犹足以尽夫都邑之胜。盖其东则都城台阙府库之壮,其南则旷然原陆,而蓟门高邱之间,荒台遗沼之可见者,皆昔者辽与金所尝经营其间者也。其西则西山之崖,苍翠绀碧,隐然烟霞之中。其北则连山崔巍,雄关壮峙,凡仕于朝与居于城中者盖未尝知。唯闲暇登览于此而后得之也。"③ 足见长春宫乃至其遗址在元、明时期已是都城郊外登临览胜之绝佳所在。

邱处机去世后,其弟子在长春宫东侧建下院,并于观中建"处顺堂",安厝邱处机灵柩。元末战火四起,至明初,以"处顺堂"为中心重建宫观,正式赐额为"白云观",清乾隆年间重修。1956年、1982年对白云观建筑进行了大规模修缮,1957年成立的中国道教协会会址设于此。

(一)总体格局

白云观现存建筑大部分为清代重建之物,大体规模与明代时相近,坐北朝南,分中、东、西三路及后院,平面格局和佛寺没有大的差别,除老律堂用歇山屋顶之外,其余均为硬山屋顶,其装饰和彩绘使用了一些道教题材,如灵芝、仙鹤、八卦、八仙等。白云观为我国现存规模最大的道教建筑之一,也是北京现存历史最悠久、保存最好的道观之一(图12-1-1、图12-1-2)。

白云观中路依次建照壁、四柱七楼木牌楼、山门(图12-1-3)、灵官殿、玉皇殿、老律堂、邱祖殿和三清四御殿。山门内有一座"窝风桥",桥下无水,象征风调雨顺。老律堂(图12-1-4)位

图 12-1-1　白云观图（图片来源：唐恒鲁绘）

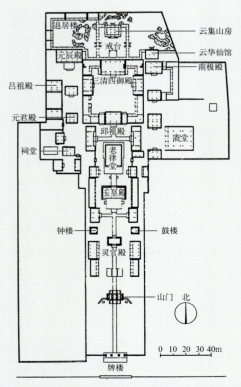

图 12-1-2　白云观总平面图（图片来源：《傅熹年建筑史论文集》）

于玉皇殿北，原名七真殿，供奉全真派祖师王重阳的七大弟子，中座为邱处机，其他六人依次为刘处玄、谭处端、马钰、王处一、郝大通、孙不二。有趣的是"全真七子"全部被著名武侠小说家金庸写进了《射雕英雄传》之中，除道教信徒之外，广大金庸迷们不妨到北京白云观看看历史上真实的全真七子及其弟子活动的地方。"邱祖殿"（图 12-1-5）内奉祀邱处机塑像，殿中有雍正皇帝所赐的"瘿钵"置于石座上，系一古树根雕制而成，邱处机的遗蜕就埋藏于此"瘿钵"之下。中路建筑中，三清四御殿形制最为独特：三清阁及四御殿位于中路最北端，为前出廊的二层阁楼，上层为三清阁，下层为四御殿（图 12-1-6）。三清阁奉三清，又为观内藏书之地，藏有明正统年间所刻《正统道藏》五千余卷。四御殿供奉辅佐玉皇大帝的四位天帝。阁两端各有小天井一处，以一座小巧垂花门与阁前广庭相连，极富空间趣味（图 12-1-7）。

图 12-1-3　白云观山门（图片来源：胡介中摄）

图 12-1-4　白云观老律堂（图片来源：李倩怡摄）

图 12-1-5　白云观邱祖殿（图片来源：李倩怡摄）

图 12-1-6　白云观三清阁及四御殿（图片来源：李倩怡摄）

图12-1-7 白云观三清四御殿东侧天井(图片来源:赵大海摄)

图12-1-8 白云观罗公塔

白云观西路有祠堂院、八仙殿、吕祖殿、元君殿、文昌殿、元辰殿等,建筑规模较小。东路原有华祖殿、火神殿、真武殿和斋堂等,因神像早毁,辟为寮房,另有罗公塔一座,通高3.4米,为八角形密檐塔,建于清雍正年间,藏罗真人遗蜕(图12-1-8)。

(二)云集园

白云观后花园名为"云集园",又称"小蓬莱",位于建筑群最北端,建于清光绪年间,为北京道观园林之代表(图12-1-9、图12-1-10)。

园内主体建筑为中轴线上的云集山房及其南面的戒台,戒台为道教全真派传授"三坛大戒"(即初真戒、中极戒和天仙戒)的坛场,云集山房为全真道律师向受戒弟子讲经说法之所(图12-1-11、图12-1-12)。山房北侧土石假山,古时,登临其上,则近处有天宁寺塔在望,远可遥看西山,古人有诗云:

"一丘长枕白云边,孤塔高悬紫陌前。"④

山房两侧有游廊,可通往东西两侧院,两侧院中各有假山,山上有"有鹤"、"妙香"二亭东西相望(图12-1-13)。此外,东侧院建云华仙馆,西侧院建曲尺形退居楼。

(三)白云观庙会

白云观庙会可谓老北京一大民俗景观,每年农历正月初一至十九开庙,一般游人多从西便门骑驴前往,有传统应节要货,还有两项特有的传统活动:山门摸石猴,窝风桥打金钱眼。山门中间券门东侧浮雕中隐藏着一个巴掌大小的石猴,已被游人摸得锃亮。老北京有这样的传说:"神仙本无踪,只留石猴在观中。"这石猴便成了神仙的化身,来白云观的游人都要用手摸摸它,讨个吉利。"打金钱眼"是每年开庙时,在窝风桥洞前挂一个纸做的大铜钱,钱孔内挂一小铜铃,铜钱上有四字:"响响福兆",桥洞内坐一道士,据说打中者一年诸事吉利(图12-1-14)。

二、东岳庙

东岳庙是道教正一派在华北地区的第一大道院,庙内主祀东岳大帝,始建于元延祐六年(1319年),由元代"玄教大宗师"张留孙(第三十六代天师张宗演的弟子)所创。元末于战火中遭到破坏,明初,玄教重归正一派,自此定名"东岳庙"。明、清两代各朝对东岳庙有过多次修缮、扩建,共历十余次。1996年重修中路建筑群,隔年于此成立北京

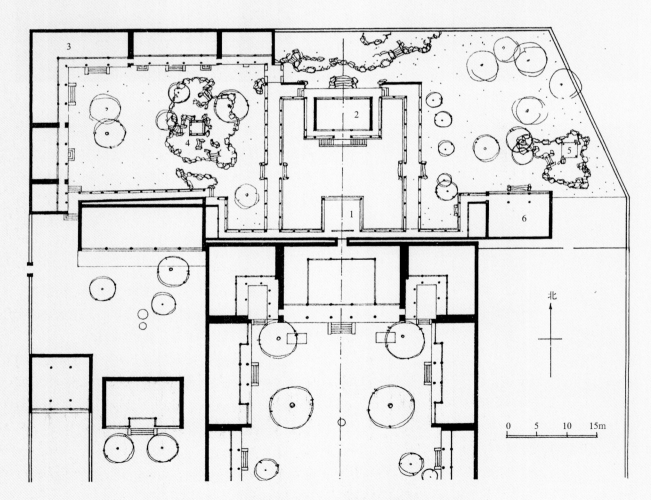

1-戒台;2-云集山房;3-退居楼;4-妙香;5-有鹤;6-云华仙馆

图12-1-9 白云观园林(图片来源:《中国古典园林史》)

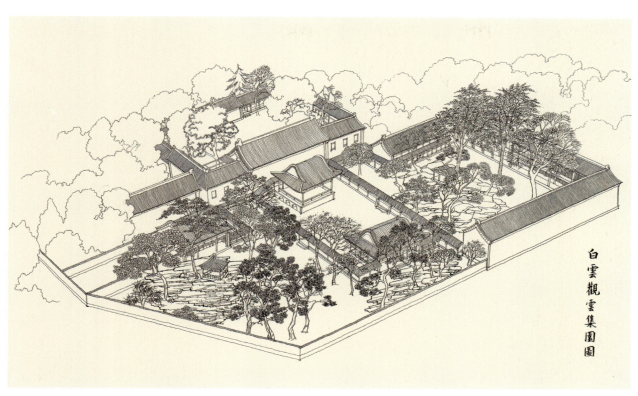

图 12-1-10 白云观云集园图（图片来源：唐恒鲁绘）

图 12-1-11 白云观云集山房及戒台（图片来源：赵大海摄）

图 12-1-12　白云观戒台内部（图片来源：赵大海摄）

图 12-1-13　白云观云集园妙香亭

图 12-1-14　白云观庙会"打金钱眼"（图片来源：《洋镜头里的老北京》）

民俗博物馆。

东岳庙坐北朝南，目前占地面积为35801平方米，建筑面积为11586平方米。寺庙分中、东、西三路，共有大小殿宇600余间，现存建筑大部分为清代重建之物（图12-1-15、图12-1-16）。中路格局为五进院落，中轴线上的主体建筑由南至北依次有琉璃牌楼、山门（已无存）、洞门牌坊（二门）、瞻岱门、岱岳殿、育德殿及后罩楼。东、西路为清道光时所扩建，东路有娘娘殿、伏魔大帝殿、花园（已不存），西路有东岳宝殿、玉皇殿、延寿宝殿及各种行业祖师殿如鲁班殿、马王殿、药王殿等。

东岳庙前琉璃牌楼（明万历三十五年，即1607年建）为全国现存最古老的一座琉璃牌楼（图12-1-17、图12-1-18），原本这座琉璃牌楼与山门及山门外东、西两座街市牌楼一起组成庙前壮丽的空间序列（图12-1-19），可惜街市牌楼与山门皆随着近现代的街道拓宽而拆毁，唯一留存的琉璃牌楼也与东岳庙建筑群失去了有机联系。

东岳庙素以神像多、碑刻多、楹联匾额多而闻名，以下略述其最主要建筑及碑刻。

（一）岱岳殿及庭院

进入瞻岱门（图12-1-20）即抵达东岳庙建筑群的主庭院，这座广庭可谓北京诸道观之最（图12-1-21）。正对主殿岱岳殿为东岳庙正殿，殿内主祀"东岳天齐大生仁圣帝"，即东岳大帝。该殿始建于元至治二年（1322年），清康熙年间重建，乾隆时又加以修葺。大殿建在长25米、宽19米的台基之上，面阔五间，采用灰筒瓦绿琉璃瓦剪边庑殿顶。前出抱厦三间，歇山卷棚顶，现檐下悬有仿制的康熙御书"岱岳殿"匾额。后出抱厦一间，悬山卷棚顶，与通向后寝育德殿的穿堂相

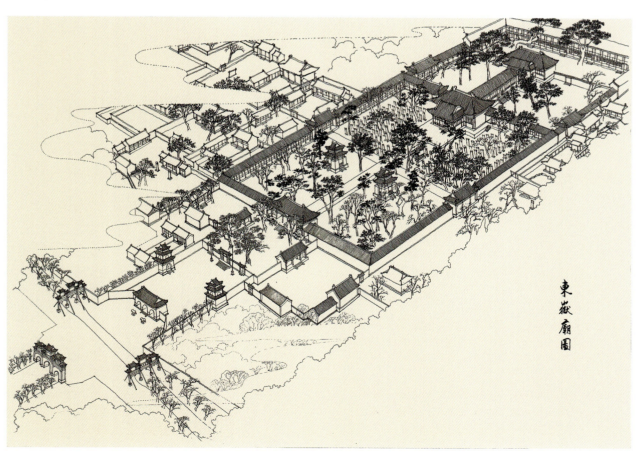

图12-1-16　东岳庙图（图片来源：唐恒鲁绘）

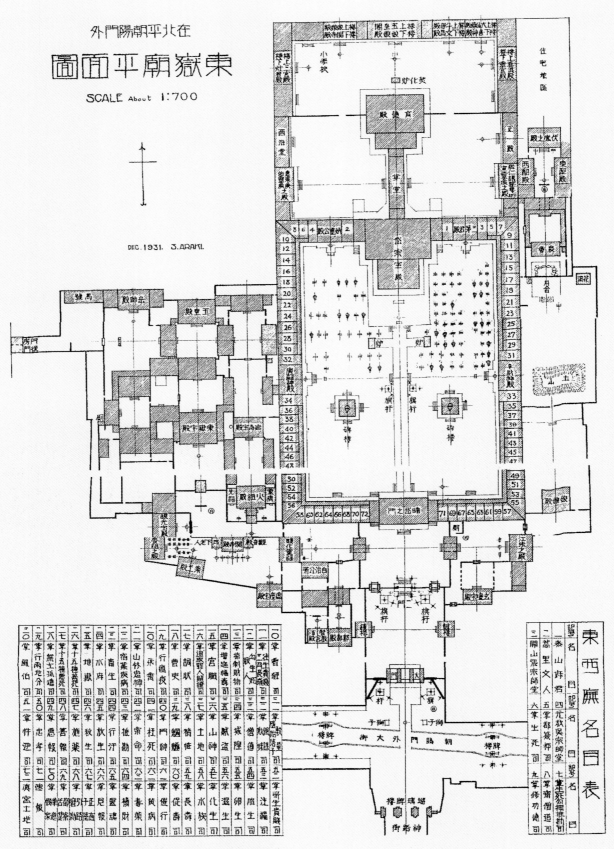

图 12-1-15 1931 年东岳庙总平面图（图片来源：《北京东岳庙》）

图 12-1-18　东岳庙琉璃牌楼现状

图 12-1-17　民国时期的东岳庙琉璃牌楼（图片来源：《旧都文物略》）

图 12-1-19　东岳庙清末山门前的两座牌楼（图片来源：《北京老明信片》）

接。岱岳殿殿身梁枋施以金龙和玺彩画，规格极高，在古代为宫殿、坛庙等建筑专用，图案细致华贵，充分展现了东岳庙作为皇家敕建道观的气派（图12-1-22）。

由岱岳殿左右引出了一个矩形环廊空间，此环廊汇结于瞻岱门两侧，不仅串起了岱岳殿两侧东、西朵殿及殿前东、西配殿，还创造了东岳庙中著名的"地狱七十六司"东、西配庑（图12-1-23）。此外，大殿院落中还有御碑亭两座，可谓建筑种类多样（图12-1-24）。

（二）育德殿

育德殿为东岳庙后殿，是东岳大帝与淑明坤德帝后（东岳大帝之妻）的寝宫。面阔五间，采用灰筒瓦绿琉璃瓦剪边庑殿顶，内饰龙凤天花。前为抱厦三间，歇山卷棚顶，与南面的岱岳殿用一条幽静的五间穿堂相接。这种将前、后殿以穿

图 12-1-21 东岳庙岱岳殿前广庭全景（图片来源：赵大海摄）

图 12-1-20 东岳庙瞻岱门

图 12-1-22 东岳庙岱岳殿

图 12-1-23 东岳庙配庑通廊（左）
图 12-1-24 东岳庙碑亭（图片来源：赵大海摄）（右）

堂相接的形制，俗称"工"字殿（图12-1-25、图12-1-26），保留了早期宋、元建筑的格局特点，在宋元绘画中十分常见，后代也常用于衙署、园林等建筑当中。

育德殿及其抱厦现改为三官九府像陈列厅，其中三尊明代成化朝的天、地、水三官像及九尊文武像，皆为大慈延福宫（详见下文）遗物，均以金丝楠木雕制，造型生动、神态超俗且刻法流畅，显示了明代宗教艺术的高超水平，是北京古代雕塑中的精品（图12-1-27、图12-1-28）。

（三）碑林

东岳庙素以碑多闻名，庙内碑刻近140通，可谓京城之冠，其中有元碑1通、明碑32通、清碑99通、民国石碑6通，大多为历代修建碑记和民间

图12-1-25 东岳庙工字殿外观（图片来源：赵大海摄）

图12-1-26 东岳庙岱岳殿与育德殿之间穿堂内部

图12-1-27 育德殿明代塑像之一（左）
图12-1-28 育德殿明代塑像之二（右）

香会碑记，主要集中在大殿院落的东、西碑林（图12-1-29）。最早的是元天历二年（1329年）"大元敕赐开府仪同三司上卿玄教大宗师张公碑"，俗称"道教碑"，为元代大书法家赵孟頫手书，记述了东岳庙创始者张留孙的生平事迹（图12-1-30）。

此外，还有被称作东岳庙"四绝"的四块碑石，老北京有句顺口溜——"机灵鬼儿、透亮碑儿、小金豆子、不吃亏儿"，指的就是它们。"机灵鬼儿"为东碑林的清顺治"重建东岳庙金灯碑记"，碑座两侧各刻有一个小道童提着灯笼，可惜面部皆毁去（图12-1-31）。"透亮碑儿"为西碑林炳灵公殿前的清顺治"白纸盛会碑记"，碑首刻有两条蟠龙，采用透雕的手法，在龙身处镂刻刻孔6个，透过碑首可以看见站在碑后的人（图12-1-32）。"小金豆子"为铺在岱宗殿月台西侧的一块青白石条，上嵌着一粒粒如豆状大小的金点。"不吃亏儿"为石碑座，

图 12-1-29　东岳庙碑林（图片来源：赵大海摄）

图 12-1-30　东岳庙赵孟頫手书《道教碑》

图 12-1-31　东岳庙"机灵鬼儿"石刻（图片来源：曾佳莉摄）

图 12-1-32　东岳庙"透亮碑儿"石刻

上刻有一群小猴捅蜂窝，抱头逃窜的图案，形象生动逼真，已丢失。

三、大高玄殿

大高玄殿是明、清两代皇家道观，始建于明嘉靖二十一年（1542年），明清时期陆续有过重修（图12-1-33）。

建筑群坐落于景山西侧，坐北朝南，大门为琉璃花门三间。门前东、西、南三面原各有精美牌楼一座，东面牌楼两面匾额分别书"先天明境"、"太极仙林"；西面牌楼两面两匾额分别书"孔绥皇祚"、"弘佑天民"；南面牌楼临紫禁城筒子河，匾额书"乾元资始"、"大德日生"（图12-1-34）。三座牌楼与黄瓦红墙共同在大门前围合成一个狭长前院，院东南、西南角各立一座习礼亭——这两座习礼亭简直可谓紫禁城角楼的"具体而微者"，并且隔着筒子

图 12-1-33 大高玄殿图

图 12-1-34 大高玄殿牌楼（图片来源：《帝京拾趣》）　　图 12-1-35 大高玄殿牌楼及习礼亭（图片来源：《北京古建筑地图》（上））

河与紫禁城西北角楼相呼应，传说是建造紫禁城角楼之前建造的"模型"（图12-1-35）。由紫禁城西北角望大高玄殿：前景为窈窕的紫禁城角楼及清澈的护城河（河中种植荷花），中间是大高玄殿三座金碧辉煌的牌楼加上两座造型玲珑的习礼亭，背景为景山五峰五亭，特别是万春亭巍然屹立于山巅——可谓是老北京最优美的景致之一（图12-1-36）。可惜20世纪50年代大高玄殿牌楼与习礼亭相继拆除，人们再难见到如此美景。最近，沿河的一座牌楼得以复建。

大高玄殿现存主要建筑为外垣琉璃花门、大高玄门、钟鼓楼、正殿大高玄殿、后殿九天万法雷坛及乾元阁。其中乾元阁为两层楼阁，造型特殊，上圆下方，上额曰"乾元阁"，覆蓝琉璃瓦圆攒尖顶，象征天，下额曰"坤贞宇"，覆以黄琉璃瓦披檐，象征地，颇似天坛祈年殿之"具体而微者"，然而上圆下方的造型更为特殊。大高玄殿建筑群规模宏大，建筑形制特殊，门前牌楼、习礼亭造型优美，一直是皇城内一道重要的风景（图12-1-37、图12-1-38）。《长安客话》载明人杨四知《高玄殿诗》：

"高玄宫殿五云横，先帝祈灵礼太清。凤辇不来钟鼓静，月明童子自吹笙。"⑤

四、都城隍庙

都城隍庙原为金中都城外的一座古刹，元至元十七年（1280年）改建，天历二年（1329年）改称都城隍庙。明、清两代，几度重修。明代《涌幢小品》载："北京都城隍庙中有石刻北平府三大字，此国初旧物。一老卒云，其石长可丈六尺，下有城隍庙三字，既建北京，埋尔露其顶。"至清乾隆年间，该石刻早已无考。

都城隍庙为北京城隍庙之最，因而建筑恢宏钜丽。庙坐北朝南，中轴线上有门三重：庙门、顺德门和阐威门，正殿名大威灵祠，后有寝祠，两庑为

图12-1-36 大高玄殿牌楼及习礼亭（远处为景山万春亭）（图片来源：《北京二十五片历史文化保护区保护规划》）

图12-1-37 大高玄殿大殿（图片来源：王军摄）

图12-1-38 大高玄殿乾元阁（图片来源：王军摄）

图 12-1-39 都城隍庙寝殿

图 12-1-40 什刹海火德真君庙

十八司。因都城隍为天下城隍的总头领，所以阐威门两侧塑有全国行省的城隍像。

此外，都城隍庙庙会还是明代北京最著名的庙市，每月初一、十五、二十五定期举行。开市时，东起西单刑部街，西至城隍庙，列市达3里，"陈设甚伙，人生日用所需，精粗毕备，羁旅之客，但持阿堵入市，顷刻富有完美"。至清代才逐渐为京城别处庙市所取代。

可惜现在该庙仅存寝祠（图12-1-39），面阔五间，前出抱厦三间，主殿与抱厦均为灰瓦黑琉璃剪边歇山顶。殿前建成下沉广场，成为金融街地区的一处小型公园。

五、火德真君庙（火神庙）

什刹海火神庙相传始建于唐贞观六年（632年），元至正六年（1346年）重修。明万历朝，因紫禁城接连失火，遂于万历三十三年（1605年）在元代庙址上重修火德真君庙，赐绿琉璃瓦以压火，并增碧瓦重阁。清乾隆二十四年（1759年）重修，改玉皇阁等建筑为黄瓦，明清两代香火鼎盛。

现存建筑保留了明代形制和布局（图12-1-40）。建筑群坐北朝南，山门东向，山门内外原各

图 12-1-41　火神庙大殿藻井

图 12-1-42　火神庙第三进院落

有一座牌楼，现复建了山门内侧牌楼。山门内有原钟鼓二楼。南北中轴线上依次为前殿三间、火祖殿三间（前出三间卷棚顶抱厦，大殿内部结构保存完好，留有精美的藻井一座）（图12-1-41）、三殿五间重楼、万寿景命宝阁（为三间重楼带东、西配楼，东配楼为玉皇阁，西配楼为斗母阁，阁与配楼之间以二层廊相连，形成类似戏楼院的后院）（图12-1-42）。殿后原有水亭临什刹海，意境极佳，明代袁中道《过火神庙诗》云："作客寻春易，游燕遇水难。石桥深树里，谁信在长安。"现火神庙后水亭已无存，其余建筑已全面修复，香火颇为繁盛。

六、大慈延福宫（三官庙）

大慈延福宫位于朝阳门内大街，建于明成化十七年（1481年），以奉天、地、水三元之神，又称三官庙。嘉靖四年（1525年）重修，清顺治初年曾聚满汉子弟于此教学，乾隆三十六年（1771年）又重修，并规定每年元旦开庙进香，开张庙会。

明清时期，北京城内外的众多三官庙中，大慈延福宫规模最大。全庙由正院和东道院组成，布局严整，气势不凡（图12-1-43）。正院沿主轴线由南向北依次为：山门三间，黑琉璃瓦调大脊硬山顶，绿剪边；进入山门，钟楼和鼓楼分立东、西两侧。再往北有大殿三间，穿过此殿，即为主殿大慈延福殿，大慈延福殿面阔三间，周围廊，前设月台，后面有虎尾抱厦，比较少见，大慈延福殿前后左右各有一座碑亭，西配殿法善殿，东配殿葆真殿，皆是黑琉璃瓦顶。最后一进院落的建筑形制颇为特殊，三座殿宇并排而建，中间是紫微殿，面阔五间，左右各带一间耳房，东、西二殿面阔均为三间。

东道院共有三座殿宇，由南向北分立。前殿早已拆除，无从考证。中殿为通明殿，面阔三间，单檐歇山顶，檐下斗栱三踩单昂，梁架斗栱等保留有明代建筑特征。殿内明间神龛及二龙戏珠斗八藻井保留完整，雕刻精细，除龙头有损，大部保存完好。后殿为延座宝殿。两座殿均为黑琉璃瓦绿剪边歇山顶（图12-1-44）。

可惜自20世纪50年代开始，先后有两个单位在大慈延福宫原址建设办公楼，大部分古建筑被拆除。现存建筑群有东道院的正殿、后殿以及部分西配房。

塑像：当初拆除大慈延福宫的时候，宫内尚存有天、地、水三官坐像及文、武侍臣立像共计12尊，被移入作为北京市文物局仓库的智化寺内。这些神像均为金丝楠木雕刻、妆銮、沥粉贴金，服饰为明代式样，衣带纹饰生动。后来因修复智化寺，遂将神像移至朝阳门外东岳庙，陈列在育德殿内。

七、皇城四观（宣仁庙、凝和庙、昭显庙、时应宫）

清代在北京皇城内围绕紫禁城建造了祭祀风、云、雷、雨的四座道教宫观，形成了一道独特的风景，它们分别是宣仁庙（祭风）、凝和庙（祭云）、昭显

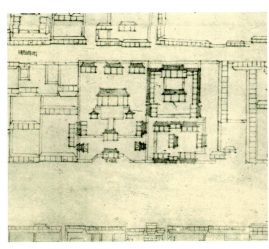

图 12-1-43 乾隆《京城全图》中的大慈延福宫

图 12-1-44 大慈延福宫建筑遗存

庙（祭雷）和时应宫（祭雨）。⑥

（一）宣仁庙（风神庙）

宣仁庙位于北池子大街2号、4号，清雍正六年（1728年）敕建，祭祀风神，俗称风神庙。嘉庆九年（1804年）重修，其规制仿中南海时应宫（祭祀雨神之所），庙四周环以院墙，南端为影壁，东、西墙南侧各有一座牌楼。影壁北为庙门，入庙门东西为钟鼓楼，北为献殿、享殿及寝殿（图12-1-45）。

现状主体建筑保存较完整。庙门坐东朝西，为后来改建，庙门前有一字形琉璃砖大影壁。庙门三间，黄琉璃瓦绿剪边歇山屋顶，中为石券，门上悬"敕建宣仁庙"石额，两侧开石券窗，庙门东、西两侧有琉璃八字墙。钟鼓楼出腰檐，屋顶为黄琉璃瓦绿剪边歇山顶，一层辟石券门，二层用障日板开云形窗。献殿三间，黄琉璃瓦绿剪边歇山顶。享殿三间，黄琉璃瓦绿剪边歇山顶，殿前石级中为御路，汉白玉石雕龙纹，殿内为井口盘龙天花。寝殿五间，黄琉璃瓦绿剪边歇山顶（图12-1-46）。寝殿两侧有三开间的朵殿，西朵殿已改建，东朵殿尚存。

（二）凝和庙（云神庙）

凝和庙位于北池子大街46号，清雍正八年（1730年）建，用以祭祀云神，俗称云神庙。该庙形制与宣仁庙类似：四周庙墙，南端东、西两侧各有一座牌楼，入东、西牌楼，南墙有影壁一座，北为庙门，入庙门东西为钟鼓楼，北面依次为献殿、享殿及寝殿（图12-1-47）。

现在，原建筑大致完整。庙街门坐东朝西，为后改建。原牌楼及影壁无存。庙门三间，明间开券门，次间为券窗，黄琉璃瓦绿剪边歇山屋顶。钟鼓楼已拆除。献殿三间，黑琉璃瓦绿剪边歇山屋顶。享殿三间，黄琉璃瓦绿剪边歇山屋顶，室内井口天花，殿前设雕龙丹陛。寝殿五间，黄琉璃瓦绿剪边歇山屋顶，室内井口天花。寝殿东、西朵殿各三间。

（三）昭显庙（雷神庙）

昭显庙位于北长街71号，建于清雍正十年（1732年），用以祭祀雷神，俗称雷神庙。庙坐北朝南，中轴线上为影壁、山门、钟鼓楼、前殿、中殿、后殿及配殿。钟鼓楼、中殿、后殿屋面为黄琉璃瓦，其余为绿琉璃瓦。民国时期曾在这里建立北京教育会，1925年3月10日至4月15日在此召开了"国民会议促成会全国代表大会"。新中国成立后至今为北长街小学，现仅存影壁及后殿（图12-1-48）。

（四）时应宫（龙神庙、雨神庙）

时应宫原位于中海西北隅，今北海图书馆对面，旧属皇家西苑。明代此地为蚕池所在，乃"明宫人织绵之所"。明嘉靖十年（1531年）三月，改筑蚕坛于仁寿宫（又名万寿宫，今中南海紫光阁以西至光明胡同一带）侧，相传饲蚕于此。

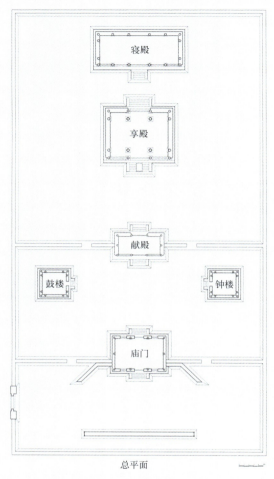
图 12-1-45 宣仁庙总平面图（图片来源：《东华图志》）

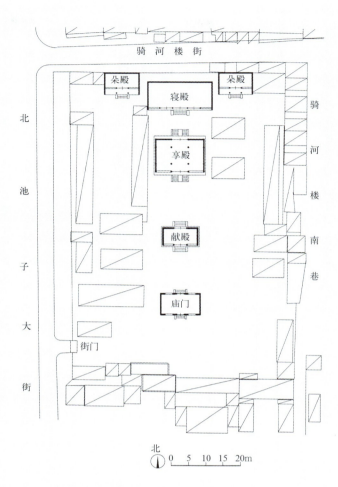
图 12-1-47 凝和庙总平面图（图片来源：《东华图志》）

图 12-1-46 宣仁庙享殿及寝殿（图片来源：袁琳摄）

图12-1-48　昭显庙后殿（图片来源：袁琳摄）

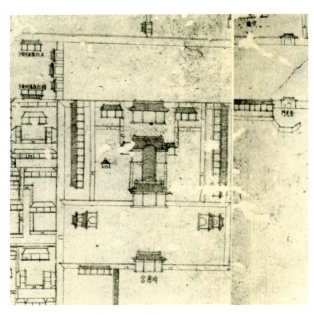

图12-1-49　乾隆《京城全图》中的时应宫

清雍正元年（1722年）敕建时应宫于明蚕池旧址，祀龙神，系宫廷道观之一（图12-1-49）。此宫极为壮丽，气势不凡，前殿祀四海、四渎诸龙神像，外悬雍正帝手中"瑞泽沾和"匾额，东西为钟鼓楼，正殿祀顺天佑畿时应龙神之像，后殿祀八方龙王神像。新中国成立之初，此宫尚完整，后因改建中南海，遂于50年代拆除。

八、黑龙潭龙王庙

京郊诸多道观中保存最完好、意境最佳者首推黑龙潭龙王庙，位于海淀区西山北部的画眉山。据《帝京景物略》记载：

"黑龙潭在金山口北，依岗有龙王庙，碧殿丹垣。廊前为潭，土人云有黑龙潜其中，故名黑龙潭。"

黑龙潭在明、清两朝都是帝王祈雨之所。据庙内御制碑记载，明万历、清康熙、清乾隆均有在此求雨灵验之事。同时，这里山明水秀，风景幽丽，也是帝王驻跸之所。

龙王庙始建年代不详，明成化二十二年（1486年）、明万历十四年（1586年）、清康熙二十年（1681年）都有重修，乾隆三年（1738年）封龙神为昭灵沛泽龙王之神。龙王庙现存建筑群为清代建筑，尚属完整，有明、清石碑多座。建筑群坐西朝东，依山势层层向上，颇为陡峻。据《光绪顺天府志》记载，当时布局为正殿三间，东向，崇台朱栏，殿左有香炉一座，正殿前为庙门，门外有御书碑亭两座分立左右，再向前为牌楼一座。东北为龙潭，绕潭有回廊33间。潭南另有小潭两泓，其外为大门。自大门至正殿，共有五重台地，层层叠上，蹬道百级。御碑亭、正殿、庙门、牌楼，均覆以黄琉璃瓦。庙之右侧为神府治牲之所。麟庆《鸿雪因缘图记》中的"龙潭感圣"一图清晰地反映了这一建筑格局（图12-1-50、图12-1-51）。

现在的龙王庙建筑群基本保存了原有风貌。沿中轴线由东至西依次为大门一间、南北碑亭两座、牌楼遗迹（仅存夹杆石，上部全部无存，十分可惜，仅能从民国时期老照片中欣赏牌楼之优美身姿）（图12-1-52、图12-1-53）、南北碑亭两座（图12-1-54）、庙门及正殿。大殿为三间歇山顶前带三间卷棚抱厦，从山面观看，其屋顶轮廓呈现极其优美之曲线（图12-1-55、图12-1-56）。

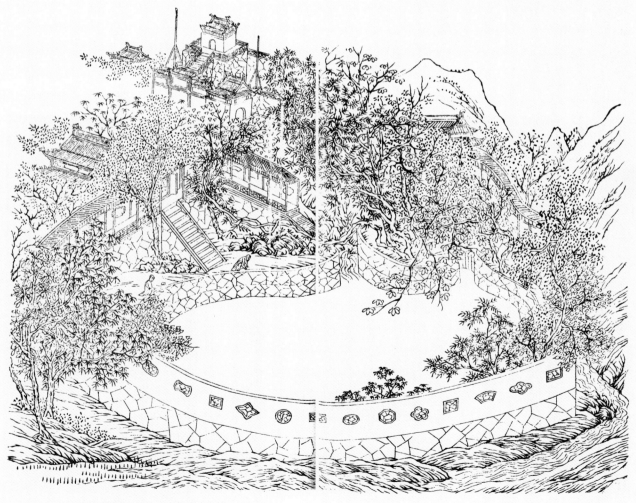

图12-1-50 《鸿雪因缘图记》中的黑龙潭、龙王庙全景

图 12-1-51　黑龙潭龙王庙全景（图片来源：赵大海摄）

图 12-1-52　民国时期的黑龙潭龙王庙牌楼（图片来源：《洋镜头下的老北京》）

图 12-1-53　黑龙潭龙王庙中轴线仰望（图片来源：赵大海摄）

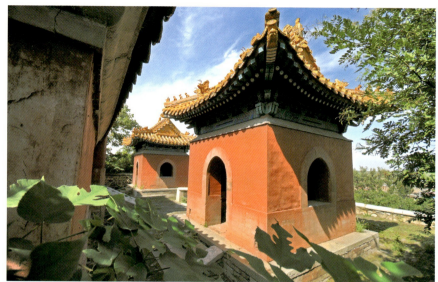

图 12-1-54 黑龙潭龙王庙御碑亭造型秀丽、色彩明亮（图片来源：赵大海摄）

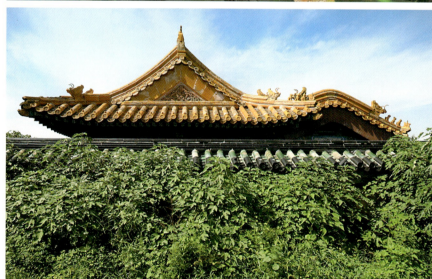

图 12-1-55 黑龙潭龙王庙大殿山面优美之轮廓（图片来源：赵大海摄）

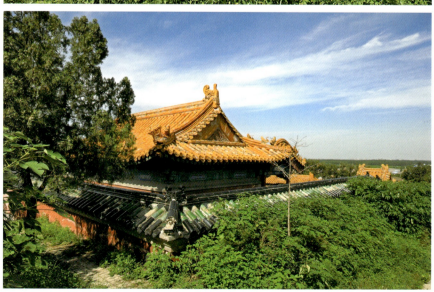

图 12-1-56 黑龙潭龙王庙俯瞰（图片来源：赵大海摄）

龙王庙御碑：龙王庙建筑群依数层台地而建，两侧共建有四座黄瓦红墙的碑亭。其中位于庙门外北侧的碑亭内是康熙"御制黑龙潭重建龙王庙碑记"御碑；其南侧碑亭内则是雍正御制碑，碑文为雍正御笔，并且碑刻极精致。此外，位于两层台地之下的北侧碑亭内则立有乾隆御碑。康雍乾三朝御碑荟萃一庙，足见黑龙潭祈雨深为清代皇家所重视。

九、五顶（碧霞元君祠）

所谓"五顶"，是北京最著名的五处碧霞元君祠（北京各处的碧霞元君祠多达数十座，亦称娘娘庙）。碧霞元君祠为源自泰山的民间宗教建筑，供奉泰山女神碧霞元君，因泰山之碧霞元君祠位于泰山之巅，俗称"岱顶"，故北京这五处碧霞元君祠称作"五顶"。其中东直门外的"东顶"毁于"文革"时期；"西顶"在四季青镇蓝靛厂，目前已部分修复；"南顶"在永定门外南顶村（一说在通州马驹桥）；"北顶"位于奥林匹克公园"水立方"正南面，已全部修复；"中顶"在南苑乡中顶村。除"五顶"之外，京郊著名的碧霞元君祠还有丫髻山、妙峰山两处碧霞元君祠。

碧霞元君为泰山神东岳大帝的女儿，由于泰山在东，"岱居木位，其色为碧；东方主生，有如元君，故封其为天仙玉女碧霞元君"（见乾隆三十九年"重修碧霞元君庙记"碑，立于通州马驹桥"南顶"），这是碧霞元君封号的由来。碧霞元君是青春女神，年轻貌美，她负责掌管风调雨顺、草木生长、禽兽蕃育以及人类的灾患等，而且还有一项向人间送子的职务，故"人以其坤道资生也，祈子者辄祷之……无子者有子也，有子者多子也。人庆螽斯，家征麟趾，可不谓神之德欤"（见康熙三十五年"百子盛会碑记"碑，立于"中顶"普济宫）。这样，就必然和广嗣神"子孙娘娘"，甚至和她的副手"送子娘娘"的职责不易分清，好在她是兼职。中国长期的封建社会中，一向视断子绝孙为人之大忌，碧霞元君理所当然地成为缺子乏嗣者的救星，因之各"顶"香火鼎盛。

以下略述保存较为完好之西顶与北顶。

图 12-1-57　黑龙潭龙王庙大殿黄琉璃瓦与围墙黑琉璃瓦对比（图片来源：赵大海摄）

由于为皇家祈雨之所，故龙王庙建筑群形制极高，所有建筑物均用等级最高的黄琉璃瓦，四座红墙黄瓦、造型秀丽的碑亭簇拥轴线上的大门、庙门和大殿，加上山势的陡峻，使得这规模不大的建筑群器宇轩昂。更加精彩的是，大殿的围墙用黑、绿二色琉璃瓦以象征"祈雨之所"，黑、绿琉璃瓦构成的瓦件、脊兽与大殿及碑亭的黄琉璃瓦构成鲜明对比，美轮美奂，成为黑龙潭建筑群的点睛之笔，也极好地烘托了求雨祈福的象征寓意，是类似于北京社稷坛的中国古代建筑色彩的杰作（图 12-1-57）。

龙王庙东北为著名的黑龙潭，绕以围廊，小巧雅致。《帝京景物略》载："庙前为潭，千四丈，水二尺。""围广十亩，水从石罅中去，终年不干，下溢田间，潺潺有声。"可惜现在的黑龙潭面积有所减小，水质远不复原先清澈。

(一) 西顶（广仁宫）

广仁宫旧址为明正德朝创建的嘉祥观，万历十年（1582年）重建，十八年（1590年）建成，并赐额"护国洪慈宫"，天启朝再修。清康熙四十七年（1708年）重葺，次年竣工，五十一年（1712年）改名广仁宫，亦称"西顶碧霞元君庙"，成为北京著名的"五顶"之一。

广仁宫建制宏伟壮丽，初时占地面积达13000平方米以上，院落四进，殿宇五层。在清代画家笔下的《西顶过会图》中能见到昔日西顶庙会之盛况。广仁宫宫门前还有三座木牌楼围合成前广场，一如大高玄殿前之格局，广仁宫东部还有一座关帝庙（图12-1-58）。现存建筑群坐北朝南（图12-1-59）。以下略述中轴线上主体建筑。

宫门：面阔三间，砖石结构，灰筒瓦歇山顶，券门三座，两旁带八字影壁。

天王殿：面阔三间，带东、西朵殿各一间，筒瓦硬山调大脊，殿内有四大天王塑像，座下八鬼怪（见富察敦崇《燕京岁时记》），现已变为民居。

正殿：即娘娘殿，面阔五间，绿琉璃筒瓦黄剪边硬山调大脊，前檐三出陛垂带踏跺各五级，内塑碧霞元君像，左眼光、右送子娘娘，下有甲士、侍女、夜叉等。殿前明清碑林立槐柏间，多各会进香碑以及天启四年《敕赐洪慈寺碑记》碑、康熙四十七年重修碑、康熙五十一年御制碑等，现碑多不存，古柏仍余两株。原东、西配殿各三间，前出廊，两侧带朵殿各一间，内有冥府七十四司壁画。现修复东、西配殿各三间。

寝殿：面阔五间，绿琉璃筒瓦黄剪边硬山调大脊。正殿后檐明间与寝殿前檐明间之间有五间穿堂相连通，形成"工"字殿——此种形制仍然保留了宋元时代的布局——穿堂的正中一间是过道门，东西面各出垂带踏跺四级，后寝从此门出入，不另辟门（图12-1-60）。

图12-1-58 清《西顶过会图》（图片来源：《中国国家博物馆馆藏文物研究丛书 风俗画卷》）

图12-1-59 广仁宫（西顶）鸟瞰全景

图12-1-60 广仁宫（西顶）工字殿

后殿：名三圣殿，面阔三间，带东、西朵殿各一间（已毁），绿琉璃筒瓦黄剪边硬山调大脊，殿内供奉太乙、天齐（东岳大帝）、太阴诸神塑像。三圣殿前立有万历十八年（1590年）"洪慈宫完工记"碑一座。

后罩楼：二层，面阔五间，绿琉璃筒瓦黄剪边硬山调大脊，下层四天将守门，祀三元水府之神，上层祀玄天上帝像，各塑像都很精致古朴。阁前原有娑罗树左右各一株，"二人围抱不能合，绿周遭、蔽日月，皮鳞鳞、脂涎涎，触手香不散"（周肇祥《琉璃厂杂记》四）。

广仁宫自明清以来每年阴历四月初一至十五开庙，清季甚至由官府派员来此拈香，直至清末，香火不绝。民国时逐渐萧条，1949年以后，神像及壁画被毁，碑碣被移走或砸碎，古树枯死，庙址被侵占，东配殿被划出庙界之外，其他殿宇也破败不堪，或被拆改，后为工厂占用，2001年被公布为北京市文物保护单位。现正殿至后罩楼之间的建筑群基本修复，而宫门、天王殿建筑群尚破败，亟待修缮。

（二）北顶

北顶娘娘庙位于北四环外，奥林匹克公园内，正当"水立方"之南面（图12-1-61）。该庙建于明代，确切时间不详，据《日下旧闻考》记载，庙内原有明宣德朝所铸铜钟一口及万历朝所铸铜炉一座，故可能为明宣德年间所建。清乾隆年间奉敕重修，光绪二十八年（1902年）庆亲王奕劻捐款再修。明清时，北顶定期办有庙会活动，每年农历四月开庙，因地点偏于北郊，游人多以当地农民为主，售品亦多农具、乡村居民日用品。清末《燕京岁时记》有载："北顶碧霞元君庙，在德胜门外土城东北三里许。每岁四月有庙市，市皆日用农具，游者多乡人。"2004年起，开始大殿、东西配殿及鼓楼的复建工程，并对中殿、后殿等遗址实施绿化保护。

寺庙坐北朝南。据民国时期资料记载，旧为四进院落。平面布局规整，中轴线上由南而北依次有山门、天王殿（前有钟鼓楼）、大殿（娘娘殿，前有东、西配殿）、中殿（东岳殿，现存台基）及后殿（玉皇殿，现存台基），占地面积约9700平方米。其中，山门面阔三间，灰筒瓦歇山顶，两侧作八字墙，拱券门洞上挂有"敕建北顶娘娘庙"石匾。天王殿面阔三间，灰筒瓦歇山顶；大殿面阔五间，绿琉璃瓦黄剪边歇山顶，前出抱厦三间，歇山卷棚顶。

十、上庄东岳庙

上庄东岳庙正名为"东岳行宫"，始建于明代，清康熙五十九年（1720年）重修。现荒废沦为民居，维护不佳，亟待修缮。

该庙坐北朝南，分东、西两路，以西路为主。西路沿南北中轴线依次有山门、钟鼓楼（今钟楼无存，唯余西侧鼓楼）、前殿、正殿及后殿。东路为

图12-1-61　北顶娘娘庙外观（图片来源：李杨摄）

跨院三进，呈四合院布局，前殿面阔三间，中殿面阔五间并北出抱厦三间，后殿面阔五间。庙门前百米处原为旧时朝香时的演出场所——大戏楼。该戏楼坐北朝南，台基高2米，以花岗岩石条砌筑。上为卷棚歇山式敞轩，山墙开什锦花窗，今已无存。

以下略述西路各主体建筑。

山门为一间悬山顶小门，造型极为别致秀丽，内部为"彻上明造"。两侧有东、西随墙门作为侧门。门前树木繁茂，意境颇佳（图12-1-62）。

前殿三间，硬山顶，明间辟券门一道，拱券有颇为精美浮雕图案。檐下匾额曰"瞻岱之门"。现内部装修已改，整个殿宇极为残破。

殿西侧留有鼓楼一座，二层楼阁，单檐歇山顶，屋顶翼角升起优美，造型古朴（图12-1-63）。

正殿面阔三间，单檐庑殿顶，四角设擎檐柱，形制甚高，从构架及造型看，保留了明代作风，应当为明代遗构——与石景山法海寺大殿造型极相似（详见本书第十章），二者同为北京地区难得的明代木结构殿宇遗存（图12-1-64）。大殿斗栱、梁架尚依稀留有精致的彩绘（图12-1-65）。可惜作为仓库之类使用，门窗隔扇已经全部被砖墙、库门取代，外立面受到严重破坏。

图12-1-62　上庄东岳庙山门

图12-1-63　上庄东岳庙鼓楼飞檐及斗栱

图12-1-64　上庄东岳庙大殿东南面

图12-1-65　上庄东岳庙大殿斗栱

第二节 清真寺

清真寺在中国又被称作礼拜寺,是伊斯兰教聚众礼拜的场所,在穆斯林的生活中占据重要地位。清真寺一般由礼拜大殿、望月楼、宣礼楼、讲经堂和沐浴室等建筑组成。

礼拜大殿是清真寺的主体建筑,一律背朝麦加,在中国即坐西朝东。汉地清真寺的礼拜大殿通常采用中国传统的木结构,由前卷棚、大殿殿身、后窑殿组成,三部分各有起脊的屋顶,屋面用勾连搭,形成完整而灵活的大空间,这是清真寺区别于北京其他古建筑的重要特征之一。大殿的平面形制多样,有矩形、十字形、凸字形、工字形等。后窑殿是大殿后墙正中的凹龛,朝向圣地麦加,指示朝拜方向。凹龛右前方设宣讲坛,称敏拜尔或敏拜楼。窑殿一般不采用砖砌圆拱的早期做法,而是灵活搭配砖木结构。大殿内通常布置简洁,装饰阿拉伯艺术字体和几何图案。参加礼拜的人必须先盥洗、脱鞋,才能进入大殿。

北京为数众多的清真寺充分体现了伊斯兰建筑与中国传统建筑文化交融的特色。以下略述其中代表。

一、牛街清真寺

牛街清真寺是北京历史最为悠久、规模最为宏丽的清真古寺,也是世界著名的清真寺之一。

寺始建于辽中叶(公元996年或稍后),创建人是阿拉伯学者纳苏鲁丁,明成化十年(1474年)奉敕赐名"礼拜寺"。寺院建筑经元、明、清历朝扩建与重修,现存建筑为清康熙三十五年(1696年)重建,但大殿内的柱、拱门部分和后窑殿还存有明代遗风。寺内还存有两座筛海坟,是元朝初年从阿拉伯国家前来讲学的伊斯兰长老之墓,墓前立阿拉伯文碑两通,是中国现存最早的阿拉伯文石刻。

全寺占地面积6000平方米,坐东朝西(图12-2-1)。第一进院落正中为望月楼,是一座六角形平面的重檐亭式楼阁,它和寺门前的牌楼、影壁

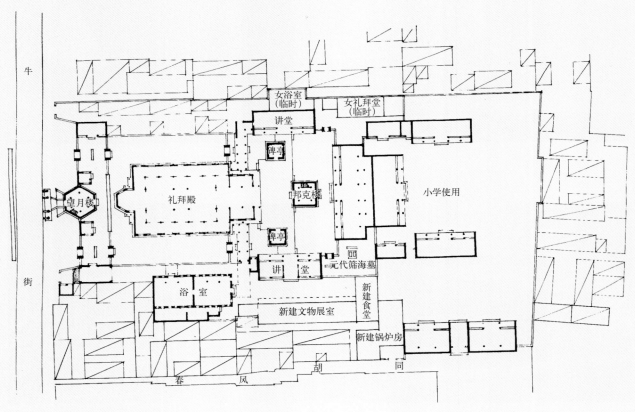

图12-2-1　牛街礼拜寺总平面图(图片来源:《宣南鸿雪图志》)

共同组成造型别致的入口，与一般寺院迥然不同（图12-2-2）。望月楼之后是礼拜大殿，入口朝东，成倒卷帘式布局，即以大殿背面朝向主入口，此为牛街清真寺布局的又一特殊之处，主要是要同时照顾窑殿朝向麦加和主入口朝向牛街，而不得不采取的权宜设计。大殿东院南北两侧各有小型的讲堂和碑亭（图12-2-3），正中有邦克楼（邦克楼是用来召唤穆斯林前来做礼拜的高楼，故亦称宣礼楼或唤醒楼），平面方形，二层，形如一般佛寺的钟鼓楼（图12-2-4）。邦克楼以东是"七间房"（集会、讲经、藏经之所），南侧跨院中有"涤滤处"（沐浴室）。

寺中建筑采用中国传统的木结构形式，又具有某些伊斯兰教建筑的特点，尤其是礼拜殿西端的"窑殿"，基本保持了中亚伊斯兰建筑的面貌。

图12-2-2 牛街礼拜寺望月楼、牌楼及影壁

图12-2-3 牛街礼拜寺碑亭（图片来源：辛惠园摄）

图12-2-4 牛街礼拜寺邦克楼（图片来源：辛惠园摄）

礼拜大殿是牛街礼拜寺的中心建筑，坐西朝东，由三个勾连搭式屋顶及一座六角攒尖亭式建筑组成（图12-2-5、图12-2-6）。三个勾连搭顶的前两个为歇山式，后一个为庑殿式，前有月台。殿原有抱厦，五楹、三进、七层，共42间，总面积600平方米，可供千人同时做礼拜。梁柱间作伊斯兰风格的尖拱形木门，屋顶上有天窗。天花和梁柱上的彩画纹样带有浓厚的阿拉伯风格，但其绘制技法仍用中国传统的金红色调和沥粉贴金。因避免用动物形象作装饰题材，建筑装饰多用植物、几何纹样和阿拉伯文字。殿内西北为七层梯阶的楠木宣讲台，即"敏拜尔"，为聚礼、会礼宣讲教义使用。大殿后端为"窑殿"，朝向圣地麦加，标志礼拜方向，窑殿建筑外观为攒尖六角亭式（图12-2-7），内部设穹隆藻井，遍饰阿拉伯文字和几何纹样的镂空或浮雕，梁上有六幅彩色"博古"图。

寺内还有清朝康熙三十三年（1694年）"圣旨"牌匾、明代古瓷香炉、纪事石碑和已保存三百多年的《古兰经》手抄本以及清代的铜、铁香炉，铜锅等重要文物。

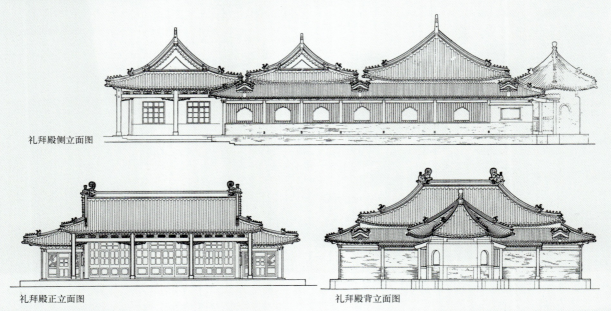

图12-2-5　牛街礼拜寺大殿立面图（图片来源：《宣南鸿雪图志》）

图12-2-6　牛街礼拜寺大殿内景（图片来源：《中国科学技术史》(建筑卷)）

图12-2-7　牛街礼拜寺礼拜殿背面窑殿（辛惠园）

二、东四清真寺

东四清真寺又名法明寺,始建于元至正六年（1346年）,明正统十二年（1447年）由后军都督同知陈友捐资重建,并由明景泰帝敕题"清真寺"门额。据载,当时清真寺门前有坊,坊前有白石桥,石桥外大街东立有照壁。明万历七年（1579年）重建。

建筑群坐西朝东,有三进院落（图12-2-8）。现存清真寺大门为民国三年（1914年,一说民国九年,即1920年）改建,面阔三间,硬山顶,前后廊。门内为一纵长形院落,左右为砖砌的近代厢房,带壁柱和女儿墙,南北两厢各一小间、六大间。浴室在北厢房。二门为过厅,面阔五间,前后廊,廊子为砖砌拱廊。二门内为一小院,北有三间平房,西为垂花门,门南北有带漏窗的平顶走廊。此处原为邦克楼部位。邦克楼是一座二层方形攒尖顶建筑,其铜宝顶直径约二尺,现存于大殿前厦内。该楼建于明成化二十二年（1486年）,于清光绪间毁于地震（一说毁于火灾）。

垂花门内为一座开阔的方形大院,为该寺主庭院。主要建筑为礼拜殿（图12-2-9、图12-2-10）,坐西朝东,面阔五间,进深四间,四角设擎檐柱,灰瓦庑殿顶。殿前带卷棚式抱厦,面阔三间。殿内为彻上明造,遍施旋子彩画,柱子满饰贴金缠枝西番莲图案,殿内可容纳500人同时做礼拜。大殿的前半部为木结构,后半部为穹隆顶结构的无梁殿。无梁殿面阔三间,外形为歇山顶,内部以三座拱门与大殿相通。无梁殿各间之间有厚重的隔墙,隔墙上各开有券门两座,连通三座拱门。此殿共有大小券门七座,正面的三座券门门额上刻有精致的《古兰经》经文,为国内其他清真寺所少见。主院内南北各有五间配殿和三间配房,大殿及配殿均为明代建筑。在南配殿的资料室里,保存有珍贵的伊斯兰教经书和文物,包括各种版本的《古兰经》,其中最为珍贵的是一本元代时的手抄本,文字精美,保存完好,被视为国宝。

三、花市清真寺

花市清真寺是伊斯兰教在北京的四大古寺之一,始建于明永乐十三年（1415年）,明、清两代多次重修,1993年又维修。传为明朝开国元勋常遇春创建,以射箭为界圈占地基,又一说为常遇春舍宅为寺。寺址原来规模宏大,后历代重修缩减至如今状（图12-2-11）。

现存建筑群为清式,共有房屋81间,东西向,寺门邻花市大街。主建筑礼拜大殿位于院落西侧,坐西朝东,前敞厅面阔三间,进深四间,第四层殿顶开六角亭式天窗,大殿左右墙壁上原有古兰经文,现已剥落无存,大殿敞厅南壁嵌乾隆三十五年（1770

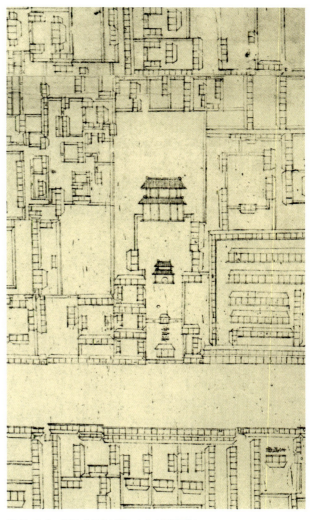

图12-2-8　乾隆《京城全图》中的东四清真寺

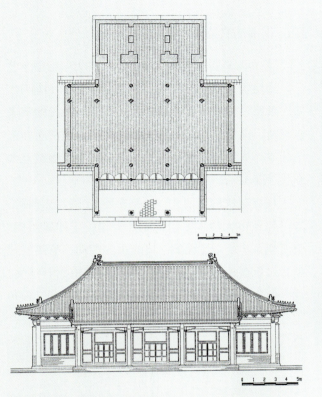

图12-2-9 东四清真寺礼拜殿平、立面图（图片来源：《东华图志》）

图12-2-10 东四清真寺礼拜殿内景（图片来源：《北京风光集》）

图12-2-11 花市清真寺鸟瞰（图片来源：袁琳摄）

年)"重修礼拜碑记"。大殿对面有一座重檐方形碑亭,原置雍正御赐碑,现碑已迁出,竖立墙边。寺中还有敬古堂、沐浴室、寻月台和经房、住房等,现除寻月台拆除外,其余建筑均保存完整。寺内现存文物还有清康熙二年(1663年)裕亲王书"清真"木匾和乾隆五十二年(1787年)"真一无二"匾,悬挂于大殿敞厅两侧壁。

四、通州清真寺

通州清真寺位于通州旧城中心位置,该寺历史悠久,仅次于牛街礼拜寺,为北京地区四大清真寺之一。其历史可以追溯到元初所建"回回掌教哈的所",延祐年间改为礼拜寺,初期规模较小,后代陆续重修、扩建。明正德十四年(1519年)重修并定名"朝真寺";万历二十一年(1593年)并入通州左卫废址,寺院规模扩大;清康熙四十七年(1708年)增建礼拜殿敞厅两侧过道亭;道光时曾办义学,增建了房舍,建筑布局趋于完备;同治时再次大规模修葺,殿宇更显宏丽,冠绝一方。1933年,日本军队炮击通州城,礼拜殿的第一、二卷及北教长室遭毁,不久修复。1949年前后,曾于此设回民小学,对寺内建筑有所拆改。"文革"期间破坏严重,拆毁牌楼、影壁、垂花门、邦克楼(宣礼楼)、礼拜殿第四卷、南讲堂等。2004年起陆续进行多期修缮与复建工作,恢复了影壁、垂花门、邦克楼等主要建筑。

寺院坐西朝东,二进院落,有南北跨院,占地面积约4000平方米(图12-2-12)。目前院落格局完整,中轴线上从东向西依次是影壁、邦克楼(图12-2-13)、礼拜大殿;现存礼拜大殿、北过道亭、北配殿等建筑之部分构造应为明清遗存。原寺东街道北口还建有一座二柱一楼式木牌楼。

礼拜大殿是通州清真寺的中心建筑,坐西朝东,面阔34米,进深30米,由四组勾连搭式屋顶组成,形制恢宏(图12-2-14)。屋顶形式之多样,使建筑轮廓线更为生动起伏,实为京郊罕有。第一卷为敞厅,面阔三间,悬山卷棚屋顶,绿琉璃筒瓦,明间前出垂带式石阶两级。第二卷为前导空间,面阔三间,硬山筒瓦屋顶。第三卷为礼拜主要空间,面阔三间,庑殿筒瓦屋顶,南、北各有横向抱厦三间,硬山筒瓦屋顶,与第三卷作勾连搭。另第二卷山面两侧,各有过道亭一座,六角攒尖筒瓦屋顶,与第三卷之抱厦相通,供礼拜迟到者使用,设计独到。第四卷为"窑殿"及后备空间,面阔五间,明间、梢间均设有券门与第三卷相通。第四卷屋顶形式较复杂:梢间为四角攒尖筒瓦屋顶,带琉璃宝顶;次间为硬山筒瓦屋顶;明间为窑殿,四角攒尖绿琉璃瓦屋顶,较梢间高出一倍,内呈穹隆状,宝顶部分直径约1米,高约2米,窑殿后建有望月台。

礼拜殿第三卷及南、北抱厦之室内屋顶设有井口天花,绘牡丹图案;四周梁枋之坡面井口饰以"博古"(指以瓷、铜、玉、石等古代器物为主

图12-2-12 通州清真寺北面一隅(图片来源:胡介中摄)

图12-2-13　通州清真寺邦克楼（图片来源：胡介中摄）

图12-2-14　通州清真寺礼拜大殿（图片来源：胡介中摄）

题的图画）彩画，古朴典雅。殿内通铺木地板，有朱漆金柱数十根，皆环围铁线缠枝牡丹，精彩夺目，绚丽至极。

殿前有南、北配殿各三间，北为教长室，南为讲堂，为相同的对称构造（南配殿于"文革"时拆除，改建楼房二层，现已恢复旧有形制），建筑采用悬山筒瓦屋面，作勾连搭二卷，前为箍头脊，后为调大脊。另外，前卷山墙设有券洞门，通抄手廊。

综观北京古代道观与清真寺建筑，虽然不论规模、数量或者空间变化之丰富皆无法与佛寺相提并论，但亦不乏各自的独到之处。

其中，道观与佛寺的建筑空间特征更为接近，所不同者一方面是殿堂内供奉之内容，另一方面是建筑的装饰母题，佛道文化中皆有大量可用于建筑装饰的题材。此外，北京的不少道观主殿保留了"工"字殿的古老形制，如东岳庙、广仁宫等，为北京古建筑"工"字殿的珍贵实例，值得注意。

相比佛寺和道观，清真寺则带有十分强烈的异域文化色彩：首先是建筑群朝向采取了与汉式建筑群（通常坐北朝南）迥然不同的东西朝向；其次，其主体建筑礼拜大殿与窑殿往往通过多卷"勾连搭"式的屋顶形式，覆盖进深很大的室内空间，来与大规模信众的礼拜活动相适应。而汉族宗教建筑中，不论佛寺还是道观的殿宇，进深均颇为有限（即便采取"工"字形布局，也仅仅是将两座殿宇以穿廊相连，并未形成真正意义上大进深的完整室内空间），信徒或民众的大规模活动如一些大法会或者庙会，则是结合室外大量的庭院空间进行，这是清真寺建筑与佛寺、道观的一个十分重要的分别，事实上也是中国传统宗教建筑与基督教教堂或者穆斯林清真寺的一个显著区别。故而从某种意义上看，中国式清真寺大殿的营建也促进了中国古代匠师对于增大室内空间进深的探索，后来在戏楼这一类的大型公共建筑中也大量使用了"勾连搭"的屋顶形式，用以创造大型室内空间，来容纳大规模的市民公共生活（详见下章）。

注释

① 佟洵．道教与北京宫观文化．北京：宗教文化出版社，2008：11．

② （清）于敏忠等．日下旧闻考．北京：北京古籍出版社，1983：1583．

③ （清）于敏忠等．日下旧闻考．北京：北京古籍出版社，1983：1583．

④ 周维权．中国古典园林史（第二版）．北京：清华大学出版社，1999：535．

⑤ （清）于敏忠等．日下旧闻考．北京：北京古籍出版社，1983：639．

⑥ 其中宣仁庙、凝和庙、昭显庙加上普渡寺、福佑寺、万寿兴隆寺、玉钵庵（真武庙）、静默寺一起被称为"故宫外八庙"。

北京古建筑

第十三章 会馆祠堂

北京会馆祠堂分布图

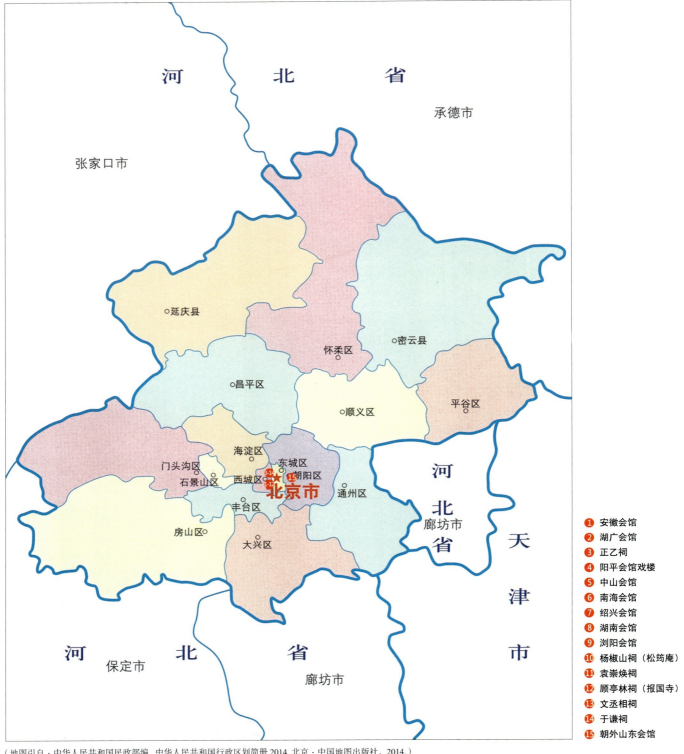

（地图引自：中华人民共和国民政部编.中华人民共和国行政区划简册2014.北京：中国地图出版社，2014.）

"四合院是封闭的、家庭式的,讲究宗法礼教;会馆则是开放的、乡里乡亲的,注重情义交往。四合院的气氛是含蓄、幽雅的,会馆则是热烈、甚至是喧闹的。四合院的家族色彩浓重,而会馆的地域特征极强。"

——李孝聪《四合院民居与会馆》

第一节 外城会馆

与清代北京内城禁卫森严的帝居、王府以及内外城中千千万万"关起门过日子"的四合院民居形成鲜明对照的是外城汉族聚居区里的数百所会馆建筑。

北京的会馆最早出现在明永乐年间(1403~1424年),有江西南昌会馆、广东会馆、安徽芜湖会馆等。①当时的会馆分作两类:一类是"同乡会馆",诸如山西会馆、江西会馆等;另一类是"行业会馆",诸如颜料会馆、银号会馆等。尔后由于科举制度的盛行,每隔三年在京城举行的会试吸引了成千上万的各省举人"进京赶考",这样又出现了接待考生、类似旅馆形制的会馆,称为"试馆"。会馆建筑的出现同中国以家族、地域为纽带的社会制度密切相关:它如同地方"乡祠"一般,起着协调和互助的作用;对于商业行业而言,还具有行业管理的职能。总而言之,由其名称即可知是为了"会"而设立之"馆"。

清乾隆、嘉庆年间(1736~1820年)是京城会馆发展最快的时期,当时各省州府郡县争相建馆,大县建馆,小县也建馆,甚至出现了两县合建、三县合建、七邑合建、一县多建等现象。到光绪年间,在京兴建的各省会馆已达500多座。②据1949年北京市民政局调查,当时北京有会馆391座,其中建于明代的有33座,建于清代的有341座,建于民国的有17座,同乡会馆386座,工商会馆5座。清代所建会馆基本上分布在外城,外城会馆中,"宣南"地区占70%,共有280多座,外城东部约占30%。宣南会馆以士人会馆为主,而外城东部则以商业会馆为多(图13-1-1)。③

大量不同类型的会馆建筑如官绅会馆、士人举子会馆、商业行会会馆及移民会馆等的涌现,打破了"胡同-四合院"居住体系的封闭形态,成为古都北京除了寺观庙宇之外又一类重要的公共建筑。会馆大多属于大、中型公共建筑,一般都气宇轩昂,房间众多,这一方面是由于地方集资而建,财力雄厚,更主要的是由于会馆属于公共建筑,官绅、客商、举子等集会往来的人物众多,为适应这样的特殊需求,建筑规模与布局形式都有其独具的特色。④

从外观上乍一看,会馆也是高墙围合的四合院,

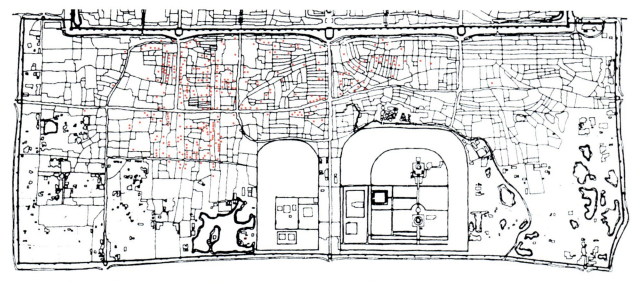

图13-1-1 清代北京外城会馆分布示意图(图片来源:据《中国文物地图集北京分册》改绘)

与民居难以区分，然而其内部布局却是另一番景象。首先，按照地方民俗传统，全国各地都有本乡本土尊奉的神祇，于是会馆建筑不论大小，都设有祀神的"乡祠"（或曰"乡贤祠"），而且往往设在会馆中轴线的最主要厅堂之内，成为会馆的主体建筑和中心，就如同正房之于四合院一般。甚至有些会馆干脆以乡祠的名称来命名，如正乙祠即浙江银号会馆，土帝庙斜街三忠祠即山西省馆，达智桥岳忠武王祠即河南会馆等。

与四合院民居正房南面设门窗、北面设墙的居住模式不同，会馆的正厅往往参照南方民居的厅堂（也称过厅）形式，正中布置乡贤牌位，牌位屏风背后的北墙正中开门，更有把主轴线上房舍的前后墙尽皆打通，成为所谓"九门相照"者。这与内城四合院一进院落各自封闭独立，并以影壁、矮墙、屏门等作为分隔的气氛大相径庭。另外，会馆的大门也与四合院院门不同，大多数会馆大门居于中轴线上，与四合院大门位居东南隅不同，并且喜用广亮大门，面阔也大大超出民居大门，以显示豪华之气派。此外，大型会馆之布局大都为中、东、西三路，除了有中路祭祀建筑、议事大厅之外，东、西路的偏院往往也设有厅堂，供名人议事、宴请、唱和诗词等，这些多功能的厅堂往往造型精美、装修雅致，配合周边庭园花木，是会馆中园林式的聚会场所——中山会馆东院花厅、湖广会馆西院楚畹堂、安徽会馆东院厅堂皆属此类。

尤其值得一提的是，大型会馆的主体建筑即乡祠对面往往还设有戏楼（或戏台），其中正乙祠、湖广会馆、安徽会馆及阳平会馆的戏楼都是京城闻名遐迩的戏楼，被誉为"京城四大戏楼"。戏楼与主殿堂及其附属廊庑围合成的院落构成了会馆建筑群中的一处"共享空间"，是会馆内各色人等聚会之所，可谓会馆建筑的灵魂或精髓所在。许多著名的京剧名家都曾在会馆戏楼演出，这些戏楼为各种地方戏曲在北京演出提供了条件，尤其促成了乾隆末年的"四大徽班"进京。

会馆作为古都北京一种特殊类型的公共建筑，形成了独特的会馆文化。北京近代史上许多著名人物的活动皆与会馆有关。如清初著名学者朱彝尊就是在顺德邑馆内的古藤书屋编纂完成其巨著《日下旧闻》；龚自珍寓居番禺会馆；林则徐旧居即莆阳会馆；康有为居南海会馆；谭嗣同居浏阳会馆；梁启超住新会会馆；孙中山于1912年到北京，曾到粤东新馆出席欢迎大会，8月同盟会等组织在湖广会馆举行欢迎孙中山的仪式，召开国民党的成立大会；鲁迅曾住绍兴会馆；毛泽东曾住湖南会馆，等等。一些著名文化街区的形成，也得力于会馆的大量涌现，如著名的琉璃厂文化街众多店铺的形成与周围众多的举子会馆有着密不可分的关联。

北京会馆建筑群中最具代表性的有安徽会馆、湖广会馆、正乙祠等。如果把会馆建筑与上面所述四合院民居加以比较就会发现其鲜明的文化异同，正如有学者指出的：

"四合院是封闭的、家庭式的，讲究宗法礼教；会馆则是开放的、乡里乡亲的，注重情义交往。四合院的气氛是含蓄、幽雅的，会馆则是热烈、甚至是喧闹的。四合院的家族色彩浓重，而会馆的地域特征极强。当然，不应否认，从整体上看，南城的会馆，无论来自江南，还是西北诸省，其建筑形式大部分仍然采用了北京最流行的四合院房屋配置的结构，而没有把当地的民居形式照搬过来，应该说是人们为适应北京的气候条件和文化传统的一种选择。"⑤

目前北京会馆的保存状况非常堪忧，是北京各类型古建筑中相对保护较差的一类。除了极个别久负盛名的会馆被列为文物加以保护之外，其余数以百计的会馆建筑有的遭拆毁，有的改作工厂、仓库、办公、学校等用途，更多的则为民居大杂院，日益破败，不复昔日容颜……即使那些寥寥无几的列为文物的会馆，保存状况也极不乐观。⑥

以下略述北京十余处代表性会馆建筑群。

一、安徽会馆

安徽会馆位于北京后孙公园胡同，原是明末清初著名学者孙承泽寓所"孙公园"的一部分。清同治十年（1871年），李鸿章兄弟在此集资创建安徽会馆。安徽会馆建成后，又经过两次扩建和一次重修，总占地约5047平方米，是北京清末建设的规模最为宏大的会馆建筑。李鸿章曾为其两次组织捐款，并撰有"新建北京安徽会馆记"和"重修北京安徽会馆碑记"。光绪二十四年（1898年），这里曾是康有为等维新党人的活动场所。

会馆建筑群坐北朝南，分中、东、西三路，各路庭院间以夹道相隔，每路皆为四进院落（图13-1-2、图13-1-3）。

中路：为聚会、议事、祭祀的场所，大门内为主体建筑文聚堂、魁星楼和戏楼，戏楼院北侧有祭祀朱熹及历代名臣的神楼。

戏楼是中路规模最大的建筑，也是安徽会馆的核心（图13-1-4）。戏楼坐南朝北，戏台在南面，后接扮戏房，其余三面为楼座，能容纳三四百人看

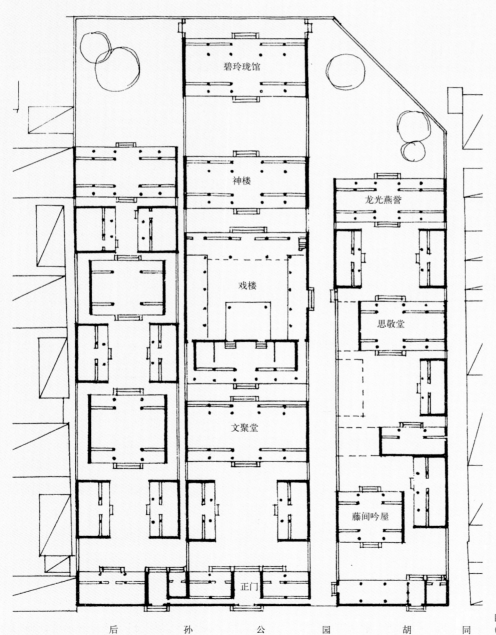

图13-1-2 安徽会馆总平面图
（图片来源：《宣南鸿雪图志》）

图13-1-3 安徽会馆俯瞰（图片来源：贾珺提供）

图13-1-4 安徽会馆戏楼剖面（图片来源：《宣南鸿雪图志》）

戏。戏楼上部采取双卷勾连搭悬山顶，东西两侧各展出重檐，形似歇山。清末徽班进京，三庆、四喜等四大徽班在京师立足，均曾借住在安徽会馆。著名的京剧表演艺术家谭鑫培也曾在此登台献艺。

东路、西路：东路为乡贤祠，有思敬堂、奎光阁、藤间吟屋等，东夹道设习射的箭亭，西路为接待用房。

会馆北部原有花园数亩，有假山、亭阁、池塘和小桥等，李鸿章曾在此接待过朝鲜使臣。现仅存神楼北侧的碧玲珑馆，面阔五间，梁架为原物。馆内建筑和园林的设计有一定南方特色。

会馆建筑除花园已无存外，基本格局保持尚好。可惜，作为北京会馆建筑重要代表、全国文物保护单位的安徽会馆目前依然是民居大杂院，除了戏楼得到一定程度的修复之外，绝大部分为民居，且保存状况较差，与其重要的价值极不相称。

二、湖广会馆

湖广会馆为湖南、湖北两省的省馆，馆址原为明万历朝宰辅张居正宅邸,张宅抄没后改建为全楚会馆。清康熙年间,为刑部尚书徐乾学的别墅南园,后数易其主。清嘉庆十二年(1807年),建湖广会馆。清道光二十九年(1849年),曾国藩等倡议重修,增建风雨怀人馆和花园。光绪十八年(1892年),又翻修、续建,添建游廊,形成现在的规模。1912年,孙中山先生曾五次在湖广会馆发表政治演说,并于同年8月25日在此主持召开了国民党成立大会。

1996年湖广会馆重修竣工开放,重修后的会馆分中、东、西三路,主要建筑有大戏楼、乡贤祠、文昌阁、宝善堂、楚畹堂、风雨怀人馆。可惜会馆的北部于1981年拓宽骡马市大街时被拆除;会馆西部原本还有园林数亩,于20世纪80年代中期被占用、拆毁,建成两栋11层的住宅塔楼。如今会馆的大戏楼每晚由北京京剧院名家进行表演;馆后部辟为北京戏曲博物馆;风雨怀人馆设孙中山研究室;西路建筑则为湖广会馆饭庄(图13-1-5、图13-1-6)。

戏楼:湖广会馆戏楼建于清道光十年(1830年),1996重修。戏楼位于会馆中路南部。戏楼面阔五间,当心间即舞台柱间宽度达5.68米(约合1.8丈),戏楼为抬梁式木结构建筑,双卷勾连搭重檐悬山顶。上檐双卷高跨为十檩,低跨为六檩,十一架大梁跨度达11.36米(约合3.6丈),在北京民间建筑中

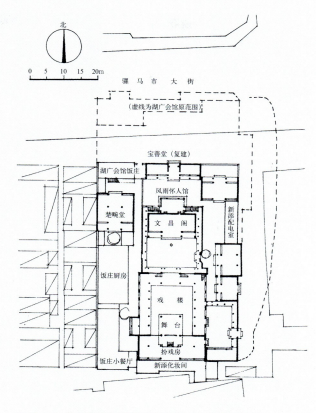

图13-1-5 湖广会馆总平面图(图片来源:《宣南鸿雪图志》)

十分罕见。舞台为方形开放式,台沿有矮栏,坐南朝北,台前为露天平地(后改为室内戏楼),三面各有两层看台,可容千人。谭鑫培、余叔岩、梅兰芳、程砚秋等名伶均曾在此演出(图13-1-7)。

图13-1-6 湖广会馆外观(图片来源:楼庆西摄)

图13-1-7 湖广会馆戏楼内景

乡贤祠、文昌阁、风雨怀人馆：位于中路中北部，用于祭祀"全楚先贤"，北屋三楹，南向，阶前有一口井，径约2尺，深7丈有余，据纪晓岚《阅微草堂笔记》称，此井"子午二时汲则甘，余时则否"，故名"子午井"。乡贤祠楼上有文昌阁，南向，奉"文昌帝君神位"。风雨怀人馆在乡贤祠和文昌阁后室，三间，建筑在高台上，从两侧斜廊而下，前后均可通达，传为曾国藩布置。

三、正乙祠

正乙祠即浙江银号会馆，始建于清康熙六年（1667年），清康熙、同治年间重修，初时为前门附近经营银号的浙江商人为银钱业公会集资建造，利用明代古寺旧址建祠堂，供奉正乙玄坛老祖即财神赵公明，另有议事厅、戏楼等，后来成为银号商人集会、祭祀、娱乐的场所。

正乙祠坐南朝北，临街为九间倒座北房，正中一间辟为出入口，为广亮大门。正乙祠戏楼尺度不大，但布局紧凑，装饰讲究，罩棚只用一个大卷棚顶，在会馆戏楼中别具特色，是北京地区现存最早的戏楼之一。目前已修复一新，每周末有固定演出（图13-1-8～图13-1-11）。

四、阳平会馆

阳平会馆始建年代已不可考，院落坐东朝西，由戏楼和三路四合院组成。中路四合院有倒座、南北厢房、扮戏房和戏楼。南、北两路院子为阳平会馆用房，均保持原风格，各院有门道互通。

戏楼：阳平会馆戏楼是北京现存规模较大、建筑考究、保存较完整的清代民间戏楼。现存的阳平会馆戏楼建于清嘉庆七年（1802年，一说始建于明代，改建于乾隆年间），是一座十二檩卷棚前后双步廊悬山顶建筑。客座分两层，二楼正中对戏台是一座卷棚顶前轩式官厢。两侧为看廊，置方桌凳椅，看廊护栏有雕花栏板和望柱，后角两侧设置楼梯。楼下场地为普通席。楼上下壁面有木棂窗，楼内高悬巨匾数块，现存明末清初书法家王铎题写的"醒世铎"。戏楼两侧的壁面上绘有戏剧壁画，并设有神龛。面对戏台的后壁正中嵌有四联石刻，记载会馆建置沿革和修葺情况，已漫漶不清。戏台呈方形凸出于场内，前有两根台柱，柱上挂抱匾，上有檐虎。戏台分上下三层，上有通口、下有坑道，可设置机关布景，用以演出变幻莫测的神话剧目，演员在戏台上上可"上天"、下可"遁地"。2008年，作为传统戏剧演出场所对外开放（图13-1-12、图13-1-13）。

五、中山会馆

中山会馆旧址原为清康熙年间的一块义地（即坟地），嘉庆年间义地迁移，建成香山会馆，光绪年间扩建。孙中山先生逝世后，香山县改为中山县，香山会馆也改为中山会馆。会馆经过多次改扩建，总体布局不够有序，但其中某些庭院布局、建筑形式和内外装修引进了岭南手法，颇有新意。

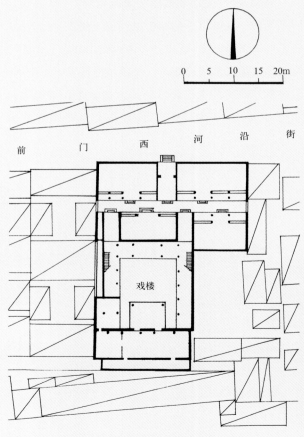

图13-1-8 正乙祠总平面图（图片来源：《宣南鸿雪图志》）

图 13-1-9　正乙祠戏楼外观（图片来源：袁琳摄）

图 13-1-10　正乙祠戏楼全景　　　　　图 13-1-11　正乙祠戏楼近景

图 13-1-12　阳平会馆修缮后现状（图片来源：李倩怡摄）

图 13-1-13　阳平会馆戏楼内景（图片来源：李倩怡摄）

馆大门朝东，分为东、中、西三路（图 13-1-14），主体建筑均坐北朝南，正对大门穿过游廊为东院中央的花厅（图 13-1-15），花厅坐北朝南，但在东面以歇山顶前廊与游廊相接，可照顾到东、南两面的主要朝向。中院有三进，建有尺度较大的南房、北房、后罩房，北房面阔五间，七檩硬山顶，墀头雕刻精美，南面正中接抱厦三间，应是主要的堂屋。西院现存方亭、敞轩，原是会馆花园的一部分。馆中原有戏台、魁星楼、假山、亭榭、水池等，现均无存。花厅、过厅等保存较好，自2007年起对会馆进行了修复和改造。

六、南海会馆（康有为故居）

南海会馆位于宣南米市胡同，为广东南海县会馆，清道光年间由官宅改建，光绪年间又扩建。会馆坐西朝东，南北并列四组院落，最南面的一组是光绪时期添加的三进四合院，北面三组是典型的清代"三轴四部分"官宅格局（图 13-1-16、图 13-1-17）。[7]

中轴主院为礼仪部分，有二进大院落。南偏院为居住部分，共三进院。北偏院为休闲游憩部分，布局较灵活，原有游廊、小轩，现已改建；北院原有七株树，此院正房即康有为所居的"七树堂"，北面小轩全装玻璃窗，形似画舫，故名"汗漫舫"。因康有为在此办《中外纪闻》报，并领导了戊戌变法，因而闻名。"三轴四部分"中的服务供役部分位于北轴前部和主轴后部。

七、绍兴会馆（鲁迅故居）

绍兴会馆始建于清道光六年（1826年），1912～1919年，鲁迅住在会馆内名为"补树书屋"的院内，写下《狂人日记》、《孔乙己》、《药》等名篇。

现有会馆格局完整，主要建筑坐西朝东，由南、北、中三组院落组成，"补树书屋"位于南院的后院（图 13-1-18、图 13-1-19）。由于绍兴文化发达，赴京应试及在京任职的人员较多，所以会馆规模也较大，是现存比较典型的府县级试馆。

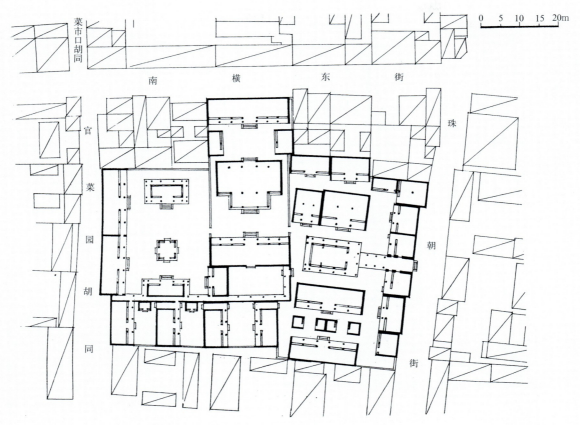

图13-1-14 中山会馆总平面图（图片来源：《宣南鸿雪图志》）

图13-1-15 中山会馆游廊及花厅（图片来源：《北京古建筑地图》（上））

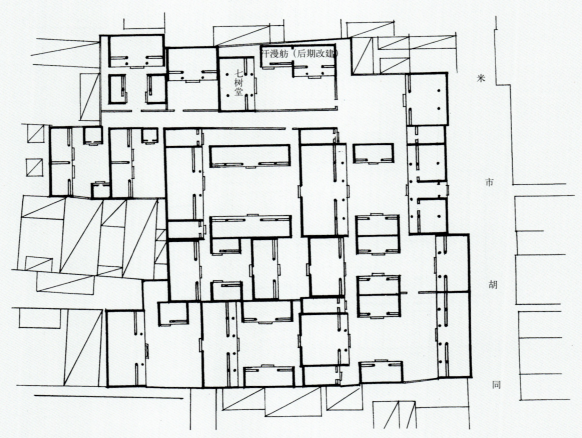

图 13-1-16　南海会馆（康有为故居）总平面图（图片来源：《宣南鸿雪图志》）

图 13-1-17　米市胡同南海会馆（康有为故居）

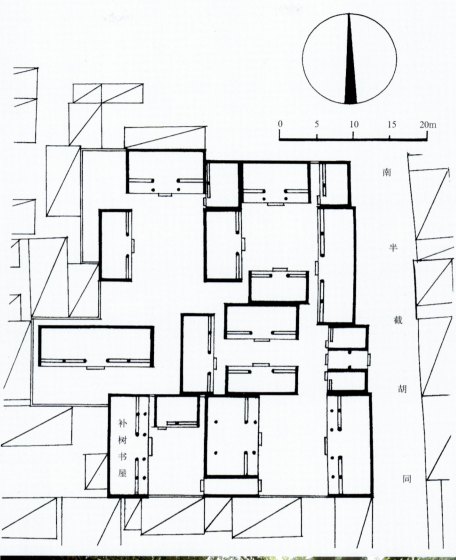

图 13-1-18 绍兴会馆总平面图(图片来源:《宣南鸿雪图志》)

图 13-1-19 绍兴会馆

八、湖南会馆

烂缦胡同 101 号湖南会馆为光绪十三年（1887年）在京湘籍官员购置建造。据《北京湖南会馆》载，馆共 36 间，内设戏台一座（现已拆除）、文昌阁楼一座、东厅署、望衡堂、西厅及中庭均横敞，"为平时集合之所"。会馆的朱红大门外蹲石狮一对。南房壁上嵌有光绪十年（1884 年）长沙徐树均重摹镌刻的苏东坡书"明州阿育王广利寺宸奎阁碑"。会馆另有馆辖公产义园二处、祠堂二处，主院保存完整（图 13-1-20、图 13-1-21）。

民国期间，湖南会馆逐渐成为湖南同乡、学子赴京求学或谋生的旅居之所。毛泽东于 1920 年 2～7 月到京，住在会馆里，并在此召开了千人参加的"湖南各界驱逐军阀张敬尧大会"。

清代北京城内有两座湖南同乡会馆，均由湘籍京官创建。另一处湖南会馆，一说位于宣武区（今西城区）北半截胡同，为清同治十一年（1872 年），谭嗣同之父谭继洵与几位在京湘籍官员购置。一说位于崇文区（今东城区）奋章胡同 11 号或崇文区草场十条，始建于明代，称"上湖南会馆"，据明代笔记《野获编》："今京师全楚会馆，故江陵张相第也，壮丽不减王公，然特分宜严相旧第四之一耳。会馆之右一小房，虽不及大第十之一，然亦轩敞。"

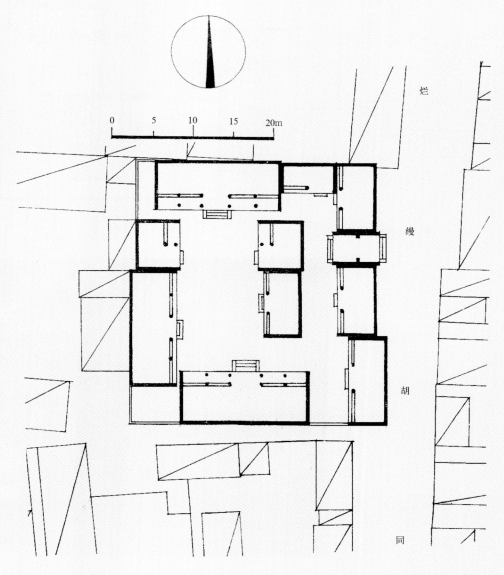

图 13-1-20　湖南会馆总平面图
（图片来源：《宣南鸿雪图志》）

图 13-1-21　烂缦胡同湖南会馆

图 13-1-22　浏阳会馆（谭嗣同故居）总平面图（图片来源：《宣南鸿雪图志》）

九、浏阳会馆（谭嗣同故居）

北半截胡同 41 号浏阳会馆建于清同治十一年（1872 年）。"戊戌六君子"之一的谭嗣同在戊戌变法期间曾居住于浏阳会馆五间正房（西房）的北套间里，自题"莽苍苍斋"。戊戌变法失败后，1898 年 9 月 24 日谭嗣同在浏阳会馆被捕，继而被害于菜市口。

浏阳会馆现有格局较完整，主要房屋坐西朝东，大门临北半截胡同。院落两进，房屋均为五檩硬山式，无前廊（图 13-1-22）。

图 13-1-23 朝外山东会馆垂花影壁门（图片来源：胡介中摄）

十、朝外山东会馆

北京会馆大部分位于外城，但也有在城郊的，典型者如朝阳门外的山东会馆。

山东会馆（海阳义园）始建于清道光初年，道光二十五年（1845 年）重修，是当时在京的山东海阳县商人捐款所修之义园（供客居北京的家乡人养病、停柩之所）。该院坐北朝南，为一进四合院带东跨院，占地面积约 1200 平方米。进门后为垂花影壁门（图 13-1-23），东、西侧各有倒座房三间。主院落内正房三间，灰筒瓦硬山卷棚顶，前出廊，带东、西耳房各两间，正房前有东、西厢房各三间。东跨院内正房五间，东、西厢房各五间，均为灰筒瓦硬山卷棚顶。院内尚存古柏、丁香树数株，并立有光绪二十九年（1903 年）"重修海阳义园碑记"石碑一通，上面记载了义园修建时间及捐资人姓名等。

目前主院正房、东西厢房仍存，东西耳房已被改造，现为呼家楼房管所占用，保存情况尚好。东跨院则作出租旅馆使用。

第二节　名人祠堂

一、文天祥祠

文天祥祠，又名文丞相祠，是明朝时为南宋民族英雄文天祥建立的专祠。明洪武九年（1376 年），在文天祥被元人囚禁的府学胡同建文丞相祠。永乐六年（1408 年），由朝廷正式重建并列入祀典。万历年间，顺天府督学商为正将祠堂由府学之西迁往府学之东，原祠改为怀忠会馆。清代、民国屡有修缮，原规模不可考。新中国成立之初，该祠尚存大门、前殿、享殿。1983 年重修，保留了原大门、过厅和享堂，占地约 550 平方米（图 13-2-1、图 13-2-2）。

祠堂坐北朝南，南端为牌楼式大门（图 13-2-3），内为过厅三间，带前后廊，硬山屋顶，内为彻上明造（图 13-2-4）。过厅以北为享堂三间，大小与过厅同，悬山顶，檐下出单昂一斗两升斗栱，原为明代建筑（图 13-2-5～图 13-2-7）。现在过厅与享堂分别为两处陈列室，享堂内还有唐代云麾将军断

图 13-2-1 文丞相祠图（图片来源：司薇绘）

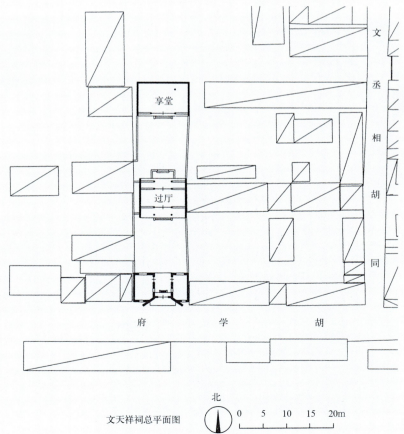

图 13-2-2 文丞相祠平面（图片来源：《东华图志》）

图 13-2-3　文天祥祠大门（图片来源：袁琳摄）

图 13-2-4　文丞相祠过厅

图 13-2-5 文丞相祠享堂

图 13-2-6 文丞相祠享堂内景

图13-2-7 文丞相祠享堂墙壁内的"教忠坊"匾额

碑础两件，明代王逊刻元代刘岳申撰写的《文丞相传》和清代朱为弼《重修碑记》碑各一座。享堂前一株古枣树，传说为文天祥手植。前院东墙上刻石，为仿制明代文徵明手书文天祥诗文《正气歌》。

二、于谦祠

于谦是拥戴明景泰皇帝保卫北京挫败瓦剌也先进犯的杰出政治家、军事家，英宗复辟后惨遭杀害。成化二年（1466年），宪宗皇帝特诏追认复官，将其生前在京故居改为"忠节祠"。万历十八年（1590年），改"忠肃祠"，并于祠中立于谦塑像。清末思想家、史学家魏源曾为于谦祠作一联：

"砥柱中流，独挽朱明残祚；庙容永奂，长赢史笔芳名。"

现存建筑为晚清时重建。该祠坐北朝南，入口为广亮大门，东跨院内原有奎光阁，为二层小楼，上为奎星阁，悬"热血千秋"匾。1976年，阁因地震被毁。前院有倒座房五间，北房五间为过厅。二进院正房五间为享堂，内供于谦塑像。1900年，义和团曾在此设神坛（于谦祠当时是义和团重要坛址）。此院还有东、西厢房各两间。在正院西侧，另有两路跨院，各有正房三间，倒座房三间，西端有西厢房三间。东跨院东北端有东厢房两间。现在该祠已完成维修，可惜不对外开放（图13-2-8、图13-2-9）。

三、杨椒山祠（松筠庵）

杨椒山祠（松筠庵）位于宣武门外达智桥12号、校场口三条2号，此处原为城隍庙，后为杨继盛住宅。杨继盛，字仲芳，号椒山，明嘉靖三十二年（1553年）因弹劾权相严嵩入狱受刑致死，被后人尊为忠臣典范。清乾隆五十二年（1787年），将此院改为杨椒山祠。道光年间，扩建南部大厅，由大书法家何绍基题名"谏草堂"，杨椒山两次批评时政的草稿刻石均嵌于此。后又增修"谏草亭"和南部庭院，从此祠寺合一，气氛肃静，成为清末士大夫集会议事的场所。1895年由康有为发起的反对《马关条约》的"公车上书"，集合地点即在此。

松筠庵的总体布局坐南朝北，北部为庵祠，西南部为谏草堂庭院。庵祠部分主体位于东侧，西部似经过改建。谏草堂面阔前五间后七间，由两个五檩进深的硬山勾连搭组成，其南又接四檩抱厦五间，北接游廊五间，形成四个勾连搭屋顶；堂北有游廊组成小院，堂南部通过游廊与花厅相连，东西廊接谏草亭和小厅堂，整组建筑保留了原有格局（图13-2-10、图13-2-11）。

四、袁崇焕祠

袁崇焕是明末抗击后金、保卫山海关和北京的著名将领，战功卓著，后因崇祯帝听信谗言，致其

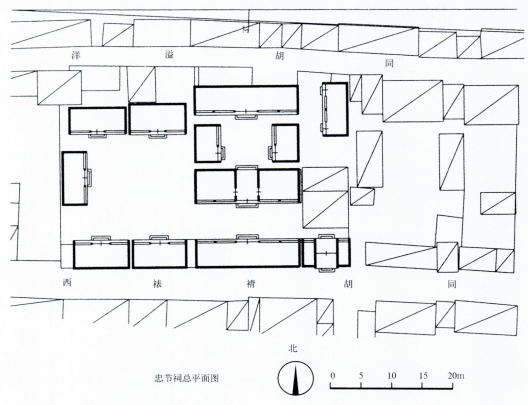

图 13-2-8 于谦祠平面（图片来源：《东华图志》）

图 13-2-9 于谦祠

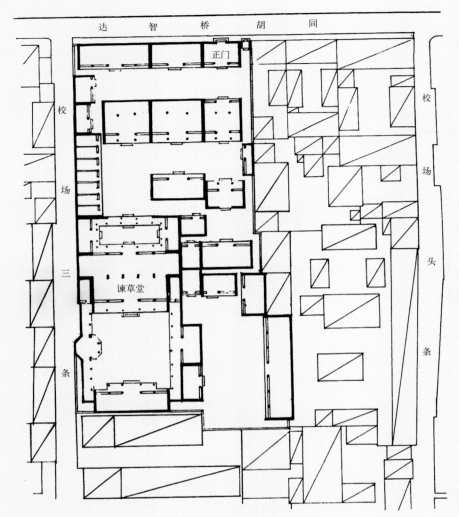

图 13-2-10 杨椒山祠（松筠庵）平面图（图片来源：《宣南鸿雪图志》）

图 13-2-11 杨椒山故宅内游廊旧貌（图片来源：《旧都文物略》）

图 13-2-12　袁崇焕祠（图片来源：袁琳摄）

图 13-2-13　报国寺顾亭林祠（图片来源：《中国文物地图集北京分册》）

被冤杀。其部下佘姓粤籍义士深夜窃走尸体，葬于广渠门内广东义园，此后世代守墓达 17 代 372 年，由于佘家世代客居此地，袁墓所在地亦称佘家馆。乾隆四十九年（1772 年），乾隆帝下诏为袁崇焕平反，清中期在墓前修建祠堂，新中国成立初期得以重修。袁崇焕祠在"文革"后曾被居民、学校占用。2002 年，政府迁出居民并大修后对外开放（图 13-2-12）。

袁崇焕祠原有享堂、墓碑等毁于"文革"，现存祠堂五间，两侧廊心墙及室内墙壁上嵌有李济深撰"重修明都师袁崇焕祠墓碑"等石刻。祠后为袁崇焕墓，建于明代，墓前立有道光十一年（1831 年）湖南巡抚吴容光提写的"有明袁大将军之墓"石碑，坟侧另有小丘为佘义士之墓。

五、顾亭林祠

报国寺规模宏大，是京师南城巨刹之一。清代著名学者顾炎武（字亭林）于清顺治十五年（1658 年）来京后，即寓居报国寺，每日除浏览书市外，潜心著述和学术研究。道光二十三年（1843 年）由何绍基、张穆等人集资在顾炎武生前居住的报国寺西小院为顾建祠，后经重修，存"顾亭林先生祠记"和"重建顾亭林先生祠记"两块碑记（图 13-2-13）。

注释

① 梅宁华，孔繁峙 . 中国文物地图集·北京分册（上册）. 北京：科学出版社，2008：127.

② 王熹，杨帆 . 会馆 . 北京：北京出版社，2006：10.

③ 清康、雍、乾时期，北京的工商会馆大量涌现，其中以康熙六年（1667 年）浙江钱商建立的银号会馆（正乙祠）、康熙五十一年（1712 年）广州商人建立的仙城会馆、雍正五年（1727 年）山西烟商建立的河东烟行会馆、乾隆四年（1739 年）山西太平县商人建立的太平会馆等最负盛名。参见：梅宁华，孔繁峙 . 中国文物地图集·北京分册（上册）. 北京：科学出版社，2008：127.

④ 当然也有不少小规模的会馆建筑，如最小的县级会馆是福建惠安馆，只有一座小院，院内北房三间，东、西房各两间；最小的省级会馆为全浙会馆，院内东房四间，北房三间，南房两间。

⑤ 侯仁之 . 北京城市历史地理 . 北京：北京燕山出版社，2000：191.

⑥ 安徽会馆、顺德会馆（朱彝尊故居）、湖广会馆、阳平会馆戏楼、汀州会馆北馆、湖南会馆、中山会馆、正乙祠（银号会馆）等 8 所会馆及戏楼被列为北京市级以上文物保护单位。

⑦ "三轴四部分"是清代大府第的典型格局，即中轴为礼仪部分，另有偏侧的供用部分。所谓三轴，即中间主院轴和东、西两侧偏院轴；四部分即主院轴为礼仪部分，东轴为居住部分，西轴为书房及休闲部分，在偏院轴前后为服务供役部分。

北京古建筑

第十四章 关隘桥梁

北京关隘桥梁分布图

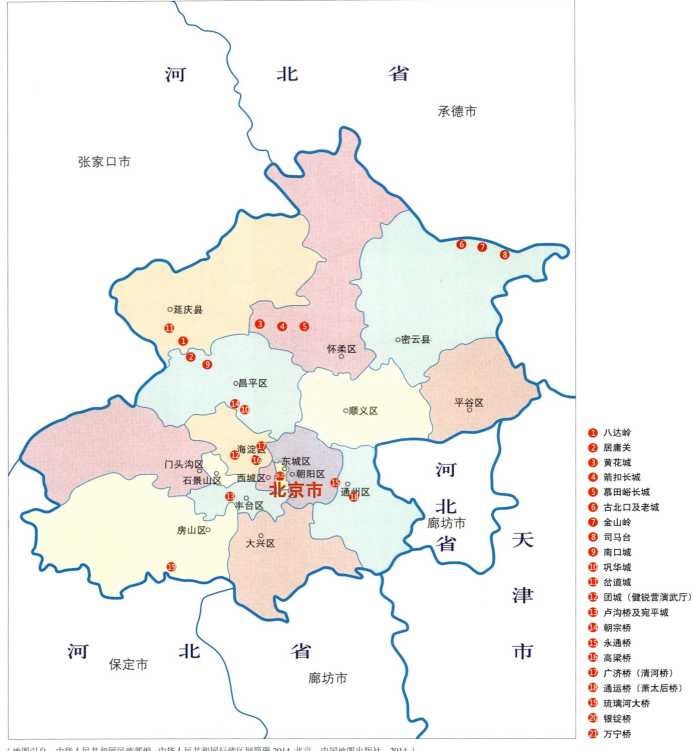

"银河半落长庚明,城高万户皆鸡声。长桥卧波鳌背笋,上有车马萧萧行。苍烟淡接平芜迥,沙际朦胧见人影。举头一望天宇高,残月苍苍在西岭。"
——赵宽《题卢沟晓月图诗》

北京作为战国时的燕下都,秦、汉直至隋、唐的北方重镇,以至明代都城,其对于北方少数民族的防御是关乎都城生死存亡的重大问题,防御的重任很大程度是由北京北部的万里长城及其附近为数众多的险要关隘、军事城堡来完成的,它们构成了北京古建筑一个十分特殊的组成部分。

此外,北京经过长期的城市建设,形成了自身完备的城市水系和道路系统,二者相交汇处形成大量的桥梁,成为北京与周边联系的交通枢纽,同样是北京古建筑的重要组成部分。①

本章将重点介绍北京的长城关隘、军事城堡与桥梁。

第一节 长城关隘

北京地区内的长城横亘于西山与燕山山脉之间,绵延近千里,保存颇为完整,可以说是万里长城的精华部分。其修筑始于战国时期(当时北京为燕上都),称燕北长城(图14-1-1)。当时,燕国为防御国土以南的赵国、中山国及国土以北的东胡,分别建有南、北两道长城,其中北长城从西至东约500公里,穿过了今天北京境内,目前仍留有部分遗迹。据推测,燕北长城始建于燕昭王十二年(公元前300年),《史记·匈奴列传》中对其修建有所记载:

"燕亦筑长城,自造阳(今河北怀来——引者注,下同)至襄平(今辽宁辽阳)。置上谷(今河北怀来)、渔阳(今北京怀柔梨园庄)、右北平(今天津蓟县)、辽西(今辽宁义县)、辽东郡(今辽宁辽阳)以拒胡。"②

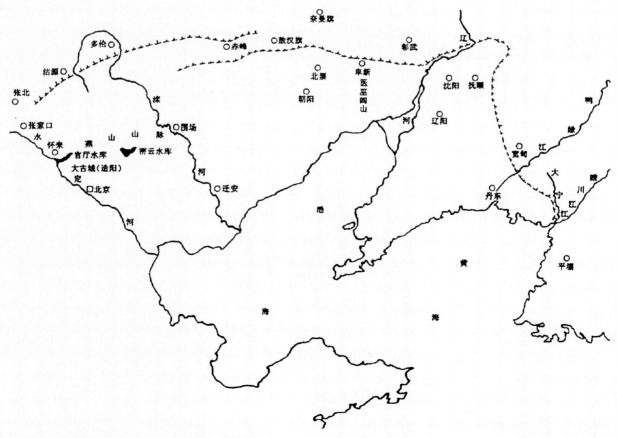

图14-1-1 燕北长城示意图(图片来源:《长城》(景爱版))

秦始皇统一六国后，继续沿用燕北长城为防。据文物工作者实地勘察，推断秦代长城在今河北省怀来县南山、北京市延庆县、怀柔区慕田峪、密云县古北口，后延伸至辽东的一段为秦代沿着燕北长城走向所修筑。

燕、秦以后，据史料记载，共有八个大小朝代于北京境内修筑过长城。其中北魏太平真君七年（公元446年），修筑了"畿上塞围"，东起上谷（北魏设上谷郡，在今延庆县），西抵黄河，途经今天的延庆县及门头沟区。北齐亦有长城穿过今北京地区，天保三年（公元552年）"诏发夫一百八十万人筑长城，自幽州北夏口（今昌平南口），西至恒州（今大同），九百余里"，北齐长城对日后北京长城之建设，扮演了承前启后的角色。据调查，北京北齐长城遗迹不少部分覆盖了之前的燕秦长城，而明长城的许多段落又都是在北齐长城的基础上修建的。

今所存北京地区长城绝大部分为明代所筑，属"九边"蓟州镇、宣府镇管辖（嘉靖年间加设昌平镇后，黄花路一带属昌平镇管辖），明王朝在前代基础上大量承袭、沿用，并予以增修，终明之世未停止相关建设。其所修之长城，从东向西横亘在平谷、密云、怀柔、延庆、昌平、门头沟6个区县的崇山峻岭之间，呈半环状分布，大体上保存较好，部分墙段现仍为北京市与河北省的界墙（图14-1-2）。

目前北京境内的明长城，根据2009年北京市文物局公布的最新数据，精确长度为526.65467公里。总体走向和分布主要由东西、北西两个体系构成，二者在怀柔区旧水坑西南分水岭上汇合，此接合点被命名为"北京结"。其中由平谷区将军关向北，到密云县古北口往西南，至怀柔区慕田峪、黄花城，再向西至延庆县八达岭，最后往西南延伸到门头沟区笔架山、东灵山，这一线构成了北京长城的主体，当中又以"居庸关—八达岭"、"黄花城—慕田峪"、"古北口—司马台"三线的保存最完整，也最具代表性。

现存北京段长城多构筑于崇山峻岭、悬崖陡壁之上，以气势雄伟、规模浩大而闻名于世。以下略述几处最重要的明长城及关隘，由西至东分别为：延庆县的八达岭长城，昌平区的居庸关长城，怀柔区的黄花城长城、箭扣长城及慕田峪长城，密云县古北口长城、金山岭长城（处北京市与河北省交界）及司马台长城。

一、八达岭

八达岭长城位于延庆县南部，距北京市区约60公里，是万里长城的精华，也是明长城中最具代表

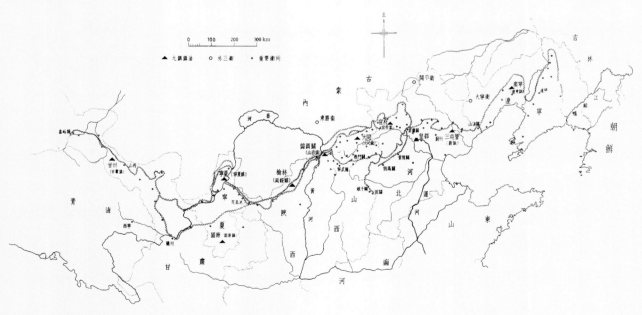

图14-1-2　明代长城分布总图（图片来源：《中国古代建筑史》）

性、最知名的一段。"八达岭"一名，最早见于金代诗人刘迎的《晚到八达岭下，达旦乃上》、《出八达岭》两首长诗，是燕山余脉军都山的一个山口。明蒋一葵《长安客话》称："出居庸关，北往延庆州，西往宣镇，路从此分，故名八达岭。"③明弘治十八年（1505年）在北齐长城基础上修建了八达岭长城，嘉靖、隆庆、万历各朝继续修葺，历时近80年，是明代重要的军事关隘与京师屏障。清代以后，长城失去防御北方的作用，日渐荒废。1953～1957年修复八达岭关城东、西二门和南、北各四座敌楼，1984年开始又进行大规模修缮。

八达岭长城地处居庸关关沟④北口一带，称"居庸外镇"，是居庸关四重防线中最北端、最重要的部分，以结构复杂、完整而著称。全段为砖石结构，总长约23公里，有敌楼92座，哨楼2座，横跨南北山峦之间，为关沟最高点，下有上关、居庸关（中关）及南口（下关）三关，外有岔道城，防线纵深达数百里，可谓固若金汤（图14-1-3）。清代思想家龚自珍在《说居庸关》内写道："关凡四十里，南口者，下关也……下关最下，中关高倍之，八达岭之挽南口也，如窥井然……"可知八达岭之居高临下、形势险要，故《长安客话》亦称："居庸之险不在关城而在八达岭"⑤，而明代画家徐渭有诗咏八达岭曰："八达高坡百尺强，逶连大漠去荒荒。"⑥

八达岭长城由关城、城墙、敌楼和哨楼等部分组成，共同构筑了一个严密的军事防御体系（图14-1-4）。

（一）关城

八达岭关城亦称瓮城，始建于明弘治十八年（1505年），踞关沟北端最高处，周长约330米，占地面积约6500平方米，是八达岭守备的关键。关城若破，此段防线即溃散。城东高西低，平面呈东窄西宽的不规则方形，东、西城墙两面各设券门，门洞上方均嵌有石匾，东门石额题"居庸外镇"，为嘉靖十八年（1539年）所立，西门石额题"北门锁钥"，为万历十年（1582年）所立（图14-1-5）。

（二）城墙

八达岭长城的城墙以高大、宽厚、坚实著称，较好地借鉴了历代修筑长城"因险设阻"的经验。墙体的高低、宽窄根据需求与地势条件不同，做出

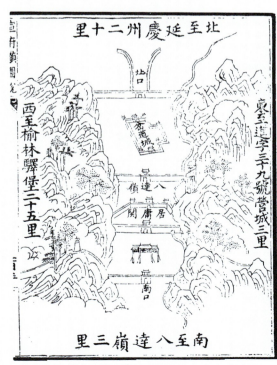 

图14-1-3 明代关沟形势图（图片来源：《宣大山西三镇图说》） 图14-1-4 八达岭长城（图片来源：《中国的世界遗产》）

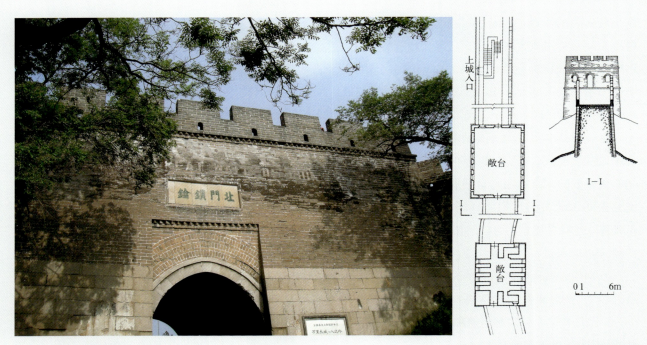

图 14-1-5　八达岭长城城关西门"北门锁钥"

图 14-1-6　明长城典型敌台平面、剖面图（以八达岭长城为例）（图片来源：《中国古代建筑史》）

相应的调整，宽处可容"五马并骑、十人并行"，陡峭之处则建成阶梯式。平均高度约 7.8 米，上窄下宽，顶部宽度大多在 4.5～6 米，墙基宽度在 6.5～7.5 米。

城上两侧砌墙，内侧称宇墙或女墙，用以保护城上人马行走安全，高约 1 米；外侧称雉墙或垛墙，用以迎敌，高约 2 米，墙上设有垛口，垛口上部有望眼，下部有射孔，部分望眼与射孔上还雕刻图案。由于墙体中线偏于山脊外侧，所以外侧墙高、内侧墙低，不但省工省料，进犯者也无法摸清墙内的情况，设计可谓独具匠心。墙体地面以 3～4 层长条砖铺砌，用石灰膏粘接；上面再墁以一层墙砖，用白石灰灌缝抹平，确保所修地面之平整。

城墙设有排水沟道，积水沿着排水道流至内侧墙的较低处，再由排水口流出墙外。此外，城墙内侧相隔不远便设有一个登城拱券门，门洞高 1.8 米，宽 0.8 米，内有石阶可通城上。

（三）敌楼

敌楼是建于城墙之上，凸出于城墙外侧，用以屯兵储物、防御敌人进攻的高台，好比长城的"关节"，串起了整道防线（图 14-1-6）。八达岭长城全段有敌楼 92 座，密度极大，大多为两层、空心的三眼楼或四眼楼，砖石结构。这些敌楼各具特色，相距间隔依地势而有所不同，其中北第 5 楼为楼内券洞最多的敌楼，平面呈方形，上下两层，每边长约 9.3 米，每面 4 行砖垛，垛与垛间以拱券相连，共有券洞 30 余个。北第 6 楼为面积最大的敌楼，平面呈矩形，上下两层，楼长 9.25 米，宽 8.5 米，底层面积约 100 平方米；楼内四周设拱券廊道，中央置天井，由天井可登梯至楼顶。北第 8 楼为本段长城的制高点，称"观日台"，海拔达 888 米，地势绝佳，其平面呈矩形，上下两层，外侧迎敌面设箭窗 6 个，亦为各楼之首。

二、居庸关

居庸关长城位于昌平区西北，距北京市区约 50 公里，是北京境内最古老的军事关隘，与甘肃嘉峪关并称"天下第一雄关"，为古代北京西北的重要屏障。其名始自春秋战国时期，为当时"天下九大要塞"之一，汉设关，北齐改长城之关。现在的居庸关为

图 14-1-7 民国时期的居庸关（图片来源：《旧都文物略》）　　图 14-1-8 居庸关南关城现状

明洪武元年（1368年）徐达督建——《日下旧闻考》引《四镇三关志》称："居庸关，洪武元年大将军徐达建。城跨两山，周一十三里，高四丈二尺。"

其地处长约20公里的关沟之中，自古地势绝险。《水经注》描绘其地："山岫层深，侧道偏狭，林障据崄，路才容轨。晓禽暮兽，寒鸣相和。"《中堂事记》则称此地："两山巉绝，中若铁峡，控扼南北，实为古今巨防。"《方舆纪要》曰："关门南北相距四十里，两山夹峙，下有巨涧，悬崖峭壁，称为绝险。"

居庸关以关城气势宏大而著称。全长4000余米，平面呈环形封闭状，由南北券城、城墙、敌楼等部分组成，关城占地面积约60万平方米，城内有云台、衙署、仓库、庙宇等建筑，其中的云台更为北京珍贵的元代建筑与雕刻之杰作（详见本书第十一章）（图14-1-7、图14-1-8）。

三、黄花城

黄花城长城位于怀柔区西南，距北京市区约70公里，是北京地区风貌较好的一段明代水长城，其名称由来已久，因仲夏满山遍野黄花而得名。

黄花城关在京师正北方位，是明代长城的重要关口之一（图14-1-9～图14-1-11）。现存明长城始建于永乐年间，因地处天寿山东北，又为明代护卫皇陵的关键门户，其修建工艺精良，古有"金汤长城"之称，并配有二道关长城、鹞子峪堡等，共同构筑成一处完整的防御体系。怀九河水系从北面穿墙垣而过，四周山水环抱，故黄花城以景色奇秀而著称（图14-1-12）。

四、箭扣长城

箭扣长城位于怀柔区西南，距北京市区约70公里，为北京地区现存明代野长城之一，靠近黄花城长城，属于慕田峪长城西段。"箭扣"之名为今人所取，因整段长城蜿蜒呈"W"形，状似拉满的弓箭而得名。

该段长城横亘在怀柔、延庆两区县交界的凤驼梁、黑坨山之间，周围地势十分陡峭，故其墙段走势极富变化与韵律，以雄奇、险要而著称，其中"鹰飞倒仰"、"箭扣"、"牛犄角边"等险景最为人所津津乐道，建筑所营造出的紧张氛围恰如其名，惊险之势不逊于司马台长城（图14-1-13）。

五、慕田峪

慕田峪长城位于怀柔区南部，距北京市区约70公里，是北京地区修复最好的明长城之一，以建筑宏伟多变、景色秀美并称，原称"摩天峪"，明代以后改此名。

图 14-1-9 怀柔黄花城长城

图 14-1-10 怀柔黄花城长城敌楼俯瞰

图 14-1-11 怀柔黄花城长城敌楼内景

图 14-1-13 箭扣长城之"鹰飞倒仰"（图片来源：《北京志　长城志》）

图 14-1-12 怀柔黄花城水长城景致

图14-1-14 慕田峪长城（图片来源：《中国的世界遗产》）

图14-1-16 慕田峪城关（图片来源：《北京志 长城志》）

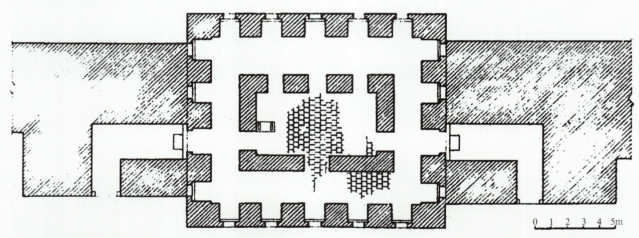
图14-1-15 慕田峪城关平面图（图片来源：《长城》（景爱版））

慕田峪关为明代边防黄花路辖下的最东隘口，是长城上一处易守难攻的据点。该段长城始建于明初，隆庆时著名将领戚继光曾加修，由城关、城墙、敌楼、燧楼等部分组成（图14-1-14）。其城关建筑奇特，以三个相连敌楼作前哨，关口不设于正中，而是在东侧开门，沿陡坡筑台阶进出，此种构造在其他关口中较罕见（图14-1-15、图14-1-16）。此外，慕田峪城墙走势多变、富立体感，兼有八达岭之雄伟与司马台之险峻，城墙双面设垛口，可两侧同时迎敌，亦为特点之一。

六、古北口

古北口长城位于密云县东北，距北京市区约120公里，是北京地区已开放明长城中未经人工修缮的段落之一，其东接金山岭长城、司马台长城，两者古代均属古北口长城体系的一部分。古北口，唐宋时称"虎北口"，地处燕山山脉层峦叠嶂之中，东依蟠龙山，西倚卧虎山，潮河之水穿境而过，天然险势使其自古便为战略要冲。燕时最早在古北口设防，北齐长城亦筑经此地，明初大将徐达在此基础上修建了古北口段长城，设古北口关，与居庸关东西对峙，是长城防线上一处关键的隘口（图14-1-17）。

古北口长城由西段的卧虎山长城、东段的蟠龙山长城组成，全长近20公里。当时为加强防御工事，于东西段间加筑了门关两道：一门设潮河上，称"水门关"，潮河水穿关而过；一门设长城关口处，称"铁门关"，两者与卧虎山、蟠龙山长城共同构成了古北口防线的核心。清代不修长城,古北口长城荒废。康熙二十二年(1683年),康熙帝过密云时曾作《古北口》诗:"断山逾古北,石壁开峻远。形胜固难凭,在德不在险。"描绘古北口关之险峻,但也抒发了江山之稳固不能凭关险来维系的感触。

七、金山岭

金山岭长城位于密云县与河北省滦平县交界处,距北京市区约120公里,亦为明长城中保留原貌较好的一段。其所处的大、小金山岭,在燕山主峰雾灵山和古北口卧虎岭之间,战略位置重要,有"第二八达岭"之称。该段长城始建于明洪武元年(1368年),隆庆年间由著名将领戚继光加修,与司马台长城同属古北口防线,以视野开阔而著称。全段长约10公里,西接古北口长城,东连司马台长城,其上修有不同形式的敌楼、战台百余座,以"大、小金山楼"最为知名,是万里长城中构筑较复杂、楼台最密集的段落之一(图14-1-18、图14-1-19)。

图14-1-17　古北口卧龙山长城(图片来源:于洋摄)

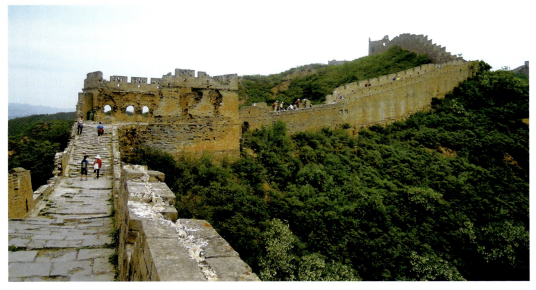

图14-1-18　金山岭长城(图片来源:杨韩摄)

图 14-1-19　由司马台远眺金山岭长城（图片来源：《中国的世界遗产》）

八、司马台

司马台长城位于古北口镇东北，距北京市区约120公里，是北京地区保留明长城原貌较好的一段（图14-1-20）。此处为古北口东麓隘口，两侧山势陡峻，城墙沿山脊建造，是古北口防线的重要组成部分，以惊、险、奇著称。始建于明洪武元年（1368年），隆庆至万历年间著名将领谭纶、戚继光曾加修，是一段偏离原北齐长城基础的明长城，隶属"九边"军镇中的蓟镇古北口路。

司马台长城东起望京楼，西至后川口接金山岭长城，全长约5000多米，共有敌楼35座（包括已毁的水中敌楼一座），为长城北京段内敌楼较密集的一段，楼与楼间最近仅44米，形成了一道严密的军事防线。敌楼的形式丰富，有单眼、双眼、三眼、四眼、五眼楼等，内部结构与顶部形状千变万化。墙段的类型亦呈多样，宽窄、高低各有不同，有多重墙、双层墙、障墙、多孔射击墙之分，在墙的凸出部分还设有炮台。司马台长城以峡谷、鸳鸯湖为界，分成东、西两线（图14-1-21）。

东线地势陡峭，高差富于变化，有敌楼16座，以"仙女楼"、"望京楼"最为著名（图14-1-22）。由西向东，"仙女楼"为东线倒数第二座敌楼，因台基狭小，所建量体细长，宛若仙女玉立于山巅；最后一座为"望京楼"，海拔986米，是司马台长城的制高点，据传夜晚在楼内向南望去，可见北京城之灯火。

西线不似东线险峻，有敌楼18座（图14-1-23）。由东向西，第13座敌楼为"麒麟楼"，因上层垛口的"麒麟影壁"而著名，影壁长约2米，高约1.5米，

图 14-1-20 陡峭的司马台东线（图片来源：李杨摄）

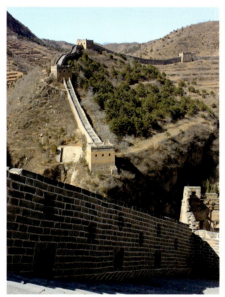

图 14-1-21 司马台长城 以峡谷分东西两线（图片来源：李杨摄）　图 14-1-22 司马台长城——望京楼（左）与仙女楼（右）（图片来源：《北京志 长城志》）

用15块方砖拼成，上面浮雕一只驾云奔跑的麒麟图案，形象生动，为长城中罕见。西线走势较为缓和，敌楼与墙段交错出现在山峦之上，如金龙盘踞，可静心领略敌楼拱门、箭窗、长城垛墙、礌石孔等细部风采。

在谭、戚二人的精心设计下，严密的军事防御体系是司马台长城的一大特点，不论在城防构造还是建筑形式上，均独具特色。东线第14座敌楼以上（猫眼楼—仙女楼—望京楼），可说是现存明长城中最为险要的段落。古代将士利用地形特点，随山就势，巧妙地筑起了各式险奇的连接墙段，猫眼楼与仙女楼间接有长约100米，坡度达70度的"天梯"，仙女楼与望京楼间连有宽40厘米、长近百米的"天桥"，两侧均为悬崖绝壁，建造工艺高超。

在司马台长城的十几处城墙和敌楼上还发现有带戳印的文字砖，上刻有修建长城的年代和参加修建军队的名称，如东线的"万历五年山东左营造"（望京楼以西最险要的一段为此营承建）、"万历五年石塘路造"、"万历五年宁夏营造"、"万历六年石塘岭路造"等，西线的"万历六年镇虏骑兵营造"、"万历六年振武营右造"等数种，砖上文字大小、字体不一，是研究长城建造历史的重要资料（图14-1-24）。

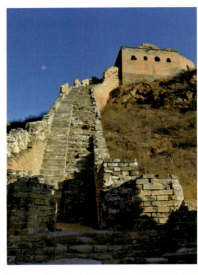

图 14-1-23　司马台长城西线敌楼、墙段（图片来源：李倩怡摄）　　图 14-1-24　司马台长城文字砖（图片来源：李倩怡摄）

第二节　军事城堡

军事城堡是北京古建筑的又一特殊类型，下面将要介绍的既有为长城关隘起辅助作用的城堡，诸如南口城、岔道城、古北口城，也有专门拱卫明十三陵的巩华城以及作为卢沟桥"桥头堡"的宛平城，甚至还有更为特殊的为了训练"特种部队"而专门修建的西山健锐营团城。

一、南口城

南口城原名为"南口古城"。南口在昌平区西部，地处燕山与华北平原交接处，因在居庸关南，故名。北魏称"下口"，北齐称"夏口"，金元时始称"南口"，并设镇。明永乐二年（1404 年）筑南口城，为居庸关南口的防御建筑，自古为京郊重镇。至今还保留着北城门和虎皮墙，城门内有大影壁一座。然而，该城门维护不佳，亟待修缮（图 14-2-1）。

南口城（现南口村）中还有两处古迹为区级文物保护单位，即南口清真寺（图 14-2-2）及李公墓，此外，村中的民居、街巷亦颇为小巧可人。

图 14-2-1　南口城北门　　　　　　　　　　　　　　　　　　　　　　　　　　图 14-2-2　南口清真寺

二、岔道城

岔道城位于八达岭长城西北1.5公里处，是八达岭的前哨阵地（图14-2-3）。作为居庸关四重防线外的第一道关隘，岔道城的战略位置特殊，故明《长安客话》有云："守岔道所以守八达岭，守八达岭所以守关。"[⑦]

城所在之"岔道"因地处八达岭向北和向西的岔口而得名，旧称三岔口、永安甸，明永乐二十一年（1423年）改此名。岔道城始建于明代，清《延庆州志》中记载其建于明弘治十八年（1505年），最初是居民自筑的土城。嘉靖三十年（1551年）大规模重修，隆庆五年（1571年）包砖加固（图14-2-4）。由于八达岭地形狭小，当时守备指挥衙门、粮草武器仓库等均设在岔道城内。明中后期，城内居民约有千余户，城中建有民居、店铺及寺庙多座，是北京通往西北的重要军事据点、驿站和货品集散地；清以后不再设防，逐渐演变成村落。2002年起，对东西城门、城墙及城内部分建筑进行了修缮与复建，2004年被列入"北京市第二批历史文化保护区"名单中。

城为砖石结构，由城砖、条石、石灰等筑成，依山势而建，平面呈不规则矩形，似舟，东西长449.5米，南北宽185米，城墙高8.5米，总占地面积约8.3万平方米。原有城门3座，如今西门尚存，东门亦在原有基础上复建，城上设有马道、垛口、射口、瞭望口等，城外南山上还有烟墩2座。目前保存较完

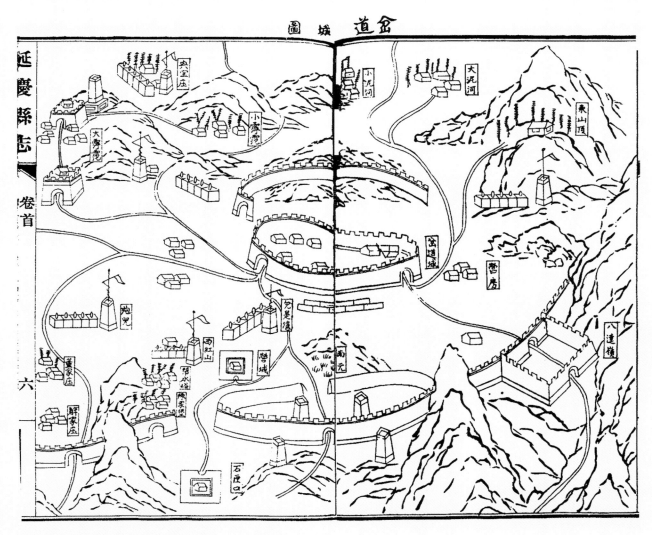

图14-2-3 民国《延庆县志》中岔道城图（图片来源：民国《延庆县志》）

图 14-2-4 岔道城西城门（图片来源：胡介中摄）

整的城墙约 900 多米，城内有复建的民居、驿站、衙署、碑刻及寺庙多座，别具一番风情（图 14-2-5）。

三、古北口老城

古北口关，与居庸关东西对峙，是长城防线上一处关键的隘口。明洪武十一年（1378 年）始建古北口城，又称"营城"，距古北口关约 2.5 公里，城墙跨山而建、依势起伏，周长 2 公里余，设东、南、北三座城门，为密云境内重要边城。明代文学家、军事家唐顺之曾作诗曰："诸城皆在山之坳，此城冠山如鸟巢。到此令人思猛士，天高万里鸣弓弰。"形容此处地势之特殊与险要（图 14-2-6）。

图 14-2-5 岔道城城内（图片来源：胡介中摄）

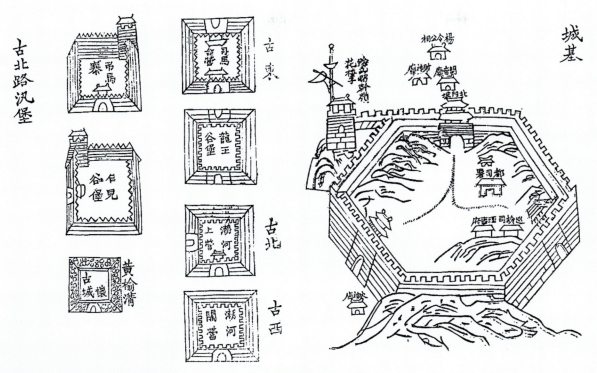

图 14-2-6 清光绪《密云县志》中的古北口图（图片来源：清光绪《重修密云县志》）

因特殊的地理位置，古北口还是个多民族聚集的地方，除汉族以外还居住着满、蒙、回等少数民族，由于宗教信仰和生活习惯的不同，留给后人很多珍贵的历史遗迹。近年，为更好地展现古镇风貌，复原了清代皇帝北巡的古御道，此道为清帝由京师往承德的必经之路，康熙帝曾即景抒怀留下了《回銮抵古北口》诗："黄谷清河古戍间，銮车此日省方还。长林曲抱千溪水，小径斜通万仞山。地扼襟喉趋朔漠，天留锁钥枕雄关……"生动地描绘了此间山川形势的险固。古北口一地环山绕水，丰富的自然资源与长城、边塞村邑等文化有机地融合于一体，汇聚成了具有独特历史积淀的古镇文化（图 14-2-7）。

图 14-2-7 古北口清真寺（图片来源：于洋摄）

图 14-2-8 巩华城北门展思门

图 14-2-9 巩华城西门威漠门

2004年，古北口老城被列入"北京市第二批历史文化保护区"名单中。

四、巩华城

由于天寿山明十三陵陵区处在北京居庸关和古北口两大军事要塞之南，北距长城不过六七十里，军事防御实为第一要务，所以陵区不仅周围沿山设险，修筑有可资派军防守的十口城垣、敌台、拦马墙等军事防御工事，还在山势低矮的陵区之南修筑了可以屯驻重兵的昌平和巩华二城，以屏卫陵区。

巩华城又称"沙河城"，始建于明嘉靖十六年（1537年），为京北重镇，是明代皇帝巡狩和后代子孙谒明陵停留之处。清末衰落，被八国联军洗劫一空。1939年，洪水冲毁大部城墙。

巩华城呈方形，夯土包砖，边长约1000米，面积1平方公里，城垣高10米。设四门，皆有瓮城。围城浚池，宽2丈，深1丈。四座门设吊桥，上建城楼。"巩华城"匾额嵌于南门瓮城内墙，传为严嵩手迹。东、西、南、北四门，分别以"镇辽"、"威漠"、"扶京"、"展思"命名，匾额嵌于城门洞之上。

现存四个城门洞、瓮城及部分残城墙（图14-2-8、图14-2-9）。

五、宛平城

宛平城在卢沟桥东,始建于明崇祯十三年(1640年),因踞华北平原进京之要道,成为拱卫京都的桥头堡,名"拱北城",后改称"拱极城",明清时期一直作为军营屯兵之所,是华北地区保存较完整的军事卫城之一(图14-2-10)。

作为军事卫城,宛平城的规模要小于一般县城,城东西640米,南北320米,只有东西两座城门,东曰"顺治",西曰"威严",二门均设城楼和瓮城(图14-2-11)。南北城墙中心建有中心楼,分别名为"洪武"、"北极"。城墙四角建有角台,上设角楼、下设辅房。城内仅有一条连接东西二门的石板街,称"城内街",街两旁分设兵营、驿站等,没有一般县城常见的市场、钟鼓楼等。1928年宛平县治由西城区迁入拱极城,拱极城遂改为宛平城,后历经战火、年久失修,部分建筑及城墙倒塌。县城于1984~1987年重修,恢复了宛平的部分城垣和顺治、威严二门,修缮保留了抗日战争时期城墙墙面上遗留的弹痕。2005年之后,城内街逐步被改建为仿古民俗文化商业街,兴隆寺、县衙、驿站和兵营等已毁的古建筑被复建。

图14-2-10 重修后的宛平城(图片来源:李倩怡摄)

图14-2-11 宛平城西门城楼

六、团城（健锐营演武厅）

健锐营是清代八旗禁卫军中的云梯部队，创建于乾隆十四年（1749年），所属建筑均分布在香山静宜园周边地区，故又称"西山健锐营"。健锐营主体建筑群占地面积约40000平方米，主要包括演武厅、团城、东西朝房、西城楼门、实胜寺碑亭、教场（现为果园）、碉楼（原有68座，现大多坍毁，植物园一带仍存几座）、放马黄城（已毁）等，是健锐营兵士日常操演及皇帝检阅军容的场所（图14-2-12，图14-2-13）。

道光之后，清王朝国力渐弱，往后即位者再无心于西山阅兵活动。1912年清帝逊位后，健锐营建筑群荒废，日益衰败。1934年，演武厅建筑曾遭火灾。1937年，日军侵占北平，健锐营演武厅、教场被圈入华北农事试验场。1949年后，由北京市农场局接管，归属巨山农场，遍植果木于其中。至20世纪50年代，基本仅剩部分主体建筑。1979年8月，演武厅、团城被列入北京市第二批文物保护单位名单中。1988年起陆续进行数次大规模重修、复建工作。2006年6月升为全国重点文物保护单位，定名为"健锐营演武厅"，为北京地区仅存的集城池、官署、教场、碉楼为一体的清代八旗军事建筑群，具有独特的历史价值。目前整体布局完整，基本可见清乾隆时期的格局面貌（图14-2-14）。

以下略述现存几座主体建筑。

（一）团城

团城始建于清乾隆十四年（1749年），位于香山南麓红旗村，又名圆城、看城，是专为乾隆皇帝检阅健锐营部队而修筑的一座小型城池。平面略呈椭圆形，以青砖砌筑而成，外环筑有护城河及桥涵，

图14-2-12　团城及碉楼旧影（图片来源：《旧都文物略》）

图14-2-13　团城现状全景（远处可见玉泉山玉峰塔）（图片来源：赵大海摄）

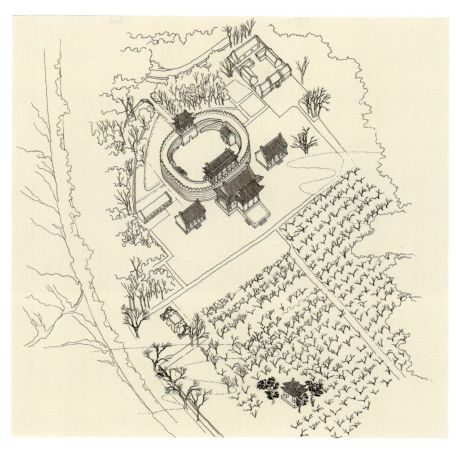

图 14-2-14 健锐营演武厅（团城）图（图片来源：司薇绘）

图 14-2-15 团城北阅武楼（图片来源：赵大海摄）

图 14-2-16 团城内景仰视（图片来源：赵大海摄）

城内东西直径 50.2 米，南北直径 40 米，墙厚 5 米，高 11 米，造型独特，当地居民俗称"鸭蛋城"。城墙南北各开有拱券门，门洞上方均置有乾隆御书的汉白玉石匾，南门石额曰"威宣壁垒"，北门石额曰"志喻金汤"。

南北城门上各设阅武楼，南阅武楼面阔五间周回廊，北阅武楼面阔三间周回廊（图 14-2-15），建筑均采用了重檐绿琉璃瓦歇山屋顶。城内方砖墁地，平整宽阔，东、西两侧建有值房各三间以及通向城垣顶部的对称马道（图 14-2-16、图 14-2-17）。

北阅武楼内现存"御制实胜寺后记"碑一通，该碑刻于乾隆二十六年（1761 年）四月，为整块青石卧式碑，碑身阳面刻汉、满两种文字，阴面刻蒙、藏文，汉文为乾隆帝手书，碑文记述了健锐营在乾

图14-2-17 团城内景俯瞰（图片来源：胡介中摄）

图14-2-18 团城演武厅正立面（图片来源：赵大海摄）

隆二十四年（1759年）平定新疆回部大小和卓的战事，是重要的清代史料。

（二）演武厅

演武厅，始建于清乾隆十四年（1749年），在团城南门外，坐北朝南，敞厅面阔五间，建筑采用了重檐绿琉璃瓦黄剪边歇山屋顶，左右各有东、西朝房五间。厅前置有月台，宽大平整，东、西、南三面出陛，以备乾隆圣驾临阅。演武厅建筑以北面的团城为衬，显得十分威武肃穆，再加上倚靠西山之势，整体建筑气氛更显隆重（图14-2-18）。厅南面原为教场，现已辟为果园。

演武厅是古时为检阅军队操演所设置的建筑，在古代武备建筑群中常见，并不罕有，然而健锐营演武厅因清代君王多次亲临阅兵，具有珍贵的历史价值。据史料记载，清乾隆至道光年间，三位帝王曾亲阅西山健锐营二十余次，尤以乾隆最多，并作诗多首。乾隆三十二年（1767年）御制阅武诗："健锐练精旅，香山聚队居。知方素嘉尔，阅武便临予。所尚赵桓实，宁夸声势虚？展伸布行雁，偏伍列丽鱼。抚壮诚欣矣，问劳尚悯如。藉兹成伟绩，耆定可忘诸？"乾隆三十七年（1772年）御制阅武诗："八旗子弟兵，健锐此居营。聚处无他诱，勤操自致精。一时看研阵，异日待干城。亦已收明效，西师颇著名。"

（三）西城门楼

西城门楼，其名见于《日下旧闻考》。该楼坐西朝东，在演武厅的西南处，面向教场，为将官指挥台。以西山当地毛石砌筑，造型质朴，东西面宽约24米，高约11.2米，因立面呈梯形，又称"梯子楼"。中央有一拱券门洞，南北两面各设有踏道，供指挥官登楼号令军士（图14-2-19、图14-2-20）。

（四）实胜寺碑亭

实胜寺碑亭，位于演武厅西南，处西城门楼的南面。坐西朝东，建筑采用黄琉璃瓦重檐歇山屋顶，碑亭内存有"敕建实胜寺碑"一通，该碑刻于乾隆十四年（1749年）五月，为整块青石立式碑，四面长宽均等。碑身四面分别用汉、满、蒙、藏文书写，其中汉文为乾隆帝御书，碑文记述了乾隆十四年（1749年）第一次大小金川战役的胜利及乾隆下令在西山组建健锐营的缘由和经过，是研究清代军事史的重要材料（图14-2-21）。

（五）健锐营

健锐营建立于清乾隆初期，又名香山健锐营、健锐云梯营、飞虎健锐云梯营，是清代八旗禁卫军

图14-2-19 团城西门城楼

图14-2-20 团城西门城楼内部筒拱结构仰视（图片来源：赵大海摄）

图14-2-21 实胜寺碑亭（图片来源：赵大海摄）

中的一支特种部队，负责云梯作战，常规编制在2000人左右。乾隆十二年（1747年），四川大金川土司侵夺邻部，挑起事端，清廷出兵平乱。战争初期，当地人依靠传统藏式碉堡守卫，致使清军久攻不下，伤亡惨重。乾隆十三年（1748年），乾隆下令从驻守北京的八旗前锋营、护军营中选择年轻勇健者，建碉楼进行云梯战术操演，这支临时部队便是健锐营的前身。乾隆十四年（1749年），经过数月训练，该部队参加金川战争，不久即告捷，回朝后得到皇帝大加赞许，特颁诏："夫已习之艺不可废，已奏之绩不可忘，于是合成功之旅，立为健锐营。"于是，该部队另组为营，称为"健锐营"。组建后的健锐营先后参与多场战役，如新疆大小和卓之乱、第二次大小金川之乱、台湾天地会起义等。

第三节 桥梁

北京历朝历代围绕水系与道路系统的建设，修造了许多桥梁。除了前文提到的位于北京城内的万宁桥和银锭桥之外，还有许多著名桥梁，以下略述其中代表。

一、卢沟桥

卢沟桥是华北地区现存最长、最古老的石制联拱桥，位于京城西南，横跨于永定河之上，桥东为宛平县城。卢沟桥址，自古以来是燕蓟地区通往华北平原的重要渡口。自金代起就已被列为"燕京八景"之一的"卢沟晓月"，则是人们拂晓时分赶路经过卢沟桥时所见之景致，有明人王绂的《卢沟晓月图》以及赵宽的《题卢沟晓月图诗》为证："银河半落长庚明，城高万户皆鸡声。长桥卧波鳌背耸，上有车马萧萧行。苍烟淡接平芜迥，沙际朦胧见人影。举头一望天宇高，残月苍苍在西岭。"以卢沟桥为主题的名画还有元人的《卢沟运筏图》（图14-3-1），而清代徐扬的《乾隆南巡图》第一卷也有对卢沟桥的描绘（图14-3-2）。由于马可·波罗在其游记中对卢沟桥有详细的记述，因此卢沟桥在欧洲又称为马可·波罗桥。

卢沟桥址在唐代已有卢沟浮桥或木桥，1985年在卢沟桥北的永定河底出土唐代铁犀牛和五代石犀牛，应为浮桥镇水之物。金代在北京建都后，于金世宗大定二十八年（1188年）下旨兴建卢沟石桥，次年动工，明昌三年（1192年）建成，敕名广利桥，自此成为北京通往华北各地的交通枢纽，元、明、清时期曾屡经修缮，明代时被称为"拱卫京师四大桥"之一（另外三座是明代修建的昌平朝宗桥、通州八里桥、通州宏仁桥，宏仁桥现已毁，朝宗桥和八里桥尚存）。

永定河古称"芦沟"或"桑干"，故桥称"卢沟桥"，又作"芦沟桥"。1937年日本侵略军在此炮击卢沟桥和宛平城，发起全面侵华战争，史称"七七卢沟桥事变"，对卢沟桥和宛平城造成了极大的破坏。新中国成立后，对卢沟桥进行了两次大修，1967年拓宽步道，建混凝土挑梁59道，1986年重修，又将桥面恢复成原来的宽度。古桥形制基本保持原状，桥基、桥身部分构件及部分石雕仍为金代原物（图14-3-3、图14-3-4）。

卢沟桥东西走向，身长212.2米，引桥长54.3米，净宽7.5米，总宽9.3米（图14-3-5），共有桥墩10个、券洞11个。桥体的基础系由数根铁柱（史籍记载为木桩，1991年勘测时发现铁柱遗迹）打入永定河底的卵石层中，铁柱上面穿入巨石连为一体，上砌船形桥墩。桥墩北端迎水面砌作分水尖，其顶部安置一根三角形铁柱，俗称"斩龙剑"，用以迎击洪水和冰块，保护桥墩，在分水尖上砌有六层压面石，保证了石桥的整体平衡。桥的11个券洞，从两岸到桥心跨度逐渐加大，中心有3个券洞的拱心保留了龙头石刻。卢沟桥历经800余年，保持了惊人的结构稳定性，其桥基最大沉陷度至今仅0.12米。

卢沟桥存有大量的金、元、明、清的石刻艺术品，主要有石狮、石华表及石碑。卢沟桥石狮以千姿百态、数量繁多而著称，正如明《长安客话》中所言，石狮"凡一百状，数之辄隐其一"，用民间俗语来说就是"卢沟桥的狮子数不清"。狮子的形

图 14-3-1 （元）《卢沟筏运图》——描绘了元世祖至元三年（1266 年）在卢沟桥附近漕运西山石木用于修造大都宫殿的情景（图片来源：《中国国家博物馆馆藏文物研究丛书·绘画卷（风俗画）》）

图 14-3-2 《乾隆南巡图》第一卷"启跸京师"中的卢沟桥（图片来源：《中国国家博物馆馆藏文物研究丛书·绘画卷（历史画）》）

图 14-3-3 卢沟桥南侧全景（图片来源：李倩怡摄）

图 14-3-4 卢沟桥北侧全景（图片来源：李倩怡摄）

图 14-3-5 卢沟桥桥面石已被车轮轧出深深的车辙（图片来源：赵大海摄）

态或蹲，或伏，或大抚小，或小抱大，其数量据《从海记》记载，望柱头原有石狮 627 只，1962 年文物部门统计只有 485 只（加上了华表顶的 4 只和桥东端斜撑的 2 只），21 世纪重修后为 501 只（图 14-3-6～图 14-3-8）。

这些石狮除有少量金代原物外，元、明、清及新中国成立后均有补雕。金元时期的遗物，其特征为身躯瘦长、面部较窄，腿部挺拔有力，头上卷毛不甚高突，颈部系带飘逸；明代遗物大多身躯粗短，足踏绣球或小狮；金、元、明所用石质为浅青黄色砂石；清初期遗物雕刻细腻，卷毛高突、挺胸张嘴，颈下有宽大的系带，身上间有小狮，多用暗红色或灰色砂石；晚清及近现代的补刻则用材较新、雕刻粗陋。

卢沟桥两端入桥口（雁翅桥面）上立有石华表 4 座、清代石碑 4 通。华表高 4.65 米，基座为须弥座，柱身为八角形，柱上端横贯云板，柱顶冠以仰覆莲的圆盘，圆盘上置石狮。石碑分别为"康熙重修卢沟桥碑"（桥东）、"康熙帝题察永定河诗碑"（桥西，带碑亭）、"乾隆修葺卢沟桥碑"（桥西）、乾隆御题"卢沟晓月碑"（桥东，带碑亭）（图 14-3-9）。

图 14-3-6　卢沟桥栏杆望柱石狮之一

图 14-3-7　卢沟桥栏杆望柱石狮之二

图 14-3-8　卢沟桥东端石狮

图 14-3-9　卢沟晓月碑（图片来源：李倩怡摄）

二、朝宗桥

朝宗桥始建于明正统十二年（1447年），嘉靖十九年（1540年）重修，为京师通往明十三陵的大石桥。桥横跨北沙河，全长130米，桥面宽13.3米，为七孔联拱桥，实心栏板，桥内砌砖外包花岗石。每侧有53根方形望柱，一些拱心石的石刻兽首犹存（图14-3-10、图14-3-11）。

桥北端东侧有明万历四年（1576年）立"朝宗桥"碑一块，体型硕大，通高4.08米，在桥名碑中为绝无仅有，亦可显出朝宗桥地位之尊崇。碑首两面题额均为"大明"，碑身两面均刻"朝宗桥"（图14-3-12）。

三、永通桥（八里桥）

永通桥位于朝阳区东部，横跨通惠河，始建于明正统十一年（1446年），明英宗赐名"永通"，因东距通州城八里，故俗称"八里桥"、"八里庄桥"。后代屡有修葺，为旧时通州八景之一，称"长桥映月"，古人有诗赞曰："石衢荟荡接虹腰，倒映山河月影摇。东望城关才八里，西来略彴有双桥。是谁题柱游燕市，何处凭栏听玉箫。入夜霜清一轮坠，凌寒征铎去萧萧。"

其地处水陆要冲，古时永通桥北面的朝阳路是出朝阳门后通往通州、天津的要道，清雍正帝称其"国东门孔道"，而且永通桥所跨之通惠河为京杭大

图14-3-10 朝宗桥近景

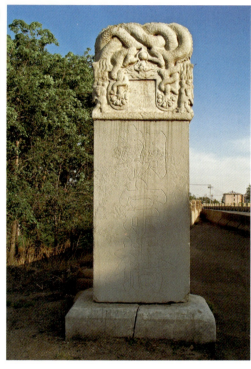

图14-3-11 朝宗桥栏板及拱券（左）
图14-3-12 朝宗桥碑（右）

运河入北京城的最后一段，故永通桥自建成起，战略地位便十分重要。清咸丰十年（1860年），僧格林沁率军于此和第二次鸦片战争入侵的英法联军展开激战，史称"八里桥之战"。此役的失败导致北京防线进一步溃散，同年圆明园遭焚毁。

桥为南北走向，全长60米（其中桥身长38.6米，北桥头长10.2米，南桥头长11.4米），宽16米，造型古朴（图14-3-13）。桥身由花岗石、青石砌筑，三券联拱式，中券洞阔6.2米，左右券洞阔5.4米，而中券顶高于两边券顶4米多，为该桥的造型特点之一。桥面过去铺以花岗岩石条，现为沥青混凝土面，两侧各有望柱33根，实心栏板32块，戗栏兽2只（图14-3-14）。桥墩似船形，迎水面之分水尖均装有三角形铁柱，用来破冰分水，以减轻水流对桥墩的撞击。桥下用巨石砌成泊岸，并于四个转角处各雕镇水兽一只，作伏踞状，形神生动。桥头原有牌坊、河神庙等建筑及明正统年间祭酒李时勉撰写的"敕建永通桥记"石碑，现均无存。

图 14-3-13 永通桥（图片来源：胡介中摄）

图 14-3-14 永通桥及桥头石兽（图片来源：胡介中摄）

四、高梁桥

高梁桥位于西直门外，高梁河上，为长河的终点，元代至元二十九年（1292年）始建，为一座闸桥合一的单孔石拱桥。元朝建都北京后，为了解决元大都的水源和漕运，由水利专家郭守敬主持修建了引昌平白浮泉水至元大都的水利工程，高梁桥为这项工程中的重要组成部分。桥为全石构筑，南北横跨高梁河。明清时期，这一带古刹林立，水清见底，桥头地区酒肆、茶馆林立，游客如织，为京师郊外的一大胜景（图 14-3-15）。明《长安客话》载："桥北精蓝棋置。每岁四月八日为浴佛会……四方来观，肩摩毂击……"乾隆年间高梁桥南北各立牌楼一座，南面牌楼南、北匾额分书"长源"、"永泽"，北面牌楼南、北匾额分书"广润"、"资安"，现牌楼已无存。

图 14-3-15 《康熙六旬万寿庆典图》中高梁桥一带景致（图片来源：《清代宫廷绘画》）

原高梁桥为青白石桥台带八字翼墙，桥台西面为闸台，原桥长 20.5 米，宽 7.07 米，净跨径 5.58 米。1982 年市政改造时，将桥以东改为暗河，桥体北移 1 米至今址重建，目前紧贴高梁桥西侧又加建混凝土新桥一座，挡住了由长河东望高梁桥侧影的视线，高梁桥作为西直门外重要景观的历史就此结束，令人惋惜（图 14-3-16）。

五、广济桥（清河桥）

广济桥建于明代永乐十四年（1416 年），明景泰七年（1456 年）曾进行全面维修，以后每隔几十年就会对桥进行修缮——这一方面说明了对石桥养护的重视程度，另一方面也反映了石桥当时交通的繁忙。广济桥是当时京城通往西北边关和明代帝陵的必经之地，原横跨于清河之上，1982 年迁建于小月河。乾隆十二年（1747 年）《御制过清河桥诗》有"发轫塞北行，入画江南意"之句。

桥为三孔拱券石桥，长 48.04 米，宽 12.46 米。桥体和泊岸用块石包砌，内用条石、城砖混砌而成，灌以白灰浆填缝加固，券石之间以铁腰连接。桥面两侧配有明代石望柱和栏板，下为两个分水尖桥墩。

可惜现在广济桥不但被移建，并且整个桥面被用作停车场，周边环境十分恶劣，是北京众多古桥中境遇极糟的一座（图 14-3-17）。

图 14-3-16　高梁桥桥拱及栏杆

图 14-3-17　广济桥（图片来源：赵大海摄）

六、通运桥（萧太后桥）

通运桥，俗称"萧太后桥"，位于张家湾镇城墙遗迹南面，萧太后运粮河上，经历 400 余年，目前石桥结构依然坚实稳固。

此桥原为木架结构，建于明嘉靖年间，因在张家湾城南门外，初名"南门板桥"，负责连通南北

图 14-3-18 从张家湾城南门看通运桥（图片来源：胡介中摄）　　图 14-3-19 萧太后运粮河上的通运桥（图片来源：胡介中摄）

两岸货物的运输，木桥长久不堪重负，时圮时搭。万历三十一年（1603年），经内官监太监张华奏请改为石桥，两年后完工，赐名"通运"。清咸丰元年（1851年）对桥面有过修整。"文革"期间受到破坏，桥两侧栏板用来磨刀，部分甚至被推入河中，望柱雕刻亦遭砸毁。2002年，北京市文物局拨款对该桥进行修缮，修固分水尖、撞券石，补配栏板，复原桥面及码头平台，并禁止汽车通行。

桥为南北走向，全长40米，宽10米，造型古朴。桥身由花岗岩石砌筑，三券联拱式，中券洞阔9米，左右券洞阔7米。中券上方置有吸水兽，取其吞吸洪水之意，以佑行船平安；券洞内嵌有碑记一块，上刻"大明万历三十三年建"、"清源陈进儒监造"楷书两行。桥面铺以艾叶青石条，两侧护以青砂石栏板，每边各有狮雕望柱18根，浮雕宝瓶栏板19块，戗栏兽2只。桥两端各砌有平台，供来往的舟船停靠，是古代京杭大运河客船码头的位置（图14-3-18、图14-3-19）。张家湾的漕运事业在明清两代达到鼎盛，尤以农历四月后，各地运粮船陆续抵达的时节，等待验粮、起米的舟船从通州东关一直延伸到张家湾，该景象称"万舟骈集"，为"通州八景"之一。明代蒋一葵在《长安客话》中有记述："官船客舫，漕运舟航，骈集于此。弦唱相闻，最称繁盛。"河面帆樯林立，景象壮阔万千，可谓"水上长城"，今日只能遥想。

桥西北原建有福德庙一座，现已无存。尚遗有明代"敕建通运桥记"碑一通，汉白玉质，螭首方座，全高5米余，记载明万历年间改建石桥之事，字迹已漫漶不清（图14-3-20）。

七、琉璃河大桥

琉璃河大桥位于房山琉璃河，建于明嘉靖二十五年（1546年），南北向，横跨于琉璃河上，为十一孔联拱石桥。嘉靖四十年（1561年），在桥

图 14-3-20 《敕建通运桥记》碑（图片来源：胡介中摄）

图 14-3-21 琉璃河大桥西侧全景（图片来源：李倩怡摄）

的南北两端加建了总长约 2000 米，宽 19.8 米，高近 4 米的路堤，堤面铺以巨型条石，以防汛期水淹桥头。清光绪十六年（1890 年），山洪暴发，将桥冲断，后又重修。1966 年，曾对该桥的桥基和桥身进行维修和加固。石桥全长 165.5 米，宽 10.3 米，正中拱券雕有精美的镇水兽，两侧为实心栏板。西侧南数第 34 根望柱西南棱上刻有"石匠三千名"的题记。桥北立有明清石碑数通，记历次修桥的经过，包括明嘉靖四十二年（1563 年）的"敕修琉璃河桥堤记"等（图 14-3-21）。

注释

① 此外，北京的皇家园林中也不乏桥梁的设置，已在本书第五章中结合园林加以介绍，不在本章论述之列。
② （汉）司马迁. 史记. 北京：中华书局，2006：636.
③ （明）蒋一葵. 长安客话. 北京：北京古籍出版社，1994：162.
④ 关沟，昔日太行八陉之一的军都陉，为京师通往八达岭的一条峡谷通道，因居庸关设于谷道中而得名。
⑤ （明）蒋一葵. 长安客话. 北京：北京古籍出版社，1994：162.
⑥ （明）蒋一葵. 长安客话. 北京：北京古籍出版社，1994：162.
⑦ （明）蒋一葵. 长安客话. 北京：北京古籍出版社，1994：162.

北京古建筑

第十五章　建筑技艺（上）：木作技艺

"中国古代建筑的重要特点之一，正是它不专靠单体建筑的形体而主要通过建筑群的组合和庭院空间的变化来取得艺术效果。所以，像明、清故宫、天坛这种宏伟而完整的大建筑群，实际上是现在我们所能看到的中国古代建筑物中最具代表性的那一部分。这些建筑经过明、清两代的经营，五百年间，倾全国的人力物力，踵事增华，在建筑结构、材料、技术和工程质量方面也是最优等的。"

——傅熹年《北京古代建筑概述》

北京在辽代为陪都，在金代为北部中国的首都，元、明、清三朝更成为全中国的首都，大量皇家建筑群的营建将北京古建筑的技艺推向中国元、明、清时期建筑的顶峰。单以明代永乐时期创建紫禁城为例，全部建筑用西南诸省运来的高质量楠木，殿内铺地的方砖（金砖）来自苏州，制瓦的陶土取自安徽太平，彩画颜料自西南诸省征调，匠师更是云集了来自全国各地的能工巧匠，正所谓"穷天下之力以奉一人"——各工种的建筑技艺在紫禁城的营建中均得到巨大发展。

本章和下一章对北京古建筑技艺的论述集中在建筑单体方面，尤其着重分析各工种的技艺成就。本章讨论建筑专著、大木结构、小木装修，下一章则对砖石结构、屋面瓦作和各类建筑装饰进行探讨。

第一节 建筑专著

一、工部《工程做法》

北京古建筑是中国明、清官式建筑的最典型代表。明代建筑没有留下专书，清代有雍正十二年（1734年）颁布的工部《工程做法》[①]一书，将其与北京古建筑相互印证，是研究中国清代官式建筑的重要依据（图15-1-1）。

该书由和硕果亲王允礼及有关官员奉旨编修，共74卷，其中木构做法40卷，工程匠作做法7卷，用料定额13卷，用工定额14卷。木构做法中选择

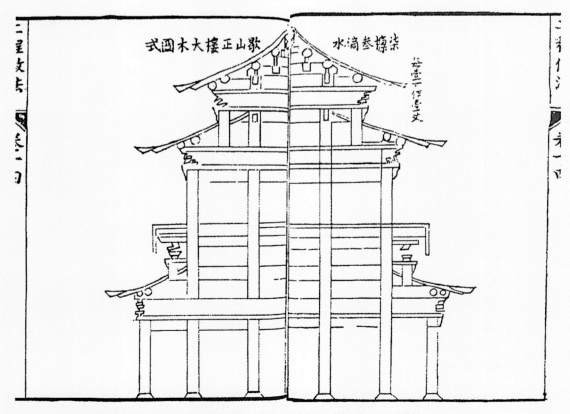

图15-1-1　清工部《工程做法》卷十四插图（图片来源：《中国古代建筑史》（第五卷：清代建筑））

了典型高级工程项目23项，称大式大木，包括九檩单檐庑殿、九檩歇山转角等殿堂型建筑及三滴水城门楼、角楼、箭楼、仓房、方圆亭子等项，逐项开列木构名件及尺寸，成为一种示例性的建筑设计方案。另外又列举了进深为七檩至四檩的次要建筑的结构形式，称为小式大木，共4例。还规定了有11种不同斗口宽度的各类斗科名件尺寸。匠作做法中包括了小木作、石作、瓦作、土作的做法规定。用料定额中记述了木作、铜作、铁作、石作、瓦作、搭材作、土作、油作、画作、裱作的有关规定。在用工定额中又补上了雕銮作、锭铰作等。总计涵盖了17个专业、20余个工种的工程技术问题。

编制该书的主要目的是为了控制经费开支，即该书卷首奏疏中所言："一切营建制造……其规度既不可不详，而钱粮尤不可不慎，是以论物值当第质料之高下；计工价必当核其造作之精粗。"② 因此，全书的重点是记述各工程细目的用工、用料定额，为了核明需用工料数量，又规定重点建筑及匠作的工程做法，应用范围是坛庙、宫殿、仓库、城垣、寺庙、王府等政府工程，不包括民间建筑。

尽管如此，该书还是难得地涉及了清代建筑营造的大量问题，除了起到设计规范及控制预算的作用之外，该书整理了明清以来工程各作的标准做法，起到了阶段性总结的作用。如大木方面分为大式、小式；屋顶划分为庑殿、歇山、悬山、硬山、攒尖五大类；平面归纳为长方形、正方正圆、复杂形体三类；斗科品类分为单昂、重昂、单翘单昂、单翘重昂、重翘重昂、一斗二升交麻叶、外檐品字斗科、内檐品字斗科、隔架科、挑金镏金斗科等十种；确定了斗口模数制度，划分为十一等尺寸的材制；提出各类建筑通行面阔、进深尺寸；确定了屋架叠梁的举架法，形成了清代较陡的屋面坡度的基本数据；以扒梁法和抹角梁法作为庑殿、歇山及复杂屋面转角的基本构造，简化了设计工作；小木作的隔扇门窗、横披、支摘窗、帘架、棋盘大门、实榻大门、木顶隔、隔断、板壁、木栏杆的各种做法；台基做法；瓦作中砌基、砌墙、铺瓦、墁地、抹灰等做法；夯土做法；锭铰做法；披麻抹灰地杖分级及做法；彩画作中划分出琢墨、碾玉、五墨、苏式等四种主要画法；裱作分为隔井天花、海墁天花、梁柱糊饰、秫秸顶棚等各项；装饰工种中，雕饰木件有雕銮匠，制作菱花隔扇有菱花匠，加工铜铁件有锭铰匠，砖刻有凿花匠，镞花有镞花匠等，其他尚有油作、搭材、石作、木材加荒等项。总之，分工十分细密，做法具体翔实，为清代乾隆时期营缮工程的大发展及其后的技术工艺改进建立了技术基础。③

该书首先由梁思成加以注释、配图，并写成《清式营造则例》一书，成为相对简明易懂的现代建筑学书籍。梁思成是研究北京古建筑的先驱，早在1930年加入中国营造学社伊始，梁思成即拜参加过清宫营建的老匠人为师，以北京古建筑尤其是故宫为实物，以清工部《工程做法》为课本，还收集了工匠世代相传的秘本（另外整理为《营造算例》一书），开始了对清代建筑营造方法及其则例的研究，并于1934年出版了近代中国建筑学人关于中国古代建筑研究的第一部重要专著《清式营造则例》，也成为研究中国古建筑和北京古建筑的重要入门读物。该书把对于现代建筑学人来说十分费解难通的中国古建筑营造则例尤其是清代建筑各部分的详细名称和做法用简明生动的文字加以诠释，并用精美的建筑制图和照片将建筑各部分构造加以清晰表达。正如全书的"序"所言：

"本书的主要目标，乃在将清代'官式'建筑的做法及各部分构材的名称，权衡大小，功用，并与某另一部分地位上或机能上的联络关系，试为注释，并用图样标示各部正面，侧面，或断面及与他部连接的状况。图样以外，更用实物的照片，标明名称，以求清晰。"④

二、其他匠作则例

清代有关工匠营作内容的匠作则例尚存不少，据统计约有70种之多，其中涉及的工种有43作。有关土建工程的14作，工艺品、实用品的29作，另有舆仪、船只、军器3作。其中营作匠作则例官修的分内工与外工，如雍正九年（1731年）编的《内庭工程做法》8卷为用于宫廷的内工，十二年（1734年）编的《工程简明做法册》为用于仓廪城垣的外工，工部《工程做法》及乾隆十四年（1749年）编的《工部则例》50卷为内外兼顾体例，《工部则例》后来又纂修多次，皆进行了刊刻。乾隆时期大兴苑囿，为此，内务府辑录了多种园工则例，如《内庭圆明园内工诸作现行则例》、《圆明园内工则例》、《万寿山工程则例》、《热河工程则例》、《万春园工程则例》。⑤

另外，供职内廷样房、算房的匠师、小吏以及民间工匠为了工作方便，也将许多工程经验及师徒传授的做法算法编辑成册，世代流传。

梁思成在整理各类匠作则例的基础上编成《营造算例》一书，共11章，包括斗栱大木大式做法、大木小式做法、大木杂式做法、装修、大式瓦作做法、小式瓦作做法、石作做法、土作做法、桥座做法、牌楼做法、琉璃瓦料做法，是对《清式营造则例》的重要补充。正如书中指出的，《工程做法》一书，由于既非做法，亦非则例，因此虽然向来被匠人奉为程式，但都各自别有抄本，历代传授。这些零散抄本内容都是原则算例，正是《工程做法》中所缺少的"则例"一部分，比《工程做法》的体裁高明得多：各算例虽有原则性算法，但又时常强调可以因地制宜进行斟酌，书中常出现"或临期看地势酌定"、"或看形势酌定"等语，是匠师们总结的重要"设计之道"。

第二节　大木结构

一、概述

北京古建筑在单体大木结构方面取得了极高的成就。首先，中国现存面积最大的木结构单体建筑前两名分别为紫禁城太和殿与十三陵长陵祾恩殿，虽然在整个中国古代建筑史中，它们并非最大的单体殿堂，但其规模与技艺依旧相当卓绝（图15-2-1～图15-2-3）。

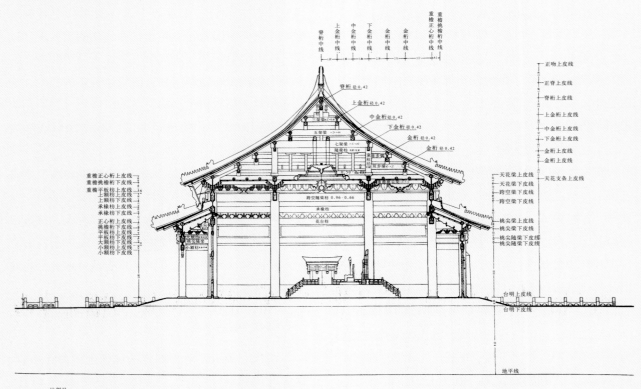

图15-2-1　紫禁城太和殿横剖面图（图片来源：《紫禁城宫殿》）

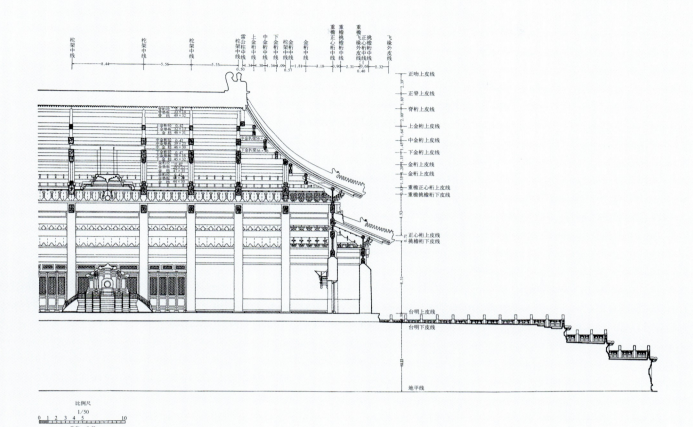

图 15-2-2 紫禁城太和殿纵剖面图（图片来源：《紫禁城宫殿》）

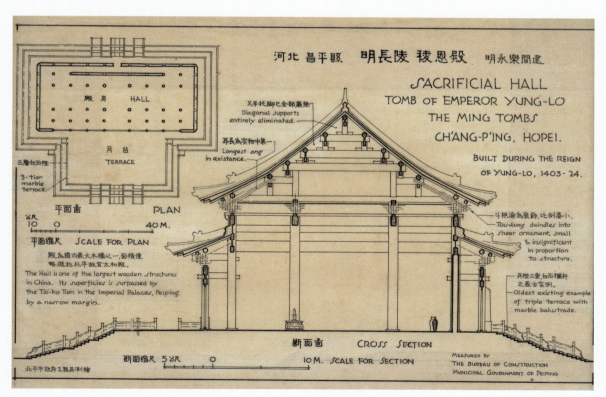

图 15-2-3 明十三陵长陵棱恩殿平面及剖面图（图片来源：清华大学建筑学院中国营造学社纪念馆提供）

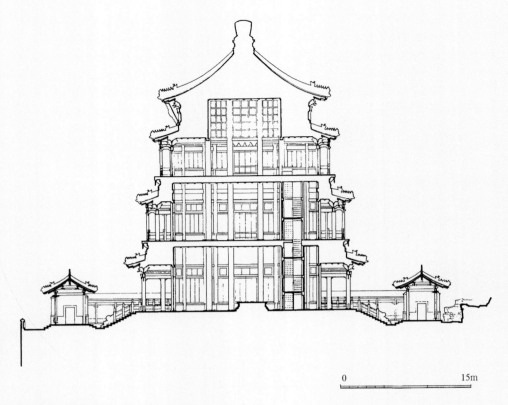

图 15-2-4 颐和园佛香阁剖面图（图片来源：《颐和园》）

其次，颐和园佛香阁是中国现存木构建筑高度排行第三的杰作（构架全高约 36.48 米），前两位分别是应县木塔（67.3 米）和承德普宁寺大乘阁（39.16 米）（图 15-2-4）。

此外，紫禁城午门明间跨度达 9.15 米，天安门明间跨度 8.52 米，太和殿明间跨度 8.44 米，内金柱高达 12.63 米。一大批巍峨壮丽的木构建筑都充分展现了明清时期北京古建筑大木作达到的高超技艺。

北京最主要的古建筑大都是明、清两代的官式建筑。⑥以下略述明、清官式大木作的一些基本特点。

（一）明代大木作

明代官式建筑是在南、北方木构建筑融合的基础上形成的，尤其是通过继承江浙宋元传统、摒弃元代北方官式建筑而产生的，是在江南建筑传统基础上进一步规范化、庄重化而形成的。⑦傅熹年指出：

"明初修南京宫殿所用为以苏州帮为主的江浙工匠，故明初在南京的官式建筑是在南宋以来江浙地区建筑传统的基础上发展而来的。明永乐帝迁都北京，拆毁元大都宫殿、坛庙、官署，征集江南工匠按南京宫殿的规制建北京宫殿、坛庙、官署，北京地区原有的辽、金、元以来的建筑传统遂逐渐泯灭，而明之北京官式即在南京官式基础上发展完善，在建筑规制和技术上与唐宋辽金以来的中原和北方建筑体系相比，都有很大变化，官式建筑的模数也由宋式的材'分'制变为明官式的斗口制。

明式的'斗口'实即宋式的材宽，仍为10'分'，但明式之材高却由宋式之15'分'减为14'分'，而栔高6'分'不变，足材由21'分'减为20'分'，这样其模数遂由15、21'分'进位简化为10、20'分'进位，对工匠计料有极大的便利。明式的材等也比元以前大幅度降低。……斗栱用材减小后，它不能再像唐、宋、辽那样与明栿结合形成保持构架稳定的铺作层，逐渐蜕化为柱、梁之间的装饰垫层。保持构架稳定的功能则改由架设在柱头间的阑额和随梁枋（即宋式之顺栿串）构成的井字格形支撑系统所取代。由于加支撑系统后柱网本身已是稳定的构架，也就不必用侧脚、生起等做法了。"⑧

明代官式建筑产生之前，元代大木结构比起宋代已经产生了很多重要的变化，这些变化可看作是由唐、宋向明、清过渡的重要过程，《中国古代建筑史》第四卷"元、明建筑"中总结了元代大木作（特别是元代北方官式建筑）在五个方面的重要变化：①层叠式结构（主要用于殿阁）的衰落和混合式结构（主要运用于厅堂）的扩展。②梁栿作用的增强，大木结构"从简去华"，斗栱出跳减少，梁栿断面增加，不仅担任主要简支构件，甚至逐渐取代斗栱充当悬挑出檐的构件。③柱网的自由化和天然木材用作连续梁栿的技巧。④斗栱地位的下降与宋代材、分制度的解体：与梁栿作用提升对应的是斗栱地位的下降，元代大木的用材比宋代降了三个等级，基本用材由宋代的三等材降至六等材，铺作层在檐下构件中的高度比例由宋金时期的30%左右降至25%以下；一些细部也开始出现明代建筑的先声，如耍头改为足材，琴面昂完全取代批竹昂（不少元构中的琴面昂略略上翘，成为明清两代象鼻昂、凤头昂的先声），柱头铺作用假昂的做法也更为普遍，补间铺作开始增多等。⑤承前启后的翼角做法，通过改进完善《营造法式》中的"隐角梁法"（利用杠杆原理）获得更加稳固的翼角构造。

明初洪武年间大修南京宫室以及永乐年间大修北京宫室，均促成了中国南北建筑文化的大交流与大融合，酝酿了明代官式建筑的产生。明代大木技术的发展主要表现在以下几个方面：①柱梁体系的简化与改进。②从举折到举架的转变，这一重要转变发生在明代中晚期（在北方很可能是嘉靖朝以后才普遍使用举架法的），南北两地的建筑都发生了此种变化，有学者认为这是由于举架之法中各步架椽的斜率为整数比（或整数加0.5之比），便于算料，最终取代了举折⑨，而倘若从这一变化的最终结果来看，是使得中国古建筑的屋顶坡度变陡，从而令屋顶在正立面构图中所占比例增大，同时也对应于斗栱高度在正立面的比例的下降，因此举架代替举折的另一个重要原因，可能是要强调屋顶在建筑外观尤其是正立面外观中的重要性，而这或许与琉璃瓦的广泛运用息息相关。③斗栱的进一步变化，包括柱头铺作与补间铺作差异加大，足材正心枋和补间铺作反映了大木作向清代的单一模数的转变，丁头栱逐渐退化为雀替状，上昂的装饰化及镏金斗栱的形成等。④翼角做法逐渐定型。⑤重檐和楼阁做法的简化与发展，最主要的是变宋代的层叠式为主的做法为通柱的做法，此外还包括擎檐柱的使用等。⑥硬山式屋顶的大量普及，主要是砖技术的提高造成的。⑦精巧的榫卯技术。

一个显著的变化是随着宋代材分制的解体，斗口制逐渐在明代形成。

（二）清代大木作

清代官式大木制度是应用于宫廷或京畿华北一带民间的木构形制。官式大木分为大式及小式。大式指宫殿、庙宇、衙署、坛庙、王府等重要建筑，一般有斗栱及围廊，可采用单檐、重檐的庑殿、歇山等高级屋顶形式和琉璃瓦，不过也有不少不用斗栱的大式建筑。小式建筑都不用斗栱，用于次要房屋及民居，开间较小，面阔三间至五间，屋顶仅为硬山或悬山，布瓦屋面（图15-2-5、图15-2-6）。

《中国古代建筑史》第五卷"清代建筑"中归纳了清代大木作结构的一些特征：①柱网更加规格化、程式化，开间、柱距更为划一；②材分制名存实亡，虽然某些大型建筑中采用斗口模数制，但已不可能规范所有的建筑尺度，大量的建筑尺度是以惯用数据为则；③以顺梁、扒梁、抹角梁来解决角部构架及上檐上层柱位的方法成为通用构造方法；④斗栱退化为等级性的装饰名件，而代之以榫卯交接的穿梁，用来组织梁柱节点构造，尤其是内檐更为明显，除了平台部分选用的品字形斗科尚具结构意义之外，其他斗科仅具形式；⑤唐宋以来的檐柱侧脚、生起，逐渐减弱以至消失，为了加强构架整体稳定性，采用双重额枋，选用雀替，加设廊步的抱头梁及穿插枋，甚至柱间加用一部分剪力墙等办法用以代替侧脚；⑥为增强纵向构架承载力，普遍采用檩、垫、枋三件合一的组合件；⑦木构件的修饰，

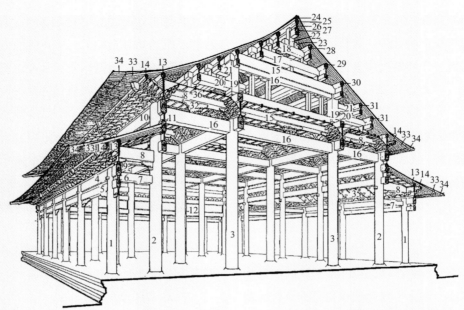

1-檐柱；	2-老檐柱；	3-金柱；	4-大额枋；	5-小额枋；	6-由额垫板；	7-桃尖随梁；	8-桃尖梁；
9-平板枋；	10-上檐额枋；	11-博脊枋；	12-走马板；	13-正心桁；	14-挑檐桁；	15-七架梁；	16-随梁枋；
17-五架梁；	18-三架梁；	19-童柱；	20-双步梁；	21-单步梁；	22-雷公柱；	23-脊角背；	24-扶脊木；
25-脊桁；	26-脊垫板；	27-脊枋；	28-上金桁；	29-中金桁；	30-下金桁；	31-金桁；	32-隔架科；
33-檐椽；	34-飞檐椽；	35-溜金斗科；	36-井口天花				

图 15-2-5 清官式大型殿堂构架剖视图（图片来源：《中国古代建筑史》（第五卷：清代建筑））

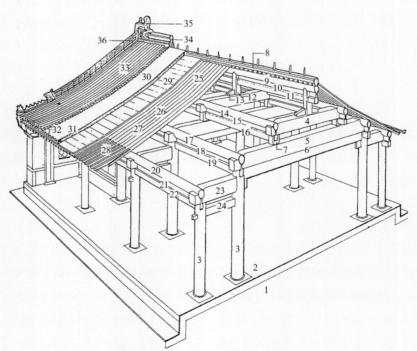

1-台基；	2-柱础；	3-柱；	4-三架梁；	5-五架梁；	6-随梁枋；	7-瓜柱；	8-扶脊木；
9-脊檩；	10-脊垫板；	11-脊枋；	12-脊瓜柱；	13-角背；	14-上金檩；	15-上金垫板；	16-上金枋；
17-老檐檩；	18-老檐垫板；	19-老檐枋；	20-檐檩；	21-檐垫板；	22-檐枋；	23-抱头梁；	24-穿插枋；
25-脑椽；	26-花架椽；	27-檐椽；	28-飞椽；	29-望板；	30-苫背；	31-连檐；	32-瓦口；
33-筒板瓦；	34-正脊；	35-吻兽；	36-垂兽				

图 15-2-6 清官式一般房屋构架剖视图（图片来源：《中国古代建筑史》（第五卷：清代建筑））

从对承重构件外形加工（如月梁、梭柱、卷杀、讹角等手法）转向构件表面的装饰，如重彩油饰表面；⑧内外檐分离设计，外檐以承重为主，内檐以创造空间环境为主，广泛使用天花吊顶。

1. 用斗栱的大式

大式建筑主要指宫殿、府邸、衙署、皇家园林等为皇家或者官方服务的建筑，小式建筑以民居为主。大式建筑与小式建筑的区别表现在建筑规模、群体组合方式、单体建筑体量、平面繁简、建筑形式难易以及用材大小、做工粗细、用砖、用瓦、用石、脊饰、彩画、油漆等方方面面，并非仅以有无斗栱作为区别的标准。清代无斗栱的建筑（即柱梁直接榫接）数量日益增多，包括一部分内廷大式工程也可采用，工部《工程做法》中27例大木中有14例无斗栱大木作。

带斗栱的大式建筑，视其性质、规模先选定所用的斗口等级，再据斗口实际宽度和具体的斗口、攒档数换算出建筑的平面、立面和构件的实际尺寸。《工部工程做法》规定：以斗口为模数的建筑，其檐柱高（自柱底计至斗栱上的挑檐桁下皮）为70斗口，檐柱直径为6斗口。以檐柱径为推算其他构件断面的依据，其金柱、梁、枋等断面即以檐柱径加减一个常数（通常为2寸）或乘一个系数（通常为1.2或0.35）而定。⑩其中梁断面的确定是先以柱径加2寸定梁厚，再以梁厚之1.2倍定梁高，形成高厚比为6∶5的梁断面，与宋《营造法式》规定的3∶2相比，受力的科学性大为退步，呈现为"肥梁"的形象，用料浪费，可谓清式建筑的一大弊端。

2. 不用斗栱的大式和小式

不施斗栱，柱头直接承托梁（抱头梁），梁头上放檐檩，柱头间连以檐枋，檐檩与檐枋之间加垫板。小式建筑以及不用斗栱的大式建筑一般视建筑之规模分别规定其檐柱高、檐柱径与明间面阔的比例关系，再据柱径加减一定尺寸以定梁、枋等构件之断面。与用斗栱的大式大木构架计算的不同之处主要是其檐柱的高度和直径由明间面阔决定而不由斗口决定。但在明确了檐柱的高度和柱径后，推算其他构件时仍是以檐柱径为基准加减2寸（或1.5寸）或乘一定系数，与用斗栱的大木算法基本相同。

七檩小式、六檩小式、五檩小式硬山建筑是北京四合院民居中最普遍的建筑形式，其中七檩前后廊式建筑常用作正房或过厅，六檩前出廊式建筑常用作厢房，有时也用作正房或后罩房，五檩无廊式建筑常用于厢房、后罩房、倒座房等。

3. 大木杂式

按照梁思成整理的《营造算例》一书，楼房、钟鼓方楼、钟鼓楼、垂花门、亭子、仓房、游廊之类，皆可列入大木杂式之中，亦各有算例可依。

二、柱网、梁架和屋顶类型

北京官式建筑单体的最主要部分是其大木构架。从明代起，官式建筑大木作向加强构架整体性、斗栱装饰化和简化施工三个方面发展。⑪柱网相对而言比较呆板，少有减柱以追求大空间之做法。出檐为檐柱高的三分之一或十分之三，主要靠桃尖梁和部分斗栱实现。与唐、宋建筑相比，明、清建筑中梁的作用在提升，斗栱的作用在下降。

（一）柱网

明代官式建筑柱网中规中矩，"四柱一间"是其基本格式，柱网严谨程度比之唐宋犹有过之，更不用说与元代大量使用的"减柱平面"相比了。明代建筑柱网布置的总体特点是规整严谨、纵横有序。

清工部《工程做法》规定的大木柱网布置愈发趋于规整，柱间净跨，一般宫殿选用二丈，仓房、库房为一丈半，一般房屋为一丈二，廊深四尺至三尺，柱列整齐，呈无缺减的柱网地盘布置。自宋代厅堂构架变化用柱，至金元减柱结构，至明、清重又恢复规整的用柱制度。

1. 平面形状

柱网的布置与平面形状及功能布局密切相关。明清北京古建筑平面主要为长方形、正方形、圆形平面，其他如六角形、八角形、扇形（如颐和园扬仁风、醇亲王府花园扇形亭）乃至于特殊形状如曲尺形、十字形、凸字形、凹字形、田字形、卍字形、双圆形等。

2. 面阔、进深之确定

清代建筑平面柱网的面阔、进深，有斗栱者以斗口为模数，清式斗科攒距为 11 斗口，故面阔、进深均为 11 斗口的倍数。无斗栱的大式或小式建筑则按惯例确定其面阔、进深，一般宫廷建筑明间面阔一丈二尺至一丈四尺，民间建筑一丈，宫廷建筑进深一丈六尺至二丈，民间一丈二尺。垂花门、廊子等小型建筑面阔、进深适当减小，总之无斗栱建筑平面尺寸可随宜而定。

3. 生起、侧脚之削弱与卷杀之取消

清代建筑生起与侧脚皆不明显：柱之收分与侧脚（掰升）值相等，大式为柱高的 7/1000，小式为柱高的 1/100（图 15-2-7）。

柱不用梭柱卷杀，清代官式建筑的立柱径与高之比为 1∶10，柱身仅微微收分，而无卷杀，总体而言，比之唐宋建筑少了细腻之美感。宋代大木作中檐柱角柱的生起、侧脚、梭柱、月梁等做法，施工都十分复杂，明代官式建筑逐渐取消这些做法（地方上尤其江南地区有时还保留），达到了施工简化的目的，不过也使建筑单体丧失了很多视觉上细腻的韵味。

4. 楼阁的通柱式和擎檐柱

北京为数众多的楼阁有一些重要的共同特征，包括通柱式的框架结构，以童柱承檐，抹角梁的运用，刚性墙体用于加固等。此外，还有一个重要的特征是擎檐柱的运用：明代楼阁的一大变化是使用擎檐柱，北京城楼、鼓楼乃至于智化寺万佛阁都使用擎檐

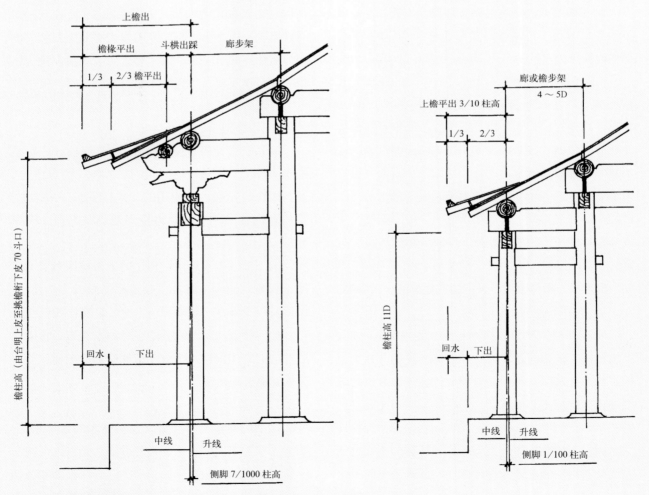

图 15-2-7　清式檐柱侧脚与上出、下出示意图（图片来源：《中国古建筑木作营造技术》）

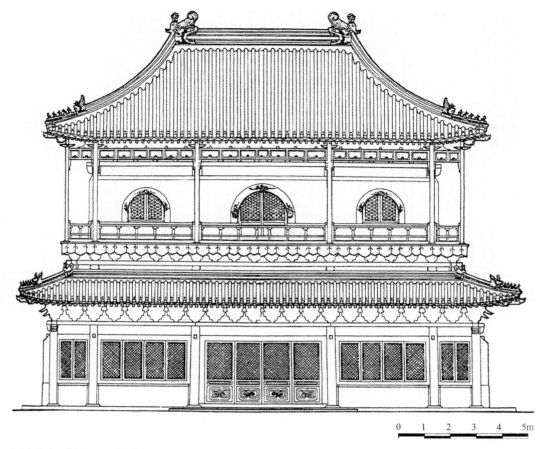

图 15-2-8　北京智化寺万佛阁立面图（图片来源：《东华图志》）

柱，其特点是断面细小，以柱顶支撑檐椽或飞椽，同时还可以固定望柱栏杆（图 15-2-8）。古代木构建筑翼角容易年久下垂，后人便以柱支撑，这或许就是擎檐柱的起源。从元人夏永的《岳阳楼图》、《滕王阁图》中可知，此类擎檐柱在元代已经出现。

（二）梁架

大木结构中，柱网之上的梁架决定了建筑之三维空间及外部造型。北京明、清官式建筑的梁架为抬梁式结构，即在前后檐柱间搁置大梁，大梁上叠小梁，逐步缩减，形成山字形构架。根据各梁实际承托的桁（檩）数目分别称三架梁、五架梁、七架梁、九架梁等（卷棚式构架则出现了四架梁、六架梁等）。各层梁端纵向安置桁（檩）以及拉扯用枋木，桁（檩）上搭椽，钉铺望板，承托屋面构造荷载。檐柱柱头之间连以大小额枋及平板枋形成整体框架。

对于有前后檐廊的建筑，除内部主体仍保持抬梁式构架之外，前后廊则用穿梁法，即梁一端抬在檐柱上，另一端穿入金柱内，称作桃尖梁或抱头梁；若一些进深很大的建筑在穿梁上可再托梁，分别称作三穿梁、双步梁、单步梁等（图 15-2-9）。在歇山、庑殿屋顶中还要使用顺梁、扒梁或者抹角梁等特殊做法（图 15-2-10～图 15-2-13）。像天坛祈年殿这类特殊造型的木构架中还出现了弧线优美的蛾眉穿插枋（图 15-2-14）。

明代官式建筑的梁栿断面，既有承袭宋《营造法式》的高宽比接近 3：2 的，也有接近后来清代成为定制的高宽比为 5：4 的，表现出承前启后的特点。清代则大多为肥梁即 6：5 左右的梁断面。

阑额（额枋）和普拍枋（平板枋）之关系由宋元的"T"字形变为明清的"凸"字形（图 15-2-15）。

（三）屋顶类型

北京古建筑的屋顶大致以庑殿、歇山、悬山、

图 15-2-9 文华门梁架

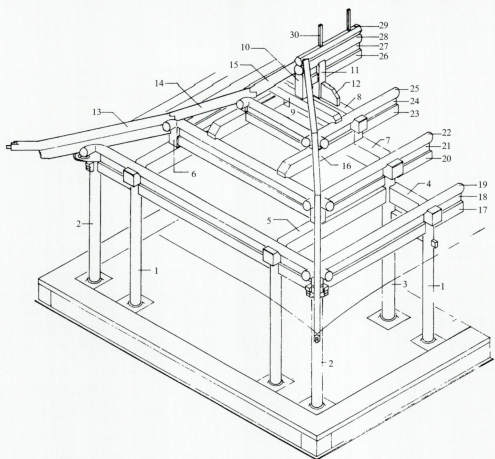

1-檐柱；2-角檐柱；3-金柱；4-抱头梁；5-顺梁；6-交金瓜柱；7-五架梁；8-三架梁；
9-太平梁；10-雷公柱；11-脊瓜柱；12-角背；13-角梁；14-由戗；15-脊由戗；16-趴梁；
17-檐枋；18-檐垫板；19-檐檩；20-下金枋；21-下金垫板；22-下金檩；23-上金枋；
24-上金垫板；25-上金檩；26-脊枋；27-脊垫板；28-脊檩；29-扶脊木；30-脊桩

图 15-2-10 清式庑殿构架示意图（图片来源：《中国古建筑木作营造技术》）

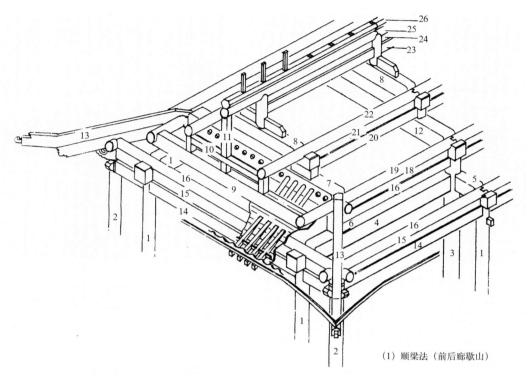

(1) 顺梁法（前后廊歇山）

1-檐柱；2-角檐柱；3-金柱；4-顺梁；5-抱头梁；6-交金墩；7-踩步金；8-三架梁；9-踏脚木；10-穿；11-草架柱；12-五架梁；13-角梁；14-檐枋；15-檐垫板；16-檐檩；17-下金枋；18-下金垫板；19-下金檩；20-上金枋；21-上金垫板；22-上金檩；23-脊枋；24-脊垫板；25-脊檩；26-扶脊木

图 15-2-11　清式歇山（顺梁法）构架示意图（图片来源：《中国古建筑木作营造技术》）

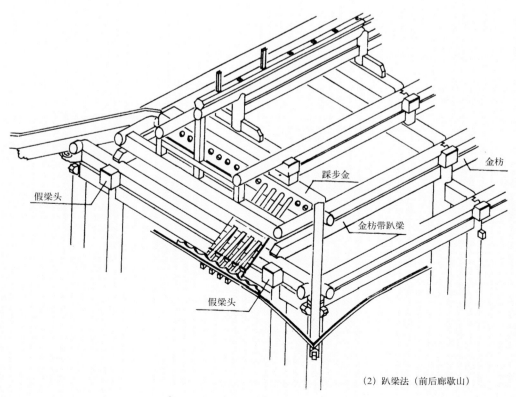

(2) 趴梁法（前后廊歇山）

图 15-2-12　清式歇山（趴梁法）构架示意图（图片来源：《中国古建筑木作营造技术》）

图 15-2-13 社稷坛享殿歇山转角梁架（图片来源：赵大海摄）

图 15-2-14 天坛祈年殿蛾眉穿插枋（图片来源：包志禹摄）

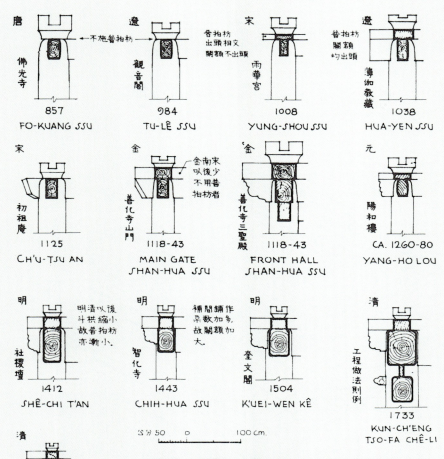

图 15-2-15 历代阑额普拍枋演变图（图片来源：《梁思成全集》（第四卷））

硬山和攒尖为基本类型，庑殿、歇山各有重檐样式，五种屋顶又皆有卷棚做法。此外又有十字脊、盝顶、盔顶、扇形顶等变体（图15-2-16）。以叠梁法建造的紫禁城角楼为北京古建筑屋顶之最，共有72条脊（图15-2-17）。其他复杂的组合式屋顶还有北海团城承光殿，紫禁城御花园千秋、万春二亭，颐和园文昌阁等（图15-2-18、图15-2-19）。勾连搭式屋顶大量运用于园林建筑、戏楼建筑以及清真寺礼拜大殿等对进深要求高的建筑物中。

推山：庑殿木构架一个更加细腻的处理手法称作推山。所谓推山，顾名思义，即是将两山屋面向外推出，使得正脊加长、山面坡度变陡，对于这样带来的微妙变化梁思成曾经有过精辟的总结：

"假使两山的坡度与前后的坡度完全相同，则垂脊的平面投影及四十五度角线上之立面投影都是直线。为求免去这种机械性的呆板，所以将正脊两端加长，使两山的坡度，较峻于前后的坡度，于是无论由任何方向看去，垂脊都是曲线了。类似这种微妙的作法，在希腊和歌德式建筑里是时时看见的。"⑫

清官式庑殿顶的四角垂脊水平投影并不是45度直线，而是微微向外弯曲的弧线，即令正脊延长，向两个山面方向外推，故曰"推山"。推山的具体方法是将每步45度由戗水平外推十分之一步架，逐步递推而形成，而檐步不推（图15-2-20、图15-2-21）。

收山：清代官式歇山屋顶山面的三角形山花向内收一定距离，称作收山。一般规定为一檩径，较宋式收山小得多。草架柱、穿和踏脚木等构件用于支撑悬挑出的桁檩，与悬山不同的是，歇山屋顶的山面部分用山花板封住，用于分隔室内外空间，宋式歇山顶山面的悬鱼、惹草之类构件不复存在（图15-2-22）。

图15-2-16 北京古建筑屋顶基本类型及组合示意图（图片来源：据《中国古代建筑史》插图改绘）

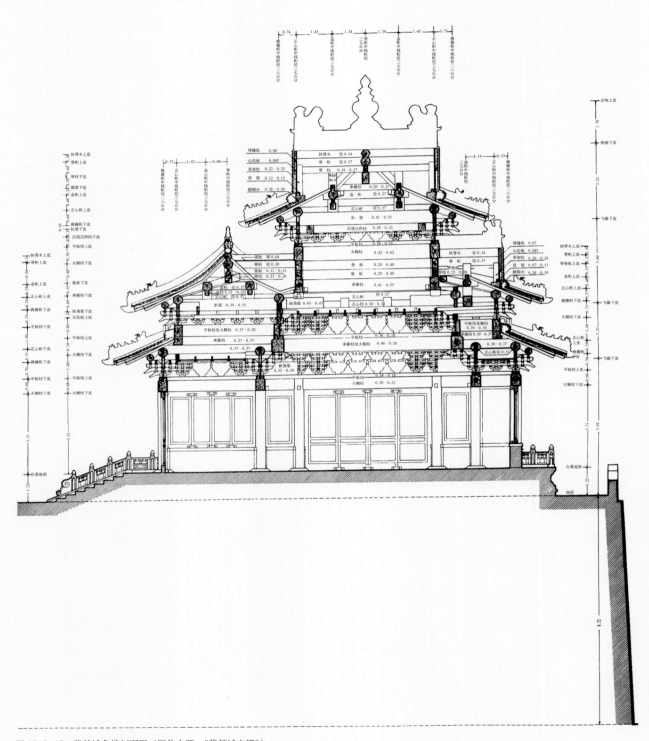

图 15-2-17 紫禁城角楼剖面图（图片来源：《紫禁城宫殿》）

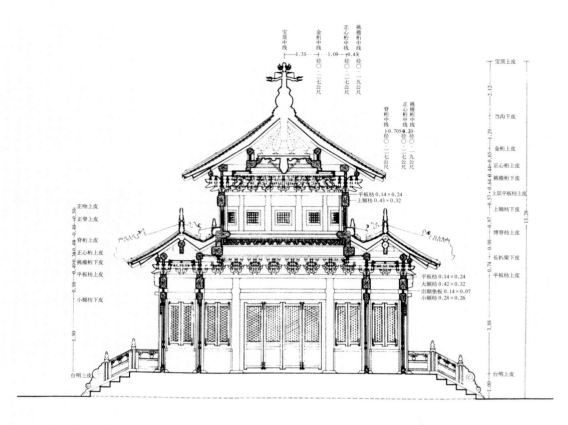

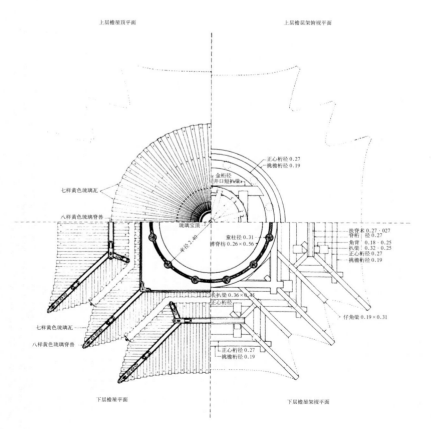

图 15-2-18 紫禁城千秋（万春）亭平、剖面图（图片来源：《紫禁城宫殿》）

图 15-2-19　颐和园文昌阁的组合式屋顶

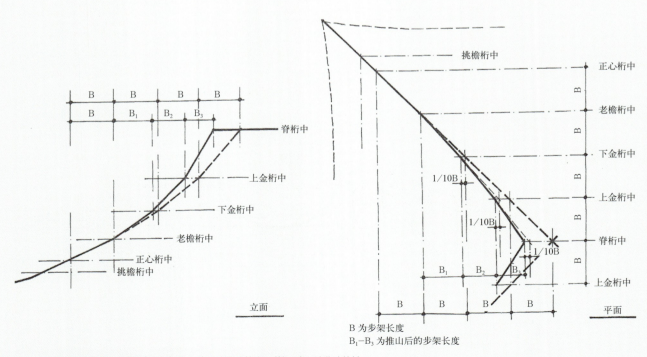

B 为步架长度
$B_1 - B_3$ 为推山后的步架长度

图 15-2-20　庑殿推山示意图（图片来源：《中国古代建筑史》（第五卷：清代建筑））

图 15-2-21 太和殿推山效果

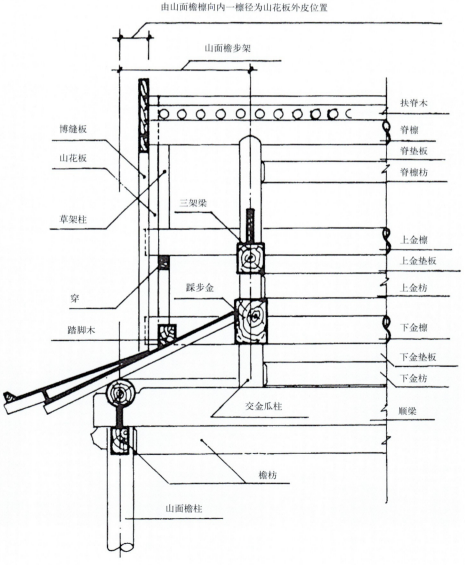

图 15-2-22 歇山山面构造及收山示意图（图片来源：《中国古建筑木作营造技术》）

三、斗栱与斗口制

(一) 斗栱 (斗科)

清官式建筑称斗栱为斗科,其基本组件包括斗、栱、翘、昂、升,不同位置有不同名称。整组斗科按在建筑中位置的不同分为柱头科、平身科、角科(图 15-2-23、图 15-2-24)。清式斗科分为五大类。

1. 翘昂斗科

为最常用斗科类型,即由翘昂出跳构成(图 15-2-25)。按出跳多少又分为斗口单昂、斗口重昂、单翘单昂、单翘重昂、重翘重昂,即从三踩斗科至九踩斗科。

2. 一斗二升交麻叶与一斗三升斗科

大斗上安瓜栱,托两个槽升子,中心一个麻叶头或三个槽升子,不出跳,共二材高度,是较低级的斗科,用于亭榭、垂花门之类建筑上(图 15-2-26)。

3. 三滴水品字斗科

里外出跳皆用翘,不用昂,形如倒品字,多用在楼房或城楼平台,或内檐金缝花枋及藻井四周。

4. 隔架科

下为荷叶墩,中贴斗耳,上为瓜栱及两个槽升子托大雀替。多用于内檐上梁与跨空随梁枋之间的空当(图 15-2-27、图 15-2-28)。

5. 挑金镏金斗科

安装在高等级建筑外檐平身科斗科里拽,外拽同翘昂斗栱,里拽改用夔龙尾、秤杆、六分头、菊花头等斜材,直插金檩垫枋之下。这种斗栱保留了唐宋真昂的余韵,但已完全装饰化(图 15-2-29~图 15-2-31)。

清工部《工程做法》中的斗科只列举了翘昂斗科等规则性斗科 9 种,宋元以来的斜栱、翼形栱、多种形式的昂头皆摒弃不用,进一步标准化。

(二) 斗口制

坐斗开十字口以承翘(昂)或者栱,其中承翘(昂)的开口称斗口。

带斗栱的清代官式建筑以"斗口"为基本模数,称"斗口制"。斗口,即平身科坐斗在面宽方向的刻口。1 斗口又划分为 10 分,清代 1 足材为宽 1 斗口,高 2 斗口的断面(单材高 14 分)。斗口的宽度是有斗栱的建筑各部分尺寸的基本单位,例如柱径 6 斗口,柱高 60 斗口,坐斗高 2 斗口,长宽各 3 斗口,每拽架 3 斗口,攒间距离 11 斗口等。

为控制建筑物的体量和规模,清代官式建筑将大式建筑用材标准划分为 11 个等级,即斗口尺寸从 6 寸至 1 寸,每半寸一等,称为十一等材。但实际应用当中,大部分工程仅采用八、九等材的斗科。

图 15-2-23 太庙戟门斗栱:可见柱头科与平身科,为单翘重昂七踩斗科

图 15-2-24 太庙戟门角科仰视,为单翘重昂七踩斗科

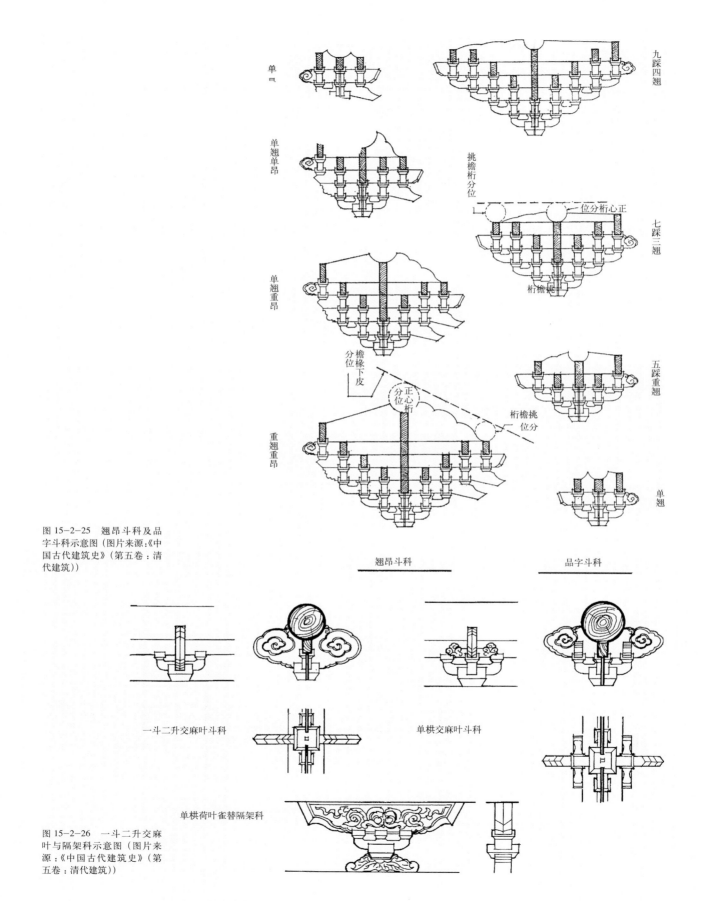

图 15-2-25 翘昂斗科及品字斗科示意图（图片来源：《中国古代建筑史》(第五卷：清代建筑)）

图 15-2-26 一斗二升交麻叶与隔架科示意图（图片来源：《中国古代建筑史》(第五卷：清代建筑)）

图 15-2-27　太和门梁架及隔架科

图 15-2-28　养心殿前廊卷棚梁架及隔架科

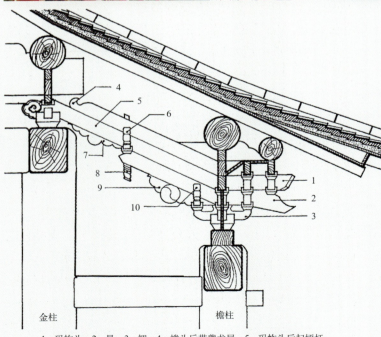

1-玛蚱头；2-昂；3-翘；4-撑头后带夔龙尾；5-玛蚱头后起枰杆；
6-三福云；7-菊花头；8-覆莲梢；9-菊花头带太极图；10-三福云

图 15-2-29　镏金斗科示意图（图片来源：《中国古代建筑史》（第五卷：清代建筑））

图 15-2-30　社稷坛享殿镏金斗科（图片来源：赵大海摄）　　图 15-2-31　太庙井亭镏金斗科（图片来源：赵大海摄）

一、二、三等材未见使用过，文献记载城楼等高大建筑最多用四等材，一般单层建筑多为七、八等材，如故宫太和殿才用七等材，而大部分建筑多用九等材，如承德外八庙等大型庙宇即用九等材，垂花门用十等材，十一等材或更小仅用在藻井等装修用材上。大量材等其实形同虚设，说明清代斗口制已不再如宋代材分制那样强调"以材为祖"，"材分八等"，"度屋之大小而用之"，仅仅留下了材等的部分象征意义（图 15-2-32）。

与唐、宋、元的斗栱相比，明、清斗栱在整座建筑中的比例骤然减小（斗栱之高在辽宋时为柱高之半，至明清仅为柱高的五分之一或六分之一），而补间铺作即平身科的数目骤然增加，除了柱头转角斗栱之外，数目众多的平身科完全不起结构作用而沦为装饰，这是中国古建筑外部特征的一个重要变化。

如果按照宋《营造法式》的八等材断面尺寸来看，北京明清建筑的用材可谓极其卑小：最大者仅为法式的六等材，包括明代太庙享殿、戟门，社稷坛享殿、戟门，紫禁城神武门城楼；其次是七等材，包括明代的先农坛太岁殿、拜殿；再次是八等材，包括明代的长陵祾恩殿、大慧寺大殿、紫禁城协和门，清代的紫禁城太和殿、乾清宫、坤宁宫、太和门；最后是等外材，包括明代的智化寺万佛阁、藏殿、天王殿，紫禁城中和殿、保和殿、钟粹宫，先农坛庆成宫前殿、后殿，清代的紫禁城体仁阁及多数清代大式建筑。⑬

梁思成指出，明清斗栱与宋元斗栱比较，除去比例大小不同之外，在用昂的方法及用材的方法上都有显著的区别。昂的杠杆作用在明初的建筑如祾恩殿、社稷坛享殿中尚存，到后世则慢慢成为装饰或者不必需的累赘……不唯是昂的力学性能变化了，昂的造型也由元代起几乎全部使用富于装饰性的琴面昂，再不使用简洁的批竹昂了，明清更发展出象鼻昂、凤头昂等装饰性更强的造型（图 15-2-33）。

从现存明清建筑实例看，明间用八攒、次间用六攒平身科的建筑只有长陵祾恩殿、祾恩门和紫禁城保和殿，是用平身科最多之例；其次为明间用八攒、次间用五攒平身科，有太和殿、午门和太和门；明间用六攒、次间用五攒平身科的有武英殿，其余重要门殿包括太庙的前、中、后三殿，紫禁城的东、西华门，文华殿等，都是明间六攒、次间四攒平身科。傅熹年认为，这个现象表明，自明永乐建北京宫殿起，平身科斗栱攒数以八、六、五、四递减，已开

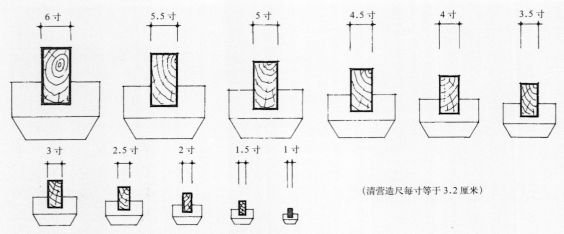

图 15-2-32 清式斗口的十一个等级示意图（图片来源：《中国古建筑木作营造技术》）

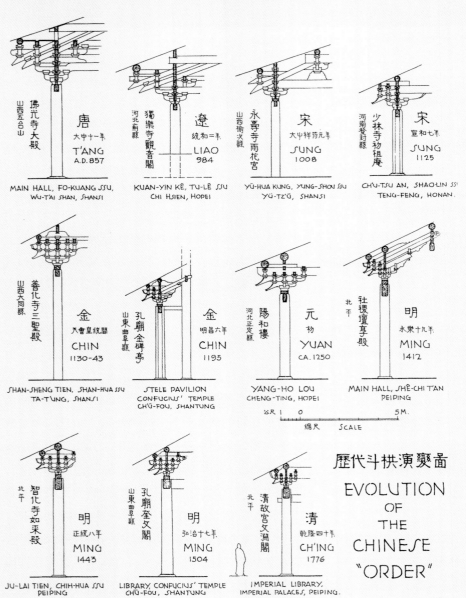

图 15-2-33 历代斗拱演变图（图片来源：《梁思成全集》（第四卷））

始具有建筑等级标志的意义，这时的斗栱已不再有结构作用，而成为兼以其出跳数和攒数表示建筑等级的装饰性垫层。⑭

孙大章在《中国古代建筑史》第五卷"清代建筑"中总结道：

"斗口制度虽然仿宋代遗意，但宋制之'材'是一断面概念，具有结构受力的意义，标准材以及扩大材分的梁枋在构架中应用甚广。而斗口制是长度单位，以它确定构件长度、宽度，而更多的常用数据为梁高、各层叠梁高厚、各种柱径，则改用加减两寸选用（小式大木加减一寸半），斗口已不能完全控制梁枋断面比值。开间面阔虽按补间斗科攒数折合斗口定长，但无斗栱建筑的开间不得不按柱径或传统习惯定出具体尺寸的面阔进深，门窗装修亦按柱径，角梁、椽子、望板厚按椽径等。说明清代建筑已在探索出去古老的材分制以外的设计定制方法，但并不成熟。"⑮

四、举架

明代中晚期，中国南北两地建筑都发生了一个令人瞩目的变化，即屋顶的起坡方法由举折转变为举架。⑯ 由于举折之法是先定举高而后做折法，举架是先做折法而后得出举高，故举折之法的整个屋顶的高跨比常为整数比，而举架之法则反之，整个屋顶的高跨比不是整数，而各架椽的斜率为整数比或整数加0.5之比（图15-2-34）。这一变化大大改变了中国建筑的外观，最突出的就是屋顶坡度由舒缓变得陡峻。

清代官式建筑各步举高表　　表15-2-1

建筑进深	飞檐	檐步	下金步	中金步	上金步	脊步
五檩	三五举	五举				七举
七檩	三五举	五举		七举		九举
九檩	三五举	五举	六五举		七五举	九举
十一檩	四举	五举	六举	六五举	七五举	九举

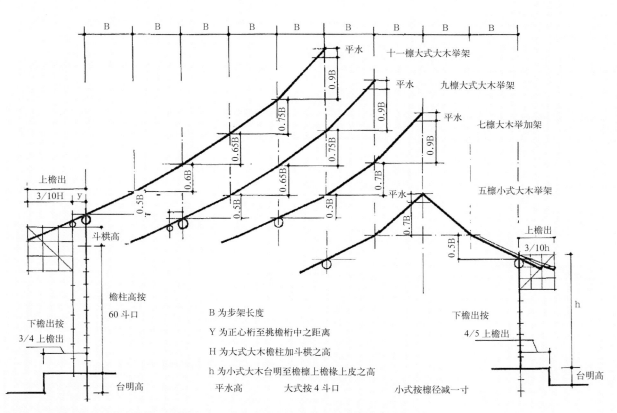

图15-2-34　清官式大木举架及出檐示意图（图片来源：《中国古代建筑史》（第五卷：清代建筑））

五、重要技术成就

（一）大体量大殿

1. 长陵祾恩殿

创建于明永乐十四年（1416年），建成于明宣德二年（1427年），为北京现存最古老的明代官式大木作遗存之一。面阔九间，通面阔66.56米，为现存中国古代建筑之最，进深五间，通进深29.12米。取明早期1丈＝3.173米计，通面阔21丈，通进深9.2丈。总面积近2000平方米，为中国现存面积第二大的古建筑单体。

2. 太庙享殿

明嘉靖二十四年（1545年）重建。面阔九间、进深四间，四周加一圈进深半间一椽的副阶，通面阔60.92米，通进深28.83米，以1丈＝3.187米计，通面阔约19丈，通进深约9丈。总面积比祾恩殿略小，为北京面积第三大的建筑单体（图15-2-35）。

3. 紫禁城太和殿

重建于康熙三十四年（1695年），为中国现存面积最大的木结构殿宇，面阔十一间，通面阔60.08米，进深五间，通进深33.33米，总面积2000余平方米，通进深与通面阔之比为5：9，寓意"九五之尊"。前后分为下檐柱、上檐柱和金柱三列，柱网布置十分规整。明间开间达8.44米，以便安排大殿中央宽大的皇帝宝座，而且明间室内六根金柱、檐柱皆为满金装饰的龙柱，壮丽辉煌。内金柱高12.63米，金柱间跨距达11.17米，结构总高为24.14米，为现存单层建筑中最高的。

以上三殿为北京最大殿堂的前三名，可谓北京古建筑的三大殿。

4. 北海小西天观音殿

北海小西天构架总高23米，为了不遮挡中央须弥山群塑，减少了内金柱，使得两根将军柱之间的跨距达到13.59米（超过太和殿金柱间的11.17米），已经可以算是木材的极限，应该是北京古建筑跨度之最（图15-2-36、图15-2-37）。

此外，天安门城楼、午门城楼面积均超过1500平方米，开间增大为明清殿堂之惯例，如天安门城楼明间达8.52米，午门城楼明间达9.15米。

北京古建筑木结构还利用屋顶勾连搭的方式获得了较大的进深，诸如颐和园景福阁、雍和宫法轮殿、牛街礼拜寺大殿以及各类戏楼等。

（二）多层楼阁结构

清代由于使用拼合梁柱、梁柱榫卯交接及扒梁、

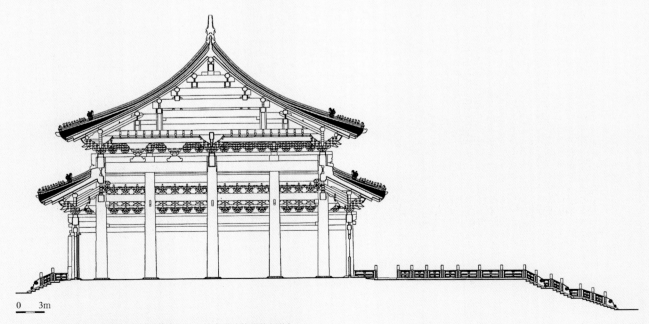

图15-2-35　太庙享殿剖面图（图片来源：天津大学建筑学院测绘）

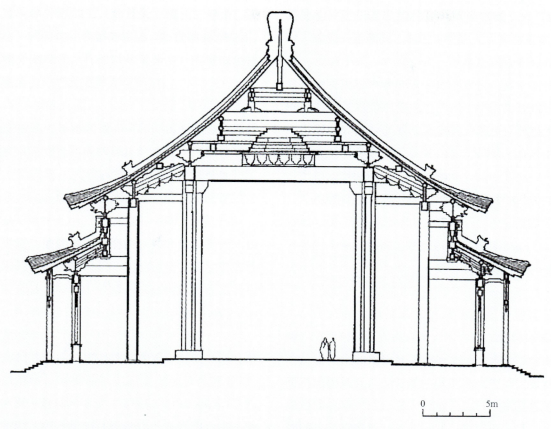

图 15-2-36　北海小西天大殿剖面图（图片来源：《中国古代建筑史》（第五卷：清代建筑））

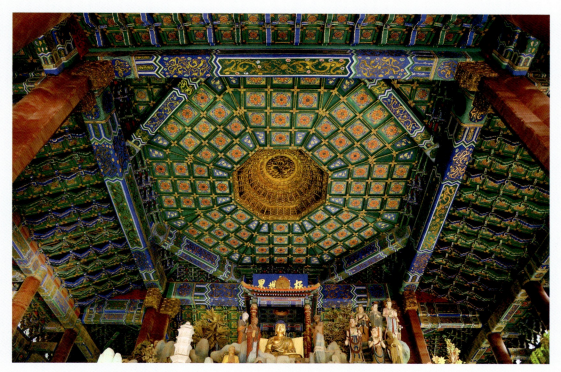

图 15-2-37　北海小西天室内梁架仰视

抹角梁技术，使结构体系灵活多变，创造了许多高大的木结构楼阁，以下略述北京多层楼阁之典型代表。

1. 颐和园佛香阁

原建于乾隆二十五年（1760年），在原报恩延寿塔的高达20米的台基上建造，后毁于英法联军之役，光绪十七年（1891年）按原式复建。阁为八角三层楼阁，底层每面11米，外观四层檐，三层皆有周回廊，内部为两圈柱网，内圈柱用八根通柱直达三层，每层均用梁枋与外圈柱及廊檐柱相连接，形成一个整体框架结构体系，构架全高约36.48米，为北京现存最高的木结构建筑，同时也是中国现存第三高的木结构建筑，仅次于山西应县木塔和承德普宁寺大乘阁（图15-2-38）。

2. 雍和宫万福阁

建于乾隆九年（1744年），面阔七间，二层三檐，内部中空，安置18米高的旃檀大佛立像，结构高约25米，为北京第二高的楼阁建筑。万福阁的外观特色是三阁并列，万福阁与东、西两侧的永康阁、延绥阁以复道飞廊相连，形成如敦煌壁画中佛国净土空中楼阁般意境（图15-2-39）。

3. 颐和园德和园大戏楼

建于光绪十七年至二十一年（1891～1895年），是清代最大的戏台。大戏楼分两部分，南部为扮戏楼，高两层；北部为戏台，高三层，总高21米。底层台面宽17米，下部设有地井。每层皆可独立演出，而凡天神鬼怪之剧目如《西游记》之类，演员可由天井飞降或由地井涌出，并可表演喷水节目。为演出特殊需要，大戏台之柱网布局每面仅为四柱，尽量疏朗；台前两柱凌空，以便不妨碍观看的视线，内部以巨大的搭在柱上的抹角梁承托上层结构（图15-2-40）。

（三）拼合梁柱技术

以小木拼合成大木料之法宋代即有，称"合柱"、"缴贴"。但大规模使用拼合材料则是清代的突出现象，这与清代木材紧缺的情况相关。清代拼合梁柱采用拼合、斗接、包镶三种方法。一般柱身长度不够可用两木对接，接口用十字榫或巴掌榫；梁的断面不够可用两根或三根拼合，拼缝用燕尾榫，内缝

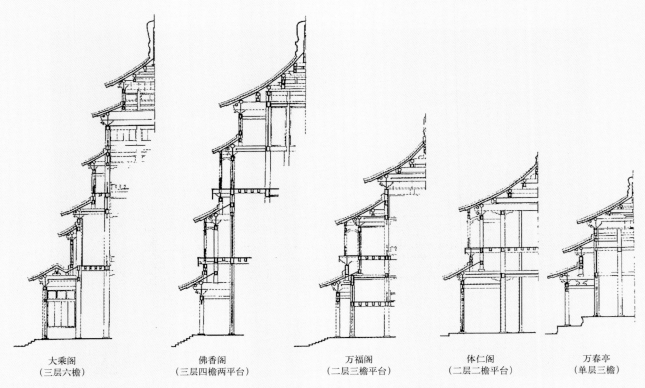

大乘阁　　　　　佛香阁　　　　　万福阁　　　　　体仁阁　　　　　万春亭
（三层六檐）　（三层四檐两平台）　（二层三檐平台）　（二层二檐平台）　（单层三檐）

图15-2-38　北京大型亭阁与承德普宁寺大乘阁剖面比较图（图片来源：《中国古代建筑史》（第五卷：清代建筑））

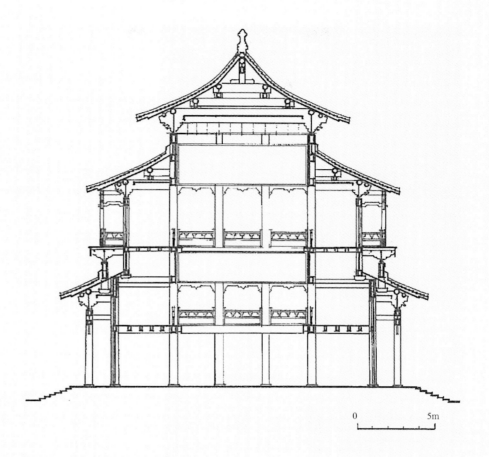

图 15-2-39 雍和宫万福阁剖面图（图片来源：《中国古代建筑史》（第五卷：清代建筑））

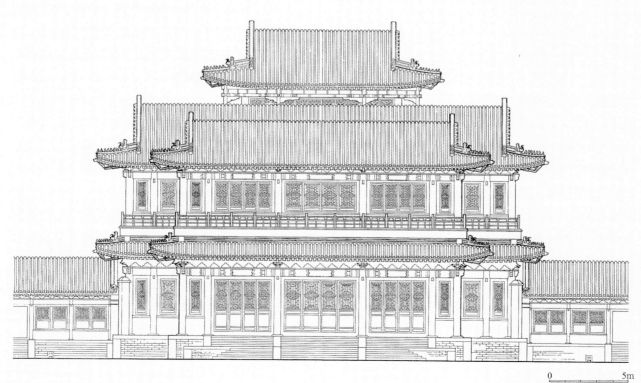

图 15-2-40 北京颐和园德和园大戏楼南立面图（图片来源：《颐和园》）

图 15-2-41　东南角楼内部的拼合梁柱

用暗榫，外用铁箍形成拼合梁；也可用一根断面较大的料，周围用较小的料包镶，外加铁箍而成包镶梁；柱身亦可内用心柱，外用瓜皮形小料包镶成大柱，包镶料有八瓣、十二瓣之分；特长柱身的心料亦可墩接，外加斗接的包镶料形成长柱。清康熙年间重建紫禁城太和殿，金柱已无巨型金丝楠木可用，即用松木进行包镶而成，虽然是木料紧缺导致的技术革新，但毕竟是一种进步（图 15-2-41）。

第三节　小木装修

装修是中国建筑一切门窗户牖等小木作的总称，其中室内称"内檐装修"，室外称"外檐装修"。外檐装修包括门、窗、栏杆等，内檐装修包括隔断、天花、藻井、罩橱之类。

一、外檐装修

与大木结构的柱和枋固定在一起用于固定门窗的构件称框和槛，其中垂直构件称框，水平构件称槛，在框和槛形成的固定框架中安装各式隔扇包括门、窗和横披等。

（一）隔扇（亦作槅扇）

自唐末五代出现隔扇门以后，因其美观、透光、可拆卸等优点，逐渐发展为全国通用的门型。隔扇又以边梃和抹头划分为上、中、下三段：隔心、绦环板和裙板。隔扇如果特别长，也有在隔心之上或者裙板之下加绦环板的（图 15-3-1）。隔扇之外有时还安有帘架、风门之类。

隔扇的窗棂花心和裙板雕刻是装饰的重点。窗棂纹样可分作平棂和菱花两类。平棂由简单的直棂、版棂、破子棂到方格眼、斜方格眼、步步紧，以上各种为直纹不弯；拐弯的纹样则有灯笼框、冰裂纹、正卍字、斜卍字、亚字纹、盘长、回字纹、井口字等（图 15-3-2）。菱花是雕刻而成的纹样，形制较高，常用于宫殿、庙宇中最重要的殿堂（图 15-3-3）。建于明正统八年（1443 年）的北京智化寺中已出现四直、四斜和更为复杂的三向 60 度角相交的簇六菱花格心的形式，这种菱花格心成了明清宫殿、坛庙、寺观等建筑中隔扇的最常见做法。宫廷中多用三交六椀、双交四椀或古老钱等样式（图 15-3-4）。裙板、绦环板皆有雕饰，包括如意纹、夔龙纹、团花、五蝠（福）捧寿、云龙、云凤等（图 15-3-5）。

（二）板门

板门主要用于宫殿、庙宇、府第的大门及民居的外门，全为木板造成，根据构造做法又分为棋盘大门及实榻大门。棋盘大门门扇由框料组成，内部填板，外观显出框档（图 15-3-6、图 15-3-7），而实榻大门是由数块厚料拼合而成，横向加设数根穿带木条，防卫作用更强。相比透空的隔扇，板门更密实，除了门扇、门框之外，还有门簪[17]、门钉、铺首和门枕石、抱鼓石等有趣的富于装饰性的构件（图 15-3-8）。

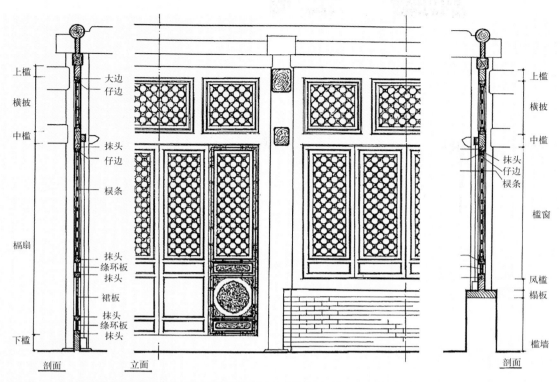

图 15-3-1 清官式菱花隔扇门及槛窗构造图（图片来源：《中国古代建筑史》(第五卷：清代建筑)）

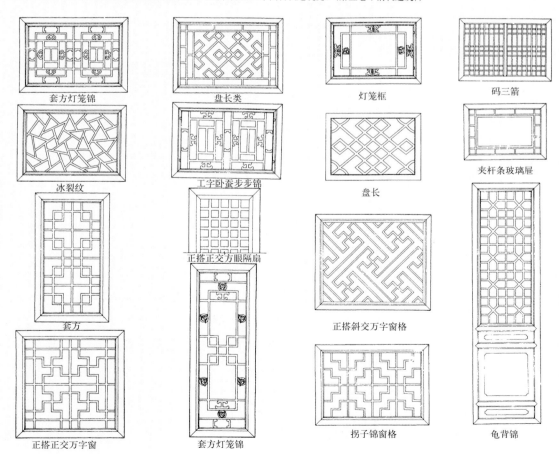

图 15-3-2 隔扇平棂纹样类型示意图（图片来源：《中国古建筑木作营造技术》）

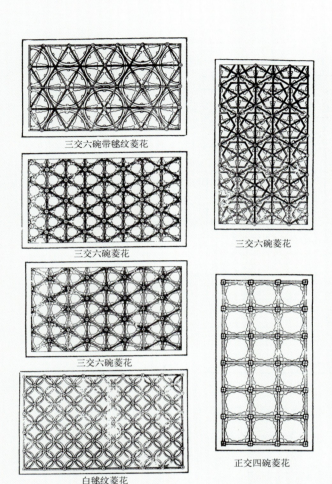

图 15-3-3 隔扇菱花纹样类型示意图（图片来源：《中国古建筑木作营造技术》）

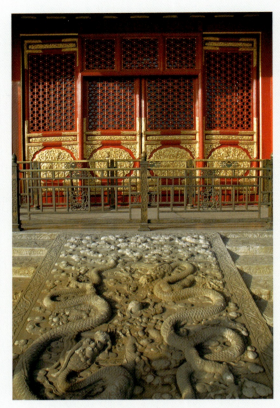

图 15-3-4 紫禁城太和殿明间隔扇

尤其是宫殿大门，将门钉尺寸放大以突出装饰作用并且区分等级，最高等级的大门可设九行九列八十一个门钉，金钉红门辅以金色的兽面门环，壮丽而堂皇（图 15-3-9）。

民居大门则往往刻出"门对"作为装饰，如"忠孝传家、诗书继世"之类，黑门红对，色彩鲜明（图 15-3-10、图 15-3-11）。

（三）屏门

北京四合院垂花门、月洞门等处往往采用类似隔扇式的板门，称作屏门，绿色油饰，红地金子斗方，四至六扇，小巧而雅致（图 15-3-12）。

（四）槛窗

明清建筑中窗的形式主要包括槛窗和支摘窗，后者多用于住宅。

图 15-3-5 紫禁城翊坤宫大殿门裙板：五福捧寿图案

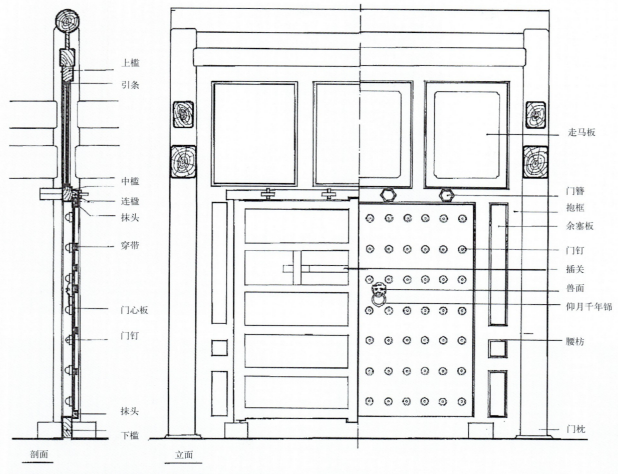

图 15-3-6 清官式棋盘大门构造图（图片来源：《中国古代建筑史》（第五卷：清代建筑））

图 15-3-7 太庙戟门棋盘式大门（图片来源：赵大海摄）

图 15-3-8 紫禁城奉先殿大门铺首及门钉

图15-3-9 紫禁城午门实榻大门门扇（图片来源：赵大海摄）

图15-3-10 宣南粉房琉璃街65号大门，门对为"为善最乐，读书便佳"

图15-3-11 宣南粉房琉璃街65号门环

槛窗做法同隔扇，只是将隔扇裙板以下部分做成槛墙、榻板及风槛（图15-3-13、图15-3-14）。槛窗或支摘窗的外面有时安固定纱屉一层，纱屉又名飞罩，可以糊纱。

（五）支摘窗

支摘窗为北京、华北乃至西北常用的民居窗。此种窗型一般在槛墙上立柱分开间为两半，每半再分上下两段安装窗，上段可支起，内部附有纱扇或卷纸扇，以达到通风换气之目的，下段可将外部油纸扇摘下，内部另有纸扇或者玻璃扇，可用于照明——上段可支，下段可摘，故称支摘窗（图15-3-15）。其棂窗图案大部分为步步锦，也有灯笼框、盘肠、龟背锦等。

清式的支摘窗及槛窗为全新的创造，未见于宋

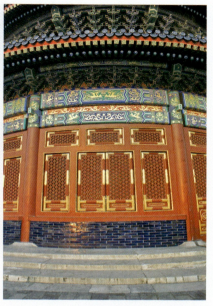

图 15-3-12　恭王府花园屏门　　　图 15-3-13　紫禁城太和殿隔扇槛窗及琉璃砖　图 15-3-14　天坛祈年殿隔扇槛窗及琉璃砖槛墙
　　　　　　　　　　　　　　　　　　　　　　　槛墙

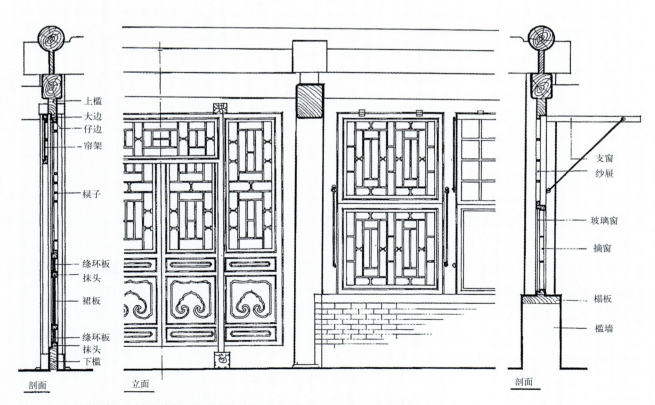

图 15-3-15　清式隔扇门及支摘窗构造图（图片来源：《中国古代建筑史》（第五卷：清代建筑））

图 15-3-16 鲜明胡同 4 号四合院（已拆除）什锦窗

图 15-3-17 颐和园水木自亲东侧什锦窗

元以前，而唐宋时期流行的直棂窗至明清时已很少用，仅在库房、厨房等附属建筑中使用。

（六）什锦窗

在园林或者四合院的廊庑之中，常常使用造型各异的花窗，称什锦窗（图 15-3-16）。其中颐和园水木自亲两侧的长串什锦窗为此特殊窗型之极致（图 15-3-17）。

二、内檐装修

（一）天花

唐宋时天花有平棊、平闇等做法，清代则规格化为几等做法。

第一为井口天花（图 15-3-18），为官式建筑天花的主要形式，花纹多彩画团花、龙凤（图 15-3-19）。有的高级殿堂的井口天花全为楠木雕刻，不施彩绘，典雅华贵（图 15-3-20）。

第二为海墁天花，即用木条钉成方格网架，悬于顶上，架上钉板或糊花纸，或按井口天花样式绘制彩画裱糊其上。

第三为木顶格，是在木条网架上糊纸，用于一般宅第。普通住宅多改用高粱秆扎架、糊纸。

（二）藻井

藻井为宋《营造法式》名词，清式称"龙井"，古时亦称天井、绮井、圆泉、方井、斗四、斗八等。北京古建筑中宫殿、坛庙、寺观的重要大殿中常用藻井（图 15-3-21），其中紫禁城太和殿（图 15-3-22）、天坛祈年殿（图 15-3-23）、智化寺、隆福寺、法海寺、大觉寺藻井皆为精品。如隆福寺大殿藻井，外圆内方，如制钱状，圆井作三重天宫楼阁，自上下垂，中心方井上亦刻楼阁，穷极精巧（图 15-3-24）。

（三）隔断

隔断指室内用于分隔空间的装修，包括完全隔绝空间的砖墙、板壁，可开合的隔扇门及大量半隔断性质的装修如博古架、书架等，还有仅起划分空间作用的各类花罩（图 15-3-25）。

1. 碧纱橱

碧纱橱即室内的隔扇门，满间安装，六扇、八扇至十余扇不等，除中央两扇可开启，其余大多为死扇。中央开启扇上方安设帘架，以悬珠帘。用于室内的碧纱橱多为硬木制作，如紫檀、红木、铁梨、黄花梨等，民居中亦可用楠木、松木制作。隔扇心往往做成双层，两面可看，棂格疏朗，以灯笼框式为最常用，中间糊纸或纱（称夹堂或夹纱），并在纸上、纱上书写诗词，绘制图画，成为富有书卷气的装饰。

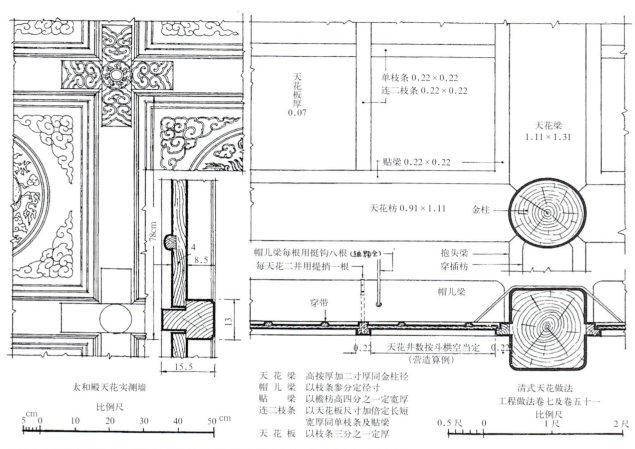

图15-3-18 清式天花做法及紫禁城太和殿井口天花测绘图（图片来源：《梁思成全集》（第六卷））

图15-3-19 太庙戟门天花（图片来源：赵大海摄）

2. 罩

罩为一种示意性的隔断物，隔而不断，有划分空间之意，而无分割阻隔之实，又可分为若干种类。

落地罩：开间左右各立隔扇一道，上部设横批窗，转角处设花芽子，中间通透可行。

几腿罩：开间左右各有一短柱，不落地，上部悬以木制雕刻图案。

栏杆罩：开间两侧各立柱，柱间设木栏杆一段，

图 15-3-20 紫禁城宁寿宫乐寿堂楠木天花

图 15-3-21 紫禁城养心殿藻井

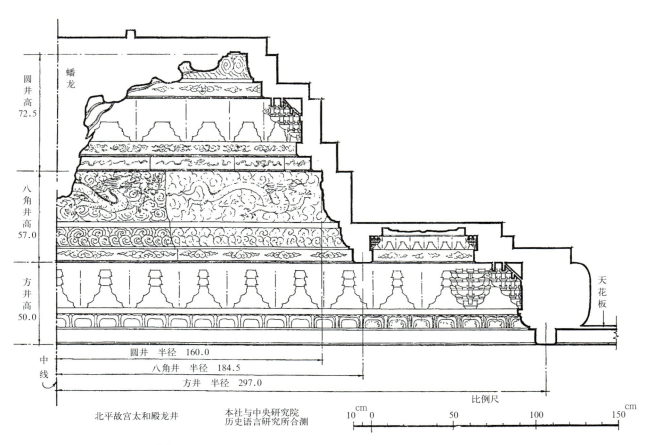

图 15-3-22 紫禁城太和殿藻井剖面图（图片来源：《梁思成全集》（第六卷））

中间部分上悬几腿罩。

花罩：落地的几腿罩，整樘雕刻花板具有母题，如松鼠葡萄、子孙万代、岁寒三友、缠枝花卉等，为极昂贵之工艺品。有一种花罩在整个开间满雕装饰花纹，仅在同行处设八角形或圆形门洞，称八方罩、圆光罩。

炕罩：将落地罩置于北方民居的炕沿，冬天可在罩上挂帐。

图 15-3-23　天坛祈年殿藻井（图片来源：王琼摄）

图 15-3-24　先农坛古代建筑博物馆内陈列的隆福寺藻井（图片来源：李倩怡摄）

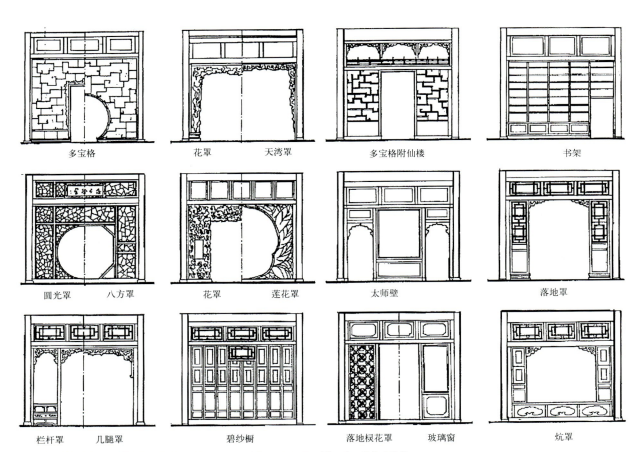

图 15-3-25 清式内檐隔断种类示意图（图片来源：《中国古代建筑史》（第五卷：清代建筑））

图 15-3-26 紫禁城宁寿宫乐寿堂内檐装修

3. 博古架

博古架亦称多宝格，为专门陈设古玩的多层支架，皆硬木制作，分割成拐子纹式的小空格。

清代故宫的室内装修达于极致，不仅巧妙隔断，曲折通幽，而且制作隔断的材料也用到了紫檀、花梨、瘿木、乌木、相思木与黄杨木，更有甚者，如《云间据目抄》所记载："以金、银、宝石、真珠、珊瑚、翡翠、水晶、玛瑙、砗磲、玳瑁、青金石、绿松石、螺钿、象牙诸物，刻镂山水、楼阁、人物、花木、虫鸟于檀、梨、漆器之上。"[18]

紫禁城宁寿宫乐寿堂装修，汇集了硬木雕刻、黄杨贴络、丝绸装裱、字画装裱、珐琅玉石镶嵌、螺钿嵌贴、竹丝镶嵌等各种工艺，可谓清代内檐装修的集大成之作（图15-3-26）。

注释

[1] 雍正九年（1731年）曾编制《内庭工程做法》八卷，可视为编制《工部工程做法》的先导。孙大章．中国古代建筑史（清代建筑卷）．第二版．北京：中国建筑工业出版社，2009：387．

[2] 孙大章．中国古代建筑史（清代建筑卷）．第二版．北京：中国建筑工业出版社，2009：386．

[3] 孙大章．中国古代建筑史（清代建筑卷）．第二版．北京：中国建筑工业出版社，2009：387．

[4] 梁思成．梁思成全集（第六卷）．北京：中国建筑工业出版社，2001：5．

[5] 孙大章．中国古代建筑史（清代建筑卷）．第二版．北京：中国建筑工业出版社，2009：389．

[6] 北京现存的元代木结构建筑单体仅有孔庙先师门、灵岳寺大殿等极少量实例。

[7] 傅熹年．中国科学技术史·建筑卷．北京：科学出版社，2008：675．

[8] 傅熹年．中国古代城市规划建筑群布局及建筑设计方法研究（上册）．北京：中国建筑工业出版社，2001：130．

[9] 潘谷西．中国古代建筑史 第四卷：元明建筑（第二版）．北京：中国建筑工业出版社，2009：457．

[10] 傅熹年．中国科学技术史·建筑卷．北京：科学出版社，2008：773．

[11] 潘谷西．中国古代建筑史 第四卷：元明建筑（第二版）．北京：中国建筑工业出版社，2009：13．

[12] 梁思成．梁思成全集（第六卷）．北京：中国建筑工业出版社，2001：41．

[13] 郭华瑜．明代官式建筑大木作．南京：东南大学出版社，2005：6．

[14] 傅熹年．中国科学技术史·建筑卷．北京：科学出版社，2008：673．

[15] 孙大章．中国古代建筑史（清代建筑卷）第二版．北京：中国建筑工业出版社，2009：387．

[16] 潘谷西．中国古代建筑史 第四卷：元明建筑（第二版）．北京：中国建筑工业出版社，2009：457．

[17] 梁思成《中国建筑史》称："唯唐及初宋门簪均为两个，北宋末叶以后则四个为通常做法。"梁思成．梁思成全集（第四卷）．北京：中国建筑工业出版社，2001：209．

[18] 刘畅．北京紫禁城．北京：清华大学出版社，2009：223．

北京古建筑

第十六章 建筑技艺（下）：砖、石、瓦及建筑装饰

第一节 砖石结构

一、概述

明代以来，中国砖石建筑得以蓬勃发展，为此前任何时期所无法比拟。北京古建筑中绝大部分是木结构建筑，但是随着明代以来砖石技术的巨大进步，北京古建筑中砖石结构建筑（或者夯土与砖石结合的建筑）的类型也日益丰富，涵盖了长城、城墙、无梁殿、佛塔、牌楼、桥梁、华表、石碑等众多类型，并且取得了十分卓越的技艺成就，从而使砖石建筑成为了北京古建筑中十分重要的组成部分。①

最典型的砖石结构建筑即所谓的"无梁殿"，其实就是以砖石拱券为主体结构的殿宇。此外，明清北京城中许多重要的门楼（包括大明门、长安左门、长安右门等），明十三陵许多门楼（包括大红门及长陵陵门等），还有明清时期北京许多坛庙、寺观的大门，都采用砖拱发券的"三座门"样式。北京内外城各门城楼、箭楼及瓮城谯楼下部城台的门洞也都采取砖拱券结构，皇城的天安门、端门，宫城的午门、东华门、西华门、神武门下部城台的门洞也一律采取砖拱券结构。十三陵的许多碑亭（包括方城明楼）也采用拱券结构，有些与木制斗栱相结合。

除了无梁殿、砖拱门楼、城门洞、碑亭之外，另一种应运而生的建筑类型是砖拱牌楼，是木牌楼的更加耐久的替代品，尤其是用琉璃砖瓦包砌的光彩夺目的琉璃牌楼，成了帝都中重要的标志和装饰艺术的杰作。此外，石牌楼、棂星门和华表也广泛出现在北京古代建筑群中作为标志物。

除上述砖石结构建筑或小品之外，木结构建筑的台基、栏杆、墙垣等部分也大量运用砖石结构，明清以来砖石技艺的精进也从很大程度上改变了木结构建筑本身的形制与艺术风格。

长城、城墙、佛塔和桥梁等砖石结构建筑类型，前文已有专门介绍，本节对其余砖石技术进行概括。

（一）制砖技术

明代以来，制砖技术得以迅猛发展。元代以前，房屋墙体以土砖或夯土为主，元大都的城墙一直是夯土墙，仅少量局部甃以城砖，为了防雨不得不采用苇衣覆盖，但暴雨后还是常常坍塌。及至明代，砖墙、砖包城墙几乎遍及全国各地。山东临清因土质细腻，长期作为城砖的产地，明代时每年要烧制城砖120万块。明北京的城墙是夯土技术与砖石砌筑技术结合的产物，也是明代砖技术的重要杰作（图16-1-1）。苏州陆墓的土质含胶体物质较多，塑性大，一直生产供紫禁城使用的"金砖"。

紫禁城的用砖可以看作是明代制砖技术的最高代表作。首先是数量巨大，紫禁城庭院地面，至少墁砖三层，甚至墁砖七层之多，全部庭院估计需用砖2000余万块；城墙、宫墙及三台用砖量更大，估计所用城砖数达8000万块以上，每块城砖重48斤有余，共重193万吨。其次是品类丰富，以紫禁城用砖的规格和质量分，主要有以下几种：城砖、澄浆砖、方砖、金砖。城砖用量最大，质地坚实，不宜细磨，多用于垫层和隐蔽部分。澄浆砖质地细，宜用作干摆细磨（即磨砖对缝）的面砖，以山东临清的产量最多（图16-1-2）。方砖是用于房屋室内和廊子铺地的，包括尺二、尺四、尺七等不同规格。还有一种二尺或二尺二寸的方砖称作金砖，主要产于苏州松江等地，质地极细，敲之铿然，声若金属，故名金砖。紫禁城主要宫殿室内都是金砖墁地。金砖的烧制最为考究，需要经过选土、熟化、滤浆和泥、制坯阴干、烧窑和窨水等诸多工序，最初出窑的砖也要经过成品检验："或三、五选一，或数十而选一，必面背四旁，色尽纯白，无燥纹无坠角，叩之声震而清者，乃为入格。"合格的金砖表面还需用一层软蜡密封，成品呈烟黑色。②

以下是依据《中国古建筑瓦石营法》一书整理的清代官窑的主要建筑用砖产品列表。

图 16-1-1　北京内城东南角城墙遗址

图 16-1-2　紫禁城城墙

清代官窑的产品名称一览表　　　　　　　　　表 16-1-1

名称	说明	备注
临清城砖	产于山东临清，一般为澄浆砖或停泥砖	
澄浆城砖	此类砖泥料经制浆、沉淀后取上面细泥制成，故质地细致，强度较好	
停泥城砖		又名细泥停泥城砖、庭泥城砖、澄浆停泥城砖
新样城砖		
旧样城砖		
尺五加厚砖	属城砖类	
大新样开条砖	开条即砖的中间有一细长浅沟，便于改制条头	又名大城样开条砖
大新样砖		又名大城样、大号城砖
二新样砖沙城	此类砖质地较粗	又名二城样、二号城砖沙滚子城砖、随式城砖
停泥砖	此类砖质地较细	又名庭泥砖、停泥滚子砖
斧刃砖		又名停泥斧刃砖、庭泥斧刃砖
大沙滚子	此类砖质地较粗	
小沙滚子	此类砖质地较粗	
大开条	此类砖质地介于停泥砖和沙滚子砖之间	
望板砖	用于椽望，即砖望板做法	又名望砖
金墩砖	属城砖类，质地较好，适于雕凿加工	
花儿子砖	此类砖质地较细，表面有花纹，适宜做地面砖或壁面砖	
常行尺二方砖	此类砖不足一尺二寸	又名形尺二方砖
尺二方砖		
足尺二方砖	此类砖大于一尺二寸	
常行尺四方砖	此类砖不足一尺四寸	又名形尺四方砖
尺四方砖		
足尺四方砖	此类砖大于一尺四寸	

续表

名称	说明	备注
常行尺七方砖	此类砖不足一尺七寸	又名形尺七方砖
尺七方砖		
足尺七方砖	此类砖大于一尺七寸	
二尺方砖		
二尺二方砖		
二尺四方砖		
细泥方砖	规格多为尺四和尺七，此类砖质地较细，强度较好	
澄浆方砖	规格从尺二至尺四，此类砖为澄浆方法制成，质地细致，强度好，适于雕凿	
金砖	规格从尺七至二尺四，产于苏州及上海市松江区一带，质地极细、强度很好	

北京的明清古建筑中，用于墙身和地面的砖料，根据加工工艺的不同又可分作如下几类：

墙身与地面砖的成品类型　　　　　　表 16-1-2

名称	工艺特点	主要用途
五扒皮	砖的 6 个面中加工 5 个面	干摆做法的砌体；细墁条砖地面
膀子面	砖的 6 个面中加工 5 个面，其中一个加工成膀子面	丝缝做法的砌体
三缝砖	砖的 6 个面中加工 4 个面，有一道棱不加工	砌体中不需全部加工者，如干摆的第一层、槛墙的最后一层、地面砖靠墙的部位
淌白截头（细淌白）	加工 1 个面，长度按要求加工	淌白做法的砌体
淌白拉面（糙淌白）	加工 1 个面，长度不要求	淌白做法的砌体
六扒皮	砖的 6 个面都加工	用于"褡裢转头"及其他需要砍磨 6 个面的砖料
盒子面	五扒皮，四肋应砍转头肋，表面平整要求较高	细墁方砖地面
八成面	同盒子面，但表面平整要求一般	细墁尺二方砖地面
干过肋	表面不处理，过四肋	淌白地面（一般为尺四以下方砖）
金砖	同盒子面，但工艺要求精确，表面平整要求极严	金砖地面

明代是砖的粘结材料发展成熟的时期，砖建筑中普遍采用石灰或石灰加有机物作粘结材料，从而促进了无梁殿等砖拱建筑的发展。中国古代还有将金属作为粘结材料的，在明十三陵定陵地宫中，就有用铁汁浇灌拱券缝的实例。

（二）主要石料

北京古建筑中常用石料包括青白石、汉白玉、花岗石、青砂石、花斑石等。青白石又包含青石、白石、青石白碴、砖碴石、豆瓣绿、艾叶青等，质地较硬、质感细腻、不易风化，多用于宫殿建筑。汉白玉又分为"水白"、"旱白"、"雪花白"、"青白"四种，具有洁白晶莹的质感，质地较软，石纹细，适于雕刻，多用于宫殿建筑带雕刻的石活如栏杆之类，所谓"玉石栏杆"，如养心殿前御路石、御花园钦安殿栏杆均是珍贵汉白玉雕成。花岗石种类繁多，北方产的花岗石多称为豆渣石或虎皮石，适于用作台基、阶条、护岸、地面等。青砂石质地细软、较易风化，多用于小式建筑中。花斑石呈紫红色或黄褐色，表面带有斑纹，质地坚硬、花纹华美，多用于重要皇家建筑。③

北京古建筑所用石材大量采自西南房山地区，这里不仅出产青白石，还出产大量洁白无瑕的汉白玉，著名者如房山大白玉塘采石场遗址，又名"大石窝"，位于房山区大石窝镇高庄村西。大石窝镇采石在隋代已具规模，石料供应云居寺刻经之用，明、清时则供应宫廷以及各处皇家建筑的石料。大白玉塘是其中最大最古老的一座，长120米，宽41米，深约25米，是北京地区留存较为完整、十分珍贵的古代矿业遗存。

北京附近的石材还有顺义牛栏山和门头沟马鞍山的青砂石、白虎洞的豆渣石和曲阳县的花岗石。豆渣石做沟基和路面，花岗石做磨石地面，青砂石做次要房屋的柱础台基。此外，紫禁城还有少量五色虎皮石（冰纹拼合的贴面墙石）采自蓟县盘山。

（三）拱券技术

元以前的拱券跨度很小，少有超过3米的。到元、明时期，已逐步采用支模施工技术，加上粘结材料（即灰浆，明代以后石灰作为灰浆中的粘结材料得到广泛运用）④与砖强度的提高，使拱券跨度得到了较大的突破，一般城门洞拱券跨度都要在4～5米，而一些无梁殿最大跨度可达11米。工匠们在营建活动中总结经验，终于形成了比较合乎科学受力的双心圆拱，即后来《营造算例》中规定的矢高与跨度之半的比为1.1∶1的起拱曲线，并最终代替半圆拱成为主流，形成的拱券更显得高耸和饱满（图16-1-3）。《营造算例》第五章"大式瓦作做法"第十一节"发券"中"平水墙"条写道：

"以券口面阔并中高定高。如面阔一丈五尺，中高二丈，将面阔丈尺折半，得七尺五寸，又加十分之一，得七寸五分，并之，得八尺二寸五分。将中高二丈内除八尺二寸五分，得平水墙高一丈一尺七寸五分。平水墙上系发券分位。"⑤

该条清楚记录了清代建筑发券的基本做法。

砖石穹顶在中国建筑中较少运用，北京古建筑中有田义墓中央碑亭、碧云寺塔院碑亭及五塔寺金刚宝座塔基座楼梯间等重要实例，这些实例基本都是在方形平面四角以叠涩形成穹隅，上置八角形或圆形的穹顶，是典型的穹隅上穹顶（或称帆拱穹顶）。

二、无梁殿阁

中国元代以前的砖石建筑较少使用穹隆或者筒拱的做法，即便偶尔为之也多用于墓葬、佛塔、桥梁及少部分地区（尤其是晋、陕、豫）的民居之中。自明中叶以后，以筒拱为基本结构方式的殿宇即所谓"无梁殿"之风骤盛，全国各地均有许多无梁殿的实例，著名者如南京灵谷寺无梁殿、山西五台山显通寺无梁殿、太原永祚寺无梁殿等，北京的无梁殿亦不在少数。当然，由于中国古代特殊的文化观念，无梁殿（阁）还是未能普及到一般居住建筑之中，而是主要用于佛寺、坛庙、陵墓以及一些特殊功能的建筑如皇史宬（档案库）、钟楼之中。

梁思成曾经推测无梁殿的出现或许与西方耶稣会传教士东来有关⑥；而元代西域文化的输入特别是伊斯兰教清真寺对于拱券的运用估计也对中国各

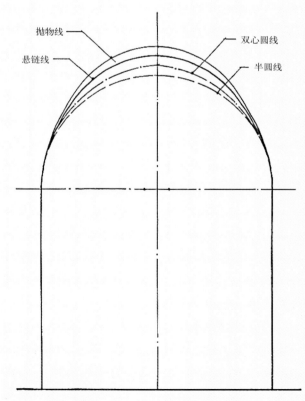

图16-1-3 各种起拱曲线及合理的受力线示意图（图片来源：《中国古代建筑史》（第四卷：元、明建筑））

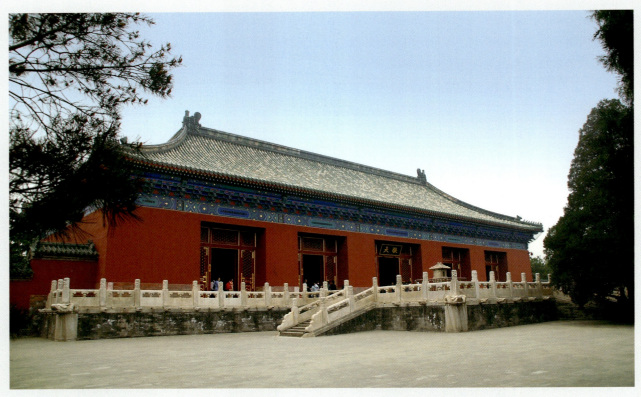

图 16-1-4 天坛斋宫正殿

地无梁殿的产生起到了一定作用。据考证，元上都主要宫殿就是一组砖券建筑，而元大都和义门瓮城门洞也是典型的拱券式。

北京现存无梁殿、阁皆为明清时期的遗存，以下略述其中代表。

（一）天坛斋宫正殿

天坛斋宫为皇帝行祭礼时的斋戒处。斋宫正殿始建于明永乐十八年（1420年），明嘉靖九年（1530年）、清雍正三年（1725年）、乾隆七年（1742年）、嘉庆二十四年（1819年）皆有重修。大殿坐西朝东，绿琉璃瓦单檐庑殿顶，建于砖砌基座之上，前带月台，周以汉白玉栏杆，月台上有斋戒铜人石亭和时辰牌位亭（图 16-1-4）。

大殿外观面阔七间，其实内部仅五间，两侧为极厚的山墙，用于承载筒形拱顶的侧向推力。中央五间各开一门，为木过梁式矩形门洞，是明代无梁殿中之孤例（其余无梁殿皆用拱门）。大殿内部为五条并列的纵向筒形拱，由于并列筒拱水平推力互

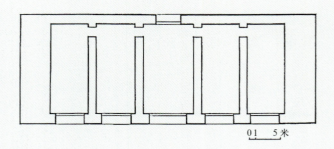

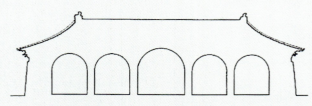

图 16-1-5 天坛斋宫平、剖面图（图片来源：《中国古代建筑史》（第四卷：元、明建筑））

相抵消，故除了两山厚墙之外，中间四道隔墙较薄（各间开一小门加以连通），可谓无梁殿技术的一大进步（图 16-1-5）。

（二）皇史宬大殿

皇史宬又名表章库，是明清两代皇家藏圣训、实录、玉牒、《永乐大典》副本及《大清会典》、《朔汉方略》内阁副本等重要书籍和档案的地方。皇史宬的使用功能、建筑形式和设计意匠都反映了我国汉代便有记载的"金匮石室"的做法，即"以金为匮，以石为室，重缄封之，保慎之义"。

皇史宬始建于明嘉靖十三年（1534年）七月，完成于嘉靖十五年（1536年）七月，后屡经修缮，有记载的包括明隆庆和清嘉庆时期的修缮工程。建筑群坐北朝南，主要建筑包括两座随墙琉璃外门、一座琉璃三券式大门、正殿、东西配殿及清代的御碑亭。

正殿"皇史宬"建在1.42米高的石须弥座台基上，殿前有月台，周围环以汉白玉石栏。殿身外观面阔九间、进深五间，上覆黄琉璃单檐庑殿瓦顶，墙身由灰色水磨砖砌筑（下部为汉白玉须弥座），其檐下柱、额、枋、檩、斗栱、椽子及窗棂，全为砖石制成，整个大殿均为砖石复合券结构，故堪称"石室"（图16-1-6～图16-1-8）。该殿正面开五个券门，门分两层，外层为实踏大门，内层为朱红隔扇门。山面各开有一矩形窗。殿内部为横向巨大

图16-1-6　皇史宬大殿正面全景（图片来源：《北京古建文化丛书：其他文物建筑》）

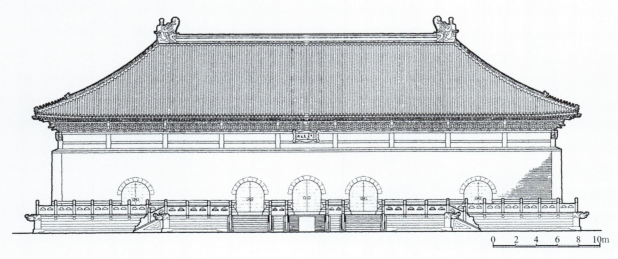

图16-1-7　皇史宬正立面（图片来源：《东华图志》）

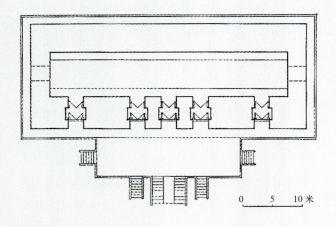

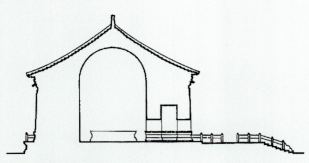

图16-1-8 皇史宬平、剖面图（图片来源：《中国古代建筑史》（第四卷：元、明建筑））

的筒形拱，跨度达9米，拱顶距地面约12米，完全不用梁架结构，故又称"无梁殿"。正殿南、北墙厚达6米，用以承受巨大筒拱的侧推力，东、西墙各有对开的大窗户。殿内东西长42米多，南北进深10米多。地面铺设一高1.2米，几乎与殿同样大的汉白玉石须弥座，座上雕刻着精美的海水、行龙等图案。石座上陈设152个镏金铜皮樟木柜，即"金匮"。柜高1.31米，宽1.34米，厚0.71米，铜皮表面有敲铜工艺錾成的云龙纹。该殿及柜合称"金匮石室"（图16-1-9）。整个大殿体形宏大，色调雅致，在黄灰色墙身和黄琉璃瓦顶之间有青绿点金的斗栱额枋彩画，衬着下部的汉白玉栏杆、台基，给人明朗、庄重之感。⑦

（三）定陵地宫

明十三陵各陵地宫中目前经过发掘的只有定陵地宫，但估计其他各陵地宫也是大同小异，其实都是石拱券砌筑的"地下无梁殿"。

定陵地宫总面积1195平方米，共由五座殿宇组成，分前、中、后和左、右室，其中前殿、中殿以及左、右室均呈南北狭长方向布局，唯有后殿为东西横长、坐北朝南样式，有别于地上宫殿的结构，应该是为了适应地下工程而作的变通。每座殿室皆是一座狭长的筒形拱顶覆盖的空间。其中前殿面宽6米，进深20米，属过厅形制；中殿位于地宫中央，面宽6米，进深32米，顶高7.2米，殿内放置石雕帝后神座、长明灯、石五供等；后殿为地宫主殿，面宽30.1米，进深9.1米，高9.5米，内设棺床一座，安置帝后棺椁，神宗皇帝居中，二后分列左右，棺床上还有随葬衣物箱26只。左右殿对称布置于中殿两侧，以券洞与中殿连接，面宽各为26米，进深7米，顶高7.4米，各设棺床一座，无任何陈设。定陵地宫共出土3000件文物，但比之秦汉厚葬之陵墓，还是比较"简朴"的。其石砌无梁殿之规模虽然在中国历史上已属不小，但9.1米的跨度与西方砖石建筑相比还是相去甚远（图16-1-10）。

图16-1-9 皇史宬室内（图片来源：《中国文物地图集·北京分册》）

图16-1-10 定陵地宫后殿仰视

（四）旭华之阁

乾隆时期，香山南麓曾建有梵香寺、长龄寺、宝谛寺、宝相寺等寺庙，形成了香山静宜园、碧云寺之外又一寺庙林立之佳处——可惜绝大部分皆毁于八国联军之手。今天留下的惟一寺庙遗存为旭华之阁，原为清乾隆二十七年（1762年）创建的宝相寺之主体建筑，名虽曰阁，其实是一座单层无梁殿。宝相寺建造的因缘是乾隆二十六年（1761年）乾隆皇帝赴五台山殊像寺为其母孝圣宪皇太后七十大寿祝寿祈福，其间乾隆在殊像寺见到了精美绝伦的文殊菩萨像——"妙相端严，光耀香界，默识以归。既归则心追手摹，系以赞而勒之碑"⑧——回京后即为之绘图、书赞、刻碑，并于次年在香山南麓仿照五台山殊像寺的建筑形制建宝相寺、立旭华之阁，以安放文殊像及碑，所建之宝相寺于乾隆三十二年（1767年）完工，"崇广宏丽则视殊像有加"。寺后原有香林室五间，石牌坊一座，坊下有泉涌出；香林室稍西更有圆庙、方庙各一座，皆平顶带有雉堞，一如藏式碉楼。朱自清《松堂游记》中记录，在20世纪30年代尚有石牌坊（虽存但已倒塌），而如今这些都已灰飞烟灭。

旭华之阁坐北朝南，背倚万安山（图16-1-11）。大殿通体砖石砌筑，平面近方形，面阔进深皆为25米余，每面砌拱券五道，其中中央三座拱券辟为门，两端两座拱券设为窗，一如《日下旧闻考》所载："殿制外方内圆，皆甃甓而成，不施木植。四面设瓮门。"⑨

屋顶为重檐歇山顶，施以黄琉璃瓦绿剪边，屋面坡度极为陡峻，使得整个屋顶呈现宏壮无比之气魄。檐下则以黄、绿二色琉璃雕出额枋、斗栱、挑檐桁和檐椽、飞椽、角梁，一如木结构殿宇——在夕阳的光辉之下，屋顶和檐下呈现出一个光彩夺目的琉璃世界（图16-1-12～图16-1-14）！

每座拱券皆为白石券面，上刻精美石雕一圈，顶部为金翅鸟王，向两侧依次为龙众、摩蝎鱼、骑羊童子、狮子、大象，显然受到藏传佛教艺术之影响（图16-1-15）。这组拱券雕刻与建于明代的真觉寺（五塔寺）金刚宝座塔雕刻十分相似，只是金刚宝座塔拱门雕刻中骑羊童子的位置雕刻的是飞羊。再往前追溯则可见之于元代的居庸关云台拱门

图16-1-11　旭华之阁正面（图片来源：赵大海摄）

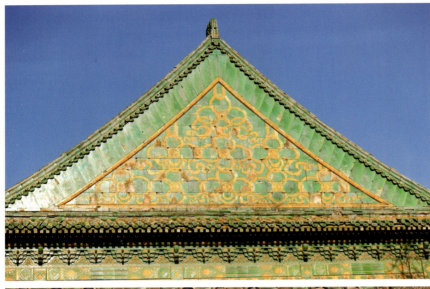

图 16-1-12 旭华之阁琉璃之一（图片来源：赵大海摄）

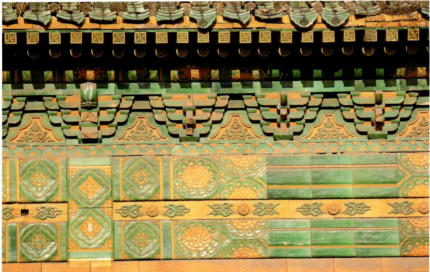

图 16-1-13 旭华之阁琉璃之二（图片来源：赵大海摄）

图 16-1-14 旭华之阁琉璃之三（图片来源：赵大海摄）

图 16-1-15 旭华之阁券面雕刻（图片来源：赵大海摄）

雕刻，题材也是大同小异，而与旭华之阁约略同时的碧云寺金刚宝座塔券门石雕则与五塔寺一脉相承。这一系列券门石雕诚可谓北京佛教雕刻作品中极富趣味的"祖孙三代"。

旭华之阁正面拱门上方刻乾隆皇帝手书"旭华之阁"的汉、满、蒙、藏四体书题匾额。阁背面原有"梵光楼"石额，已无存。

如今这座宝阁虽得以幸存，然而其处境却着实堪忧：由于常年作为此单位之仓库，加之年久失修，外部已呈现一派狼藉颓状，屋顶及檐部许多琉璃构件纷纷坠落，满地俱是琉璃残片；而各面拱门、拱窗均有大量破损，许多拱门更被封堵改建为简陋无比之窗户；巨大的须弥座则四处可见斑驳脱落，尤以北面最甚；墙面许多地方涂朱已脱落，露出斑驳之砖体；内部宏敞钜丽之通高空间则被分割为走廊、房间，装上吊顶，一片混乱……

目睹此情此景，不禁使人回想 20 世纪 30 年代，朱自清山间信步时所见："后山有座无梁殿，红墙，各色琉璃砖瓦，屋脊上三个瓶子，太阳里古艳照人。殿在半山，岿然独立，有俯视八极气象。"

现如今，斯阁之轮廓犹雄壮动人，然而不论外观抑或内部，均已是一派"废阁"之象，如不加紧维修保护，后果不堪设想矣！

（五）北京钟楼

位于北京中轴线最北端的钟楼是北京体量最高大的无梁阁，始建于永乐十八年（1420 年）的钟楼原本与鼓楼类似，城楼为木结构，建成不久即遭焚毁。清乾隆十年（1745 年）重建，十二年（1747 年）落成（图 16-1-16、图 16-1-17）。重建后，钟楼全部改为砖石结构：下部为四方而高耸的灰砖台座，用城砖砌筑，四隅有角石。四面各辟一座巨大拱门，台顶绕以城垛（古时称"雉堞"）。城台上的钟楼又立于一座小台基之上，绕以汉白玉栏杆。钟楼为暖灰色墙身，四面各辟拱门一座及拱窗两扇，覆以重檐歇山屋顶，灰瓦绿琉璃剪边。由楼东端又长又陡

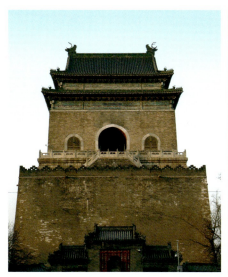

图 16-1-16 钟楼正面之一

图 16-1-17 钟楼正面之二

 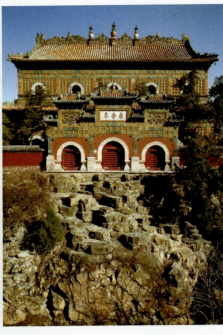

图 16-1-18 钟楼楼梯仰视（左）
图 16-1-19 智慧海正面全景（图片来源：楼庆西摄）（右）

图 16-1-20 颐和园智慧海立面图（图片来源：《颐和园》）

的一段楼梯可以通到城台之上，楼梯甬道用极长的筒形拱顶，攀爬这部楼梯是游览北京古建筑的一种绝妙体验（图 16-1-18）。钟楼内部有筒拱顶覆盖的环廊一周，中央为拱顶覆盖的大空间，内设木构架悬挂的巨大铜钟，钟为明永乐朝铸造，通高 7.02 米，口径 3.4 米，总重约 63 吨，为中国之最。

（六）颐和园智慧海

颐和园佛香阁之上有两层高台，由山石磴道可抵大型琉璃牌楼"众香界"，牌楼后为居于万寿山巅的大型无梁阁"智慧海"，建于乾隆十五年（1750年），面阔五间，歇山顶，全部用砖石砌筑并包以琉璃砖瓦（图 16-1-19）。智慧海外墙以黄、绿、蓝、紫各色琉璃砖装饰，其中包含 1008 个小佛龛，美轮美奂。屋脊也以琉璃制成各种卷草图案及三座喇嘛塔（图 16-1-20）。

智慧海内部空间高峻，顶部天花为绿底金字的

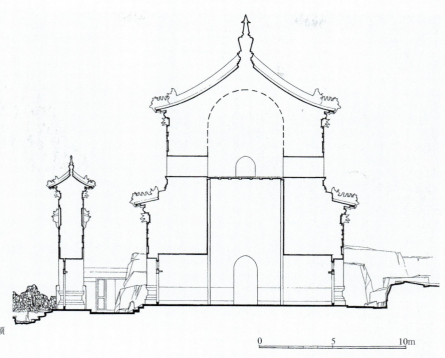

图 16-1-21 智慧海剖面图（图片来源：《颐和园》）

图 16-1-22 智慧海室内之一

图 16-1-23 智慧海室内之二

梵文六字真言图案，墙面为白底施以优美的植物图案。明间南向的石造二层神台上的贴金龙龛中供奉铜胎观音菩萨像，紫檀填金葫芦龛中供奉铜胎八大菩萨八尊；东次间供奉铜胎文殊菩萨一尊和铜胎观音菩萨五尊；西次间供奉铜胎普贤菩萨一尊，铜胎白文殊菩萨一尊，铜胎救度佛母一尊，铜胎般若佛母一尊，铜胎手持金刚一尊；东稍间供奉铜胎韦陀站像一尊；西稍间供奉铜胎天王站像一尊（图16-1-21～图16-1-23）。

（七）北海大西天大琉璃宝殿

大琉璃宝殿位于北海北岸西天梵境（俗称大西天）北端，清乾隆二十四年（1759年）建，为一座无梁阁，分上下两层，上部为重檐歇山顶，黄琉璃瓦绿剪边。阁外墙体满覆琉璃砖，上有浮雕佛像

图 16-1-24　北海大西天琉璃阁之一（图片来源：赫达·莫里逊摄）

图 16-1-25　北海大西天琉璃阁之二（图片来源：赫达·莫里逊摄）

1376 尊，绚烂夺目（图 16-1-24、图 16-1-25）。每层南北两面各有五座拱门，东西两面各开一座拱门，拱门的券面雕刻金翅鸟、龙众及大象等藏传佛教装饰题材，十分精美。琉璃阁内部宏敞，有木楼板将之分作上下二层，下层天花与上层楼板之间还有仅可容人弯腰通行的暗层，上下两层之间通过西侧的木楼梯连接。上层天花为绿底金字的梵文六字真言图案。二层设有平坐一周可供览胜。

（八）顺义无梁阁

顺义无梁阁位于椒园山南麓，距顺义城 25 公里。椒园山下原有椒园庙，无梁阁是其中的一座主要建筑，建于明代，清代重修。原称玉皇阁，阁前曾有数座殿宇，今已不存。

无梁阁为一座方形的楼阁式建筑，通体为砖石拱券结构。外墙由巨石砌就，硬山顶，外观三层，内部实为两层，高 15 米，中间与顶部都是砖石拱券，内壁上下层均绘有彩色壁画（图 16-1-26）。下层外方内圆，顶部起拱券为半圆形以象征天，绘有讲经传道内容，为善男信女人物作祈祷状，正南绘一仙者骑坐于大鹏金翅鸟之上。上层内部为方形，顶部穹隆形，遍绘粉色云藻，内容是中国古代黄帝时期的传说故事，有"黄帝大战蚩尤"、"黄帝造指南车"、"伯乐相马"等内容，属清末民初之作，虽是名不见经传的民间艺人之作，但形象生动，是难得的民间艺术作品（图 16-1-27、图 16-1-28）。

阁后又有殿宇一座，面阔三间，一层，仍是无梁殿结构，内部彩色壁画，可惜已模糊不清。阁后半山之中有一镌刻于清代的摩崖石刻，当地俗称"连山碑"，是一块和山体相连的巨石，高 5 米，被凿成碑形，碑文现已漫漶不清，有"康熙三十二年"字样。

三、砖拱门楼

（一）大明门、长安左门、长安右门

天安门南面及东、西两侧的大明门、长安左门、长安右门共同构成"T"字形宫廷前广场的三座大门，三门形制相同，均为单层门楼，红墙上开三道券门，上部为单檐黄琉璃瓦歇山顶（图 16-1-29、图 16-1-30）。

（二）明十三陵大红门

明十三陵大红门为陵区大门，为红墙黄瓦三座门样式，屋顶为单檐庑殿顶，红墙与屋顶之间承以石雕冰盘檐（图 16-1-31）。大红门面阔 37.85 米，进深 11.75 米，两侧原有陵墙和角门，现两端仅存

图 16-1-27　无梁阁内彩画之一（图片来源：袁琳摄）

图 16-1-26　无梁阁外观（图片来源：袁琳摄）

图 16-1-28　无梁阁内彩画之二（图片来源：袁琳摄）

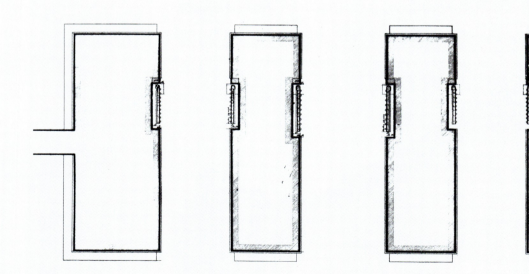

图 16-1-29　长安右门平面图（图片来源：《北京中轴线建筑实测图典》）

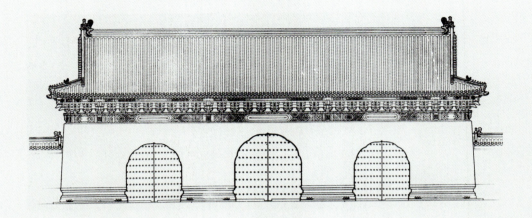

图 16-1-30 长安右门立面图
(图片来源:《北京中轴线建筑实测图典》)

图 16-1-31 明十三陵大红门

图 16-1-32 永陵陵门

土岗上小段红墙。中央券门高6.15米、宽5.37米，两侧券门高5.87米、宽5.04米。

此外，明十三陵各陵门有时亦作三座门样式，屋顶为黄琉璃瓦歇山顶，如长陵、永陵等（图16-1-32）。

（三）坛庙大门

除上述皇城、皇陵的"三座门"之外，北京各祭坛之大门也普遍采取三座门样式，例如先农坛、日坛、月坛坛门均为单檐歇山顶、黑琉璃瓦绿剪边的三座门样式（图16-1-33、图16-1-34）。唯地坛坛门均为方形门洞，未采取拱券结构，是为了取"天圆地方"之象征意义。社稷坛北门形制更高，为单檐黄琉璃瓦歇山顶三座门（图16-1-35）。天坛各坛门、祈谷坛门、皇穹宇大门、斋宫大门、成贞门等也均是砖拱门楼，其中形制最高的是祈谷坛门，为单檐绿琉璃瓦庑殿顶三座门（图16-1-36）。

太庙和景山寿皇殿的大门则是另一种形式的三座门：随墙开三座拱门，然后在拱门上方用琉璃砌出象征性的屋顶、斗栱和梁枋，称琉璃花门，更富有装饰意味（图16-1-37～图16-1-39）。

（四）寺观山门

明清以来，不少寺观的山门也采用三座门形式，例如潭柘寺、白塔寺、白云观等，其屋顶多为单檐歇山顶，墙面为青砖墙或者红墙。屋顶仍用木结构，与墙面交接处以砖砌冰盘檐处理（图16-1-40）。

另外如北海阐福寺、西四广济寺等，由三座单独拱门门楼构成三门并列式山门（图16-1-41）。大高玄殿则采用介于太庙琉璃花门与北海阐福寺三座门之间的形式，以三座各自独立的随墙琉璃花门作为主入口（图16-1-42）。法华寺、摩诃庵等寺

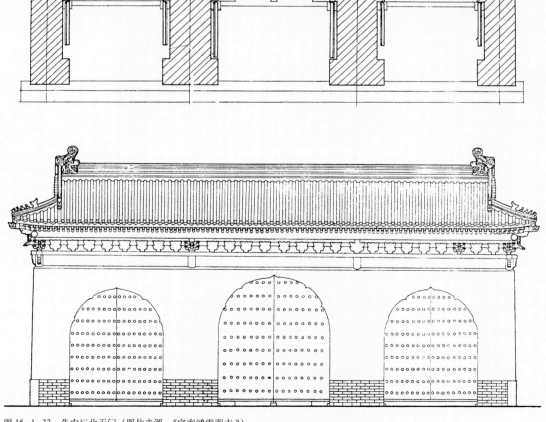

图16-1-33　先农坛北天门（图片来源：《宣南鸿雪图志》）

图 16-1-34 日坛西门

图 16-1-35 社稷坛北门（图片来源：包志禹摄）

图 16-1-36 天坛祈谷坛门

图 16-1-37 太庙琉璃花门（图片来源：赵大海摄）

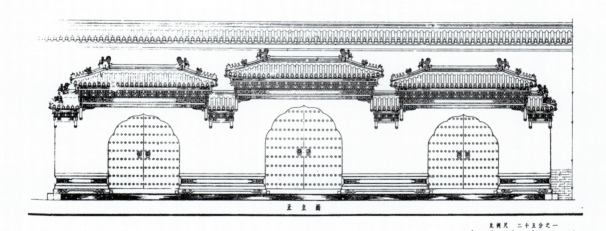

图 16-1-38 太庙琉璃花门正、侧立面图（图片来源：《北京中轴线建筑实测图典》）

图 16-1-39 景山寿皇殿前三牌楼及琉璃花门

图 16-1-40　潭柘寺山门

图 16-1-41　北海阐福寺山门

图 16-1-42　大高玄殿琉璃花门（图片来源：袁琳摄）

庙的山门则采取中央一座拱门楼带两侧两座方形门洞小门楼的形式。

智化寺山门则为一座砖砌单拱门楼，上施单檐黑琉璃瓦歇山顶（图16-1-43）。北京许多胡同中的中小型寺庙往往采用这种单拱门楼作为山门（图16-1-44）。

四、砖石碑亭

（一）明十三陵总神道碑亭

明十三陵总神道碑亭为中国历史上最大的碑亭，也是北京拱券结构碑亭的重要代表。碑亭外观下部为四面红墙各辟一座券门，上部一如面阔、进深均为三间的重檐黄琉璃瓦歇山顶木结构殿宇样式，额枋、斗栱、檐椽、飞椽及彩画皆备（图16-1-45、图16-1-46）。

平面为正方形，四面辟高大的筒拱券门，中央为一道南北向、更加高大的筒拱，用于容纳其下部巨大高耸的石碑（图16-1-47）。碑亭四壁及台基均为明朝原物，亭内石条券顶为乾隆五十年（1785年）修葺时所增，至今牢固如初。身处碑亭之中，有强烈的向上升腾之感，迥异于中国传统建筑内部空间予人的感受（图16-1-48、图16-1-49）。中央石碑称"大明长陵神功圣德碑"，通高8.1米，为螭首龟趺样式，土衬石上部浮雕海浪，造型生动。碑身正面刻明仁宗朱高炽为明成祖朱棣歌功颂德之碑文，碑阴刻乾隆五十年（1785年）乾隆御制诗

图16-1-43 智化寺山门（图片来源：赵大海摄）

图16-1-44 西四圣祚隆长寺山门

图 16-1-45 明十三陵总神道碑亭

图 16-1-46 明十三陵神道碑亭东面外观（图片来源：赵大海摄）

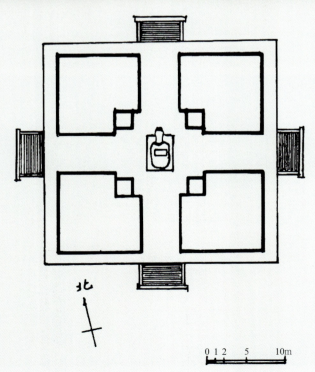

图 16-1-47 明十三陵总神道碑亭（图片来源：《明十三陵》）

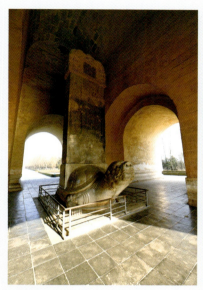

图 16-1-48 明十三陵神道碑亭内景之一（图片来源：赵大海摄）

图 16-1-49 明十三陵神道碑亭内景之二（图片来源：赵大海摄）

《哀明陵三十韵》，碑左侧刻乾隆五十二年（1787年）御制诗，碑右侧刻嘉庆九年（1804年）御制文。

（二）明十三陵方城明楼

明十三陵各陵方城明楼一方面是进入宝城、玄宫的通道，一方面又是各陵园中除了祾恩殿以外的第二大标志性建筑，甚至由于高耸的造型，成为远望各陵的惟一标志。方城明楼犹如宝城的城门楼，下部的方城一如城门楼的城台，而城台上部的明楼其实是一座碑亭，因此方城明楼其实相当于城台与碑亭的结合体，其明楼上部屋檐斗栱等构件有的以木构为之，有的以砖石为之（图16-1-50、图16-1-51）。

（三）田义墓碑亭

前文（上册第六章）提到的田义墓三座碑亭也是砖石拱券建筑，其中位于中央的八角形碑亭外观下檐为八角形，上部为攒尖圆顶，与之相对应，碑亭内部用了八角形上的穹隅穹顶结构（图16-1-52、图16-1-53）。与之类似的还有碧云寺金刚宝座塔院碑亭。

五、砖拱牌楼（含琉璃牌楼）

明清北京建造了数量可观的一批砖拱牌楼，其

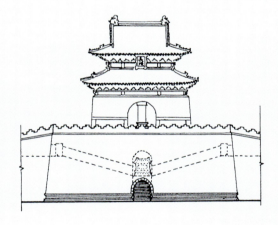
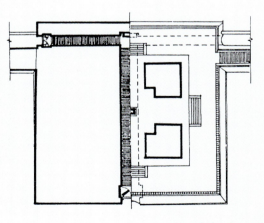

图 16-1-50 长陵方城明楼平、立面示意图（图片来源：《明十三陵》）

图16-1-51 明十三陵昭陵方城明楼

图16-1-52 田义墓碑亭

图16-1-53 田义墓碑亭内部穹隅穹顶仰视
（图片来源：赵大海摄）

中一些更是饰以精美的琉璃砖瓦，称"琉璃牌楼"。据《营造算例》中"牌楼算例"之琉璃牌楼条可知，琉璃牌楼做法，是先在台基上立柏木的哑巴中柱、哑巴边柱和万年枋作为砖牌楼之基本骨架（之所以谓之哑巴中柱、边柱，估计是因柏木柱最终被砖所覆盖，不复露明之故），台基、夹杆石、须弥座、券门及匾额用石，其余"灰砌旧样城砖"，这样就构成了内为木骨架、外为砖石的一座琉璃牌楼的"底子"。然后完全按照木牌楼的样式，用琉璃构件贴装或砌筑立柱、雀替、小额枋、花板、大额枋、龙门枋、高拱柱、单额枋、平板枋、斗栱、挑檐桁、各楼屋顶等，其余裸露的砖墙"抹饰红灰提浆"，随即成为一座绚烂夺目的琉璃牌楼——可谓"以木为骨，砖石为体，琉璃为饰"的全新牌楼样式。

（一）东岳庙牌楼

北京东岳庙琉璃牌楼始建于明万历三十五年（1607年），现坊额"秩祀岱宗"旁留有"万历丁未孟春吉日"题字。

东岳庙琉璃牌楼以砖砌筑三座券门，再以黄绿琉璃构件与琉璃砖包砌成"三间四柱七楼"的木牌楼样式，是中国现存最早的一座琉璃牌楼。通面阔19.6米，总高12.2米，厚达3.5米，屋面、檐部、斗栱、柱额俱以琉璃砌出，美轮美奂。通体比例权衡显得敦实朴拙（图16-1-54～图16-1-57）。

（二）北海大西天牌楼

北海西天梵境（俗称大西天）前琉璃牌楼建于乾隆二十四年（1759年），为三间四柱七楼样式，墙身为红墙，拱门以汉白玉石券装饰，立柱、额枋、斗栱、檐部及屋顶施以黄绿二色琉璃砌成，南北匾额分别书"华藏界"和"须弥春"。整体比例尤为横长，为清代北京诸琉璃牌楼中通面阔最宽的一座（图16-1-58）。

（三）其他

与大西天琉璃牌楼类似但规模、比例大同小异的还有北海小西天四座牌楼、国子监牌楼、卧佛寺牌楼、香山静宜园昭庙牌楼和颐和园智慧海"众香界"牌楼等（图16-1-59～图16-1-61）。碧云寺砖牌楼位于金刚宝座塔之前、石牌楼之后，将东岳庙、大西天等琉璃牌楼之琉璃构件换作素砖，即成为一座朴素的砖牌楼（图16-1-62）。

以下为北京一批典型琉璃牌楼（含砖牌楼）列表。

图16-1-54　北京东岳庙琉璃牌楼正立面图（图片来源：《中国古代建筑史》（第四卷：元、明建筑））

图 16-1-55　东岳庙牌楼全景（图片来源：赵大海摄）

图 16-1-56　东岳庙牌楼局部之一（图片来源：赵大海摄）

图 16-1-57　东岳庙牌楼局部之二（图片来源：赵大海摄）

图 16-1-58　北海大西天牌楼

图 16-1-59　北海小西天牌楼

图 16-1-60　卧佛寺琉璃牌楼

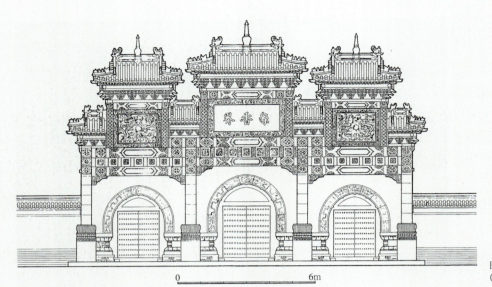

图 16-1-61 北京颐和园众香界牌楼
（图片来源：《颐和园》）

图 16-1-62 碧云寺砖牌楼

北京典型琉璃牌楼（含砖牌楼）列表　　　　　　　　　表 16-1-3

名称	年代	形制	备注
东岳庙琉璃牌楼	明万历三十五年（1607年）	三间四柱七楼样式	中国现存最早的琉璃牌楼
香山碧云寺砖牌楼	清乾隆十三年（1748年）	三间四柱七楼样式	北京为数不多的素面砖牌楼之一
颐和园万寿山众香界琉璃牌楼	乾隆十五年（1750年）	三间四柱七楼样式	
北海大西天琉璃牌楼	清乾隆二十四年（1759年）	三间四柱七楼样式	
北海小西天琉璃牌楼	清乾隆三十五年（1770年）	三间四柱七楼样式	东西南北共计4座
香山昭庙琉璃牌楼	乾隆四十七年（1782年）	三间四柱七楼样式	
卧佛寺琉璃牌楼	清乾隆四十八年（1783年）	三间四柱七楼样式	
国子监琉璃牌楼	清乾隆四十九年（1784年）	三间四柱七楼样式	

六、石牌楼、棂星门、华表

（一）石牌楼

由于木牌楼耐久方面存在的问题，元末明初开始出现石牌楼。现存最早的石牌楼（或棂星门）实例是南京社稷坛石门及明孝陵下马坊，建于明初洪武年间。明中叶以后，石牌楼逐渐普及。北京最有代表性的石牌楼是明十三陵石牌楼，堪称中国古代石牌楼之最。此外，在明清各重要坛庙陵寝中也建有大量石棂星门。一些王公、太监及官员墓葬中也建有等级不同的石牌楼、棂星门。寺庙中较少出现石牌楼，但也有例外，如北京香山碧云寺金刚宝座塔院中的石牌楼及两侧四座影壁即为北京清代石雕的精品，北京西黄寺金刚宝座塔南北两侧也各有一座石牌楼。

1. 明十三陵石牌楼

明十三陵石牌楼为总神道起点，也是整个庞大十三陵建筑群的序幕，为中国现存最大的石牌楼。该石牌楼建于明嘉靖十九年（1540年），为"五间六柱十一楼"样式，通面阔28.86米（其中明间6.46米，次间5.94米，稍间5.26米），通高11.88米，通体由白石及青白石料雕琢组装而成（图16-1-63、图16-1-64）。

十一楼包括主楼五座、夹楼四座及边楼两座，各楼屋顶均为庑殿顶，平板枋、斗栱、挑檐桁、檐椽、飞椽、瓦件、勾滴、吻兽一应俱全，雕琢细腻。六根石柱均作四角内颇的梅花形式。柱下端前后各有夹柱石，夹柱石四面雕饰均极为精美：中间两柱四面各雕云龙，顶部前后各雕麒麟，两侧各雕宝山图案；侧面两柱四面雕草龙，顶部前后各雕卧狮，两

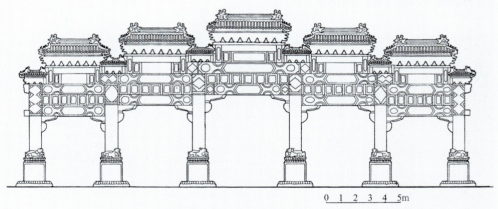

图16-1-63 明十三陵总神道石牌楼立面图（图片来源：《中国古代建筑史》第四卷：元、明建筑）

图16-1-64 十三陵石牌楼全景（图片来源：赵大海摄）

图16-1-65 十三陵石牌楼夹杆石双狮滚绣球、卧狮及宝山雕刻

图16-1-66 碧云寺石牌楼

侧各雕宝山图案；再侧两柱地面分雕双狮滚绣球图案，上部仍雕卧狮与宝山。各柱夹柱石之下承以雕饰莲瓣的础盘（图16-1-65）。

柱的内侧各雕梓框，梓框上端雕作云墩，上托雀替，并贯以三幅云雕饰。再上则依次安置小额枋、花板、大额枋及龙门枋。其中花板雕如意云图案，大小额枋与龙门枋则隐刻出"一整二破"旋子彩画。牌楼原本有油漆彩画，由于多年的风雨侵蚀，显露石材本色，呈现结构材料原始的美感，一如长陵棱恩殿室内之艺术效果。

梁思成编辑的《营造算例》中"牌楼算例"有"五间六柱十一楼牌楼分法"，可与此实物互相参照，几乎所有构件皆可一一对应。

2. 香山碧云寺石牌楼

如果说十三陵石牌楼是北京最宏伟的石牌楼，那么香山碧云寺牌楼则是北京诸石牌楼中雕刻最为精细繁复的一座，充分体现了乾隆时期的艺术趣味。

该牌楼为三间四柱三楼、冲天牌楼样式（图16-1-66）。四柱皆为下方上圆的断面，通体雕满云纹，顶部各蹲石狮一头。三楼均为单檐歇山顶，屋顶、檐部、斗栱等均以石头雕出。上枋雕仙鹤六只，下枋雕二龙戏珠，连额枋底部都满饰云纹。

最精美的雕饰则集中在牌楼两侧四座影壁两面。其中东、西两侧第一座影壁南面绘制八位著名历史人物，各有题额：东侧影壁由东至西依次为相如为节、李密为孝、诸葛为忠、陶远（当作"渊"）明为廉，上部额枋书"精诚贯日"；西侧影壁由东至西依次为狄仁杰为孝、文添（当作"天"）祥为忠、赵必（当作"壁"）为廉、谢玄为节，上部额枋书"节义凌霄"（图 16-1-67、图 16-1-68）。似乎匠人的文化水平有限，竟而出现了不少错字。此外，东、西两侧第二座影壁南面各雕有麒麟一只（图 16-1-69）。

东侧第一座影壁北面为母狮一头，身下及背上各有小狮一头，极为生动；西侧第一座影壁北面则雕雄狮滚绣球（图 16-1-70）。东侧第二座影壁北面为八仙中之四位：铁拐李、何仙姑、吕洞宾、汉钟离；西侧则为另外四位：曹国舅、张果老、蓝采和、韩湘子（图 16-1-71、图 16-1-72）。

除了上述两座华美的大型石牌楼之外，北京西黄寺石牌楼、伊桑阿墓石牌楼也颇为可观。

（二）棂星门

北京诸坛庙、陵墓皆广设棂星门，其基本形制皆为"乌头门"演化而来，由两石柱与其间若干

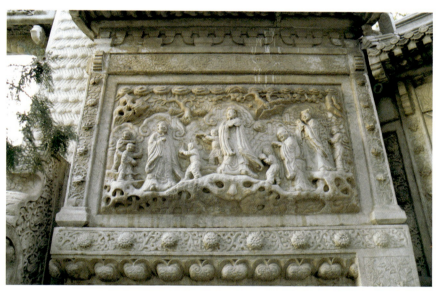

图 16-1-67　碧云寺石牌楼东侧第一座影壁南面雕刻

图 16-1-68　碧云寺石牌楼西侧第一座影壁南面雕刻

图 16-1-69　碧云寺石牌楼东侧第二座影壁南面雕刻

图 16-1-70　碧云寺石牌楼东侧第一座影壁北面雕刻

图 16-1-71　碧云寺石牌楼东侧第二座影壁北面雕刻——八仙之铁拐李、何仙姑、吕洞宾、汉钟离

图 16-1-72 碧云寺石牌楼西侧第二座影壁北面雕刻——八仙之曹国舅、张果老、蓝采和、韩湘子

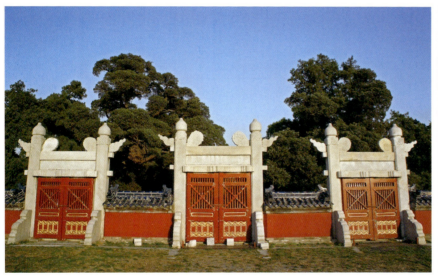

图 16-1-73 天坛圜丘棂星门

图 16-1-74 明十三陵龙凤门局部（图片来源：赵大海摄）

横枋（包括大小额枋与花板）组成基本骨架，柱头有祥云贯穿（包括云头和云尾），柱底部有抱鼓石，柱内侧有梓框，其内原安有朱红门扉（现在有些已不存），色彩明丽，庄严肃穆（图 16-1-73）。

十三陵总神道龙凤门则以一字排开的五座棂星门与六座琉璃影壁相间，形成壮丽的群体构图。其每座棂星门柱顶有蹲龙，大额枋上部有火焰宝珠，小额枋下部有门框和四个门簪。影壁与棂星门的抱鼓石共同坐落在一层须弥座台基之上，形制较其余坛庙棂星门为高（图 16-1-74）。

十三陵诸陵祾恩殿与宝城之间常设独立棂星门一座，两石柱顶部为蹲狮，石柱之间以木结构为额枋、斗栱、屋顶、门扉，异于常见棂星门形制（图 16-1-75）。

田义墓棂星门亦与两座影壁一同组成优美的整体造型，影壁雕刻一如陵墓各处石刻一样精美（图 16-1-76）。

（三）华表

天安门南北两侧各有一对华表，应是永乐时期原物均以洁白无瑕的汉白玉雕成。华表柱最下为高

图 16-1-75　明十三陵昭陵棂星门

图 16-1-76　田义墓棂星门（图片来源：赵大海摄）

北京重要石牌楼（含棂星门）列表

表 16-1-4

名称	年代	形制	备注
明十三陵总神道石牌楼	明嘉靖十九年（1540 年）	五间六柱十一楼	中国现存最大的石牌楼
明十三陵总神道龙凤门	明	五座二柱棂星门与六座琉璃影壁相间，形成群体构图；柱顶设蹲龙，中央有火焰宝珠	
明十三陵各陵棂星门	明	二柱棂星门，两石柱顶部为蹲狮，石柱之间以木结构为额枋、斗栱、屋顶、门扉，异于常见棂星门形制	明十三陵除思陵之外，各陵祾恩殿与宝城之间常设独立棂星门 1 座，共计 12 座
天坛圜丘棂星门	明、清	二柱棂星门，3 座一组，连以墙墙	圜丘两重墙墙四周共计 8 组、24 座
地坛方泽坛棂星门	明、清	二柱棂星门，北面 3 座一组，其余三面 1 座，连以墙墙	方泽坛两重墙墙四周共计 12 座
日坛棂星门	明、清	二柱棂星门，西面 3 座一组，其余三面 1 座，连以墙墙	日坛一重墙墙四周共计 6 座
月坛棂星门	明、清	二柱棂星门，东面 3 座一组，其余三面 1 座，连以墙墙	月坛一重墙墙四周共计 6 座
社稷坛棂星门	明、清	二柱棂星门，四面各 1 座，连以墙墙（墙面施以四色琉璃砖）	社稷坛一重墙墙四周共计 4 座
田义墓棂星门	明万历三十三年（1605 年）	二柱棂星门，两侧连以影壁，柱顶设蹲狮，中央有火焰宝珠	
伊桑阿墓石牌楼	清康熙四十二年（1703 年）	五间六柱三楼（冲天牌楼）样式，两稍间内填充影壁各一座，形制独特	
碧云寺金刚宝座塔院石牌楼	清乾隆十三年（1748 年）	三间四柱三楼（冲天牌楼）样式，两侧各有影壁两座	此牌楼为北京石牌楼中雕刻最华丽者
西黄寺清净化城塔牌楼	乾隆四十七年（1782 年）	三间四柱三楼样式	塔南北各一座

图 16-1-77　天安门华表　　图 16-1-78　明十三陵华表　　图 16-1-79　卢沟桥华表（图片来源：赵大海摄）

1.32 米的八边形须弥座，须弥座外围以石栏，在四角望柱间各用一块雕两个宝瓶云栱的镂雕石栏板。须弥座以上立由整石雕成的高 6.59 米、直径近 1 米的八边形巨大柱身，其上承高 0.55 米的八边形仰覆莲座，座上为高 1.1 米的坐龙，其中面南者称"望君出"，面北者称"望君归"。整个华表通高 9.56 米，取明初 1 丈 = 3.173 米，合 3 丈。在柱身上部近顶处横插由"日月板"演化来的云板。华表周身均有雕刻，栏板及须弥座雕行龙，柱身雕缠绕而上的云龙，并用剔地起突法把龙雕成高出流云背景之上，雕工精致（图 16-1-77）。

明十三陵碑亭四隅的四座华表亦为明代杰作，建于宣德十年（1435 年），通高 10.81 米，合 3.4 丈，犹在天安门华表之上，形制与天安门华表相同（图 16-1-78）。与华表类似的还有神道石象生起始处的一对神道石柱。

此外，卢沟桥头、田义墓、阿桑伊墓也有华表作为陈设（图 16-1-79）。

七、墙垣

建筑中的墙垣按照使用部位分为山墙、檐墙、槛墙、廊心墙、室内的夹山墙（隔墙）、扇面墙等，室外的院墙、花墙、八字墙、影壁、挡土墙、金刚墙等。

若按照砖墙砌筑工艺，可分作四大类：干摆、丝缝、淌白、糙砌，由精到粗。干摆又称磨砖对缝，即砌墙用砖皆经过砍磨加工，一般将砖的看面及四侧面砍直磨细，称为"五扒皮"（图 16-1-80）。砌筑时外皮干摆砖与背里砖要拉接找平垫稳，灌桃花浆，最后表面打点、磨平，基本不露砖缝，为最高

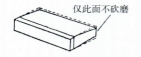
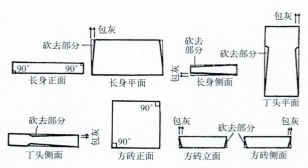

图 16-1-80　用于干摆的"五扒皮"砖示意图（图片来源：《中国古建筑瓦石营法》）

工艺，多用于最重要工程墙面、房屋下碱、影壁心等处。丝缝砌法与干摆类似，但露极细的灰缝，约2～4毫米，多用于山墙上身。淌白砌法用砖仅砍磨看面一个面，灰缝较宽，约4～6毫米。糙砌是用未经砍磨加工的砖直接砌筑，灰缝约10毫米，用于民居及简易房屋。

（一）房墙

中国北方俗语称"墙倒屋不塌"，除少数砖石结构建筑如无梁殿、砖石佛塔以外，绝大多数木结构建筑中以大木构架作为承重结构，墙体仅起到围护作用。

木结构建筑中的墙体因位置不同而有檐墙、山墙、槛墙（即窗下墙）、隔断墙、扇面墙等不同名称。檐墙、山墙下部有裙肩，上部有墙肩，形成富有变化的造型。明以前由于砖尚未普及，大量普通房屋用悬山顶，用屋檐保护土墙和木柱。明以后由于砖的普及，硬山顶大量发展，北京最大量的普通古建筑为硬山顶，硬山建筑具有良好的防火性能，因而广受欢迎。硬山墀头特别是戗檐砖是砖雕装饰的重点。除了砖以外，硬山建筑的山墙还有角柱石、押砖板、腰线石、挑檐石等石构件（图16-1-81）。悬山屋顶的五花山墙极富于表现力。采取这种做法时，山墙只砌至每层梁架下皮，随梁架的举折层次砌成阶梯状，将梁架暴露在外，除了造型优美而富于韵律之外，同时有利于木构件的通风和防腐（图16-1-82）。当槛墙与柱子交接时砌出"八"字形柱门，形成与柱子之间的一个富于表现力的细节（图16-1-83）。

北京紫禁城等皇家建筑外墙特殊的红色抹灰称作"红土子"，产地在山东鲁山，加工在博山，因此博山以出红土子著称（图16-1-84）。大殿室内墙壁粉刷所用的近似于杏黄色的材料称为包金土，产于河北省宣化市北面的烟筒山。

一些有特殊功能要求的房墙要加厚，如仓房的墙厚，其底宽为1/2檐柱高，上宽按每高1尺收分2寸计算。库房的墙厚按2/5檐柱高（从柱子里皮往里返3寸为墙里皮位置）（图16-1-85）。⑩

（二）院墙

北京古建筑群皆有院墙。院墙通常自下而上分作四部分：下碱、上身、砖檐和墙帽。墙帽是院墙造型最多变的部分，有宝盒顶、道僧帽、馒头顶（亦称"泥鳅背"）、眉子顶、蓑衣顶、鹰不落、兀脊顶、花瓦顶、花砖顶等（图16-1-86），大式建筑的墙帽一般用瓦顶，相当于"墙的屋顶"（图16-1-87）。大式院墙的砖檐常用冰盘檐造型，依照不同等级可以有十分丰富的变化（图16-1-88）。

园林或庙宇的园墙、院墙等常用虎皮石墙，即花岗岩毛石墙做法（图16-1-89），《红楼梦》中描写的"大观园"园墙即采用虎皮石砌筑。

（三）砖影壁

最充分体现北京砖活工艺的莫过于砖影壁。影

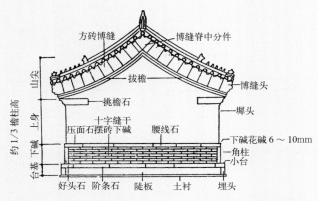
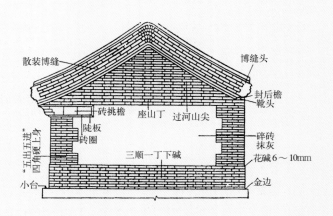

图16-1-81　硬山山墙立面两例（图片来源：《中国古建筑瓦石营法》）

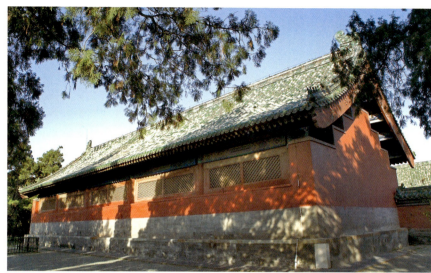

图 16-1-82 天坛祈年殿东侧神库悬山山面用五花山墙

图 16-1-83 紫禁城武英殿正殿槛墙与立柱之间的"八"字形柱门

图 16-1-84 紫禁城太和殿山墙——下碱为磨砖对缝，上身刷红土子，墙上留有让木柱通风的气孔

图 16-1-85 南新仓仓墙（图片来源：赵大海摄）

图 16-1-86 碧云寺东路园林园墙用花瓦顶

图 16-1-87 地坛外坛南墙

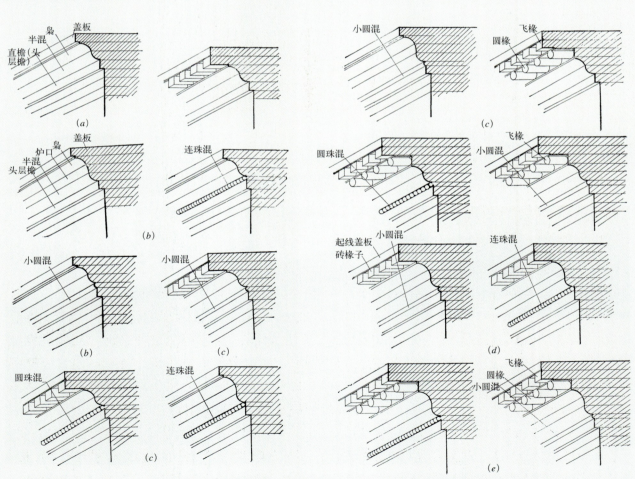

(a) 四层冰盘檐；(b) 五层冰盘檐；(c) 六层冰盘檐；(d) 七层冰盘檐；(e) 八层冰盘檐

图 16-1-88 冰盘檐造型示意图（图片来源：《中国古建筑瓦石营法》）

图 16-1-89　碧云寺金刚宝座塔院院墙下部用虎皮石　　图 16-1-90　鲜明胡同 4 号坐山影壁　　图 16-1-91　礼士胡同 129 号一字影壁

图 16-1-92　孔庙八字影壁（图片来源：赵大海摄）

壁分为座山影壁、一字影壁、八字影壁、撇山影壁（又分为普通撇山影壁和雁翅影壁）等（图 16-1-90～图 16-1-92）。

影壁的基本构图是由须弥座、仿木结构壁身及瓦顶组成。豪华的砖影壁，须弥座有雕刻，壁心有中心四岔式的砖雕花卉图案，瓦顶有砖刻斗栱。

（四）琉璃影壁

琉璃影壁是砖影壁饰以琉璃瓦和琉璃砖，为影壁中最绚烂夺目者。著名者有北海九龙壁、紫禁城宁寿宫九龙壁、紫禁城养心殿琉璃影壁、乾清门两侧琉璃雁翅影壁、十三陵诸陵琉璃影壁等。

其中北海九龙壁位于北海北岸阐福寺西路，壁长 25.86 米，为双面大型浮雕壁，表面采用高浮雕的九条巨龙，翻滚于海水江崖之间，以黄色坐龙居中，左右分置蓝、白、紫、黄四条游龙，全壁由 420 块预置琉璃砖组成，展现了清代工匠在整体构图和装配方面的高超技艺（图 16-1-93）。

清代琉璃影壁的岔角及盒子图案非常丰富，包括西番莲、菊花、荷花、飞禽、水草，也有松、竹、梅、鸳鸯、鹭鸶、仙鹤、花篮、飘带等（图 16-1-94、图 16-1-95）。

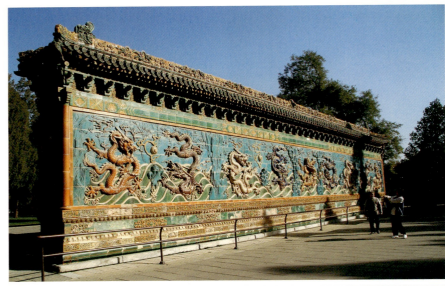

图 16-1-93 北海九龙壁

图 16-1-94 养心殿琉璃影壁

图 16-1-95 养心殿影壁琉璃雕饰

八、台基、栏杆、御路

(一) 台基

台基,古时曰"堂",宋《营造法式》谓之"阶基",清代称"台基"。台基的运用是中国建筑的一个重要特征,既起到保护木结构主体部分的作用,同时又是中国古代建筑正立面"三段式"中的重要组成部分。梁思成曾经在《建筑设计参考图集》第一集"台基简说"中写道:

"中国的建筑,在立体的布局上,显明地分为三主要部分:(一)台基,(二)墙柱构架,(三)屋顶;无论在国内任何地方,建于任何时代,属于何种作用,规模无论细小或雄伟,莫不全具此三部。最显著的例如北平故都中,宫殿、庙宇、官衙、宅第,其间殿堂,不分时代,不论大小,这三部分均充分的各呈其美,互相衬托;中间如果是纵横着丹青辉赫的朱柱画额,上面必是堂皇如冠冕般的琉璃瓦顶;底下必有单层或多层的砖石台座,舒展开来承托。"⑪

以下来看北京古建筑中的台基。

1. 素平台基

普通台基的基本构造方式为:四面砖墙,内部填土,顶部墁砖,四角转角处有角柱石,四周沿边铺阶条石,台基周边有土衬石,综合运用了夯土和砖石技术(图16-1-96)。四面的砖也可以根据情况变成不同类型的石材表面,诸如陡板石、卵石、虎皮石、方正石、条石等,特殊的祭坛还可以施以彩色琉璃砖。台阶则由踏垛和垂带石、窝砚石、土衬石等组成。

一些重要建筑的台基之前还会伸出月台,增加建筑前部空间的宏敞之感。与台基类似的台还有高甬道、高台、祭坛、佛座、陈设座等,做法接近。

2. 须弥座

须弥座是台基的较高形制,随佛教由印度传入中土,唐王勃已有"俯会众心,竟起须弥之座"之句,魏晋南北朝以来的中国古建筑中,重要殿堂的台基一般都做成须弥座的形式。

清代须弥座自下而上各部分的位置和尺寸都有规定,其各部名称由下而上依次称:圭角(龟脚)、下枋、下枭、束腰、上枭和上枋。按照梁思成整理的《营造算例》的规定:

"(须弥座各层)高低按台基明高五十一分归除,得每分若干;内圭角十分;下枋八分;下枭六分,带皮条线一分共高七分;束腰八分,带皮条线上下二分,共十分;上枭六分,带皮条线一分,共高七分;上枋九分。"⑫

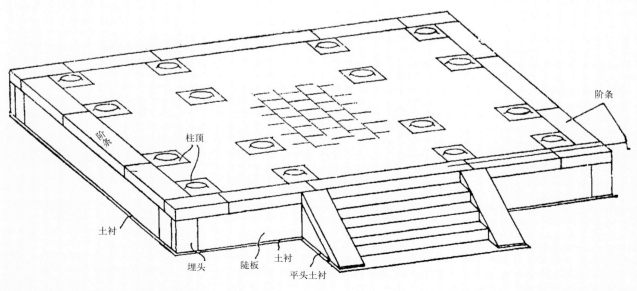

图 16-1-96 素平台基示意图(图片来源:《中国古建筑瓦石营法》)

值得注意的是清式须弥座高度上分作五十一分，其中一分是被称作"皮条"的线脚高度，即整个须弥座立面中最细小的一个线脚的高度。梁思成曾将清式须弥座与宋《营造法式》之须弥座比较称："宋式全部较清式挺秀，但其本身权衡却又古拙可爱；清式束腰减成一细道，上下枭混乃喧宾夺主，且手艺圆熟精细而不能脱去匠人规矩的气息，更显然不如古制。"[13] 总体看来，清式须弥座的确更加规整、程式化，也因而与唐宋时期作品相比缺少些生气，与大木作的变化趋势类似（图16-1-97）。

须弥座转角处通常有三种做法：第一种是转角不作任何特殊处理，如紫禁城午门须弥座（图16-1-98）；第二种是转角处用角柱石（又称金刚柱子），如紫禁城三台（图16-1-99）；第三种是转角处做成马蹄柱子，亦称玛瑙柱子，如碧云寺金刚宝座塔（图16-1-100）。

当然，据笔者对北京古建筑若干须弥座的实测可知，实际建造中往往根据具体情况对须弥座立面各段比例进行微调，并不全依照算例，各类佛塔之须弥座变化尤多。

3. 柱顶石（柱础）

明、清时期柱础称柱顶石，柱顶石之下有磉墩支撑，磉墩相当于支持柱顶石的独立基础砌体。磉墩之间砌筑砖墙称"拦土"。柱子的受力由柱顶石、磉墩和拦土传给基础。

北京主要官式建筑的柱顶石大多采用极为简洁的古镜造型（图16-1-101）。按《营造算例》记载的做法："柱顶见方按柱径加倍，厚同柱径。古镜高按柱顶厚十分之二。"[14] 除鼓镜造型之外，少数重要建筑柱顶石用宝装莲瓣造型，清式称之为八大满或曰巴达马，如太庙享殿柱础（图16-1-102）。

（二）栏杆

重要建筑的台基之上或者石桥两侧还安有栏杆。栏杆古作阑干，不但是中国古建筑中台基的重要组成部分，同时成了中国古代文学中极富意境的代表，六朝唐宋诗文中大量出现"阑干"的字样。栏杆主要由地栿、望柱、栏板、吐水口（多为螭首状）等组成。明清石栏杆较之唐宋厚重得多，更加体现

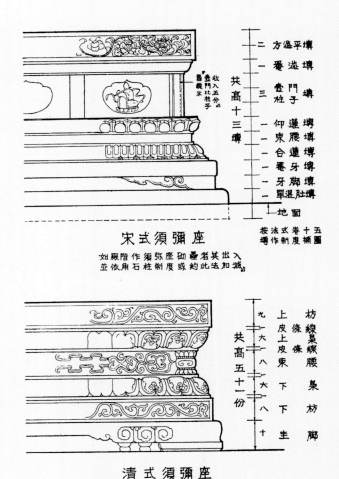

图16-1-97 宋式与清式须弥座比较图（图片来源：《梁思成全集》第六卷）

出了石结构的特征，尤其望柱林立，更多体现了垂直结构呈现的韵律（图16-1-103）。

1. 望柱

望柱分柱身及柱头两部分。柱身多为方形断面，素平无花。但起双重海棠地者，多见于故宫之中（图16-1-104）。亦有刻作龙纹、雷纹者，较为罕有。

柱头为望柱造型装饰之重点，花样百出（图16-1-105）：紫禁城、太庙等处的望柱头多为圆柱形，刻龙、凤、夔龙、云纹等（图16-1-106、图16-1-107）；亦有略如宝珠形的，下为莲座，上为曲线的轮廓；亦有仰覆莲瓣造型者；亦有作狮子造型者，卢沟桥和故宫断虹桥都是最著名的例子（图16-1-108）。此外，尚有石榴头、二十四气柱头等（图16-1-109、图16-1-110）。栏杆尽头处多用抱鼓石，亦有用动物雕刻者，在桥梁上犹多。

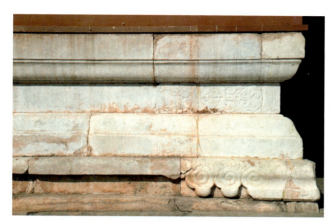

图 16-1-98 紫禁城午门须弥座

图 16-1-99 紫禁城三台须弥座转角用角柱

图 16-1-100 碧云寺金刚宝座塔须弥座转角用马蹄柱（俗称玛瑙柱子）

图 16-1-101 紫禁城武英殿古镜造型柱顶石

图 16-1-102 太庙享殿覆莲（八大满）柱础

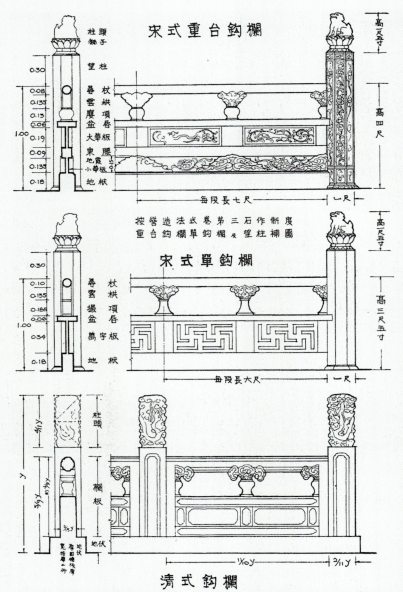

图 16-1-103 宋式与清式栏杆（勾阑）比较图（图片来源：《梁思成全集》第六卷）

图 16-1-104 文渊阁石桥栏杆——望柱柱身起双重海棠地

图 16-1-105 清式石栏杆望柱柱头常见造型示意图（图片来源：《中国古建筑瓦石营法》）

图 16-1-106 太庙戟门台基栏杆望柱——云龙纹圆柱形柱头（图片来源：赵大海摄）（左）
图 16-1-107 太庙享殿台基栏杆望柱——云凤纹圆柱形柱头（右）

图 16-1-108 断虹桥栏板

图 16-1-109 武英殿前石桥栏杆望柱二十四节气柱头

图 16-1-110 钟楼石栏杆望柱"石榴头"变体

2. 栏板

栏板为石仿木造型，包括寻杖、云栱、瘿项、盆唇、蜀柱、华板、束腰等部件，各部都有许许多多不同的做法。就寻杖而言，其断面即有方形、圆形、束竹形、八角形等；瘿项部分为装饰重点，有斗子蜀柱、云栱、荷叶净瓶、牡丹或其余花纹，不一而足（图16-1-111、图16-1-112）。华板的雕刻题材更加丰富，龙凤、宝相花为常见题材（图16-1-113），而北海和紫禁城文渊阁则有水纹装饰图案（图16-1-114）。

除了石栏杆之外，还有实心石栏板（多用于园林石桥）、砖墙栏板、琉璃砖墙栏板等。

3. 螭首

一些形制很高的须弥座，还在上枋部位，栏杆望柱之下，安放挑出的石雕龙头，称作螭首，俗称吐水兽（图16-1-115、图16-1-116）。有时螭首会被其他一些雕刻题材取代，如天坛的凤首或云头等（图16-1-117）。

紫禁城三大殿下的三重台基即"三台"为中国现存古建筑台基之最（图16-1-118、图16-1-119）。紫禁城台基所用石材不仅数量多，而且规格异常巨大，尤其明代早期对石材要求极为严格，例如宫殿台基上面的阶条石都要"长同间广"，即阶条石的长度要同木结构开间的长度相当，大者可达7米以上，如乾清宫明间。至清代已经很难达到这种要求，如太和殿的阶条石即未能与开间对缝，而天坛圜丘、祈年殿台基，太庙、长陵棱恩殿台基也皆是"三台"模式，均是中国古建筑台基之无比杰作（图16-1-120）。

（三）御路

御路石更加巨大，有的重达万斤，而主要殿宇

图16-1-111 碧云寺金刚宝座塔石栏板瘿项用云栱

图16-1-112 碧云寺金刚宝座塔基座石栏板瘿项用荷叶净瓶

图16-1-113 紫禁城钦安殿明代栏板及抱鼓石雕刻，以龙与花卉为题材

图16-1-114 北海大西天正殿石栏板雕刻，以水纹为主题

图16-1-115 太庙享殿台基螭首

图16-1-116 紫禁城三台螭首

图16-1-117 天坛祈年殿台基凤头雕刻

图16-1-118 紫禁城三台之一

图16-1-119 紫禁城三台之二

前的御路石则更是雕刻精美之极（图16-1-121）。

　　这些用于阶条石和御路的巨型石材采自京西房山区大石窝和门头沟青白口。石质坚硬，色泽青白相间，因此称为青白石或艾叶青。以上两种万斤以上的石材，明代营建紫禁城时需要万块以上，开采规模惊人。三台前后的两块雕龙御路石板长16.57米，宽3.07米，估计每块重达250吨。如果算上采石的加荒，石料原来起码重300吨以上。现在保和殿后的御路石依旧是16.57米长的整块，而太和殿前的则是明万历年间重建三大殿时，用三块石材拼接而成的，只是匠人巧妙地将拼接处雕作云纹，一般不易察觉而已。

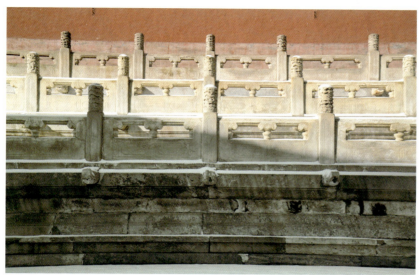

图 16-1-120　太庙享殿三重台基

图 16-1-121　永陵棱恩殿御路（图片来源：江权摄）

九、地面

（一）砖墁地面

清官式房屋地面大部分为砖墁地，用方砖或条砖（图 16-1-122）。方砖包括尺二方砖、尺四方砖、尺七方砖以及金砖等。条砖包括城砖、地趴砖、亭泥砖、四丁砖等，其中城砖和地趴砖可统称"大砖地"，亭泥砖和四丁砖可统称"小砖地"。

按等级可分为金砖墁地、细墁地面、淌白地面及糙墁地面四种，代表了砖料加工磨制的粗细程度。一般细墁砖须经磨制加工，灰缝很细，表面经桐油浸润，称"钻生"。淌白砖仅磨表面，灰缝较大。粗砌砖不加工，直接墁地。最高等级的金砖墁地多用于宫殿的主要殿堂，金砖地面光洁平整，乌墨油亮，软硬适度，耐磨耐擦，为北京古建筑地面工艺的最高水平，如北京故宫太和殿地面，至今完美光润，明鉴照人（图 16-1-123）。

此外，石活地面也颇为常见，包括条石地面、

图 16-1-122　紫禁城太和殿前广场地砖

图 16-1-123　紫禁城太和殿地面金砖

图 16-1-124　天坛丹陛桥御路

图 16-1-125 紫禁城御花园石子地

图 16-1-126 碧云寺天王殿石雕窗

图 16-1-127 紫禁城钦安殿前石雕旗杆座

仿方砖形式的方石板地面、毛石地面、碎拼石板（冰裂纹）地面和卵石地面（石子地）等。

整个午门至天安门中轴线的御街则以巨型石板铺砌所谓的"御路"，并且磨成中央略为拱起的"鱼脊背"造型，天坛的丹陛桥也有类似的御路石，这些御路石作工艺精湛，并且将中国古建筑中轴线的礼制与威严大大加以强化了（图 16-1-124）。

（二）园林地面

园林地面常用砖雕甬路，俗称"石子地"，指甬路两旁的散水墁带有花饰的方砖，或镶嵌由瓦片组成的图案，空当处镶嵌石子（图 16-1-125）。另外也常用冰裂纹、卵石地面。

十、杂样石作

杂样石作内容繁多，包括石门窗（图 16-1-126）、挑头沟嘴（即吐水口）、水簸箕滴水石、沟门、沟漏、沟筒、沟盖、拴马石、上马石、下马碑、泰山石敢当、井口石、旗杆座（图 16-1-127）、石五供等。

第二节 屋面瓦作

一、概述

大木结构的屋架与屋面瓦作的结合造就了中国古建筑最引人瞩目的屋顶造型。

屋面瓦作分大式和小式，大式用筒瓦、脊瓦、吻兽等，材料有琉璃瓦和布瓦；小式无吻兽，多用板瓦（偶尔用筒瓦），材料仅用布瓦。无论大式、小式，瓦的铺法是一致的。从瓦材分，可分作阴阳板瓦屋面、筒板瓦屋面及琉璃瓦屋面三种主要类型，简易用房中还有仰瓦灰梗、干槎瓦及清灰顶屋面、石板瓦屋面等。也有交叉使用的现象，如棋盘心、布瓦琉璃剪边等（图 16-2-1）。

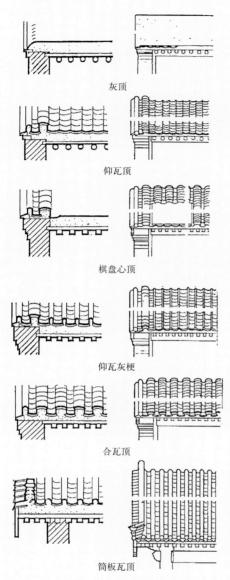

图 16-2-1 北京地区常见屋面种类示意图（图片来源：《中国古代建筑史》第五卷：清代建筑）

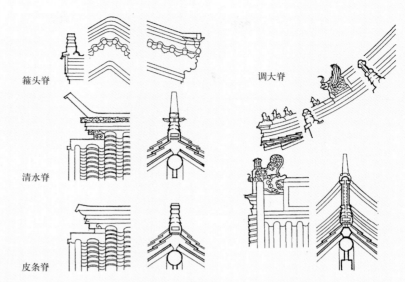

图 16-2-2 北京地区常见屋脊类型示意图（图片来源：《中国古代建筑史》第五卷：清代建筑）

北京地区常见屋脊类型包括调大脊、箍头脊、清水脊和皮条脊。调大脊多用于官式建筑，而箍头脊、清水脊和皮条脊多用于民居，与阴阳板瓦屋面结合使用（图 16-2-2）。

屋脊包括正脊、垂脊、戗脊、博脊，重檐屋顶的下檐有水平方向的围脊和四角的角脊。正脊两端安有吻兽，称鸱吻（图 16-2-3）；城楼或者某些府第建筑的正吻常改作"正脊兽"，也称"望兽"，其形象与垂兽相同，兽口朝外侧（图 16-2-4）。重檐屋顶下层檐的围脊转角处安合角吻。垂脊下端安垂兽。戗脊上安仙人及走兽若干，数目由建筑形制高低决定，其中紫禁城太和殿形制最高，戗脊由下而上依次为仙人、龙、凤、狮子、天马、海马、狻猊、押鱼、獬豸、斗牛、行什（图 16-2-5）。小式建筑正脊两侧不安吻兽，多用清水脊，两端加翘起的鼻子（称"朝天笏"或"蝎子尾"）（图 16-2-6），垂脊用一陇筒瓦。园林建筑中屋脊上常使用带花草或祥禽瑞兽图案的脊件，其中以龙的图案最常见，叫作"闹龙脊"（图 16-2-7）。正脊中央上部也常常是装饰的重点（图 16-2-8）。

檐部有瓦当（勾头）和滴水；硬山、悬山以及歇山山面的三角形部分垂脊外侧还有排山勾滴，即位于山面的瓦当（勾头）和滴水。

攒尖屋顶上有宝顶，宝顶造型大多为须弥座上加宝珠的形式，偶尔也可做成宝塔形、炼丹炉形、鼎形等（图 16-2-9）。

二、琉璃瓦屋面

明代烧制琉璃瓦的地方在今琉璃厂一带。烧制黑瓦（即青瓦，亦称布瓦）的窑厂在黑窑厂，即今陶然亭一带。清康熙年间迁琉璃厂至门头沟琉璃渠，一方面较接近原料产地，一方面更利于保持北京城

图 16-2-3　北京古建筑鸱吻　左上太和殿，右上乾清宫，左中太庙享殿，右中太庙寝殿，左下长陵棱恩殿，右下历代帝王庙大殿

图 16-2-4　钟楼正脊兽（望兽）

图 16-2-5　戗脊走兽：由上至下分别为 10、9、7、5、3、1 枚走兽，分别为紫禁城太和殿、太庙寝殿、紫禁城文华殿、紫禁城西六宫某殿、紫禁城近光右门、紫禁城东六宫某宫门

图 16-2-6　原金融街某宅门（已拆除）清水脊

图 16-2-7　紫禁城文渊阁屋脊的龙纹和水纹（图片来源：赵大海摄）

图 16-2-8　三官阁过街楼正脊"太平有象"装饰

图 16-2-9　紫禁城御花园万春亭宝顶

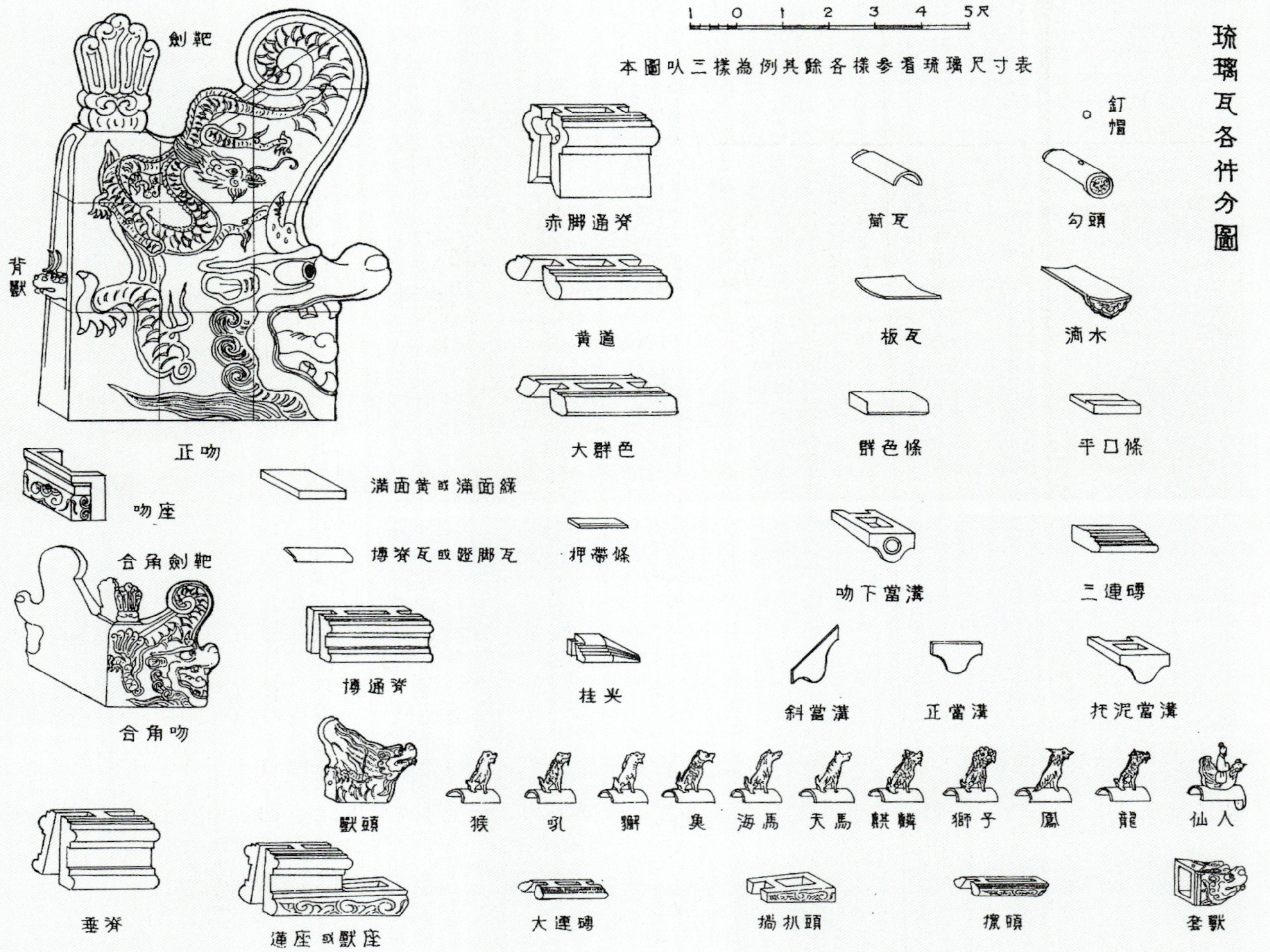

图 16-2-10 琉璃瓦分件图（图片来源：《梁思成全集》第六卷）

图 16-2-11 颐和园花承阁琉璃塔诸色琉璃　　图 16-2-12 天坛皇穹宇蓝琉璃瓦

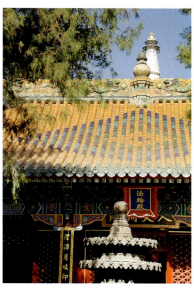

图 16-2-13　先农坛太岁殿拜殿黑琉璃瓦绿剪边

图 16-2-14　北海法轮殿五色琉璃瓦组成的方胜（菱形）图案

空气清洁。

琉璃瓦屋面多用于宫殿、坛庙、苑囿、陵寝及皇家寺观之中。清代琉璃瓦依尺度可分为十种规格，称"十样"，但其中"一样"和"十样"无实物，使用的仅八种。每一规格皆有成套的配件，品种繁多（图 16-2-10）。清代琉璃的色彩除了黄、绿、青、蓝、黑、白、孔雀蓝、葡萄紫以外，又增加了桃红、宝石蓝、翡翠绿、天青、紫晶（图 16-2-11）。皇家建筑专用的黄琉璃瓦则更细分出正黄、金黄、明黄等深浅不同的釉色。

颜色方面，以黄色最为尊贵，为帝王专用；绿色次之，用于王府、庙宇；蓝、黑、紫、白等色则各有专用，如蓝色用于天坛，黑色用于祭祀建筑等（图 16-2-12、图 16-2-13）。

园林中色彩最为丰富，除了剪边做法之外，还有聚锦做法，即以二色或多色琉璃瓦拼成图案的屋面做法，常见图案有方胜（菱形）、叠落方胜（双菱形）、囍字等（图 16-2-14）。

第三节　建筑装饰

一、彩画

明、清建筑的彩画以青绿颜色为主，作为红墙与一片纯色瓦顶之间的过渡。青绿彩画的位置和幽冷的色调与檐下阴影的部分相映成趣，表现出了屋檐深远的造型效果。一个特例是紫禁城午门彩画，由于午门位于紫禁城南门，五行属火，所以午门彩画一反青绿为主的色调，而是采用以赤色为主的"吉祥草三宝珠"彩画（图 16-3-1）。

（一）和玺彩画

和玺彩画为最高等级的彩画，大约形成于清代初年或者更早，目前尚无明代和玺彩画实例。和玺彩画构图华美，设色浓重，用金量大，专门用于宫殿朝寝或者坛庙正殿、重要的宫门或宫殿主轴线上的配殿、配楼等处。

和玺彩画构图将梁、枋、檩的正身分为找头、枋心、找头三大段，大约各占三分之一，称为"三分停"。纹饰题材一律用龙、凤、西番莲、吉祥草，尤以龙凤为主，而不采用花卉、锦纹、几何纹等。同时，和玺彩画的布局框架线路一律为沥粉贴金，不用墨线，细部纹饰上也大量采用沥粉贴金做法（图 16-3-2）。和玺彩画又细分作以下几种：

1. 金龙和玺

所有构件上皆绘制龙的图案，包括各种升龙、降龙、行龙、坐龙，金龙和玺彩画仅用于宫殿和坛庙的主要殿堂（图 16-3-3）。

图 16-3-1 紫禁城午门彩画运用大量红色

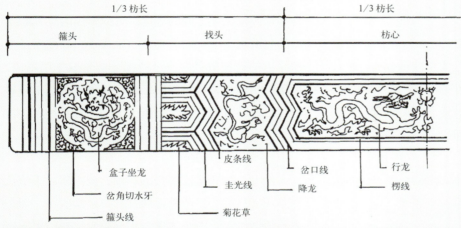

图 16-3-2 和玺彩画构图示意（图片来源：《中国古代建筑史》第五卷：清代建筑）

图 16-3-3 太和殿金龙和玺彩画

2. 凤和玺

构件上遍绘凤的图案，多用于皇后寝宫及祭祀后土神的殿堂（如地坛）（图16-3-4）。

3. 龙凤和玺

由龙纹和凤纹互相匹配组合而成，如大额枋青底画龙，小额枋绿底画凤，隔间变化，多用于帝后寝宫和祭天坛庙主殿，如天坛祈年殿（图16-3-5）。

4. 龙凤枋心西番莲灵芝找头和玺

亦属较尊贵的和玺图案，用于宫殿的重要殿堂或坛庙，如紫禁城午门彩画（图16-3-6）。

5. 龙草和玺

在梁枋大木的枋心、找头、盒子及平板枋、垫板等处以龙纹和吉祥草纹互换排列组合的布局方式，属于等级较低的和玺彩画，多用于宫门、配殿等建筑，如端门彩画（图16-3-7）。

此外还有金琢墨和玺等。运用和玺彩画的建筑其他部位亦多采用相配的图案，如团龙、团凤井口天花圆光，行龙纹饰椽肚等。斗栱则一律为青绿攒退的彩画，金边压楞，以增强金碧辉煌的效果。

和玺彩画的艺术魅力在于金色与青绿底色的强烈反差以及大量沥粉贴金形成的壮丽辉煌效果，有时还特意采用库金（色调偏红）、赤金（色调偏黄）两种金色[15]，进一步增强金光闪烁之感，特别是在夕阳照耀下或者阴晴转换之际，和玺彩画的金色焕发出强烈的光彩，绚烂夺目，美轮美奂（图16-3-8、图16-3-9）。

图16-3-4 地坛皇祇室彩画——凤和玺

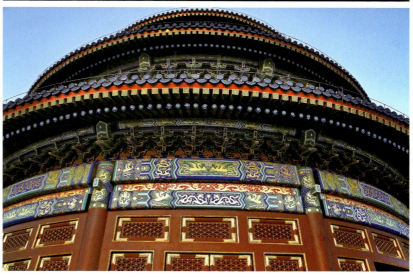

图16-3-5 祈年殿龙凤和玺彩画

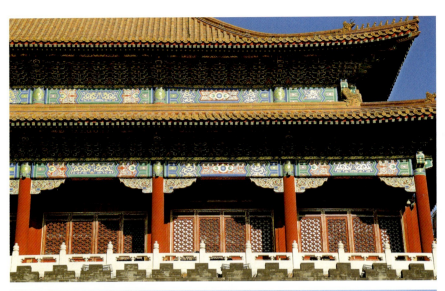

图 16-3-6 紫禁城午门彩画——金龙枋心西番莲灵芝找头和玺彩画

图 16-3-7 端门龙草和玺彩画

图 16-3-8 夕阳下的太和殿金龙和玺彩画

图 16-3-9 夕阳下的雍和宫万福阁龙草和玺彩画

（二）旋子彩画

旋子彩画中的旋子（旋花）产生于元代，可谓中国古代彩画与伊斯兰教艺术中的几何纹样、装饰纹样相交融的产物。这种图案在明代建筑中十分盛行。北京现存明代旋子彩画实例包括：明十三陵石牌坊（用石雕仿彩画），各陵琉璃门额枋，智化寺、法海寺、东四清真寺、紫禁城南薰殿等处的梁架上（图16-3-10、图16-3-11）。

清代旋子彩画基承明代宫廷旋子彩画进一步丰富演化而成，为宫殿、坛庙、寺观中大量运用的彩画图案。其基本构图仍是在整个梁枋长度上划分为找头、枋心、找头三段，各占三分之一，两端头加设箍头及盒子，各段之间以锦枋线划分开来。旋子彩画纹饰的主要特点是找头部分一律以旋花瓣组成的团花为母题，随找头的长短增减团花及线路的数量，而枋心及盒子的图案可以变化。旋子彩画之流行，因其花纹简单明晰，布局条理分明，构图伸缩性大，以"一整二破"为基础的旋花图案，或加一路花瓣，或加二路花瓣，或加"勾丝咬"，或加"喜相逢"，或成椭圆形，形成变化多端的布局（图16-3-12、图16-3-13）。

旋子彩画根据图案组成、用色、用金量可分为9个等级。

图16-3-10　明十三陵石牌楼石雕仿旋子彩画

图16-3-11　智化寺如来殿万佛阁旋子彩画

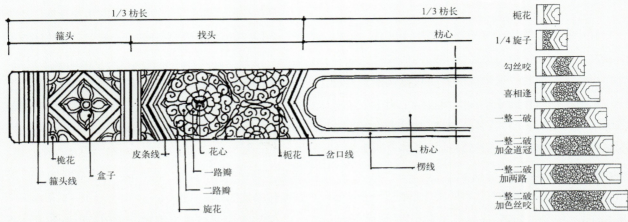

图 16-3-12 旋子彩画构图示意（图片来源：《中国古代建筑史》第五卷：清代建筑）

图 16-3-13 旋子彩画找头构图调整方式示意（图片来源：《中国古代建筑史》第五卷：清代建筑）

图 16-3-14 太庙内檐彩画——浑金旋子彩画与烟琢墨石碾玉旋子彩画并用（图片来源：赵大海摄）

图 16-3-15 太庙明间彩画——烟琢墨石碾玉旋子彩画（图片来源：赵大海摄）

1. 浑金旋子彩画

整个构件底面不敷色彩，显示木件本色，全部旋花、锦枋线及纹样皆贴饰金箔，金光灿烂，为最高等级，今太庙享殿内檐中央三间还保留有浑金旋子彩画（图 16-3-14）。

2. 金琢墨石碾玉

锦枋线、旋瓣、旋眼、栀花心、菱角地、枋心及盒子图案皆加沥粉贴金和片金，用金量大，主要线路及旋花瓣全部为青绿色叠晕做法。这类彩画的枋心及盒子内多绘龙凤纹或锦纹，属于较高等级的旋子彩画，多用于祭祖或帝后陵寝的主要殿堂。

3. 烟琢墨石碾玉

构图用色同金琢墨，但其旋瓣不用金线而用墨线，用金量略少，典型者如太庙享殿外檐彩画（图 16-3-15）。

4. 金线大点金

锦枋线、旋眼、栀花心、菱角地为沥粉贴金，枋心图案沥小粉片金龙纹，而锦枋线为青绿叠晕，其他均为墨线勾描，枋心纹饰多为龙纹、锦纹交替使用，术语为"龙锦枋心"，多用于宫廷、苑囿的主要殿堂。

5. 金线小点金

较大点金略逊一筹，即减去菱角地及枋心片金龙的沥粉贴金。

6. 墨线大点金

锦枋线、旋花瓣皆为墨线，沥粉贴金部分仅保留在旋眼、栀花心和菱角地等重点部位，枋心内偶尔亦有片金龙纹，即在大面积青绿色调中偶尔有星星点点金片（图 16-3-16）。

图16-3-16 紫禁城协和门彩画——墨线大点金

图16-3-17 十三陵总神道碑亭彩画——墨线小点金

图16-3-18 天坛东门彩画——雅伍墨旋子彩画

7. 墨线小点金

大点金的基础上将菱角地及枋心片金龙减去，枋心内可不设图案，留青绿地，画一黑线，称"一字枋心"，或在青绿地上画黑叶花卉（图16-3-17）。

8. 雅伍墨

构图用色同墨线小点金，但完全不用金，为最低等级的旋子彩画，多用于次要建筑（图16-3-18）。

9. 雄黄玉

构图与雅伍墨同，但用色大变，主色调不用青绿而以雄黄色或丹色为底，以墨线勾描，团花中以三青或三绿（即极浅的青绿色）叠晕色。雄黄玉为专用彩画类别，主要用于陵寝中的整治祭品的宰牲所、神厨等建筑上。

（三）苏式彩画

苏式彩画为清初新创的彩画品类，大量运用于苑囿建筑之中，自然活泼而富于生活气息。它源自江南苏州一带，目前所见最古老的苏式彩画为北海快雪堂彩画，绘于乾隆十一年及四十四年（1746年、1779年）。

苏式彩画从构图可分作三种，即枋心式、包袱式和海墁式。

1. 枋心式

构图与旋子彩画类似，只是将找头部分的旋花删除，改绘锦纹、团花、卡子、聚锦等图案，枋心未变，仍绘龙纹、凤纹、西番莲等，有时还绘博古、花卉、写生画等。

图 16-3-19　颐和园长廊包袱彩画，题材为"三顾茅庐"

图 16-3-20　文渊阁彩画（图片来源：赵大海摄）

2. 包袱式

构图较旋子式有较大变化，即在构件的中心部位画一个倒置的半圆形或半椭圆形画框，即所谓包袱，包袱内多在白底上绘寿山福海、花卉、植物、人物故事等形象的写生画，包袱两侧可画锦纹、卡子、聚锦等，布置自由，随宜而定。因为包袱彩画的包袱画框是将檩垫枋三个构件统一画在一起，所以它只能用于没有斗栱的建筑及园林建筑中（图16-3-19）。

3. 海墁式

海墁式的构图打破了传统规律，梁枋两端只保留箍头，其他不设任何画框，作为统一画面绘制卷草、蝠磬纹、黑叶子花卉等，底色可以是青绿也可以是朱红。有些彩画可以根据建筑的特殊用途选取特殊题材，如紫禁城文渊阁的线装书题材彩画，宁寿宫倦勤斋海墁彩画等（图16-3-20）。

以上主要是大木梁枋等部分的彩画，官式彩画讲究匹配关系，除大木彩画之外，尚有天花、斗栱、椽子、藻井、雀替等，皆应绘制与大木彩画等级相应的图案。紫禁城的圆椽多画"龙眼宝珠"、"虎眼宝珠"或"圆寿字"等；方椽多画"卍"字、"金井玉栏杆"或"栀子花"等。在重点建筑的椽肚上，做沥粉贴金的灵芝、卷草等纹饰，突出其金碧辉煌

图 16-3-21 紫禁城太和殿斗栱及椽子彩画

图 16-3-22 紫禁城太和殿翼角檐下彩画

之效果（图 16-3-21、图 16-3-22）。

二、石雕

北京的石雕工艺尤其值得重视，从隋代的石经山雷音洞千佛柱，到唐辽塔幢雕刻，从金代卢沟桥石狮，到元代居庸关云台、明代正觉寺、清代碧云寺和西黄寺三座金刚宝座塔上密密麻麻的佛教雕刻，包括明代宫殿、坛庙、陵寝、苑囿中的大量台基栏杆御路、须弥座石雕等，不一而足——北京实可谓是中国古代石雕杰作云集的地区。

北京古建筑中石雕运用的地方甚广，包括须弥座、栏杆、柱顶石、御路、牌楼、券脸、花台、石狮、抱鼓石、上马石等。石雕手法基本沿袭宋《营造法式》总结的剔地起突、压地隐起、减地平钑、素平四种，增加了透雕手法，当然也包括古已有之的圆雕。⑯

前文对皇家建筑台基及佛寺佛塔的石雕介绍较多。本节主要讨论各色各样的抱鼓石雕刻，尤其是民间有十分丰富多彩的此类作品。

抱鼓石是门枕石的放大，具有很强的装饰作用，有圆鼓子和方鼓子之分。圆鼓子的两侧图案以转角莲最常见，稍讲究者还有麒麟卧松、犀牛望月、蝶入兰山、松竹梅等；正面雕刻一般为如意，也可做成宝相花、五世同居（五个狮子）等；上面一般为兽面形象（图 16-3-23、图 16-3-24）。方鼓子由于不受圆形限制，雕刻题材更加丰富多样（图 16-3-25）。

图 16-3-23 紫禁城养心殿木影壁抱鼓石一对

图 16-3-24 南锣鼓巷黑芝麻胡同 13 号抱鼓石一对

图 16-3-25 方形抱鼓石四对：左上为北大吉巷 47 号，右上为西单齐白石故居，左下、右下均为宣南菜市口东侧宅院

图16-3-26 碧云寺影壁砖雕

图16-3-27 翠花街5号四合院影壁砖雕

三、砖雕

砖雕在明清时期随着制砖技术的发达而逐渐兴盛。此时出现了高质量的雕琢用砖，并形成了"凿花匠"这一专业工种。明清时期以砖雕装饰门庭不受礼法约束，没有僭越之嫌，于是在大量民居、会馆、祠堂之中得以采用，加之砖雕具有一定耐久性，材料成本低廉，故得以迅速发展。

北京为砖雕特别发达的地区之一，砖雕多用于墀头的戗檐砖及博缝头、清水脊的盘子、平草砖、攒尖宝顶、什锦窗边框、砖影壁及廊心墙的"中心四岔"雕花（图16-3-26，图16-3-27）、铺面房的挂檐板等处。北京四合院正房、厢房和门楼的墀头戗檐砖都是砖雕装饰的重点部位（图16-3-28）。一些如意门楼门洞上部也是砖雕集中的所在（图16-3-29，图16-3-30）。

南锣鼓巷东侧的东棉花胡同15号二门为砖雕拱门，其上砖雕堪称北京古建筑砖雕之精品：金刚墙以上均为砖雕，上刻花卉走兽，顶部栏板雕有暗八仙图案。全部砖雕布局严谨，凹凸得当，其做工之细、刀法之精，实属罕见（图16-3-31～图16-3-33）。

图16-3-28 北京四合院民居墀头砖雕八幅：左一为美术馆东街25号；右一、左二、右二为翠花街5号；左三为宣南菜市口东某宅；右三为粉房琉璃街124号；左四、右四为贾家胡同40号

图 16-3-29 三眼井胡同某门楼砖雕之一

图 16-3-30 三眼井胡同某门楼砖雕之二

四、木雕

北京古建筑中木雕的最高代表作是紫禁城内的透雕花罩（图 16-3-34）。此外，乐寿堂的楠木天花、恭王府的内檐装修也是北京古建筑木雕之代表作。相比之下，北京民间建筑木雕反不及南方建筑中繁盛。

五、鎏金

鎏金技法主要是将黄金热熔于水银中，涂于器件表面，经加热水银蒸发，而黄金形成镀膜留在表面。北京皇家建筑的屋顶有大量鎏金宝顶（图 16-3-35），藏传佛教建筑中则有大面积鎏金铜瓦屋面、塔刹等（图 16-3-36、图 16-3-37）。北京紫禁城、颐和园等皇家建筑有大量鎏金铜亭（图 16-3-38）、铜狮、铜缸等（图 16-3-39）。

图 16-3-31 东城区东棉花胡同 15 号院及拱门砖雕细部之一

图 16-3-32 东城区东棉花胡同 15 号院及拱门砖雕细部之二（图片来源：袁琳摄）（左）

图 16-3-33 东城区东棉花胡同 15 号院及拱门砖雕细部之三（右）

图 16-3-34 紫禁城漱芳斋楠木落地罩（图片来源：《中国科学技术史》建筑卷）

图 16-3-35　天坛皇穹宇鎏金宝顶

图 16-3-36　紫禁城钦安殿顶部鎏金小塔

图 16-3-37　紫禁城雨花阁鎏金铜瓦、脊龙及小塔

图 16-3-38　紫禁城乾清宫侧鎏金铜亭

图 16-3-39　紫禁城鎏金铜水缸

注释

① 明清木结构建筑中，砖的使用也大幅度增加，比如墙体，甚至大量使用山墙全部用砖砌筑的硬山式建筑，成为明清建筑的重要特征之一。

② （明）张问之．造砖图说∥潘谷西．中国古代建筑史　第四卷：元明建筑（第二版）．北京：中国建筑工业出版社，2009：479．

③ 刘大可．中国古建筑瓦石营法．北京：中国建筑工业出版社，1993：265．

④ 北京著名的石灰窑有房山周口店和磁家务，顺义牛栏山，门头沟马鞍山等。

⑤ 梁思成．梁思成全集（第六卷）．北京：中国建筑工业出版社，2001：173-174．

⑥ 梁思成．梁思成全集（第四卷）．北京：中国建筑工业出版社，2001：207．

⑦ 如今皇史宬成了展览馆，辟有两个展室，展品以从中国第一历史档案馆所藏一千万件明清档案中精选出来的珍品为主。除原藏于皇史宬的史册外，还包括皇帝登基的诏书、秘密立储的朱谕及密匣、封赠大员的诏敕、大臣的奏章、皇帝的朱批、殿试的试卷及大小金榜和外国来往的文件、各种精绘的舆图等。

⑧ （清）于敏忠等．日下旧闻考．北京：北京古籍出版社，1983：1700．

⑨ （清）于敏忠等．日下旧闻考．北京：北京古籍出版社，1983：1700．

⑩ 刘大可．中国古建筑瓦石营法．北京：中国建筑工业出版社，1993：21．

⑪ 梁思成．梁思成全集（第六卷）．北京：中国建筑工业出版社，2001：237．

⑫ 梁思成．梁思成全集（第六卷）．北京：中国建筑工业出版社，2001：186．

⑬ 梁思成．梁思成全集（第六卷）．北京：中国建筑工业出版社，2001：240．

⑭ 梁思成．梁思成全集（第六卷）．北京：中国建筑工业出版社，2001：356．

⑮ 北京皇家建筑诸多部位需要贴金箔。金箔用真金打成，菲薄的箔页多在江南加工，苏州加工的金箔既薄且匀，无砂眼。金箔由于配比成分不同，分为库金和大赤金两种。

⑯ 北京石匠亦将石雕分作平活、凿活、透活和圆身。参见：刘大可．中国古建筑瓦石营法．北京：中国建筑工业出版社，1993：273．

北京古建筑地点及年代索引

名称	类型	地点	建成年代（变化情况）	材料结构	规模	文保等级
琉璃河遗址（西周燕都）	古遗址	房山区琉璃河地区董家林、黄土坡、刘李店、立教、庄头、洄城村	商、周	夯土结构	约525万平方米	国家级
蓟城遗址	古遗址	西城区，以广安门为中心，东至菜市口，南至白纸坊，西至白云观，北至头发胡同以南	战国至魏晋			
蔡庄土城遗址	古遗址	房山区蔡家庄村	战国	夯土结构	约16万~24万平方米	市级
窦店土城遗址	古遗址	房山区窦店镇窦店村西	战国至西汉	夯土结构	东西长约1230米，南北长约1040米	市级
金中都城垣遗址	古遗址	丰台区凤凰嘴村、高楼村、万泉寺村	金（1151~1153年）	夯土结构	仅余三小段残垣，总长约60米	市级
金中都水关遗址	古遗址	丰台区右安门外北京辽金城垣博物馆	金	土木石混合结构	全长43.4米，过水涵洞长21米，宽7.7米	国家级
莲花池	古遗址	丰台区太平桥街道莲花池南路48号	金		现有湖面13万平方米	市级
金中都宫殿区遗址	古遗址	西城区广安门外滨河公园	金	夯土结构	考古钻探范围约15万平方米，共发现夯土基址13处	
金中都太液池遗址	古遗址	西城区白纸坊青年湖	金		约5万平方米	市级
元大都城垣遗址	古遗址	朝阳区、海淀区、西城区均有分布	元 至元十三年（1276年）	夯土结构	现存北墙大部分和东、西墙北段一部分	国家级
德胜门箭楼	城门楼	德胜门外大街南端、德胜门立交桥北侧，现为北京古代钱币博物馆	明、清：始建于明正统四年（1439年），清康熙十八年（1679年）地震被毁后重建，光绪二十八年（1902年）再修	城台夯土包砖；城楼木结构	通高31.9米	国家级
明北京城墙遗址	城墙	东城区建国门南大街南端、北京火车站南侧；西城区西二环路及前三门大街	明 永乐十八年（1420年）	夯土包砖	东城区段残留不到2000米；西城区段残留约200米	国家级
内城东南角楼	城角楼	东城区建国门南大街南端、北京火车站南侧	明 正统元年（1436年）	城台夯土包砖；城楼木结构	通高29米	国家级
正阳门城楼	城门楼	天安门广场南端	明、清：明正统元年（1436年）建，清光绪二十九年（1903年）重建	城台夯土包砖；城楼木结构	通高43.65米	国家级
正阳门箭楼	城门楼	天安门广场南端	明、清：明正统元年（1436年）建，清光绪二十九年（1903年）重建	城台夯土包砖；城楼木结构	通高35.37米	国家级

续表

名称	类型	地点	建成年代（变化情况）	材料结构	规模	文保等级
明皇城城墙	城墙	天安门东、西侧，地安门内大街两侧，东城区东皇城根遗址公园	明	砖结构	高约6米	市级
天安门	城门楼	天安门广场北端	明、清：始建于明永乐十五年（1417年），明成化元年（1465年）、清顺治八年（1651年）重建	城台夯土包砖；城楼木结构	城台底面东西宽118.91米，南北深40.25米，占地约4800平方米，现通高33.7米	国家级
钟楼	城楼	地安门外大街北端，鼓楼北侧	明、清：始建于永乐十八年（1420年）；清乾隆十年（1745年）重建，十二年（1747年）落成	城台夯土包砖；城楼砖石结构无梁殿	通高约48米	国家级
鼓楼	城楼	地安门外大街北端	明、清：始建于永乐十八年（1420年）；清嘉庆六年（1801年）重修	城台夯土包砖；城楼木结构	通高约46.7米	国家级
故宫（紫禁城）	宫殿	天安门广场北侧	明、清	主体殿宇为木结构	总占地约72万平方米	国家级（世界文化遗产）
天坛	坛庙	永定门内大街东侧	明、清	殿宇为木结构；祭坛为夯土及砖石结构	总占地约273万平方米	国家级（世界文化遗产）
太庙	坛庙	天安门东北侧	明、清	木结构	总占地约14万平方米	国家级
社稷坛	坛庙	天安门西北侧	明、清	殿宇为木结构；祭坛为夯土及砖石结构	总占地约16.9万平方米	国家级
地坛	坛庙	东城区安定门外大街东侧	明、清	殿宇为木结构；祭坛为夯土及砖石结构	占地约37.4万平方米	国家级
日坛	坛庙	朝阳区日坛北路6号	明	殿宇为木结构；祭坛为夯土及砖石结构	原占地约65500平方米	国家级
月坛	坛庙	西城区月坛北街6号	明、清	殿宇为木结构；祭坛为夯土及砖石结构	占地约36864平方米（内坛）	国家级
先农坛	坛庙	西城区永定门外大街西侧，东经路21号	明、清	殿宇为木结构；祭坛为夯土及砖石结构	占地约130万平方米	国家级

续表

名称	类型	地点	建成年代（变化情况）	材料结构	规模	文保等级
先蚕坛	坛庙	北海公园东北隅（现为北海幼儿园）	清乾隆七年（1742年）	殿宇为木结构；祭坛为夯土及砖石结构		国家级
孔庙	坛庙	东城区雍和宫大街西侧国子监街3号	元、清	木结构	占地约2.2万平方米	国家级
国子监	儒学	东城区雍和宫大街西侧国子监街孔庙西侧	明、清	木结构		国家级
历代帝王庙	坛庙	西城区阜成门内大街131号	明、清	木结构	占地约18000平方米	国家级
顺天府学	儒学	东城区府学胡同65号	明、清	木结构		市级
北海及团城	园林	文津街1号（故宫西北面）	明、清	木结构为主	占地约68万平方米	国家级
中南海	园林	故宫西侧	明、清	木结构为主	占地约100万平方米	国家级
景山	园林	景山西街44号	明、清	木结构为主	占地约23万平方米	国家级
畅春园遗址（恩佑寺与恩慕寺山门）	园林	海淀区北京大学西门外	清	砖石结构		区级
圆明园	园林	海淀区清华西路28号	清	残存西洋楼为砖石结构	占地约350余万平方米	国家级
香山静宜园	园林	海淀区香山公园	清	木结构为主，佛塔为砖石结构	占地约140万平方米	国家级
玉泉山静明园	园林	海淀区颐和园昆明湖西	清	木结构为主，佛塔为砖石结构	纵深约1300米，东西最宽处约450米	国家级
颐和园	园林	北京市海淀区颐和园路	清	木结构为主	占地约295万平方米	国家级（世界文化遗产）
大葆台汉墓	墓葬	丰台区郭公庄南大葆台西汉墓博物馆	西汉	木椁土圹墓		市级
老山汉墓	墓葬	石景山区老山东南麓、老山驾校环型公路东南段路北山坡上	西汉	木椁土圹墓	南北长约16米，东西宽约13米	市级
金陵	墓葬	房山区车厂村至龙门口一带的云峰山下	金至清	砖石结构	陵区面积约60平方公里	国家级
明十三陵	墓葬	昌平区长陵乡、十三陵乡	明	木结构及砖石结构	陵区占地约120平方公里	国家级（世界文化遗产）
景泰陵	墓葬	海淀区香山路娘娘府2号院	明	木结构及砖石结构		国家级
田义墓	墓葬	石景山区模式口大街	明	砖石结构	占地约6000平方米	国家级

续表

名称	类型	地点	建成年代（变化情况）	材料结构	规模	文保等级
醇亲王墓	墓葬	海淀区苏家坨镇妙高峰东麓	清	木结构及砖石结构	墓园东西长200米，南北宽40米	市级
孚郡王墓	墓葬	海淀区苏家坨镇草场村西南	清	木结构及砖石结构		市级
伊桑阿墓	墓葬	房山区岳各庄乡皇后台村南	清	砖石结构	占地面积约7500平方米	市级
恭王府	王府	西城区前海西街17号	清	木结构	占地面积61120平方米	国家级
醇亲王府（北府）	王府	西城区什刹海后海北沿44、45号	清	木结构		国家级
礼王府	王府	西城区西黄城根南街7号、9号	清	木结构	占地约3万平方米	市级
郑王府	王府	西城区大木仓胡同35号	清	木结构		市级
孚王府	王府	东城区朝阳门内大街137号	清	木结构		国家级
宁郡王府	王府	东城区东单大街东侧北极阁三条71号	清	木结构		市级
克勤郡王府	王府	西城区新文化街53号	清	木结构		国家级
涛贝勒府	王府	西城区柳荫街27号	清	木结构		市级
棍贝子府花园	王府	西城区新街口东街、积水潭医院内	清	木结构		区级
和敬公主府	王府	东城区张自忠路7号	清	木结构		市级
海淀礼王府（乐家花园）	王府	海淀区苏州街15、29号	清	木结构		市级
清末太医院	衙署	东城区地安门东大街113～117号	清	木结构		
镶红旗满洲都统衙门	衙署	西城区新文化街137号处	清	木结构		区级
清内务府御史衙门	衙署	西城区陟山门街5号院	清	木结构		
总理各国事务衙门	衙署	东城区东堂子胡同	清	木结构		市级
清学部	衙署	西城区教育部街1、3号	清	木结构		区级
古观象台（钦天监）	衙署	东城区建国门内大街2号	明、清	夯土包砖		国家级
顺天府大堂	衙署	东城区东公街45号	明、清	木结构	原占地约13340平方米，现仅存正堂一座	区级
升平署戏楼	衙署	西长安街1号	清	木结构	建筑面积约200平方米	市级
颐和园升平署	衙署	海淀区大有庄100号（中央党校南院）	清	木结构		区级
吉安所（明司礼监）	衙署	东城区景山东街吉安所右巷10号	清	木结构		区级

续表

名称	类型	地点	建成年代（变化情况）	材料结构	规模	文保等级
掌关防处（关防衙门）	衙署	西城区西华门大街4号	清	木结构		
北新仓	仓房	东城区北新仓胡同甲16号总参第一招待所院内	明、清	木结构	现存廒房6座（共9廒）	市级
南新仓	仓房	东城区东四十条22号，东四十条桥西南侧，新保利大厦西侧	明、清	木结构	现存廒房7座（共9廒）	市级
禄米仓	仓房	东城区禄米仓胡同71、73号	明、清	木结构	现存廒房4座（共5廒）	市级
崇礼宅	四合院民居	东城区东四六条63、65号	清	木结构	占地约10816平方米	国家级
文煜宅（可园）	四合院民居	东城区帽儿胡同7、9、11、13号	清	木结构	占地约10797平方米	国家级
黑芝麻胡同13号四合院（奎俊宅）	四合院民居	东城区黑芝麻胡同13号	清	木结构	占地约4328平方米	市级
礼士胡同129号四合院	四合院民居	东城区礼士胡同129号	清	木结构	占地约4520平方米	市级
东城区内务部街11号四合院（明瑞府、六公主府）	四合院民居	东城区内务部街11号	清	木结构	占地约7373平方米	市级
婉容故居	四合院民居	东城区帽儿胡同35、37号	清	木结构		市级
美术馆东街25号四合院	四合院民居	东城区美术馆东街25号	清	木结构		市级
朱启钤宅	四合院民居	东城区赵堂子胡同3号	清	木结构	占地约3330平方米	区级
史家胡同51～55号四合院	四合院民居	东城区史家胡同51～55号	清	木结构		区级
西城区西四北六条23号四合院	四合院民居	西城区西四北六条23号	清	木结构	占地约2500平方米	市级
梁启超故居	四合院民居	东城区北沟沿胡同23号	清、民国	木结构	占地约3888平方米	区级
翠花街5号四合院	四合院民居	西城区翠花街5号	清、民国	木结构		区级
东四八条71号四合院（叶圣陶故居）	四合院民居	东城区东四八条71号	清	木结构		区级
绵宜宅	四合院民居	东城区东四四条5号	清	木结构		区级
珠市口大街161号院	四合院民居	西城区珠市口大街161号	清～民国	木结构		

续表

名称	类型	地点	建成年代（变化情况）	材料结构	规模	文保等级
纪晓岚故居	四合院民居	西城区珠市口西大街241号	清	木结构		市级
板厂胡同27号四合院	四合院民居	东城区板厂胡同27号	清	木结构		区级
梅兰芳故居	四合院民居	西城区护国寺街9号	清	木结构		市级
西城区西四北三条19号四合院	四合院民居	西城区西四北三条19号	清	木结构		市级
新开路（新革路）20号四合院	四合院民居	东城区新开路（新革路）20号	清	木结构		市级
潭柘寺	佛寺	门头沟区潭柘寺镇平原村北	金至清	殿堂为木结构，塔林为砖结构		国家级
云居寺	佛寺	房山区大石窝镇水头村南	隋、唐、辽、清	殿堂为木结构，塔为砖石结构		国家级
戒台寺	佛寺	门头沟区永定镇马鞍山麓	辽、明、清	殿堂为木结构，塔为砖结构		国家级
卧佛寺	佛寺	海淀区香山植物园内	清	木结构		国家级
法源寺	佛寺	西城区教子胡同南端法源寺前街7号	明至清	木结构	东西76～103米，南北220米	国家级
大觉寺	佛寺	海淀区苏家坨镇旸台山麓	明至清	木结构	占地约4万平方米	国家级
灵岳寺	佛寺	门头沟区斋堂镇白铁山灵岳寺村	元至清	木结构		国家级
妙应寺（白塔寺）	佛寺	西城区阜成门内大街	元至清	殿堂为木结构，塔为砖结构		国家级
广济寺	佛寺	西城区阜成门内大街	清	木结构	占地35亩	国家级
碧云寺	佛寺	海淀区香山东麓	明至清	殿堂为木结构，金刚宝座塔石结构	东西主轴线长约450米，南北最宽处170米、最窄处90米	国家级
法海寺	佛寺	石景山区翠微山麓模式口大街	明	木结构	占地约1万平方米	国家级
智化寺	佛寺	东城区禄米仓胡同5号	明	木结构		国家级
大慧寺	佛寺	海淀区大慧寺路11号	明	木结构		国家级
万寿寺	佛寺	海淀区紫竹院街道西三环北路18号	明至清	木结构	占地约3万平方米	国家级
雍和宫	佛寺	东城区雍和宫大街12号	清	木结构	占地6.6万平方米	国家级
须弥灵境	佛寺	海淀区颐和园万寿山北坡	清	木结构与砖石结构		国家级

续表

名称	类型	地点	建成年代（变化情况）	材料结构	规模	文保等级
下寺石塔（张坊下寺塔）	佛塔	房山区张坊镇下寺村西北山谷之中	唐	石结构	通高3.5米	区级
良乡多宝佛塔（昊天塔）	佛塔	房山区良乡镇东关村	辽 咸雍四年（1068年）	砖结构	通高36米	国家级
万佛堂花塔	佛塔	房山区坨里，河北镇磁家务矿务局院内	辽	砖结构	高约20米	国家级
天宁寺塔	佛塔	西城区广安门北滨河路西，天宁寺前街2号	辽 天庆九年（1119年）	砖结构	通高55.94米	国家级
玉皇塔	佛塔	房山区大石窝镇高庄村北山顶的巨石上	辽	砖结构	高约15米	市级
照塔	佛塔	房山区南尚乐乡塔照村东金栗山顶	辽	砖结构	通高15米	市级
镇岗塔	佛塔	丰台区长辛店永岗村	金	砖结构		国家级
银山塔林	佛塔	昌平区兴寿镇湖门村西南银山南麓	金至清	砖结构		国家级
白瀑寺圆正法师灵古塔	佛塔	门头沟区雁翅镇淤白村北金城山下	金	砖结构		市级
妙应寺白塔	佛塔	西城区阜成门内大街171号	元	砖结构	总高50.9米	国家级
万松老人塔	佛塔	西城区西四南大街西侧43号旁门	元、清	砖结构		国家级
应公长老寿塔	佛塔	房山区韩村河镇天开村北	元 大德五年（1301年）	砖结构	通高约12米	市级
居庸关云台（过街塔基）	佛塔	昌平区居庸关城关内	元 至正二年（1342年）	石结构	高9.5米，底部东西长约27米，南北宽约18米	国家级
正觉寺金刚宝座塔	佛塔	海淀区白石桥以东长河北岸、动物园北门北侧	明 成化九年（1473年）	石结构	总高由中央大塔塔刹顶至金刚宝座底共计21.968米	国家级
姚广孝墓塔	佛塔	房山区青龙湖镇常乐寺村东北	明	砖结构	高33米	国家级
周吉祥塔	佛塔	房山区上方山下孤山口村北	明 弘治三年（1490年）	砖结构	通高约18米	市级
周云端塔	佛塔	海淀区苏家坨镇大觉寺南2公里	明弘治三年（1490年）	砖结构	通高约15米	区级
慈寿寺塔	佛塔	海淀区阜成门外八里庄	明 万历四年（1576年）	砖结构	通高约50米	国家级
渗金多宝佛塔	佛塔	海淀区万寿寺无量寿佛殿中	明	铜铸	通高约5米	
金刚石塔	佛塔	海淀区苏家坨镇聂各庄西北车耳营村西、凤凰岭公园南线景区内	明	砖结构	高约2.5米	区级

续表

名称	类型	地点	建成年代（变化情况）	材料结构	规模	文保等级
北海永安寺白塔	佛塔	西城区北海公园白塔山顶	清 顺治八年（1651年）	砖结构	通高35.9米	国家级
通州燃灯塔	佛塔	通州区大成街1号	辽、清	砖结构	通高56米	市级
大觉寺迦陵性音和尚塔	佛塔	海淀区旸台山大觉寺	清 雍正六年（1728年）	砖结构		国家级
碧云寺金刚宝座塔	佛塔	海淀区香山公园	清 乾隆十三年（1748年）	石结构	由中央大塔顶部至地面通高35.355米	国家级
清净化城塔	佛塔	朝阳区黄寺大街11号	清	石结构	通高24.82米	国家级
花承阁琉璃塔	佛塔	海淀区颐和园内	清 乾隆十六年（1751年）	砖结构	总高18.6米	国家级
白云观	道观	西城区西便门外北滨河路西白云观街路北	明、清	木结构		国家级
东岳庙	道观	朝阳区朝阳门外大街141号	明、清	木结构	占地面积约35800平方米	国家级
大高玄殿	道观	西城区景山西侧、景山西街21、23号	明	木结构		国家级
都城隍庙（寝殿）	道观	西城区成方街33号	清	木结构	仅存寝殿一座	市级
火德真君庙（火神庙）	道观	西城区地安门外大街	明、清	木结构		市级
大慈延福宫（三官庙）	道观	东城区朝阳门内大街203号	明、清	木结构	现存东道院正殿、后殿以及部分西配房	市级
宣仁庙（风神庙）	道观	东城区北池子大街2、4号	清 雍正六年（1728年）	木结构		市级
凝和庙（云神庙）	道观	东城区北池子大街46号	清 雍正八年（1730年）	木结构		市级
昭显庙（雷神庙）	道观	西城区北长街71号	清 雍正十年（1732年）	木结构		市级
黑龙潭及龙王庙	道观	海淀区温泉黑龙潭路	明、清	木结构		市级
广仁宫（西顶）	道观	海淀区四季青乡蓝靛厂	明、清	木结构	占地约13000平方米	市级
北顶娘娘庙	道观	朝阳区奥林匹克公园内，国家游泳中心"水立方"南侧	明、清	木结构		市级
上庄东岳庙	道观		明、清	木结构		市级
牛街礼拜寺	清真寺	西城区广安门内牛街中路88号	明、清	木结构	占地6000平方米	国家级
东四清真寺	清真寺	东城区东四南大街13号	明至民国	木结构		市级
花市清真寺	清真寺	东城区西花市大街30号	清	木结构		区级
通州清真寺	清真寺	通州区清真寺胡同1号	清、民国	木结构		市级

续表

名称	类型	地点	建成年代（变化情况）	材料结构	规模	文保等级
安徽会馆	会馆	西城区后孙公园17、19、21、23、25、27号	清	木结构	占地约5047平方米	国家级
湖广会馆	会馆	西城区虎坊桥西南角，虎坊路3号	清	木结构		市级
正乙祠	会馆	西城区西河沿281号	清	木结构		市级
阳平会馆戏楼	会馆	东城区前门外小江胡同32、34、36号	清	木结构		市级
中山会馆	会馆	西城区珠巢街（珠朝街）5号	清	木结构		市级
南海会馆	会馆	西城区米市胡同	清	木结构		
绍兴会馆	会馆	西城区南半截胡同7号	清	木结构		市级
湖南会馆	会馆	西城区烂缦胡同101号	清	木结构		
浏阳会馆	会馆	西城区北半截胡同41号	清	木结构		
朝外山东会馆	会馆	朝阳区呼家楼南里2号	清	木结构		区级
文丞相祠	祠堂	东城区府学胡同63号	明、清	木结构	占地约550平方米	国家级
于谦祠	祠堂	东城区西裱褙胡同23号	清	木结构		市级
杨椒山祠（松筠庵）	祠堂	西城区西城门外达智桥12号、校场口三条2号	明、清	木结构	占地约1000平方米	市级
袁崇焕墓和祠	祠堂	东城区广渠门中学南，东花市斜街52号	明至民国	木结构		国家级
顾亭林祠（报国寺）	祠堂	西城区广安门内，报国寺前街1号	清	木结构		国家级
八达岭	长城及关隘	延庆县南部	明	砖石结构	总长约23公里，有敌楼92座，哨楼2座	国家级
居庸关	长城及关隘	昌平区南口镇居庸关	明 洪武元年（1368年）	砖石结构	关城占地面积约60万平方米	国家级
黄花城	长城及关隘	怀柔区西南	明	砖石结构		国家级
箭扣长城	长城及关隘	怀柔区西南	明	砖石结构		国家级
慕田峪长城	长城及关隘	怀柔区南部	明	砖石结构		国家级
古北口	长城及关隘	密云县东北	明	砖石结构	全长约20公里	国家级
金山岭	长城及关隘	密云县与河北省滦平县交界处	明	砖石结构	全长约10公里	国家级
司马台	长城及关隘	密云县古北口镇东北	明	砖石结构	全长约5000多米，共有敌楼35座	国家级
南口城	军事城堡	昌平区南口镇南口村	明	夯土包砖结构		区级

续表

名称	类型	地点	建成年代（变化情况）	材料结构	规模	文保等级
巩华城	军事城堡	昌平区沙河镇东温榆河南岸	明	夯土包砖结构	边长约1000米，面积1平方公里	市级
岔道城	军事城堡	延庆县八达岭镇岔道村	明、清	夯土包砖结构	总占地约8.3万平方米	市级
古北口老城	军事城堡		明	夯土包砖结构	周长2公里余	
宛平城	军事城堡	丰台区卢沟桥东	明	夯土包砖结构	城东西640米，南北320米	
团城（健锐营演武厅）	军事城堡及演武厅	海淀区四季青镇香山南路红旗	清	夯土包砖结构	占地约40000平方米	国家级
卢沟桥	桥梁	丰台区卢沟桥城南街77号卢沟桥景区	金、清	石结构	长212.2米，引桥长54.3米，净宽7.5米，总宽9.3米	国家级
朝宗桥	桥梁	昌平区沙河镇北	明	石结构	长130米，桥面宽13.3米	市级
永通桥	桥梁	朝阳区管庄地区与通州区交界处，京通快速路辅路北侧	清	石结构	长60米，宽16米	市级
高梁桥	桥梁	海淀区高梁桥路（西直门西环广场西侧）	元	石结构	长20.5米，宽7.07米	区级
广济桥（清河桥）	桥梁	海淀区清河镇清河大桥	明	石结构	长48.04米，宽12.46米	市级
通运桥（萧太后桥）	桥梁	通州区张家湾镇张湾村	明	石结构	长40米，宽10米	市级
琉璃河大桥	桥梁	房山区琉璃河二街村北	明	石结构	长165.5米，宽10.3米	国家级
银锭桥	桥梁	西城区什刹海前海与后海交界处	清	石结构		区级
万宁桥	桥梁	鼓楼南侧、地安门外大街中部，西临什刹海，西北角为火神庙	元	石结构		市级
皇史宬	库房	东城区南池子大街126号	明 嘉靖十五年（1536年）	石结构	正殿东西面阔42米，南北进深10米	国家级
旭华之阁	佛殿		清 乾隆三十二年(1767年)	砖石结构	面阔进深均为25米余	市级
顺义无梁阁	佛殿	顺义区椒园山南麓	明、清	砖石结构	高约16米	市级
法华寺	佛寺			木结构及砖石结构		
摩诃庵	佛寺	海淀区八里庄街道大礼庄路37号	明	木结构及砖石结构		国家级
圣祚隆长寺	佛寺			木结构及砖石结构		区级

参考文献

[1] （汉）司马迁．史记．北京：中华书局，2006．

[2] （元）熊梦祥．析津志辑佚．北京：北京古籍出版社，1983．

[3] （明）张爵．京师五城坊巷胡同集．北京：北京古籍出版社，1982．

[4] （明）蒋一葵．长安客话．北京：北京古籍出版社，1994．

[5] （清）孙承泽．天府广记．北京古籍出版社，1984．

[6] （清）于敏忠等．日下旧闻考．北京：北京古籍出版社，1983．

[7] （清）麟庆．鸿雪因缘图记．汪春泉等绘图．北京：北京古籍出版社，1984．

[8] （清）震钧．天咫偶闻．北京：北京古籍出版社，1982．

[9] 原北平市政府秘书处．旧都文物略．北京：中国建筑工业出版社，2005．

[10] 梁思成．梁思成全集．北京：中国建筑工业出版社，2001．

[11] 邓辉，侯仁之．北京城的起源与变迁．北京：中国书店，2001．

[12] 北京大学历史系《北京史》编写组．北京史：增订版．北京：北京出版社，1999．

[13] 徐苹芳．明清北京城图．北京：地图出版社，1986．

[14] 侯仁之．北京历史地图集．北京：北京出版社，1988．

[15] 侯仁之．北京城市历史地理．北京：北京燕山出版社，2000．

[16] 傅熹年．傅熹年建筑史论文集．北京：文物出版社，1998．

[17] 贺业钜．中国古代城市规划史．北京：中国建筑工业出版社，1996．

[18] 贺业钜．考工记营国制度研究．北京：中国建筑工业出版社，1985．

[19] 刘敦桢．中国古代建筑史（第二版）．北京：中国建筑工业出版社，1984．

[20] 李诚．北京历史舆图集（全四卷）．北京：外文出版社，2005．

[21] 梅宁华，孔繁峙．中国文物地图集·北京分册（上、下册）．北京：科学出版社，2008．

[22] 王南．古都北京．北京：清华大学出版社，2012．

[23] 于杰，于光度．金中都．北京：北京出版社，1989．

[24] 陈高华．元大都．北京：北京出版社，1982．

[25] 北京市古代建筑研究所，北京市文物局资料信息中心．加摹乾隆京城全图．北京：北京燕山出版社，1995．

[26] 北京市文物研究所．北京考古四十年．北京：北京燕山出版社，1990．

[27] 城乡建设环境保护部，中国建筑技术发展中心建筑历史研究所．北京古建筑．北京：文物出版社，1986．

[28] 萧默．巍巍帝都：北京历代建筑．北京：清华大学出版社，2006．

[29] 阎崇年．中国古都北京．北京：中国民主法制出版社，2008．

[30] 朱祖希．营国匠意——古都北京的规划建设及其文化渊源．北京：中华书局，2007．

[31] 于倬云．紫禁城宫殿．北京：生活·读书·新知三联书店，2006．

[32] 姜德明．北京乎：1919—1949年现代作家笔下的北京．北京：生活·读书·新知三联书店，2005．

[33] 王南．传统北京城市设计的整体性原则．北京规划建设，2010，3：25-32．

[34] 中国美术全集编辑委员会．中国美术全集 6·绘画编·明代绘画 上．北京：文物出版社，1988．

[35] 《北京文物精粹大系》编委会，北京市文物局．北京文物精粹大系·石雕卷．北京：北京出版社，2000．

[36] 曹婉如等．中国古代地图集 清代．北京：文物出版社，1997．

[37] 中国国家博物馆．中国国家博物馆馆藏文物研究丛书·绘画卷（风俗画）．上海：上海古籍出版社，2007．

[38] 马兰，李立祥．雍和宫．北京：华文出版社，2004．

[39] 周维权．中国古典园林史（第二版）．北京：清华大学出版社，1999．

[40] 张杰．中国古代空间文化溯源．北京：清华大学出版社，2012．

[41] 胡玉运．旧京史照．北京：北京出版社，1995．

[42] 刘阳．三山五园旧影．北京：学苑出版社，2007．

[43] 华揽洪．重建中国——城市规划三十年（1949-1979）．李颖译．北京：生活·读书·新知三联书店，2006．

[44] 李孝聪．美国国会图书馆藏中文古地图叙录．北京：文物出版社，2004．

[45] 北京市规划委员会，北京城市规划学会．长安街：过去·现在·未来．北京：机械工业出版社，2004．

[46] （元）淘宗仪．南村辍耕录．北京：中华书局，1959．

[47] （明）萧洵．故宫遗录．北京：北京古籍出版社，1980．

[48] （明）张爵．京师五城坊巷胡同集．北京：北京古籍出版社，1982．

[49] 中国营造学社．中国营造学社汇刊．北京：中国知识产权出版社，2006．

[50] 周礼．郑玄注，陈戍国点校．长沙：岳麓书社，2006．

[51] 陈高华．元大都．北京：北京出版社，1982．

[52] （意）马可波罗．马可波罗行纪．冯承钧译．上海：上海书店出版社，2001．

[53] 傅熹年．中国古代城市规划建筑群布局及建筑设计方法研究．北京：中国建筑工业出版社，2001．

[54] 中国社会科学院考古研究所．徐苹芳．明清北京城图．上海：上海古籍出版社，2012．

[55] 赵正之．元大都平面规划复原的研究．科技史文集（第2辑）．上海：上海科学技术出版社，1999.10：14—27．

[56] 北京市测绘设计研究院．北京旧城胡同现状与历史变迁调查研究（上、下册）．2005．

[57] 吴建雍等．北京城市生活史．北京：开明出版社，1997．

[58] 傅公钺．北京老城门．北京：北京美术摄影出版社，2001．

[59] 张先得．明清北京城垣和城门．石家庄：河北教育出版社，2003．

[60] 北京市建筑设计研究院《建筑创作》杂志社．北京中轴线建筑实测图典．北京：机械工业出版社，2005．

[61] 路秉杰．天安门．上海：同济大学出版社，1999．

[62] （美）埃德蒙·N·培根．城市设计（修订版）．黄富厢，朱琪译．北京：中国建筑工业出版社，2003．

[63] （瑞）奥斯伍尔德·喜仁龙．北京的城墙和城门．许永全译．北京：北京燕山出版社，1985．

[64] Sirén Osvald. The walls and gates of Peking: researches and impressions. London：John Lane，1924．

[65] （战国）吕不韦．吕氏春秋新校释．陈奇猷校释．上海：上海古籍出版社，2002．

[66] 陈平，王世仁．东华图志：北京东城史迹录（上、下册）．天津：天津古籍出版社，2005．

[67] 王军．城记．北京：生活·读书·新知三联书店，2003．

[68] 王军．采访本上的城市．北京：生活·读书·新知三联书店，2008．

[69] 王南．《康熙南巡图》中的清代北京中轴线意象．北京规划建设，2007（05）：71—77．

[70] 故宫博物院．清代宫廷绘画．北京：文物出版社，2001．

[71] （美）凯文·林奇．城市形态．林庆怡等译．北京：华夏出版社，2003．

[72] 刘洪宽绘．天衢丹阙——老北京风物图卷．北京：

荣宝斋出版社，2004．

[73] 摄影艺术出版社．北京风光集．北京：摄影艺术出版社，1957．

[74] 北京东方文化集团，北京皇城艺术馆．帝京拾趣——北京城历史文化图片集．北京：北京皇城艺术馆，2004．

[75] 朱文一．空间·符号·城市：一种城市设计理论．北京：中国建筑工业出版社，1993．

[76] 贺业钜．中国古代城市规划史．北京：中国建筑工业出版社，1996．

[77] 贺业钜．考工记营国制度研究．北京：中国建筑工业出版社，1985．

[78] 徐苹芳．历史、考古与社会——中法学术系列讲座：论北京旧城街道的规划及其保护．法国远东学院北京中心编印，2002．

[79] 林语堂．辉煌的北京．赵沛林，张钧译．西安，陕西师范大学出版社，2002．

[80] 北京市规划委员会．北京历史文化名城皇城保护规划．北京：中国建筑工业出版社，2004．

[81] （日）冈田玉山等．唐土名胜图会．北京：北京古籍出版社，1985．

[82] （美）刘易斯·查尔斯·阿灵顿．古都旧景——65年前外国人眼中的老北京．赵晓阳译．北京：经济科学出版社，1999．

[83] 中国国家博物馆．中国国家博物馆馆藏文物研究丛书·绘画卷（风俗画）．上海：上海古籍出版社，2007．

[84] 方霖，锐明．城市及其周边——旧日中国影像．济南：山东画报出版社，2003．

[85] （澳）赫达·莫里逊．洋镜头里的老北京．董建中译．北京出版社，2001．

[86] 原北平市政府秘书处．旧都文物略．北京：中国建筑工业出版社，2005．

[87] 杨新华．南京明故宫．南京：南京出版社，2009．

[88] 王子林．紫禁城原状与原创．北京：紫禁城出版社，2007．

[89] 李路珂，王南，李菁，胡介中．北京古建筑地图（上）．北京：清华大学出版社，2009．

[90] （英）李约瑟．中国之科学与文明（第十册）．陈立夫主译．台北：台湾商务印书馆股份有限公司，1977年4月初版，1985年2月第4版．

[91] 王南，胡介中，李路珂，袁琳．北京古建筑地图（中）．北京：清华大学出版社，2011．

[92] 北京市城市规划管理局．北京在建设中．北京：北京出版社，1958．

[93] （日）常盘大定，关野贞．支那文化史迹シナブンカシセキ．东京：法藏馆，1939-1941．

[94] 秦风老照片馆．航拍中国 1945：美国国家档案馆馆藏精选．徐家宁撰文．福州：福建教育出版社，2014．

[95] 南京工学院建筑系．曲阜孔庙建筑．北京：中国建筑工业出版社，1987．

[96] （清）阙名．日下尊闻录．北京：北京古籍出版社，1981．

[97] 聂石樵．诗经新注．雒三桂，李山注释．济南：齐鲁书社，2000．

[98] 刘阳．三山五园旧影．北京：学苑出版社，2007．

[99] 逝去的仙境——圆明园．张宝成绘画，张恩荫文字说明．北京：蓝天出版社，2002．

[100] （清）沈源，唐岱等绘．圆明园四十景图咏．乾隆吟诗，汪由敦代书．北京：世界图书出版公司北京公司，2005．

[101] 高巍，孙建华等．燕京八景．北京：学院出版社，2002．

[102] 林语堂．京华烟云．张振玉译．北京：作家出版社，1995．

[103] 李孝聪．美国国会图书馆藏中文古地图叙录．北京：文物出版社，2004．

[104] Sirén Osvald. Gardens of China. New York: The Ronald Press Company, 1949.

[105] 聂石樵．诗经新注．雒三桂，李山注释．济南：齐鲁书社，2000．

[106] 北京市规划委员会，北京城市规划学会．长安街：过去·现在·未来．北京：机械工业出版社，2004．

[107] 王其亨．古建筑测绘．北京：中国建筑工业出版社，2006．

[108] 万依，王树卿，陆燕贞．清代宫廷生活．北京：生活·读书·新知三联书店，2006．

[109] （清）孙承泽．天府广记．北京：北京古籍出版社，1984．

[110] （清）顾炎武．昌平山水记．北京：北京古籍出版社，1982．

[111] 北京市文物研究所．北京金代皇陵．北京：文物出版社，2006．

[112] 胡汉生．明十三陵．北京：中国青年出版社，2007．

[113] 胡汉生．北京的世界文化遗产·十三陵．北京：北京美术摄影出版社，2004．

[114] 王南．明十三陵规划设计的象征含义与意境追求∥杨鸿勋．建筑历史与理论（第十辑）．北京：科学出版社，2009：241-254．

[115] 刘毅．明代帝王陵墓制度研究．北京：人民出版社，2006．

[116] 南京大学文化与自然遗产研究所，孝陵博物馆．世界遗产论坛——明清皇家陵寝专辑．北京：科学出版社，2004．

[117] 孙宗文．中国建筑与哲学．南京：江苏科学技术出版社，2000．

[118] 王子林．紫禁城原状与原创（上）．北京：紫禁城出版社，2007．

[119] 李诚．北京历史舆图集(全四卷)．北京：外文出版社，2005．

[120] 赵尔巽等．清史稿．北京：中华书局，1977．

[121] 王梓．王府．北京：北京出版社，2005．

[122] 冯其利．寻访京城清王府．北京：文化艺术出版社，2006．

[123] 窦忠如．北京清王府．天津：百花文艺出版社，2007．

[124] （清）昭梿．啸亭杂录．北京：中华书局，1980．

[125] （清）崇彝．道咸以来朝野杂记．北京：北京古籍出版社，1982．

[126] 北京市西城区政府网站www.bjxch.gov.cn

[127] 北京市古代建筑研究所编．北京古建文化丛书：其他文物建筑．北京：北京美术摄影出版社，2014．

后记

我与北京古建筑的结缘可以追溯到1999年，当时我在清华大学建筑学院上大学三年级，出于对中国古建筑的热爱，我和同班三名好友结成"新营造学社"，循着昔日梁思成、林徽因等先辈考察中国古建筑的足迹，开启了我们最早的古建筑考察之旅——其中就包括梁、林二人在《平郊建筑杂录》一文中提到的京郊古迹。

从2001年起，我开始结合自己的博士论文研究，对古都北京进行系统考察。久而久之，竟然走访了城里城郊数百处古迹。在清华建筑学院读博期间，我同时在中国人民大学艺术学院任教，常常在教学之余，组织学生对北京古建筑进行测绘。2010年留清华任教之后，依然延续了利用业余时间带学生测绘北京古建筑的习惯，至今不辍。

由于对北京古建筑的日渐熟稔，2008年我有幸受到王贵祥老师的邀请，参加了"北京五书"的写作，负责其中《北京古建筑地图》（上、中、下三册）的编纂，合作者有李路珂、李菁、胡介中和袁琳。此后又继续参加了"古都五书"的写作，负责《古都北京》一书的撰写。这些工作使我有机会进一步对北京古建筑进行更为深入的考察与研究。

而此次能够幸运地参与中国建筑工业出版社组织的这套《中国古建筑丛书》的编写，首先要感谢学长罗德胤（同样也曾是我们"新营造学社"的成员）——本来这项光荣而艰巨的任务是落在他肩上的，可是他却慷慨地向出版社推荐了我这个资历尚浅的后辈。当然更要感谢中国建筑工业出版社的沈元勤社长、李东禧主任、唐旭副主任以及编辑吴绫、杨晓一直以来的信任、鼓励和包容——尤其是对我因一再修改而拖延交稿付出了极大的耐心。同时还要感谢丛书总主编陆琦老师、戴志坚老师以及丛书其他作者们的帮助和启发，每一次关于丛书写作的交流会都令我受益匪浅。

本书在写作过程中受到了许多人的热情帮助，在此表示深深的谢意。首先要感谢清华大学建筑学院的王贵祥老师，对本书进行了全面而细致的审阅，并提出许多重要的修改意见，令全书的结构更加完整。此外，清华大学建筑学院建筑历史与理论研究所的刘畅老师、贺从容老师和廖慧农老师慷慨出借测绘仪器，使得我们的古建筑测绘工作得以顺利开展；贾珺老师则为本书提供了许多精美的图片。还要感谢山西太原理工大学艺术学院的张晓、李烽和翟心蒙三位老师，他们多次专程从太原携测绘仪器赴京与我们共同开展测绘工作。感谢北京市规划委员会西城分局的倪峰局长、北京石刻艺术博物馆（真觉寺）的王丹馆长、北京云居寺的张爱民先生以及历代帝王庙等单位对我们测绘工作的大力支持和帮助。当然还要感谢所有参与测绘工作的成员，包括王军、孙广懿、司薇、唐恒鲁、蔡安平、王希尧、池旭、赵兴宇、杨远浪、李沁园、李诗卉以及中国人民大学艺术学院2003级、2005级和2006级的学生们。还有参与本书古建筑鸟瞰图绘制的唐恒鲁、孙广懿、司薇、刘楚婷、刘姝、杨开慧等。书中有大量精彩的古建筑照片则出自我的摄影师朋友赵大海之手，他的作品令全书增色不少。感谢法国远东学院的吕敏老师和北京师范大学的鞠熙老师邀我加入对乾隆《京城全图》中寺庙的调查，长期共同的考察令我受益良多。特别要感谢我的多年老友王军先生，他不仅长期参与我们每一次的古建筑测绘活动，并且总是第一时间同我交流与分享研究中国古建筑的心得，给予我巨大的帮助和鼓励。更要感谢北京古建筑的前辈研究者们，没有他们丰富而卓越的研究成果，本书的写作工作是不可能完成的。

最后要感谢我的家人对我长期研究北京古建筑给予的最大支持。尤其感谢我的妻子曾佳莉，她不仅参加了我们绝大多数的古建筑考察，并且参与了几乎每一次的测绘工作。而在本书的写作期间，我们亲爱的儿子也诞生了，他是本书漫长而艰辛的写作过程中一个巨大的惊喜和礼物！这个小小的生命，当他还在母亲肚子里的时候，已经开始了富有趣味的北京古建筑之旅，甚至还参加了不少次测绘，可以说是我们古建筑研究团队中最年轻的新成员。

王南
2015 年 5 月于古都北京

作者简介

　　王南，出生于1978年。2001年获清华大学建筑学院建筑学学士学位，2008年获清华大学建筑学院工学博士学位，导师吴良镛院士。2009年至今在清华大学建筑学院任讲师，讲授建筑设计专业课。2013年至今担任住房和城乡建设部传统村落保护研究中心顾问专家。

　　长期从事中国古代建筑历史、北京城市规划设计及北京古建筑研究。著有《古都北京》、《北京古建筑地图》（上、中、下三册，合著）、《安徽古建筑地图》（合著）、《巍巍古都》（合著）、《万神殿堂》、《农禅寺：水月》（合著）等专著，并在国内核心期刊发表包括《泰山古建筑群布局初探——从一幅清代泰山地图谈起》、《〈康熙南巡图〉中的清代北京中轴线景象》、《明十三陵规划设计的象征意义和意境追求》、《传统北京城市设计的整体性原则》、《东海三山现闽中——文学、绘画及舆图中所体现的福州古城城市设计意匠》等在内的学术论文十余篇。2013年起在《读库》连载"建筑史诗"系列，已先后刊载《万神殿堂》、《汉家陵阙》、《塔窟东来》、《六朝遗石》、《金色天国》和《梦回唐朝》六篇。